CW01653070

PRINCIPES DE POLITIQUE

BENJAMIN CONSTANT

PRINCIPES DE POLITIQUE

Applicables à tous les gouvernements (version de 1806-1810)

Préface de Tzvetan Todorov
Texte établi et introduit par Etienne Hofmann

HACHETTE
Littératures

Collection fondée par Georges Liébert
et dirigée par Joël Roman

PRÉFACE

BENJAMIN CONSTANT, PENSEUR DE LA DÉMOCRATIE

On a cru longtemps qu'une baisse d'intensité marquait l'histoire de la pensée politique en France dans les années qui suivirent la Révolution : après l'abondante littérature publiée à l'époque des Lumières, dont les sommets sont *De l'esprit des lois* de Montesquieu (1748) et *Du contrat social* de Rousseau (1762), aucun ouvrage avant *De la démocratie en Amérique* de Tocqueville (1835) n'atteignait les mêmes hauteurs. Cette impression s'est dissipée depuis la découverte de la grande œuvre de Benjamin Constant, *Principes de politique*, rédigée en 1806 mais restée inédite avant sa publication dans une édition critique en 1980, et dont le présent volume constitue une version destinée au grand public. Le chaînon manquant est restitué, l'histoire de la pensée prend un sens nouveau.

Constant avait, il est vrai, publié de nombreuses brochures, articles ou conférences dans lesquels s'exprimait sa pensée; mais l'on ne savait pas jusque-là que ces publications, reprises parfois en éditions modernes, n'étaient pour l'essentiel qu'un montage d'extraits du grand traité inédit, adaptés aux besoins du moment. Y trouvant enfin accès, le lecteur d'aujourd'hui est en état de comprendre les articulations entre les différentes parties, de suivre cette pensée dans sa marche et de la saisir dans son ensemble. L'un des chefs-d'œuvre de la philosophie politique européenne peut sortir de l'obscurité et occuper la place qui lui est due.

Principes de politique se propose de repenser les fondements de la vie en société à la lumière de cet événement majeur et récent qu'est la Révolution française. Le choix politique de

Constant est celui que nous partageons aujourd'hui presque tous, qui nous semble aller de soi : il consiste à opter pour la démocratie moderne, c'est-à-dire pour la Révolution sans la Terreur. Constant n'est pas le seul parmi ses contemporains à l'avoir fait ; mais nous pouvons constater qu'il est à la fois le plus profond et le plus éloquent parmi eux.

A bien des égards sa pensée peut être présentée comme une synthèse critique de celles de Montesquieu et de Rousseau. Rousseau se situe d'emblée sur le plan des principes, il se conduit en philosophe ; il n'ignore pas l'histoire ou la description des sociétés variées, mais elle ne constitue pas son objectif. Montesquieu au contraire fait œuvre d'érudition et de science, il recense toutes les lois existantes de tous les peuples ; il réfléchit aussi sur les catégories générales qui les sous-tendent, mais ses jugements sont indirects et ses choix, à peine visibles.

Constant, et là réside l'une de ses grandes originalités, ne veut renoncer à aucune de ces voies. Sa réflexion n'est pas déduite à partir de postulats abstraits ; plutôt, ayant lui-même participé à la vie politique, il cherche à théoriser le réel vécu. Il ne sera donc pas question chez lui de ces fictions que Rousseau jugeait utiles, l'état de nature ou le contrat social. L'histoire est ici objet de pensée, non répertoire d'exemples. Mais il n'est pas plus question pour autant de renoncer aux « principes » : ce n'est qu'à un certain niveau d'abstraction, pense Constant, que le débat devient fécond ; et son livre n'est pas un programme d'action politique, mais une méditation permettant de comprendre et de juger le monde. Non la théorie d'un côté, la pratique de l'autre ; mais une pratique théorisée, une théorie constamment mise à l'épreuve du réel : Constant n'est pas de ceux qui se laissent enivrer par les grands mots. L'histoire et les principes intemporels doivent donc rester présents tous deux, ce qui n'est pas toujours facile ; mais quelques-unes des idées les plus fécondes de Constant, comme sa célèbre opposition entre la liberté des Anciens et celle des Modernes, sont issues de cette confrontation.

Le choix politique fondamental de Constant doit aussi à Montesquieu et à Rousseau en même temps. Ses deux illustres prédécesseurs ne conçoivent pas de la même manière la nature du meilleur régime politique. Pour Rousseau, l'essentiel est l'autonomie, c'est-à-dire l'exigence de vivre sous une loi qu'on s'est soi-même donnée. Donc seule la république est légitime, puisque le pouvoir se trouve ici entre les mains du peuple souverain qui exerce la volonté générale. La tradition, dont la monarchie est un exemple, ne confère aucune légitimité : l'histoire consigne les effets de la force, non du droit. Montesquieu raisonne en de tout autres termes : ce n'est pas la manière dont est institué un pouvoir qui le rend légitime, mais celle dont il est exercé. Un pouvoir illimité est par là même illégitime, peu importe s'il provient de la tradition ou d'une décision de la communauté; il faut donc que les lois et l'exercice du pouvoir empêchent que celui-ci soit concentré en des mains uniques et ne rencontre jamais aucun frein.

Constant, de son côté, adresse au pouvoir une double exigence : il doit être légitimé aussi bien par son institution que par son exercice. Le peuple restera souverain, tout autre choix reviendrait à se soumettre simplement à la force; mais son pouvoir sera limité : il doit s'arrêter aux frontières de l'individu, qui sera seul maître chez lui. Une partie de son existence se soumettra à la puissance publique; une autre restera libre. On ne peut donc réglementer la vie en société au nom d'un principe unique : le bien-être de la collectivité ne coïncide pas forcément avec celui de l'individu. Le meilleur régime ne se satisfait ni de la seule démocratie ni du seul principe libéral exigeant la protection de l'individu, il doit réunir les deux conditions : c'est donc la démocratie libérale. L'équilibre est difficile, et c'est bien pourquoi la pensée de Constant reste toujours d'actualité : l'Etat moderne lui-même est constamment tenté d'empiéter sur la liberté des individus.

Constant n'est pas seulement un défenseur de la modernité, avec ses grands principes d'autonomie et de liberté individuelle; il en est aussi un des premiers critiques. Seulement sa critique, à la différence de celle des conservateurs comme des révolutionnaires, reste elle-même une critique moderne, se situant à l'intérieur de la société née de la Révolution et de la Restauration. Il est conscient de ce que la transformation survenue entraîne des menaces nouvelles (ce sont les maux de l'« individualisme » : dissolution du lien social, disparition des valeurs communes, réduction des rapports humains à l'égoïsme). Tout au long de sa carrière littéraire, Constant scrutera les domaines distincts et pourtant reliés de la politique, de la religion et de l'amour, pour diagnostiquer exactement le malaise et chercher les remèdes appropriés. C'est ainsi qu'il ne se contentera pas de distinguer entre la liberté des Anciens et celle des Modernes, mais cherchera à réunir et à articuler les deux.

Pour penser la démocratie aujourd'hui, on a tout à gagner à revenir aux textes fondateurs, parmi lesquels les *Principes de politique* occupent une place d'honneur.

Tzvetan TODOROV

INTRODUCTION

1806-1810 : L'APOGÉE D'UNE RÉFLEXION POLITIQUE

Ecrits en 1806, recopiés en 1810, mais restés inédits et quasiment inconnus avant 1980, les *Principes de politique* sont donc nés au moment où le Premier Empire atteint son apogée[1]. Le despotisme napoléonien sécrète ainsi son parfait antidote : le libéralisme le plus pur, le plus limpide ne se conçoit pas, semble-t-il, hors de ce creuset dictatorial et impérialiste. Constant manifeste ici sa marque la plus authentique, celle de l'opposition à toute forme d'arbitraire. Non publié, ce traité n'a pu avoir dans l'immédiat aucune espèce d'influence sur un public devenu plutôt indifférent aux réflexions de cette nature. Mais, en même temps, Constant s'y révèle aussi, sans le vouloir assurément, le porte-parole d'une élite vite lassée par une politique de conquêtes et de blocus économique, qui nuisait à ses intérêts. Malgré cette parenté d'esprit, il faut se garder toutefois de lire cet ouvrage comme le manifeste d'une bourgeoisie d'affaires. Ce serait mal le comprendre et passer à côté de son message essentiel. S'il défend une catégorie

---

1. Pour une analyse et une histoire plus détaillées du présent ouvrage, on peut se reporter à notre étude : *Les* Principes de politique *de Benjamin Constant. La genèse d'une œuvre et l'évolution politique de leur auteur (1789-1806)*, Genève, Droz, 1980, 2 vol. Le second volume comprend l'édition critique et annotée des *Principes*. Pour compléter voir d'abord : François Vallotton, *Bibliographie analytique des écrits sur Benjamin Constant, 1980-1995*, Paris, Champion, 1997, 427 p. (Travaux et recherches de l'Institut B. Constant, 3) ; ensuite la collection des *Annales B. Constant*, 1980-, diffusée par Slatkine.

sociale, c'est d'abord celle des intellectuels; et si la propriété tient une place considérable dans cette théorie, c'est parce qu'elle est, à cette époque, le seul moyen d'assurer au philosophe l'indépendance nécessaire à son regard critique et à sa mission de contrôle du pouvoir. Les interprètes de Constant n'échapperont pourtant pas à cet amalgame entre bourgeoisie et libéralisme, fusion qui est davantage le propre d'une pensée plus tardive. En 1806, malgré Adam Smith et Jean-Baptiste Say, qu'il a lus et qu'il commente, Constant demeure peu influencé par les bouleversements économiques et sociaux qui s'annoncent; la perspective dans laquelle il se place est encore, dans ce domaine, celle du XVIIIe siècle.

Au moment où il échafaude ce traité, Benjamin Constant n'est évidemment pas encore la figure imposante qu'il sera sous la Restauration. A 39 ans, ce Suisse d'origine (il est né à Lausanne en 1767) peut apparaître, sinon comme un inconnu, du moins comme un raté. Après un séjour morose dans la petite cour allemande de Brunswick, entre 1787 et 1794, où il occupait des fonctions subalternes, il vient à Paris avec Madame de Staël en 1795. Le Directoire lui donne l'occasion de montrer ses talents de publiciste et de pamphlétaire. Il s'engage dans la défense du système républicain, malgré les imperfections criantes de la constitution de l'an V, mais dans l'idée d'utiliser celle-ci pour barrer la route à tout risque de contre-révolution. Ce républicanisme militant s'oppose également à tout retour des « excès » révolutionnaires. Ainsi, après avoir publié, en 1796, *Du gouvernement actuel de la France et de la nécessité de s'y rallier*, dirigé contre la tendance réactionnaire de l'opinion, il s'en prend, l'année suivante, aux nostalgiques du jacobinisme avec *Des effets de la Terreur*. Il publie ce libelle comme préface à *Des réactions politiques*, tant est grand son souci d'équilibre entre les extrêmes. L'activité politique de Constant est débordante à cette époque : il est agent municipal à Luzarches, fonde le Club de Salm, écrit des discours pour Louvet et peut-être pour Sieyès (lors du retour de ce dernier en 1799), enfin il se présente sans succès à des élections. Il est faux de voir en lui l'ombre de Madame de Staël; sans doute, doit-il beaucoup à la fille de Necker, qui l'a introduit à Paris et dont les idées comme le talent l'ont beaucoup stimulé.

Mais il fréquente aussi d'autres cercles que celui de son amie et prend parfois quelque distance à l'endroit des relations de Germaine.

Favorable à une révision des institutions directoriales, il se laisse vraisemblablement recruter par les brumairiens. Son rôle exact dans le coup d'Etat de Bonaparte n'a pas pu être éclairci. Il semble avoir été modeste, si l'on prend en considération son attitude au lendemain même de l'arrivée au pouvoir du général. Constant fut en effet un des tout premiers à dénoncer les risques sérieux de despotisme dans le nouveau régime, alors qu'une grande partie de la classe politique se réjouissait aveuglément de la chute du Directoire. Son avertissement reste sans effet. Il brigue alors et obtient un siège au Tribunat, et c'est de là qu'il tente d'introduire une sorte d'opposition parlementaire dès le début de l'année 1800. Son attitude fait scandale : on lui reproche de ne pas adhérer pleinement à un système qui clôt dix années de troubles et qui, enfin, semble rétablir l'ordre et la paix. Il apparaît en retard de quelques années, comme celui qui voudrait recommencer les débats révolutionnaires (dont il a été en quelque sorte frustré), au moment où l'opinion est précisément lasse de toute discussion politique. Le Premier consul, qui déteste Madame de Staël, les confond elle et lui dans la même réprobation méprisante. Il n'est donc pas étonnant que son activité « parlementaire » s'interrompe en janvier 1802, date à laquelle Constant est exclu du Tribunat avec plusieurs collègues jugés trop tièdes voire hostiles envers le régime.

Commence alors une traversée du désert qui durera jusqu'en 1813-1814, au moment où le crépuscule puis la fin de l'Empire lui laissent la possibilité de se manifester à nouveau. Entre-temps, Constant partage l'exil de Madame de Staël, avec laquelle il forme le noyau du groupe de Coppet, salon itinérant, cellule dérisoire et si considérable en même temps de l'opposition au maître de l'Europe.

Ces années de semi-retraite, entre 1802 et 1814, Constant les occupe à de nombreux travaux littéraires qui feront plus tard sa renommée. Il poursuit ses immenses recherches sur la religion, il rédige *Adolphe*, *Wallstein*, *Cécile*, *Ma Vie* (*Le Cahier rouge*), son journal intime. Tous, à part *Wallstein* en 1809, restent dans ses malles, et l'auteur se morfond, certain de n'avoir aucun avenir et d'être dépossédé d'une réputation légitime. Il sait avoir du talent, mais il doit se contenter de l'estime d'un petit cercle d'amis, ceux de Coppet en premier lieu, augmentés des Idéologues groupés autour de la *Décade*, une des rares revues qui se démarquent de la morosité intellectuelle ambiante. La métaphore qui revient souvent sous sa plume est celle du silence ou de la platitude : le despotisme a tout aplani et empêche toute voix de s'exprimer en dehors, bien évidemment, de celle des flatteurs.

Dans ce triste contexte, Constant n'a pourtant pas oublié la politique et, au milieu des travaux littéraires et historiques, il poursuit une recherche politique qui s'étend en gros de 1798 à 1806 et qui s'organise en trois étapes ; à chaque fois, les circonstances en empêcheront la publication. La première étape est celle de la traduction, entre 1798 et 1800, de l'*Enquiry concerning political justice* [*De la justice politique*] de William Godwin, le célèbre auteur « radical » anglais ; il s'agissait, à la fin du Directoire, de montrer aux néo-jacobins, qui reviennent en force après le 18 fructidor, qu'un écrivain radical, « exagéré » comme Godwin, peut en même temps défendre des principes modérés. Brumaire et le nouveau régime rendent la publication inopportune, et Constant abandonne sa traduction, d'autant qu'une nouvelle édition anglaise l'aurait sans doute contraint à des refontes qu'il n'avait plus le loisir de faire depuis son arrivée au Tribunat[2]. Néanmoins, la traduction proprement dite, les remaniements qu'il s'était permis de faire, les notes qu'il avait accumulées formaient un matériau considérable, dont il tirera profit par la suite. Nul doute aussi que ce travail avait nourri sa réflexion et mûri sa pensée.

Ce projet est à peine abandonné que commence une nouvelle étape avec ce que Constant appelle son « grand traité de politique ». Il s'agit cette fois d'une œuvre originale, dont il

---

2. Voir l'édition génétique de cette traduction-adaptation de Godwin (la seule, encore aujourd'hui, en français !) à paraître très prochainement dans les *Œuvres complètes* (T. II en 2 vol.) grâce aux soins de Laura Saggiorato, avec une introduction de M. Barberis.

subsiste des *Fragments*, que nous commenterons plus loin. Pour le reste, la correspondance nous renseigne partiellement, mais elle n'est pas très explicite sur le contenu. On peut supposer, que Constant voulait, comme dans ses brochures du Directoire, intervenir dans le débat politique et constitutionnel du moment, à savoir une discussion sur la Constitution de l'an VIII, ses avantages et ses inconvénients par rapport aux précédentes. Par la même occasion, l'auteur aurait pu justifier ses prises de position au Tribunat. Il aurait ainsi en théorie complété ce qu'il faisait en pratique, grâce à ses discours et à ses interventions. Là également, Constant est pris de court; le Consulat à vie en 1802 rend son projet initial probablement caduc; il le modifie par conséquent et l'achève en avril 1803. Le résultat, trop critique à l'endroit du régime, est donc condamné à rester dans un tiroir. De 1803 à 1805, ce sont les recherches sur la religion qui l'emportent presque exclusivement sur tout autre travail d'envergure. Entre-temps, de Consul à vie, Bonaparte s'est fait couronner en 1804 empereur des Français. L'évolution politique et constitutionnelle prenait un cours nouveau, bien que prévisible, qui modifiait encore la perspective dans laquelle Constant travaillait. Le succès des armes aidant, la nouvelle monarchie donnait des signes d'une installation durable et mettait un terme aux continuels soubresauts politiques qui s'étaient accumulés depuis l'été 1789. En janvier 1806, le retour au calendrier grégorien symbolise à lui seul le changement qui s'est opéré dans les mentalités.

Ce n'est évidemment pas ce fait précis qui provoque la troisième phase de rédaction et de réflexions politiques chez Constant; toutefois, lui aussi va abandonner le modèle républicain, non pas en se ralliant à l'Empire, mais en changeant de critère dans son analyse : la forme du régime n'est plus importante; seule compte la quantité de pouvoir attribuée réellement au gouvernement. En février 1806, comme en témoigne son journal, il commence un petit ouvrage, extrait de son grand traité et qu'il compte publier rapidement. Mais, comme à son habitude, Constant se pique au jeu et l'opuscule finit par devenir, entre février et octobre 1806, les *Principes de politique*. La taille comme l'ambition de l'ouvrage ont augmenté au fil des mois. Qu'a-t-il repris du « grand traité »?

Vraisemblablement l'introduction; le reste a été retrouvé sous le titre significatif de *Fragments d'un ouvrage abandonné sur la possibilité d'une constitution républicaine dans un grand pays*[3]. Ce n'est pas seulement un texte qui est « abandonné », mais, comme on vient de le voir, toute une problématique républicaine. Avec le nouveau traité, Constant élargit singulièrement sa vision de la pensée politique; il cesse d'être le défenseur d'une tendance ou d'un parti pour accéder au rang de théoricien politique cherchant des principes universels. Ce faisant, il quitte le fameux débat de la relation entre la taille du territoire et le régime politique, de même qu'il avait déjà renoncé à trouver l'origine du gouvernement dans le passage de l'état de nature à l'état social.

Rien dans le contexte politique de l'hiver 1805-1806 ne justifiait un regain d'intérêt pour la politique. Or, ce qui détermina Constant à quitter momentanément son ouvrage sur les religions, c'est très probablement la parution du livre de Matthieu Molé, *Essais de morale et de politique.* Cet ouvrage provoqua le stimulus nécessaire à une réécriture et à une révision de ses conceptions. Les thuriféraires de Napoléon s'exprimaient d'habitude dans la presse surveillée par la censure impériale; Molé venait de produire une justification théorique du régime, qui pourrait avoir un autre poids que des publications périodiques. Il fallait répliquer; d'où l'idée d'un petit ouvrage vite écrit. Mais, s'attaquer à Molé directement, c'était provoquer les foudres du maître; dans l'impossibilité de publier, Constant se laissa néanmoins entraîner dans son argumentation et le prétexte de l'ouvrage fut vite oublié devant l'ampleur des questions traitées. Molé, pour justifier le pouvoir quasi illimité de l'Empereur, n'hésitait pas à recourir à des préceptes soi-disant empruntés à Rousseau et qui rappelaient à notre auteur la justification de la terreur montagnarde. Il trouva dans la réfutation de Molé la clef de son libéralisme entièrement refondu : ce n'est pas l'origine et la légitimité du pouvoir qui font problème, mais le pouvoir lui-même, en quelque main qu'il soit placé. Ce terrain avait l'avantage d'être neuf, car effectivement Constant pouvait à

3. Edité par Henri Grange. Paris, Aubier, 1991.

juste titre se reconnaître très peu de devanciers. Pionnier, il avait en plus l'occasion de faire coup double en s'en prenant simultanément d'abord au despotisme impérial et ensuite à une tradition démocratique et révolutionnaire. Il plaidait en faveur d'une « troisième voie », visant à amoindrir tellement la « sphère » étatique qu'elle demeurerait à jamais incapable de s'immiscer dans la « sphère » sacrée de l'initiative individuelle. Dès lors peu importe que le régime soit monarchique, aristocratique ou démocratique, les principes établis devenaient *applicables à tous les gouvernements.*

Constant s'est-il laissé un moment bercer par l'illusion que Napoléon lui-même serait intéressé, dès lors que le principe de sa dynastie ne serait pas remis en cause ? Ce qui se passera plus tard durant les Cent-Jours laisse cette hypothèse ouverte. Et quand il faudra justifier la « Benjamine » ou l'Acte additionnel aux constitutions de l'Empire, Constant publiera en 1815 un ouvrage au titre tout à fait semblable à celui de 1806 et dont plusieurs chapitres même en seront issus.

Cet exemple permet d'évoquer brièvement l'avenir du texte de 1806, que nous donnons ici sous le titre de *Principes politiques.* Il n'était pas publiable à cette époque ; même débarrassé des allusions trop évidentes au despotisme impérial, il restait encore trop subversif. A la veille d'en remanier une fois encore le plan, il l'abandonne et se met à écrire la première version de ce qui deviendra *Adolphe.* En 1810, Constant relit et corrige son traité dans la nouvelle copie qu'il fait exécuter. Il s'agit d'une mise au net de l'ensemble de ses manuscrits, ceux de la religion exceptés, dans une série de volumes plus facilement transportables. Constant s'apprête en effet à s'installer en l'Allemagne, après avoir rompu avec Madame de Staël. En 1813, au moment où, après la bataille de Leipzig, l'Empire vacille, Constant reprend le traité de 1806-1810 et en déverse plusieurs chapitres dans *De l'esprit de conquête et de l'usurpation* paru au début de 1814. Il usera du même procédé, non seulement pour les *Principes de politique* en 1815, comme on l'a vu, mais aussi dans plusieurs brochures et ouvrages de la Restauration. D'une certaine manière donc, l'ouvrage initial a bien été publié et l'essentiel de la pensée de 1806 a été diffusée, mais au prix de nombreuses mutilations et de remaniements, qui en brisent forcément l'économie et la puissance premières. Tant que les manuscrits n'ont pas été accessibles (1961 pour celui de 1810 et 1974 pour l'original), on a longtemps pensé que le libéralisme constantien était propre à l'époque de la monarchie constitutionnelle de la Restauration et que son ralliement conditionnel aux Bourbons était une palinodie de plus. Or, il n'est pas inutile à la bonne compréhension de son œuvre politique de savoir que celle-ci date pour l'essentiel de l'Empire et qu'elle s'est en quelque sorte figée à ce moment. Son indifférence pour la forme du gouvernement lui permit de passer sans ambages de la défense de la Charte de Louis XVIII à celle de Napoléon revenu de l'île d'Elbe, puis d'accepter à nouveau la seconde Restauration. Car Constant ne changera pas ses principes et se vantera même à la fin de sa vie de cette longue fidélité. Celui qu'une critique facile surnomme volontiers « l'inconstant », n'a pas varié sur l'essentiel entre 1806 (voire 1802) et sa mort en 1830, au début de la monarchie de Juillet. Sur certains points, comme on va le voir maintenant, on aurait pu toutefois s'attendre à ce qu'il nuance au moins la rigidité de ses principes.

La théorie constantienne de la limitation du pouvoir représente le stade ultime avant l'anarchisme. La portion étatique devient la plus congrue possible avant son extinction. Les seuls domaines que l'auteur concède à la puissance publique sont la sécurité (armée), l'ordre (police) et de quoi payer ces deux fonctions vitales (impôts). L'armée et la police doivent être à leur tour réduites, pour éviter qu'elles ne deviennent précisément l'instrument du débordement étatique. Constant voit dans l'Etat une sorte d'hydre dont les têtes à peine coupées repoussent sans arrêt; le pouvoir suit une pente naturelle vers son extension infinie et nuisible. La métaphore du torrent est récurrente, contre lequel les digues et les garde-fous ne seront jamais assez résistants aux yeux de l'auteur. Quelles barrières assez solides peuvent être prévues contre l'emportement du flot étatique? Constant répond : l'opinion et les garanties constitutionnelles. Plus la part du pouvoir est limitée, plus facile est son contrôle, plus efficace aussi le poids de l'opinion. Cela peut paraître dérisoire, mais Constant a pour ainsi dire foi dans la force des idées et donc dans le rôle de l'écrivain comme « éminence grise » du pouvoir.

La logique de Constant semble imparable et son système parfaitement combiné. Comment l'apprécier cependant? Deux réactions sont possibles : soit son système passe pour anachronique et ne vaut que pour une société préindustrielle, voire archaïque, soit il s'agit d'une sorte d'utopie. L'auteur pensait-il sincèrement qu'une société pourrait fonctionner avec aussi peu de moyens à disposition du pouvoir? Il ne dit rien par exemple des voies de communications, des transports, de la poste, des douanes et de plusieurs domaines qu'il semble normal de confier à la puissance publique; pensait-il les laisser entièrement à l'initiative privée? A l'aube de la révolution industrielle, un tel système ne pouvait que profiter à une minorité privilégiée. Le XIXe siècle le prouvera suffisamment et pourtant la puissance de l'Etat était loin d'être aussi bornée que Constant le voulait en 1806. La théorie se trouvait donc dépassée par une réalité potentielle inéluctable; l'Etat moderne, dont le renforcement et l'évolution centralisatrice datent au moins de trois siècles au moment où Constant écrit, ne pouvait que poursuivre sa progression, d'autant que l'augmentation de la population et les changements économiques et sociaux réclamaient un interventionnisme que viendront encore accentuer les nationalismes et les impérialismes. On peut donc facilement taxer l'auteur des *Principes* de don-quichottisme politique : il s'en prenait à des moulins dont le mouvement était trop bien lancé pour être arrêté ou même freiné.

Mais précisément c'est par son outrance et son impossible adaptation au monde moderne que la pensée constantienne demeure intéressante et forte. Elle remet en cause un processus au moment même où il va s'imposer définitivement. Constant agite prémonitoirement l'épouvantail du Léviathan incontrôlable. Il n'est certes pas possible de mettre complètement sa théorie en pratique, mais elle peut servir d'instrument pour mesurer ce qui reste de liberté dans nos sociétés modernes. Entre l'Etat anorexique et l'Etat boulimique, lequel voulons-nous? A partir de quand un gouvernement outrepasse-t-il ses prérogatives? Le libéralisme constantien offre une grille d'analyse ou un paradigme, plutôt qu'une série de recettes. Applicables ? au sens strict ses principes ne le sont pas, encore moins aujourd'hui qu'à l'aube du XIXe siècle, mais ils devraient résonner dans notre conscience civique, car les mécanismes dévoreurs dans tous les pouvoirs restent, eux au moins, toujours d'actualité.

Etienne HOFMANN

La présente édition reprend le texte publié aux éditions Droz en 1980, mais sans les additions ni les notes de Constant, ni l'appareil critique (notes explicatives, références aux textes cités, éclaircissements des allusions, variantes entre les deux manuscrits et indications des passages reproduits par l'auteur dans ses ouvrages postérieurs). Les corrections, que Constant avait faites en 1810, ont été introduites. La Présentation, « Exposition du sujet », écrite vers 1810 et qui figurait à l'origine au début des « Additions », a été déplacée en tête du volume. Une liste des auteurs cités par Constant et un index des noms faciliteront la consultation de ce traité.

Constant ne se montre pas très rigoureux dans sa façon de citer. L'absence de notes critiques nécessite l'introduction du système suivant : lorsqu'une citation reproduit assez fidèlement le texte original, elle est en italique; sinon, des guillemets indiquent à quels endroits Constant interrompt et reprend son propre discours. L'absence de guillemets ou de caractères italiques signifie que Constant résume plus qu'il ne cite l'auteur nommé.

BENJAMIN CONSTANT

PRINCIPES DE POLITIQUE

APPLICABLES À TOUS LES GOUVERNEMENTS

(version de 1806-1810)

PRESENTATION

Exposition du sujet

Cet ouvrage commencé depuis longtemps a été continué sous plusieurs des gouvernements qui se sont succédé en France. On y trouvera, rappelées et censurées, des mesures qui n'existent plus; mais comme on y trouvera de même, rappelées et censurées, des mesures qui existent encore, on ne croira pas, je pense, que j'aie voulu plaire au pouvoir du jour, en attaquant celui de la veille. J'ai suivi les principes, indépendamment des circonstances et ce n'a point été à dessein que je me suis détourné pour l'approbation ni pour le blâme. Tant d'erreurs qui paraissaient tombées en désuétude, tant de sophismes qu'on eût crus démasqués, tant d'iniquités qui semblaient à jamais flétries, se sont reproduites, tantôt sous les mêmes noms, tantôt sous des noms différents, que j'ai cru devoir parler contre ces choses avec une force égale, qu'elles fussent dans le présent ou dans le passé. Tant de vérités, qu'on eût dites universellement reconnues, ont été révoquées en doute ou même mises de côté, sans qu'on daignât dire un mot d'explication ou d'excuse, que je n'ai pas cru devoir énoncer une seule vérité, quelque évidente qu'elle fût, sans en rappeler les preuves. Mon but a été de composer un ouvrage élémentaire; un ouvrage de ce genre, sur les principes fondamentaux de la politique, m'a paru manquer dans toutes les littératures que je connais.

Celui-ci contenait originairement deux parties, les institutions constitutionnelles et les droits des individus, en d'autres mots, les moyens de garantie et les principes de liberté. Comme sur les premiers on peut contester, tandis que les seconds sont incontestables, j'ai cru devoir présenter ces derniers séparément.

J'ai donc retranché de mon ouvrage tout ce qui avait rapport aux formes de gouvernement. J'avais traité ce sujet dans toute son étendue. La division des citoyens en gouvernants et gouvernés, les pouvoirs politiques, le pouvoir exécutif, l'unité temporaire ou à vie du dépositaire de ce pouvoir, les dangers de cette unité dans l'élection du chef de l'État, le mode d'élection qui avait été établi en France, la tendance de l'unité élective vers le gouvernement militaire, la complexité du pouvoir exécutif, les objections que fournit contre cette complexité l'histoire tant des républiques anciennes que de nos révolutions modernes, les abus au pouvoir exécutif, de quelque manière qu'il soit composé, les garanties contre ces abus, la limitation du droit de paix et de guerre, la faculté de refuser les impôts, l'indépendance du pouvoir judiciaire, la responsabilité, l'organisation de la force armée, le pouvoir législatif, ses abus, les garanties instituées ou à instituer contre ces abus, la puissance illimitée que donne au pouvoir exécutif l'initiative exclusive, la division en deux chambres, le veto, la dissolution des assemblées législatives, l'élection populaire enfin et les avantages qui ne se trouvent qu'en elle, les deux systèmes substitués successivement en France à l'élection populaire, le tableau d'une constitution où tous les pouvoirs seraient électifs et tous les droits des citoyens reconnus, les parties faibles de cette constitution et les moyens d'y porter remède, tels avaient été les objets de mes recherches. Mais une génération doit être jeune de sentiments et forte de pensées pour s'occuper de pareilles discussions. Dans le cirque de Constantinople, au milieu des factions des bleus et des verts, elles seraient déplacées. Elles feraient naître les soupçons des uns et fatigueraient la frivolité des autres.

Lorsque des questions politiques ont causé de longues agitations et de nombreux malheurs, il s'établit, dans beaucoup de têtes, une conviction que, sur tout ce qui a rapport au gouvernement, le raisonnement ne sert à rien. Les erreurs de la théorie paraissent beaucoup plus fâcheuses que les abus de la pratique. Comme elles sont en effet plus illimitées et plus incalculables dans leurs résultats, les essais qu'elles occasionnent ont un désavantage dont les abus sont exempts. L'homme se plie aux institutions qu'il trouve établies, comme à des règles de la nature physique. Il arrange, d'après leurs défauts mêmes, ses intérêts, ses spéculations, son plan de vie. Toutes ses relations, toutes ses espérances, tous ses moyens d'industrie et de bonheur se groupent autour de ce qui existe. Mais dans les révolutions, comme tout change à chaque instant, les hommes ne savent plus à quoi s'en tenir. Ils sont forcés, par leurs propres besoins et souvent aussi par les menaces de la puissance, à se conduire comme si ce qui vient de naître devait toujours subsister; et présageant néanmoins des altérations prochaines, ils ne possèdent ni l'indépendance individuelle qui devrait résulter de l'absence de la garantie ni la garantie, seul dédommagement du sacrifice de la liberté.

Il n'est donc pas étonnant qu'après des révolutions réitérées, toute idée d'amélioration, même abstraite et séparée de toute application particulière, soit odieuse et incommode et que l'aversion qu'elle inspire s'étende sur tout ce qui semble indiquer la possibilité d'un changement, même de la manière la plus indirecte. Il est tout simple encore que les possesseurs de l'autorité favorisent cette disposition naturelle. En supposant aux gouvernants les intentions les plus pures, ils doivent être enclins à se réserver le privilège de méditer sur le bien qu'ils veulent faire; ou s'ils confient ce soin délicat à quelques-uns des collaborateurs subordonnés qui les environnent, ce ne peut être que partiellement. Ils voient sans peine que des esprits soumis et flexibles se chargent de leur indiquer quelques moyens de détail pour arriver à leur but ou, mieux encore, qu'ils leur facilitent par des développements secondaires les moyens que l'autorité croit avoir découverts. Mais, le penseur indépendant qui prétend embrasser d'un coup d'œil l'ensemble, dont les gouvernants permettent tout au plus qu'on s'occupe par partie, comme instrument et non comme juge, le philosophe qui remonte aux principes de la puissance et de l'organisation sociale, lors même qu'il s'isole des choses présentes, et concentré dans ses souvenirs et ses espérances ne veut parler qu'à l'avenir et ne prononce que sur le passé, leur paraît néanmoins un rhéteur présomptueux, un observateur importun, un dangereux sophiste.

De la sorte, la fatigue du peuple se combine avec l'inquiétude de ses chefs, pour circonscrire de toutes parts le domaine de la pensée. On a dit qu'il existait dans la monarchie une classe intermédiaire, la noblesse, qui ne conservait de l'indépendance que ce qui décore et consolide la soumission. De même, dans l'état de choses que nous décrivons, il se forme une classe intermédiaire, qui ne réclame du raisonnement que ce qui est nécessaire pour limiter l'empire de la raison. Des hommes instruits, mais sans force, subalternes élégants, qui prennent pour but le style et pour moyens quelques idées restreintes et secondaires, se constituent les organes de l'opinion, les surveillants de la pensée. Ils élèvent un autel à la littérature, en opposition avec la philosophie. Ils déclarent sur quelles questions l'esprit humain peut s'exercer. Ils lui permettent de s'ébattre, avec subordination toutefois et ménagement, dans l'enceinte qu'ils lui ont concédée. Mais anathème à lui, s'il franchit cette enceinte, si, n'abjurant pas sa céleste origine, il se livre à des spéculations défendues, s'il ose penser que sa destination la plus noble n'est pas la décoration ingénieuse de sujets frivoles, la louange adroite, la déclamation sonore sur des sujets indifférents, mais que le ciel et sa nature l'ont constitué tribunal éternel, où tout s'examine, où tout se pèse, où tout se juge en dernier ressort.

Lorsqu'une tête intempestive veut s'élancer inconsidérément de la théorie abstraite à la pratique violente et sur la foi de ses propres spéculations peut-être incomplètes, peut-être défectueuses, tout détruire, tout changer, il y a sans doute folie et même plus il y a crime. Mais la perfidie seule peut comparer la pensée immobile et solitaire avec l'action solitaire ou le conseil désordonné. L'action est faite pour le moment; la pensée juge pour les siècles. Elle lègue aux générations futures et les vérités qu'elle a pu découvrir et les erreurs qui lui semblèrent des vérités. Le temps, dans sa marche éternelle, les recueille et les sépare.

A Athènes, un citoyen qui déposait sur l'autel un rameau d'olivier entouré de bandelettes sacrées pouvait s'expliquer en liberté sur les matières politiques.

On m'accusera peut-être alternativement de développer des choses évidentes et d'établir des principes inapplicables. Les hommes qui ont renoncé à la raison et à la morale trouvent tout ce qu'on dit dans ce sens tantôt des paradoxes et tantôt des lieux communs; et comme les vérités leur sont désagréables, surtout par leurs conséquences, il arrive sans cesse qu'ils dédaignent la première assertion comme n'ayant pas besoin d'être démontrée et qu'ils se récrient sur la seconde et sur la troisième comme insoutenables et paradoxales, quoique cette dernière soit évidemment le résultat nécessaire et immédiat de la première.

La sottise aime singulièrement à répéter des axiomes qui lui donnent l'apparence de la profondeur et la tyrannie est fort adroite à s'emparer des axiomes de la sottise. De là vient que des propositions dont l'absurdité nous étonne, lorsqu'elles sont analysées, se glissent dans mille têtes, sont redites par mille bouches et que les hommes qui veulent s'entendre sont réduits continuellement à démontrer l'évidence.

J'ai beaucoup cité dans mon ouvrage et principalement des auteurs vivants, ou morts depuis peu d'années, ou des hommes dont le nom seul fait autorité, comme Adam Smith, Montesquieu, Filangieri. J'ai tenu à prouver que souvent je ne faisais que reproduire, avec des expressions plus adoucies, des opinions qu'on trouve dans les écrivains les plus modérés.

Une ruse habituelle des ennemis de la liberté et des lumières est d'affirmer que leur ignoble doctrine est universellement adoptée, que les principes, sur lesquels se fonde la dignité de l'espèce humaine, sont abandonnés par un consentement unanime et qu'il est hors de mode et presque de mauvais goût de les professer, raisonnement d'un grand poids en France. J'ai tâché de leur prouver que cette unanimité prétendue était un mensonge.

Un exemple plus imposant encore que les théories des écrivains même les plus estimables est, il est vrai, venu à l'appui de mes principes, précisément tandis que je travaillais à les exposer. C'est la conduite du gouvernement américain, telle qu'elle fut annoncée par le président des Etats-Unis à son installation et telle qu'elle a été en effet depuis dix années.

« Bien que la volonté de la majorité, disait M. Jefferson le 4 mars 1801, doive prévaloir dans tous les cas, cette volonté, pour être légitime, doit être raisonnable. La minorité possède des droits égaux, que des lois égales doivent protéger. Violer ces droits serait une oppression. On dit quelquefois que l'on ne doit pas confier à l'homme le gouvernement de lui-même. Mais comment peut-on lui confier alors le gouvernement des autres ? Ou bien a-t-on trouvé des anges, sous la forme de rois pour nous gouverner ? Empêcher les hommes de se faire du mal mutuellement et leur laisser d'ailleurs pleine liberté de se diriger dans les efforts de leur industrie et dans leurs progrès vers l'amélioration, voilà le but unique d'un bon gouvernement. Une justice égale et exacte pour tous les hommes, quelles que soient ou leur condition ou leur croyance, religieuse et politique, la paix, le commerce, la loyauté envers toutes les nations, sans alliances insidieuses avec aucune, le maintien des gouvernements des Etats dans tous leurs droits, comme l'administration la plus convenable pour nos intérêts domestiques et le boulevard le plus assuré contre les tendances anti-républicaines, la conservation du gouvernement fédéral, dans toute sa vigueur constitutionnelle, comme la garantie de notre repos au-dedans et de notre sûreté au-dehors, une attention scrupuleuse au droit d'élection par le peuple, correctif doux et sûr des abus, qu'autrement le fer des révolutions détruit, lorsqu'on n'a préparé aucun remède paisible, un assentiment sans réserve aux décisions de la majorité, une milice bien disciplinée, notre meilleure sauvegarde en temps de paix et dans les premiers moments d'une guerre, jusqu'à ce que des troupes réglées puissent la seconder, la suprématie de l'autorité civile sur l'autorité militaire, l'économie dans les dépenses publiques, afin de ne charger que légèrement la classe laborieuse, le payement fidèle de nos dettes et un respect inviolable pour la foi publique, la dissémination de l'instruction et l'appel à la raison publique, contre tous les abus, quels qu'ils soient, la liberté religieuse, la liberté de la presse, la liberté des personnes sous la protection de l'*habeas corpus* et du jugement par des jurés choisis avec impartialité, voilà les principes essentiels de notre gouvernement. Les veilles de nos sages, le sang de nos héros ont été consacrés à leur triomphe. C'est la profession de notre foi politique, le texte de l'instruction des citoyens, la pierre de touche par laquelle nous pouvons apprécier les services de ceux en qui nous mettons notre confiance ; et si nous nous écartions de ces principes dans des moments d'erreur ou d'alarme, il faudrait nous hâter de revenir sur nos pas et de rentrer dans la route qui seule conduit à la paix, à la liberté et à la sûreté. »

Ces principes, mis en pratique avec tant de succès dans une république vaste et florissante, sont ceux que j'ai tâché d'établir dans cet ouvrage et je me suis livré à cette entreprise avec d'autant plus de zèle et de confiance, qu'après avoir quelques temps rempli des fonctions législatives dans l'Etat qu'on nommait la République française, je me retrouve libre, sans avoir fait un acte ou émis une opinion, qui me force à faire fléchir le moindre détail du système que je crois le seul vrai, le seul utile, le seul digne des hommes de bien.

LIVRE I

DES IDEES REÇUES SUR L'ETENDUE DE L'AUTORITE SOCIALE

CHAPITRE I

OBJET DE CET OUVRAGE

Les recherches relatives à l'organisation constitutionnelle des gouvernements, après avoir été parmi nous, depuis le *Contrat social* et *l'Esprit des lois*, l'objet favori des spéculations de nos écrivains les plus éclairés, sont frappées maintenant d'une grande défaveur. Je n'examine point ici si cette défaveur est fondée. Ce qu'il y a de certain, c'est qu'elle est naturelle. Nous avons, en peu d'années, essayé de cinq ou six constitutions et nous nous en sommes assez mal trouvés. Aucun raisonnement ne peut prévaloir contre une pareille expérience.

Il y a plus, si, malgré le dégoût universel aujourd'hui pour toutes les discussions de ce genre, on voulait se livrer à des méditations sur la nature, les formes, les limites, les attributions des gouvernements, il est vraisemblable qu'on se tromperait dans un sens opposé à celui dans lequel on s'est trompé, mais qu'on ne se tromperait pas moins grossièrement ni d'une manière moins funeste.

Lorsque de certaines idées se sont associées à de certains mots, l'on a beau répéter et démontrer que cette association est abusive, ces mots reproduits rappellent longtemps les mêmes idées. C'est au nom de la liberté qu'on nous a donné des prisons, des échafauds, des vexations innombrablement multipliées. Il est tout simple que ce nom, signal de mille mesures odieuses et tyranniques, ne soit prononcé qu'avec une disposition défiante et malveillante.

Non seulement les extrêmes se touchent, mais ils se suivent. Une exagération produit toujours l'exagération contraire. Cela s'applique surtout à une nation où tout le monde a pour but de faire effet et, comme le disait Voltaire, de frapper fort plutôt que de frapper juste. L'ambition des écrivains du moment, dans tous les moments, c'est de paraître plus convaincus que personne de l'opinion dominante. Ils regardent de quel côté la foule se précipite, puis ils s'élancent à toutes jambes pour la devancer. Ils croient par là s'acquérir la gloire d'avoir donné l'impulsion qu'ils ont reçue. Ils espèrent que nous les prendrons pour les inventeurs de ce qu'ils imitent et que, parce qu'ils courent tout essoufflés devant la troupe qu'ils ont rattrapée, ils paraîtront les guides de cette troupe, qui ne se doute pas même de leur existence.

Un homme d'horrible mémoire, dont le nom ne doit plus souiller aucun écrit, puisque la mort a fait justice de sa personne [Couthon], disait en examinant la constitution anglaise : «J'y vois un roi, je recule d'horreur : la royauté est contre nature.» Je ne sais quel anonyme [Molé], dans un essai récemment publié, déclare de même contre nature tout gouvernement républicain. Tant il est vrai qu'à de certaines époques il faut parcourir tout le cercle des folies pour revenir à la raison.

Mais, s'il est démontré que toute recherche sur les constitutions proprement dites doit nécessairement, après les agitations que nous avons subies, être pour quelques-uns un sujet de folie et pour tous les autres un objet d'indifférence, il existe néanmoins des principes politiques, indépendants de toute constitution et ces principes me semblent encore utiles à développer. Applicables sous tous les gouvernements, n'attaquant les bases d'aucune organisation sociale, compatibles avec la royauté comme avec la république, quelles que soient les formes de l'une et de l'autre, ces principes peuvent être discutés avec franchise et confiance. Ils peuvent l'être surtout dans un Empire dont le chef vient de proclamer, d'une manière à jamais mémorable, la liberté de la presse et de déclarer l'indépendance de la pensée, la première conquête du siècle.

Parmi ces principes, il en est un qui me paraît de la plus haute importance. Il a été méconnu par les écrivains de tous les partis. Montesquieu ne s'en est point occupé. Rousseau, dans son *Contrat social*, a fondé son éloquente et absurde théorie sur la subversion de ce principe. Tous les malheurs de la Révolution française sont venus de cette subversion. Tous les crimes, dont nos démagogues ont épouvanté le monde, ont été sanctionnés par elle. Le rétablissement de ce principe, ses développements, ses conséquences, son application à toutes les formes de gouvernements, soit monarchiques, soit républicains, tel est le sujet de cet ouvrage.

CHAPITRE II

PREMIER PRINCIPE DE ROUSSEAU SUR LA SOURCE DE L'AUTORITÉ SOCIALE

Rousseau commence par établir que toute autorité qui gouverne une nation doit être émanée de la volonté générale. Ce n'est pas ce principe que je prétends contester. L'on a cherché de nos jours à l'obscurcir ; et les maux que l'on a causés, et les crimes que l'on a commis, sous le prétexte de faire exécuter la volonté générale, prêtent une force apparente aux raisonnements de ceux qui voudraient assigner une autre source à l'autorité des gouvernements. Néanmoins, tous ces raisonnements ne peuvent tenir contre la simple définition des mots qu'on emploie. À moins de ressusciter la doctrine du droit divin, il faut convenir que la loi doit être l'expression ou de la volonté de tous, ou de celle de quelques-uns ; or quelle sera l'origine du privilège exclusif que vous concéderiez à ce petit nombre ? si c'est la force, la force appartient à quiconque s'en empare. Elle ne constitue pas un droit ; ou si vous la reconnaissez comme légitime, elle l'est également, quelques mains qui s'en saisissent, et chacun voudra la conquérir à son tour. Si vous supposez le pouvoir du petit nombre sanctionné par l'assentiment de tous, ce pouvoir devient alors la volonté générale.

Ce principe s'applique à toutes les institutions. La théocratie, la royauté, l'aristocratie, lorsqu'elles dominent les esprits, sont la volonté générale. Lorsqu'elles ne les dominent pas, elles ne sont autre chose que la force. En un mot il n'existe au monde que deux pouvoirs, l'un illégitime, c'est la force; l'autre légitime, c'est la volonté générale.

Les objections que l'on peut faire contre cette volonté portent ou sur la difficulté de la reconnaître et de l'exprimer, ou sur l'étendue qu'on accorde à l'autorité qui en émane. L'on peut prétendre, et souvent avec raison, que ce que l'on proclame comme la volonté générale n'est pas cette volonté et que les objets qu'on lui soumet ne doivent pas lui être soumis; mais ce n'est plus alors la légitimité qu'on attaque, c'est sa compétence ou la fidélité de ses interprètes.

Ce principe ne décide rien contre la légitimité d'aucune forme de gouvernement. Dans certaines circonstances, l'association peut vouloir la monarchie, comme dans d'autres la république. Ces deux institutions peuvent donc être également légitimes et naturelles; et ceux qui déclarent l'une ou l'autre illégitime ou contre nature sont ou les organes d'un parti et ils ne disent pas ce qu'ils pensent, ou les dupes de l'esprit de système et ils ne savent pas ce qu'ils disent.

Il n'y a que deux formes de gouvernement, si toutefois on peut leur donner ce titre, qui soient essentiellement, éternellement illégitimes, parce qu'aucune association ne les peut vouloir, c'est l'anarchie et le despotisme. Je ne sais au reste si cette distinction souvent répétée en faveur du dernier n'est pas illusoire. Il y a entre le despotisme et l'anarchie plus d'analogie que l'on ne pense. L'on a de nos jours nommé anarchie, c'est-à-dire absence de gouvernement, ce qui était le gouvernement le plus despotique qui ait existé sur la terre, un comité de quelques hommes, revêtant ses agents de pouvoirs illimités, des tribunaux sans appel, des lois motivées sur des soupçons, des jugements sans aucune forme, des incarcérations innombrables et cent assassinats par jour ordonnés j ridiquement. Mais c'est abuser des termes et confondre les idées. Le gouvernement révolutionnaire n'était certes point une absence de gouvernement.

Le gouvernement est l'usage de la force publique contre les individus; quand cette force est employée à les empêcher de se nuire, c'est un bon gouvernement. Quand elle est employée à les opprimer, c'est un gouvernement affreux, mais nullement une anarchie. Il y avait gouvernement dans le Comité de Salut public; il y avait gouvernement dans le Tribunal révolutionnaire; il y avait gouvernement dans la Loi des suspects. Cela était exécrable, mais point anarchique. Ce n'est point faute d'avoir été gouvernée que la nation française a été égorgée par des bourreaux. Elle n'a été au contraire égorgée que parce que des bourreaux la gouvernaient. Il n'y avait point absence de gouvernement, mais présence continue et universelle d'un gouvernement atroce. Il n'y avait point anarchie, mais despotisme.

Le despotisme a ceci de semblable à l'anarchie qu'il détruit la garantie et foule aux pieds les formes. Il n'en diffère qu'en ce qu'il réclame pour lui ces formes qu'il a brisées et qu'il enchaîne ses victimes pour les immoler.

Il n'est pas vrai que le despotisme préserve de l'anarchie. Nous le croyons, parce que depuis longtemps, dans notre Europe, nous n'avons pas vu de despotisme complet. Mais tournons nos regards vers le Bas-Empire : nous trouverons les légions se soulevant sans cesse, les généraux se déclarant empereurs, et dix-neuf prétendants à la couronne levant simultanément l'étendard de la révolte; et sans remonter à l'histoire ancienne, quel spectacle nous offrent aujourd'hui les provinces soumises au grand seigneur?

L'anarchie et le despotisme réintroduisent dans l'état social l'état sauvage. Mais l'anarchie y remet tous les hommes. Le despotisme s'y remet lui seul et frappe ses esclaves, garrottés qu'ils sont, des fers dont il s'est débarrassé.

Quoi qu'il en soit au reste de cette comparaison, ce qu'il y a de sûr, c'est qu'elle ne peut faire pencher la balance en faveur d'aucun des deux objets comparés et qu'ainsi l'espèce humaine ne peut vouloir ni l'anarchie, ni le despotisme. Toute autre forme de gouvernement peut être utile, toute autre forme peut être bonne, toute autre forme peut être voulue par une association et par conséquent être légitime.

CHAPITRE III

SECOND PRINCIPE DE ROUSSEAU SUR L'ÉTENDUE DE L'AUTORITÉ SOCIALE

Si le premier principe de Rousseau est d'une vérité incontestable, il n'en est pas ainsi d'un second axiome, qu'il établit et qu'il développe avec tout le prestige de son éloquence. *Les clauses du contrat social,* dit-il, *se réduisent à une seule, savoir l'aliénation totale de chaque associé avec tous ses droits à la communauté.* Il en résulte que la volonté générale doit exercer sur l'existence individuelle une autorité illimitée.

Les publicistes antérieurs ou postérieurs à Jean-Jacques ont professé pour la plupart la même opinion. Aucun ne l'a formellement rejetée.

« Dans tout gouvernement, il faut une autorité absolue, dit l'auteur de la *Politique naturelle* [d'Holbach]. Quelque part que cette autorité réside, elle doit disposer à son gré de toutes les forces de la société et déterminer toutes les tendances particulières pour les obliger à se joindre à la tendance du tout. De quelque manière que le pouvoir souverain soit distribué, la somme totale est toujours illimitée.»

C'est un axiome avoué sur toute la terre, dit Mably, que la puissance législative, celle qui déclare et rend exécutrice la volonté générale, ne doit être bornée par rien.

Les partisans du despotisme se sont à cet égard rapprochés du système de Rousseau. *Pour qu'une société subsiste,* dit M. Ferrand (*Esprit de l'histoire*, I, 134), *il faut qu'il y ait quelque part un pouvoir au-dessus de tout obstacle, qui dirige les volontés et comprime les passions particulières.*

Quelques écrivains, et Montesquieu dans ce nombre, ont apporté des restrictions apparentes à cette doctrine. Mais ces restrictions trop vagues n'ont jamais pu servir à tracer des bornes fixes à l'autorité sociale. Dire que la justice existait avant les lois (*Esprit des lois,* Livre I) c'est bien impliquer que les lois, et par conséquent la volonté générale, dont les lois ne sont que l'expression, doivent être subordonnées à la justice. Mais que de développements cette vérité demande encore pour être appliquée! Au défaut de ces développements qu'est-il arrivé de cette assertion de Montesquieu? que souvent les dépositaires du pouvoir sont partis du principe que la justice existait avant les lois pour soumettre les individus à des lois rétroactives ou pour les priver du bénéfice des lois existantes, couvrant de la sorte d'un feint respect pour la justice la plus révoltante des iniquités. Tant il importe sur des objets de ce genre de se garder d'axiomes non définis!

M. de Montesquieu d'ailleurs, dans sa définition de la liberté, a méconnu toutes les limites de l'autorité sociale. La liberté, dit-il, est le droit de faire tout ce que les lois permettent. Sans doute il n'y a point de liberté, quand les citoyens ne peuvent pas faire tout ce que les lois ne défendent pas; mais les lois pourraient défendre tant de choses qu'il n'y aurait encore point de liberté.

M. de Montesquieu, comme la plupart de nos écrivains politiques, me semble avoir confondu deux choses, la liberté et la garantie. Les droits individuels, c'est la liberté; les droits sociaux, c'est la garantie.

L'axiome de la souveraineté du peuple a été considéré comme un principe de liberté. C'est un principe de garantie. Il est destiné à empêcher un individu de s'emparer de l'autorité qui n'appartient qu'à l'association entière; mais il ne décide rien sur la nature de cette autorité même. Il n'augmente donc en rien la somme de liberté des individus; et si l'on ne recourt pas à d'autres principes pour déterminer l'étendue de cette souveraineté, la liberté peut être perdue, malgré le principe de la souveraineté du peuple ou même par ce principe.

La maxime de M. de Montesquieu, que les individus ont le droit de faire tout ce que les lois permettent, est de même un principe de garantie. Il signifie que nul n'a le droit d'empêcher un autre de faire ce que les lois ne défendent pas. Mais il n'explique pas ce que les lois ont ou n'ont pas le droit de défendre. Or, c'est là, ce me semble, que la liberté réside. La liberté n'est autre chose que ce que les individus ont le droit de faire, et ce que la société n'a pas celui d'empêcher.

Depuis M. de Montesquieu des hommes célèbres se sont élevés contre la maxime de Rousseau. Beccaria, dans son traité *Des délits et des peines*, Condorcet, dans ses *Mémoires sur l'instruction publique*, ont raisonné d'après des principes opposés.

Franklin a fait une brochure tendant à prouver qu'il ne fallait que la plus petite quantité possible de gouvernement. Payne a défini l'autorité un mal nécessaire. Sieyès, enfin, dans une opinion émise à la tribune, a déclaré que l'autorité sociale n'était point illimitée. Mais il ne paraît pas que la logique de ces écrivains ait fait impression. L'on parle encore sans cesse d'un pouvoir sans bornes qui réside dans le peuple ou dans ses chefs, comme d'une chose hors de doute : et l'auteur de certains *Essais de morale et de politique* a reproduit récemment, en faveur de l'autorité absolue, tous les raisonnements de Rousseau sur la souveraineté.

L'Assemblée constituante, à son début, parut reconnaître des droits individuels, indépendants de la société. Telle fut l'origine de la Déclaration des Droits. Mais cette assemblée dévia bientôt de ce principe. Elle donna l'exemple de poursuivre l'existence individuelle dans ses retranchements les plus intimes. Elle fut imitée et surpassée par les législateurs qui la remplacèrent.

Les hommes de parti, quelque pures que leurs intentions puissent être, doivent répugner à limiter l'autorité sociale. Ils se regardent comme ses héritiers présomptifs et ménagent même dans les mains de leurs ennemis leur propriété future. Ils se défient de telle ou telle espèce de gouvernement, de telle ou telle classe de gouvernants, mais permettez-leur d'organiser à leur manière l'autorité, souffrez qu'ils la confient à des mandataires de leur choix, ils croiront ne pouvoir assez l'étendre.

L'on peut donc regarder la théorie de Rousseau qui déclare illimitée l'autorité sociale, comme la seule adoptée jusqu'à ce jour. C'est cette théorie qui me paraît fausse et dangereuse. C'est elle qu'on doit accuser, à mon avis, de la plupart des difficultés qu'a rencontrées, chez les divers peuples, l'établissement de la liberté, de la plupart des abus qui se glissent dans tous les gouvernements, quelles que soient leurs formes, enfin de la plupart des crimes qu'entraînent à leur suite les troubles civils et les bouleversements politiques. C'est nommément cette théorie qui a motivé les horreurs de notre Révolution, ces horreurs dont la liberté a tout à la fois été le prétexte et la victime. Je ne veux pas dire que les iniquités innombrables dont nous avons été les témoins ou les objets n'aient eu d'ordinaire, pour cause immédiate, les intérêts particuliers des hommes qui s'étaient emparés de la puissance. Mais ces hommes n'étaient parvenus à saisir d'une main coupable l'administration de la force publique, qu'en couvrant d'un voile les intérêts qui les dirigeaient, en alléguant des principes, des opinions en apparence désintéressées, qui leur servaient de bannière. Or, tous leurs principes, toutes leurs opinions reposaient sur la théorie que nous avons exposée dans ce chapitre, sur la supposition que la société peut exercer sur ses membres une autorité illimitée et que tout ce qu'ordonne la volonté générale devient par cela seul légitime.

Il est donc utile de réfuter cette théorie. Il est utile en général de rectifier les opinions, quelque métaphysiques et quelque abstraites qu'elles nous semblent, parce que c'est dans les opinions que les intérêts cherchent des armes.

Il y a cette différence entre les intérêts et les opinions, d'abord qu'on cache les uns et qu'on montre les autres, parce que ceux-là divisent et que celles-ci rallient; secondement, que les intérêts varient dans chaque individu suivant sa situation, ses goûts, ses circonstances, au lieu que les opinions sont les mêmes ou paraissent telles dans tous ceux qui agissent ensemble; enfin que chacun ne peut diriger que soi par le calcul de ses intérêts et que, lorsqu'il veut engager les autres à le seconder, il est obligé de leur présenter une opinion qui leur fasse illusion sur ses véritables vues. Dévoilez la fausseté de l'opinion qu'il met en avant, vous le dépouillez de sa force principale. Vous anéantissez ses moyens d'influence sur ses alentours, vous déchirez l'étendard, l'armée se dissipe.

Aujourd'hui, je le sais, on se dispense de réfuter les idées que l'on veut combattre, en professant une égale aversion contre toutes les théories, quelles qu'elles soient. On déclare toute espèce de métaphysique au-dessous de tout examen. Mais les déclamations contre la métaphysique m'ont paru toujours indignes de tous les hommes qui pensent. Ces déclamations ont un double danger. Elles n'ont pas moins de force contre la vérité que contre l'erreur. Elles tendent à flétrir la raison, à diriger le ridicule contre nos facultés intellectuelles, à décréditer la plus noble partie de nous-mêmes. Elles n'ont pas même en second lieu l'avantage qu'on leur attribue. Ecarter par le dédain ou comprimer par la violence les opinions qu'on croit dangereuses, ce n'est que suspendre momentanément leurs conséquences présentes et c'est doubler leur influence à venir. Il ne faut pas se laisser tromper par le silence ni le prendre pour l'assentiment. Aussi longtemps que la raison n'est pas convaincue, l'erreur est prête à reparaître au premier événement qui la déchaîne. Elle tire alors avantage de l'oppression même qu'elle a éprouvée. L'on aura beau faire. La pensée seule peut combattre la pensée : le raisonnement seul peut rectifier le raisonnement. Lorsque la puissance le repousse, ce n'est pas uniquement contre la vérité qu'elle échoue, elle échoue aussi contre l'erreur. On ne désarme l'erreur qu'en la réfutant. Tout le reste n'est qu'un charlatanisme grossier, renouvelé de siècle en siècle, au profit de quelques-uns, au malheur et à la honte du reste.

Certes, si le mépris de la pensée avait pu préserver les hommes des dangers dont ses écarts la menacent, ils auraient recueilli depuis longtemps le bénéfice de ce préservatif si vanté. Le mépris de la pensée n'est pas une découverte. Ce n'est pas une idée neuve que d'en appeler toujours à la force, de constituer un petit nombre de privilégiés au préjudice de tous les autres, de considérer la raison de ceux-ci comme superflue, de déclarer leurs méditations une occupation oiseuse et funeste. Depuis les Goths jusqu'à nos jours, l'on a vu ce système se transmettre. Depuis les Goths jusqu'à nos jours, l'on a déclamé contre la métaphysique et les théories; et cependant les théories ont toujours reparu. Avant nous, l'on a dit que l'égalité n'était qu'une chimère, une abstraction vaine, une théorie vide de sens. L'on a traité de rêveurs et de factieux les hommes qui voulaient définir l'égalité pour la séparer des exagérations qui la défigurent et l'égalité mal définie est revenue sans cesse à la charge. La jacquerie, les niveleurs, les révolutionnaires de nos jours ont abusé de cette théorie, précisément parce qu'on l'avait proscrite au lieu de la rectifier : preuve incontestable de l'insuffisance des moyens qu'ont pris les ennemis des idées abstraites, pour se préserver de leurs attaques et pour en préserver, disaient-ils, l'espèce aveugle et stupide qu'ils condescendaient à gouverner. C'est que l'effet de ces moyens n'a qu'un temps. Lorsque des théories fausses ont égaré les hommes, ils prêtent l'oreille aux lieux communs contre les théories, les uns par fatigue, d'autres par intérêt, le plus grand nombre par imitation. Mais lorsqu'ils sont reposés de leur lassitude ou délivrés de leurs terreurs, ils se rappellent que la théorie n'est pas une chose mauvaise en elle-même, que tout a sa théorie, que la théorie n'est autre chose que la pratique réduite en règles par l'expérience et que la pratique n'est que la théorie appliquée. Ils sentent que la nature ne leur a pas donné la raison pour qu'elle fût muette ou stérile. Ils rougissent d'avoir abdiqué ce qui constituait la dignité de leur être. Ils reprennent les théories, et si l'on ne les a pas rectifiées, si l'on n'a fait que les dédaigner, ils les reprennent avec tous leurs vices et sont entraînés de nouveau par elles dans tous les écarts qui les en avaient détachés précédemment. Prétendre que, parce que des théories fausses ont de grands dangers, il faut renoncer à toutes les théories, c'est enlever aux hommes le remède le plus sûr contre ces dangers mêmes. C'est dire que, parce que l'erreur est funeste, il faut se refuser à jamais la recherche de la vérité.

J'ai donc essayé de combattre par des raisonnements qui m'ont paru justes des raisonnements défectueux. J'ai tâché d'opposer à la métaphysique que je crois fausse de la métaphysique que je crois vraie. Si j'ai réussi, je me flatterai d'avoir été plus utile que ceux qui, commandant le silence, lèguent à l'avenir des questions indécises et, dans leur étroite et soupçonneuse prudence, ajoutent aux inconvénients des idées erronées, par cela même qu'ils n'en permettent pas l'examen.

Chapitre IV

Raisonnements de Rousseau en faveur de l'étendue sans limites de l'autorité sociale

Rousseau définit le contrat social *l'aliénation complète de chaque individu avec tous ses droits et sans réserve à la communauté.* Pour nous rassurer sur les suites de cet abandon si absolu de toutes les parties de notre existence au profit d'un être abstrait, il nous dit que le souverain, c'est-à-dire le corps social, ne peut nuire ni à l'ensemble de ses membres, ni à chacun d'eux en particulier; que chacun se donnant tout entier, la condition est égale pour tous et que nul n'a intérêt de la rendre onéreuse aux autres; que chacun se donnant à tous, ne se donne à personne; que chacun acquiert sur tous les associés les mêmes droits qu'il leur cède, et gagne l'équivalent de tout ce qu'il perd avec plus de force pour conserver ce qu'il a. Mais il oublie que tous ces attributs préservateurs qu'il confère à l'être abstrait qu'il nomme le souverain, résultent de ce que cet être se compose de tous les individus sans exception. Or, aussitôt que le souverain doit faire usage de la force qu'il possède, c'est-à-dire aussitôt qu'il faut procéder à l'organisation de l'autorité sociale, comme le souverain ne peut l'exercer par lui-même, il la délègue et tous ses attributs disparaissent. L'action qui se fait au nom de tous étant nécessairement, de gré ou de force, à la disposition d'un seul ou de quelques-uns, il en arrive qu'en se donnant à tous, il n'est point vrai qu'on ne se donne à personne. On se donne au contraire à ceux qui agissent au nom de tous. De là suit qu'en se donnant tout entier, l'on n'entre pas dans une condition égale pour tous, puisque quelques-uns profitent exclusivement du sacrifice du reste. Il n'est pas vrai que nul n'ait intérêt de rendre la condition onéreuse aux autres, puisqu'il existe des associés qui sont hors de la condition commune. Il n'est pas vrai que tous les associés acquièrent les mêmes droits qu'ils cèdent; ils ne gagnent pas tous l'équivalent de ce qu'ils perdent et le résultat de ce qu'ils sacrifient est ou peut être l'établissement d'une force qui leur enlève ce qu'ils ont.

Comment ces considérations évidentes n'ont-elles pas convaincu Rousseau de l'erreur et des dangers de sa théorie? C'est qu'il s'est laissé tromper par une distinction trop subtile. Un double écueil est à redouter dans l'examen de questions importantes. Les hommes s'égarent, tantôt parce qu'ils méconnaissent les distinctions qui existent entre deux idées, tantôt parce qu'ils établissent sur une idée simple des distinctions qui n'existent pas.

Chapitre V

Que l'erreur de Rousseau vient de ce qu'il a voulu distinguer les droits de la société de ceux du gouvernement

Rousseau a distingué les droits de la société des droits du gouvernement. Cette distinction n'est admissible que lorsqu'on prend le mot de gouvernement dans une acception très resserrée. Mais Rousseau le prenait dans son acception la plus étendue, comme la réunion, non seulement de tous les pouvoirs constitués, mais de toutes les manières constitutionnelles qu'ont les individus de concourir, en exprimant leurs volontés particulières, à la formation de la volonté générale. D'après ses principes, tout citoyen qui, en Angleterre, nomme ses députés, tout Français qui, sous la République, votait dans une assemblée primaire, doit être censé participer au gouvernement. Le mot de gouvernement pris dans ce sens, toute distinction entre ses droits et ceux de la société se trouve absolument illusoire et peut devenir, dans la pratique, d'un incalculable danger. La société ne peut exercer par elle-même les droits qu'elle reçoit de ses membres. En conséquence, elle les délègue. Elle institue ce que nous appelons un gouvernement. Dès lors toute distinction entre les droits de la société et ceux du gouvernement est une abstraction chimérique. Car, d'un côté, la société eût-elle légitimement une autorité plus étendue que celle qu'elle délègue, la partie qu'elle ne délègue pas, ne pouvant être exercée, serait comme non existante. Un droit qu'on ne peut ni exercer par soi-même, ni déléguer à d'autres, est un droit qui n'existe pas ; et de l'autre part, il y aurait, à reconnaître de pareils droits, l'inconvénient inévitable que les dépositaires de la partie déléguée parviendraient infailliblement à se faire déléguer le reste. Un exemple éclaircira mon idée. Je suppose que l'on reconnaisse à la société, comme on l'a fait souvent, le droit d'expulsion contre une partie d'elle-même en minorité qui lui fait ombrage. Nul ne concède ce droit terrible au gouvernement, mais quand le gouvernement veut s'en saisir, que fait-il ? il attribue à la minorité malheureuse, proscrite à la fois et redoutée, tous les obstacles, tous les dangers. Il fait ensuite un appel à la nation. Ce n'est pas comme sa prérogative qu'il demande à sévir sur de simples soupçons contre des individus exempts de crime. Mais il rappelle le droit imprescriptible de l'association entière, de la majorité toute-puissante, de la nation souveraine dont le salut est la suprême loi. Le gouvernement ne peut rien, dit-il, mais la nation peut tout; et bientôt la nation parle, c'est-à-dire que quelques hommes ou dépendants, ou furieux, ou soudoyés, ou poursuivis de remords, ou dominés de craintes se font ses organes en lui imposant silence en la menaçant; et de la sorte, par un détour facile et rapide, le gouvernement s'empare du pouvoir réel et terrible que l'on n'aurait regardé d'abord que comme le droit abstrait de la société tout entière.

Il y a bien un droit qu'abstraitement parlant la société possède et qu'elle ne délègue pas au gouvernement, c'est celui de changer l'organisation de ce gouvernement même. Déléguer ce droit serait un cercle vicieux, puisque le gouvernement pourrait s'en servir pour se transformer en une autorité tyrannique. Mais cette exception même confirme la règle. Si la société ne délègue pas ce droit, elle ne l'exerce pas non plus. Autant le déléguer serait absurde, autant l'exercer est impossible et le proclamer dangereux.

Le peuple, observe Rousseau, est souverain sous un rapport et sujet sous un autre; mais dans la pratique ces deux rapports se confondent. Il est facile aux hommes puissants d'opprimer le peuple comme sujet, pour le forcer à manifester comme souverain la volonté qu'ils lui dictent. Il ne faut pour cela que frapper individuellement de terreur les membres de l'association et rendre ensuite un hypocrite hommage à l'association en masse.

L'on ne peut donc reconnaître à la société que des droits qui puissent être exercés par le gouvernement sans devenir dangereux. La souveraineté étant une chose abstraite et la chose réelle, l'exercice de la souveraineté, c'est-à-dire le gouvernement, étant nécessairement remis à des êtres d'une autre nature que le souverain, puisqu'ils ne sont pas des êtres abstraits, il faut prendre des précautions contre le pouvoir souverain, à cause de la nature de ceux qui l'exercent, comme l'on en prendrait contre une arme trop puissante qui pourrait tomber en des mains peu sûres.

CHAPITRE VI

CONSÉQUENCES DU SYSTÈME DE ROUSSEAU

Lorsque vous avez posé pour principe que les droits de la société deviennent toujours en définitif les droits du gouvernement, vous voyez tout de suite combien il est nécessaire que l'autorité sociale soit limitée. Si elle ne l'est pas, l'existence individuelle se trouve d'un côté soumise sans réserve à la volonté générale; la volonté générale se trouve de l'autre représentée sans appel par la volonté des gouvernants. Ces représentants de la volonté générale ont des pouvoirs d'autant plus redoutables qu'ils ne se disent qu'instruments dociles de cette volonté prétendue et qu'ils ont en main les moyens de force ou de séduction nécessaires pour en assurer la manifestation dans le sens qui leur convient. Ce qu'aucun tyran n'oserait faire en son propre nom, ceux-ci le légitiment par l'étendue sans bornes de l'autorité sociale. L'agrandissement d'attributions dont ils ont besoin, ils le demandent au propriétaire de l'autorité sociale, au peuple dont la toute-puissance n'est là que pour justifier leurs empiétements. Les lois les plus injustes, les institutions les plus oppressives sont obligatoires, comme l'expression de la volonté générale. Car les individus, dit Rousseau, aliénés tout entiers au profit du corps social, ne peuvent avoir d'autre volonté que cette volonté générale. En obéissant à cette volonté, ils n'obéissent qu'à eux-mêmes et sont d'autant plus libres qu'ils obéissent plus implicitement.

Telles nous voyons apparaître à toutes les époques de l'histoire les conséquences de ce système. Mais elles se sont développées surtout dans leur effrayante latitude au milieu de notre Révolution. Elles ont fait à des principes sacrés des blessures peut-être incurables. Plus le gouvernement que l'on voulait donner à la France était populaire, plus ces blessures ont été profondes. Lorsqu'on ne reconnaît point de bornes à l'autorité sociale, les chefs du peuple, dans un gouvernement populaire, ne sont point des défenseurs de la liberté, mais des candidats de tyrannie, aspirant non pas à briser, mais à conquérir la puissance illimitée qui pèse sur les citoyens. Sous une constitution représentative, une nation n'est libre que quand ses députés ont un frein. Il serait facile de démontrer, par des citations sans nombre, que les sophismes les plus grossiers des plus fougueux apôtres de la Terreur, dans les circonstances les plus révoltantes, n'étaient que des conséquences parfaitement justes des principes de Rousseau. Le peuple qui peut tout est aussi dangereux, plus dangereux qu'un tyran. Le petit nombre des gouvernants ne constitue pas la tyrannie; leur grand nombre ne garantit pas la liberté. Le degré seul de pouvoir social, en quelques mains qu'on le dépose, fait une constitution libre ou un gouvernement oppressif; et lorsque la tyrannie est constituée, elle est d'autant plus affreuse que les tyrans sont plus nombreux.

Sans doute, l'extension exagérée de l'autorité sociale n'a pas toujours des résultats également funestes. La nature des choses, la disposition des esprits en diminuent quelquefois les excès; mais ce système est néanmoins accompagné toujours de graves inconvénients. Cette doctrine crée et jette au hasard dans la société humaine un degré de pouvoir trop grand pour lui-même et qui est un mal en quelques mains que vous le placiez. Confiez-le à un seul, à plusieurs, à tous, vous le trouverez également un mal. Vous vous en prendrez aux dépositaires de ce pouvoir et suivant les circonstances, vous accuserez tour à tour la monarchie, l'aristocratie, la démocratie, les gouvernements mixtes, le système représentatif. Vous aurez tort. C'est le degré de force et non les dépositaires de cette force qu'il faut accuser. C'est contre l'arme et non contre le bras qu'il faut sévir. Il y a des masses trop pesantes pour la main des hommes.

Remarquez les efforts infructueux des différents peuples pour remédier aux maux du pouvoir illimité dont la société leur semble investie. Ils ne savent à qui le confier. Les Carthaginois créent successivement les Suffètes pour mettre des bornes à l'aristocratie du Sénat, le Tribunal des Cent pour réprimer les Suffètes, le Tribunal des Cinq pour contenir les Cent. Ils voulaient, dit Condillac, imposer un frein à une autorité, et ils en établissaient une autre qui avait également besoin d'être limitée, laissant ainsi toujours subsister l'abus auquel ils croyaient porter remède.

L'erreur de Rousseau et des écrivains les plus amis de la liberté, lorsqu'ils accordent à la société un pouvoir sans bornes, vient de la manière dont se sont formées leurs idées en politique. Ils ont vu dans l'histoire un petit nombre d'hommes, ou même un seul, en possession d'un pouvoir immense qui faisait beaucoup de mal. Mais leur courroux s'est dirigé contre les possesseurs du pouvoir et non contre le pouvoir même. Au lieu de le détruire ils n'ont songé qu'à le déplacer. C'était un fléau ; ils l'ont considéré comme une conquête, ils en ont doté la société entière. Il a passé forcément d'elle à la majorité, de la majorité entre les mains de quelques hommes ; il a fait tout autant de mal qu'auparavant et les exemples, les objections, les arguments et les faits se sont multipliés contre toutes les institutions politiques.

CHAPITRE VII

DE HOBBES

L'homme qui a le plus spirituellement réduit le despotisme en système, Hobbes, s'est empressé de reconnaître l'autorité sociale comme illimitée, pour en conclure à la légitimité du gouvernement absolu d'un seul. Le souverain, dit-il, (et par ce mot il entend la volonté générale) est irrépréhensible dans ses actions. Tous les individus doivent lui obéir et ne peuvent lui demander compte de ses mesures. La souveraineté est absolue. Cette vérité a été reconnue de tout temps, même par ceux qui ont excité des séditions, ou suscité des guerres civiles. Leur motif n'était pas d'anéantir la souveraineté, mais bien d'en transporter ailleurs l'exercice. La démocratie est une souveraineté absolue entre les mains de tous ; l'aristocratie une souveraineté absolue entre les mains de quelques-uns, la monarchie une souveraineté absolue entre les mains d'un seul. Le peuple a pu se dessaisir de cette souveraineté absolue, en faveur d'un monarque, qui alors en est devenu légitime possesseur.

L'on voit clairement que le caractère absolu, que Hobbes attribue à l'autorité sociale, est la base de tout son système. Ce mot absolu dénature toute la question et nous entraîne dans une série nouvelle de conséquences. C'est le point où l'écrivain quitte la route de la vérité pour marcher par le sophisme au but qu'il s'est proposé en commençant. Il prouve que les conventions des hommes ne suffisant pas pour être observées, il faut une force coercitive pour en nécessiter l'observance, que la société devant se préserver des agressions extérieures, il faut une force commune qui arme pour la défense commune, que les hommes étant divisés par leurs prétentions, il faut des lois pour régler leurs droits. Il conclut du premier point que le souverain a le droit absolu de punir, du second que le souverain a le droit absolu de faire la guerre, du troisième que le souverain est législateur absolu. Rien de plus faux que ces conclusions. Le souverain a le droit de punir, mais seulement les actions coupables; il a le droit de faire la guerre, mais seulement lorsque la société est attaquée; il a le droit de faire des lois, mais seulement lorsque ces lois sont nécessaires et en tant qu'elles sont conformes à la justice. Il n'y a par conséquent rien d'absolu, rien d'arbitraire dans ces attributions. La démocratie est l'autorité déposée entre les mains de tous, mais seulement la somme d'autorité nécessaire pour la sûreté de l'association. L'aristocratie est cette autorité confiée à quelques-uns; la monarchie cette autorité remise à un seul. Le peuple peut se dessaisir de cette autorité en faveur d'un seul homme ou d'un petit nombre, mais leur pouvoir est borné, comme celui du peuple qui les en a revêtus. Par ce retranchement d'un seul mot, inséré gratuitement dans la construction d'une phrase, tout l'affreux système de Hobbes s'écroule. Au contraire avec le mot absolu, ni la liberté, ni, comme on le verra dans la suite, le repos, ni le bonheur ne sont possibles sous aucune institution. Le gouvernement populaire n'est qu'une tyrannie convulsive, le gouvernement monarchique qu'un despotisme plus morne et plus silencieux.

Lorsqu'on remarque qu'un auteur distingué arrive par des arguments spécieux à des résultats manifestement absurdes, une recherche à la fois instructive en elle-même et propre à faciliter singulièrement la réfutation des erreurs, c'est de remonter pour ainsi dire le fil des idées de cet écrivain, pour découvrir le point précis où il a commencé à dévier de la vérité. Presque tous les écrivains partent d'un principe vrai.

Mais ce principe posé, il suffit, pour vicier tout leur système, ou d'une distinction inutile, ou d'un mot mal défini, ou d'un mot superflu. Dans Helvetius, par exemple, c'est un mot mal défini. Il part d'une vérité incontestable, c'est que toutes nos idées nous viennent des sens. Il conclut de là que la sensation est tout. Penser, dit-il, c'est sentir, donc sentir c'est penser. Là commence l'erreur. Elle vient d'un mot mal défini, celui de sentir ou de sensation. Penser c'est sentir, mais sentir n'est pas penser. Dans Rousseau, nous avons vu que l'erreur venait d'une distinction inutile. Il pose pour base une vérité, c'est que la volonté générale doit faire la loi; mais il distingue les droits de la société de ceux du gouvernement. Il croit que la société, doit être investie d'une puissance sans bornes, et dès lors il s'égare. On voit que dans Hobbes un mot superflu cause tout le mal. Il part aussi d'une vérité, c'est qu'il faut une force coercitive pour gouverner les associations humaines. Mais il glisse dans sa phrase une seule épithète superflue, le mot absolu, et tout son système devient un tissu d'erreurs.

CHAPITRE VIII

OPINION DE HOBBES REPRODUITE

Un écrivain de nos jours, l'auteur des Essais de morale et de politique, a renouvelé le système de Hobbes avec beaucoup moins de profondeur seulement et moins d'esprit et de logique. Il est parti comme Hobbes du principe de la souveraineté illimitée. Il a supposé l'autorité sociale absolue et cette autorité transportée de la société à un homme qu'il définit l'espèce personnifiée, la réunion individualisée. De même que Rousseau avait dit que le corps social ne pouvait nuire ni à l'ensemble de ses membres, ni à chacun d'eux en particulier, celui-ci dit que le dépositaire du pouvoir, l'homme constitué société, ne pouvait faire du mal à la société, parce que tout le tort qu'il lui aurait fait, il l'aurait éprouvé fidèlement, tant il était la société elle-même. De même que Rousseau dit que l'individu peut résister à la société, parce qu'il lui a aliéné tous ses droits, sans réserve, celui-ci prétend que l'autorité du dépositaire du pouvoir est absolue, parce qu'aucun membre de la réunion ne peut lutter contre la réunion entière; qu'il ne peut exister de responsabilité pour le dépositaire du pouvoir, parce qu'aucun individu ne peut entrer en compte avec l'être dont il fait partie, et que celui-ci ne peut lui répondre qu'en le faisant rentrer dans l'ordre dont il n'aurait jamais dû sortir et, pour que nous ne craignions rien de la tyrannie, il ajoute : or voici pourquoi son autorité (du dépositaire du pouvoir) ne fut pas arbitraire. *Ce n'était plus un homme, c'était un peuple.* Merveilleuse garantie que ce changement de motifs !

CHAPITRE IX

DE L'INCONSÉQUENCE QU'ON A REPROCHÉE À ROUSSEAU

Faute d'avoir senti que l'autorité sociale devait être limitée, Rousseau s'est trouvé dans un embarras auquel il n'a pu se dérober qu'en défaisant d'une main ce que de l'autre il avait construit. Il a déclaré que la souveraineté ne pourrait être ni aliénée, ni déléguée, ni représentée, c'était déclarer en termes moins clairs qu'elle ne pouvait être exercée. C'était anéantir de fait le principe qu'il venait de proclamer. Ceux qui ont voulu expliquer son système l'ont accusé d'inconséquence. Il avait au contraire raisonné très conséquemment. Frappé de terreur à l'aspect de l'immensité du pouvoir social qu'il venait de créer, il n'avait su dans quelles mains déposer un pouvoir si monstrueux et n'avait trouvé de préservatif contre le danger inséparable de la souveraineté qu'il avait conçue qu'un expédient qui rendît impossible l'exercice de cette souveraineté. Ceux-là seuls qui ont adopté son principe, en le séparant de ce qui le rendait moins désastreux, ont été mauvais logiciens et politiques coupables. C'est le principe qu'il faut rejeter puisqu'aussi longtemps qu'il ne conduit pas au despotisme, il n'est qu'une théorie inapplicable et qu'il conduit au despotisme, dès qu'on tente de l'appliquer.

Ce n'est donc point d'inconséquence que Rousseau doit être accusé. Le reproche qu'il mérite, c'est d'être parti d'hypothèses vaines et de s'être égaré dans des subtilités superflues.

Je ne me joins point à ses détracteurs. Une tourbe d'esprits subalternes, plaçant leur succès d'un jour à révoquer en doute toutes les vérités courageuses, s'agite pour diminuer sa gloire. C'est une raison de plus pour lui consacrer notre hommage. Il a le premier rendu populaire le sentiment de nos droits. A sa voix se sont réveillés les cœurs généreux, les âmes indépendantes. Mais ce qu'il sentait avec force, il n'a pas su le définir avec précision. Plusieurs chapitres du *Contrat social* sont dignes des écrivains scolastiques du seizième siècle. Que signifient des droits dont on jouit d'autant plus qu'on les aliène plus complètement? Qu'est-ce qu'une liberté en vertu de laquelle on est d'autant plus libre qu'on fait plus implicitement ce qui contrarie sa volonté propre? funestes subtilités théologiques qui fournissent des armes à toutes les tyrannies, à celle d'un seul, à celle de plusieurs, à l'oppression constituée sous des formes légales, à celle exercée par des fureurs populaires! Les erreurs de Jean-Jacques ont séduit beaucoup d'amis de la liberté; parce qu'elles se sont établies en opposition avec des erreurs plus avilissantes; mais on ne saurait les réfuter avec trop de force parce qu'elles mettent des obstacles invincibles à l'établissement de toute constitution libre ou modérée et qu'elles sont le prétexte banal de tous les attentats politiques.

LIVRE II

DES PRINCIPES A SUBSTITUER AUX IDEES REÇUES SUR L'ETENDUE DE L'AUTORITE SOCIALE

CHAPITRE I

DE LA LIMITATION DE L'AUTORITÉ SOCIALE

Il faut distinguer soigneusement l'un de l'autre les deux principes de Rousseau. Il faut reconnaître le premier. Toute autorité qui n'émane pas de la volonté générale est incontestablement illégitime. Il faut rejeter le second. L'autorité qui émane de la volonté générale n'est pas légitime par cela seul, quelle que puisse être son étendue et quels que soient les objets sur lesquels elle s'exerce. Le premier de ces principes est la vérité la plus salutaire, le second la plus dangereuse des erreurs. L'un est la base de toute liberté, l'autre la justification de tout despotisme.

Dans une société dont les membres apportent des droits égaux, il est certain qu'il n'appartient à aucun de ces membres isolément de faire des lois obligatoires pour les autres; mais il est faux que la société entière possède cette faculté sans restriction. L'universalité des citoyens est le souverain, c'est-à-dire nul individu, nulle fraction, nulle association partielle ne peut s'arroger la souveraineté qu'elle ne lui ait été déléguée. Mais il ne s'ensuit pas que l'universalité des citoyens ou ceux qui par elle sont investis de l'exercice de la souveraineté, puisse disposer souverainement de l'existence des individus. Il y a, au contraire, une partie de l'existence humaine qui, de nécessité, reste individuelle et indépendante et qui est, de droit, hors de toute compétence sociale. La souveraineté n'existe que d'une manière limitée et relative. Au point où commence l'indépendance de l'existence individuelle, s'arrête la juridiction de cette souveraineté. Si la société franchit cette ligne, elle se rend aussi coupable de tyrannie que le despote qui n'a pour titre que le glaive exterminateur. La légitimité de l'autorité dépend de son objet aussi bien que de sa source. Lorsque cette autorité s'étend sur des objets hors de sa sphère, elle devient illégitime. La société ne peut excéder sa compétence sans être usurpatrice, la majorité sans être factieuse. L'assentiment de la majorité ne suffit point dans toutes les circonstances pour donner à ses actes le caractère de loi. Il existe des actes que rien ne peut revêtir de ce caractère. Lorsqu'une autorité quelconque porte une main attentatoire sur la partie de l'existence individuelle qui n'est pas de son ressort, il importe peu de quelle source cette autorité se dit émanée, il importe peu qu'elle se nomme individu ou nation. Elle serait la nation entière, sauf le citoyen qu'elle vexe, qu'elle n'en serait pas plus légitime. Si l'on regarde ces maximes comme dangereuses, qu'on réfléchisse que le système contraire autorise également les horreurs de Robespierre et l'oppression de Caligula.

CHAPITRE II

DES DROITS DE LA MAJORITÉ

Sans doute il faut soumettre les individus à la majorité. Ce n'est pas que les décisions de la majorité doivent être regardées comme infaillibles. Toute décision collective, c'est-à-dire toute décision prise par une association d'hommes, est exposée à deux espèces d'inconvénients. Quand c'est la passion qui la dicte, il est clair que la passion peut conduire à l'erreur. Mais, lors même que les décisions de la majorité se prennent dans le calme, elles sont exposées à des dangers d'un autre genre. Elles se forment d'une transaction entre les opinions divergentes. Or, si la vérité se trouvait dans l'une de ces opinions, il est évident que la transaction n'a pu se faire qu'au détriment de la vérité. Elle peut avoir rectifié sous quelques rapports les opinions fausses; mais elle a dénaturé ou rendu moins exacte l'opinion juste.

Il a été prouvé par des calculs mathématiques que, lorsqu'une assemblée se réunit pour faire un choix entre un certain nombre de candidats, d'ordinaire celui qui l'emporte n'est pas l'objet du plus complet assentiment, mais de la moindre répugnance. Il arrive aux opinions de la majorité la même chose qu'aux candidats dans les assemblées. Mais c'est un mal inévitable. Si, des erreurs possibles de la majorité, l'on concluait que l'on doit subordonner sa volonté à celle du petit nombre, l'on arriverait à des institutions violentes ou mensongères.

Le droit de la majorité est le droit du plus fort, il est injuste; mais il serait plus injuste encore que l'autorité du plus faible l'emportât. La société devant prononcer, le plus fort ou le plus faible, le plus ou le moins nombreux doit triompher. Si le droit de la majorité, c'est-à-dire du plus fort n'était pas reconnu, le droit de la minorité le serait, c'est-à-dire que l'injustice pèserait sur un plus grand nombre. Le *liberum veto* de Pologne qui voulait que les lois n'eussent de force que *nemine contradicente,* ne rendait pas tous les citoyens libres, mais les soumettait tous à un seul. C'est pour conserver la liberté du plus grand nombre, que les législateurs les plus justes se sont vus forcés de porter atteinte à celle de tous. Il faut se résigner à l'inconvénient qui résulte de la nature des choses et que la nature des choses répare. Il existe dans la nature une force réparatrice. Tout ce qui est naturel porte son remède avec soi. Ce qui est factice, au contraire, a des inconvénients au moins aussi grands et la nature ne fournit pas le remède. Celui qu'elle oppose aux erreurs de la majorité, c'est la circonscription de ses droits dans des limites précises. Si vous déclarez son autorité sans bornes, vous renoncez à tout préservatif contre les suites de ses erreurs.

La majorité ne peut faire la loi que sur les objets sur lesquels la loi doit prononcer, sur ceux sur lesquels la loi ne doit pas prononcer, le vœu de la majorité n'est pas plus légitime que celui de la plus petite des minorités.

Qu'on me pardonne de développer peut-être trop un sujet si important et de recourir à un exemple pour rendre ces vérités plus sensibles. Supposons des hommes qui s'associent pour une entreprise de commerce. Ils mettent en commun une partie de leur fortune ; cette portion est la fortune commune ; ce qui reste à chacun est sa fortune privée. La majorité des associés peut diriger l'emploi des fonds mis en commun. Mais si cette majorité prétendait étendre sa compétence sur le reste de la fortune des associés, aucun tribunal ne sanctionnerait cette prétention.

Il en est de même de l'autorité sociale. Si la comparaison est inexacte, ce n'est que dans un point et cette inexactitude est à l'avantage de nos principes. Dans notre hypothèse d'une association particulière, il existe hors de cette association une force qui peut empêcher la majorité d'opprimer la minorité. Un petit nombre d'hommes ne peut pas s'emparer du nom de la majorité pour tyranniser l'association. Enfin cette association peut avoir pris envers un tiers des engagements dont elle est solidaire. Mais dans les associations politiques, aucune de ces circonstances n'a lieu. L'association n'est responsable envers aucun tiers. Il n'existe que deux fractions, la majorité et la minorité ; la majorité qui est juge, lorsqu'elle n'excède pas sa compétence, et devient partie lorsqu'elle l'excède. Aucune force en dehors ne met obstacle à ce que la majorité ne s'immole la minorité ou à ce qu'un petit nombre d'hommes ne s'intitule la majorité pour dominer sur le tout. Il est donc indispensable de suppléer à cette force extérieure, qui n'existe pas, par des principes immuables dont la majorité ne dévie jamais.

Il en est de l'autorité sociale comme du crédit des gouvernements. Les gouvernements, étant toujours plus forts que leurs créanciers, sont par là même obligés à une fidélité plus rigoureuse. Car, s'ils s'en écartent une fois, aucun moyen coercitif ne pouvant être pris contre eux, ils ne rassurent plus la confiance effarouchée. De même la majorité ayant toujours le pouvoir d'envahir les droits des individus ou de la minorité, si elle ne s'en abstient avec le plus grand scrupule, toute sécurité disparaît ; car il n'y a nulle garantie ni contre les récidives, ni contre des excès toujours croissants.

Une source d'erreur continuelle sur la compétence de l'autorité sociale, c'est la confusion constante de l'intérêt commun avec l'intérêt de tous. L'intérêt commun ne regarde que le corps collectif. L'intérêt de tous n'est autre chose que les intérêts de chacun, considérés ensemble. Indépendamment des intérêts partiels, qui ne concernent qu'un individu ou qu'une fraction et qui par conséquent sont étrangers à toute juridiction sociale, il y a encore des objets qui intéressent tous les membres de la société et sur lesquels néanmoins la volonté générale ne doit pas s'exercer. Ces objets intéressent tous les associés comme individus et non comme membres du corps collectif. La religion par exemple est dans ce cas. L'autorité sociale doit toujours s'exercer sur l'intérêt commun, mais ne doit s'exercer sur celui de tous qu'autant que l'intérêt commun s'y trouve aussi compromis. La comparaison que j'ai employée précédemment expliquera mon idée. La portion de fortune que des individus mettent en commun est la fortune commune. L'on pourrait appeler l'agrégation de ce qui reste à chacun des associés la fortune de tous; mais s'ils ne l'ont pas mise en commun, c'est la fortune de tous, sans être la fortune commune. Elle ne fait pas une et même chose. C'est une agrégation de fortunes particulières, indépendantes l'une de l'autre, qui ne se confondent pas, qui ne se fondent point ensemble. L'association peut bien disposer de la fortune commune, mais non de la fortune de tous. C'est une erreur de conclure de ce qu'un objet intéresse tous les membres d'une société, que ce soit un objet d'intérêt commun. Ce peut n'être qu'un objet qui intéresse chacun comme individu. Avant de permettre à l'autorité sociale de s'exercer sur cet objet, il faut voir s'il a un point d'intérêt commun, c'est-à-dire si les intérêts de chacun sur ce point sont de nature à se rencontrer et à se froisser les uns les autres. Ce n'est qu'alors que l'autorité sociale est appelée à s'en occuper. Elle ne l'est même alors que pour prévenir les frottements. Si au contraire ces intérêts coexistent sans se confondre, ils ne sont point sous la juridiction de l'autorité sociale. Ils n'y sont pas de droit, et nous démontrerons qu'ils n'y doivent pas être de fait, car elle ne ferait que les troubler sans utilité. Ils doivent rester dans leur indépendance et leur individualité parfaite.

La plupart des écrivains politiques, ceux surtout qui écrivaient dans les principes les plus populaires, sont tombés dans une erreur bizarre en parlant des droits de la majorité.

Ils l'ont représentée comme un être réel dont l'existence se prolonge et qui est toujours composé des mêmes parties. Mais il arrive sans cesse qu'une partie de la majorité de hier forme la minorité d'aujourd'hui. En défendant les droits de la minorité, l'on défend donc les droits de tous. Car chacun à son tour se trouve en minorité. L'association entière se divise en une foule de minorités que l'on opprime successivement. Chacune d'entre elles, isolée pour être victime, redevient, par une étrange métamorphose, partie de ce qu'on appelle le grand tout, pour servir de prétexte au sacrifice d'une autre minorité. Accorder à la majorité une autorité illimitée, c'est offrir au peuple en masse l'holocauste du peuple en détail. L'injustice et le malheur font le tour de l'association, en s'appesantissant au nom de tous sur chacun isolément, et tous à la fin de cette rotation déplorable se trouvent avoir perdu sans retour comme individus beaucoup plus qu'ils n'avaient gagné passagèrement comme associés.

CHAPITRE III

DE L'ORGANISATION DU GOUVERNEMENT QUAND L'AUTORITÉ SOCIALE N'EST PAS LIMITÉE

Lorsque l'autorité sociale n'est pas limitée, l'organisation du gouvernement devient une chose très secondaire. La surveillance mutuelle des fractions diverses de l'autorité n'est utile que pour empêcher l'une d'entre elles de s'agrandir aux dépens des autres. Mais si la somme totale de leurs pouvoirs est illimitée, s'il est permis à ces autorités réunies de tout envahir, qui les empêchera de se coaliser pour opprimer à leur gré ?

Ce qui m'importe, ce n'est pas que mes droits personnels ne puissent être violés par tel pouvoir, sans l'approbation de tel autre ; mais que cette violation soit interdite à tous les pouvoirs. Il ne suffit pas que les agents de l'exécution aient besoin d'invoquer l'autorisation du législateur, il faut que le législateur ne puisse autoriser leur action que dans une sphère déterminée. C'est peu que le pouvoir exécutif n'ait pas le droit d'agir sans le concours d'une loi, si l'on ne met pas de bornes à ce concours, si l'on ne déclare pas qu'il est des objets sur lesquels le législateur n'a pas le droit de faire une loi ou en d'autres termes, qu'il y a des parties de l'existence individuelle sur laquelle la société n'a pas le droit d'avoir une volonté.

Si l'autorité sociale n'est pas limitée, la division des pouvoirs, qui est d'ordinaire la garantie de la liberté, devient un danger et un fléau. La division des pouvoirs est excellente en ce qu'elle rapproche autant que possible l'intérêt des gouvernants de celui des gouvernés. Les hommes dépositaires de l'autorité exécutrice ont mille moyens d'échapper à l'action des lois. Il est donc à craindre que s'ils font les lois, elles ne se ressentent d'être faites par des hommes qui ne craignent pas qu'elles retombent jamais sur eux. En séparant la confection des lois de leur exécution, vous atteignez ce but, que ceux qui font les lois, s'ils sont gouvernants en principe, sont gouvernés en application et que ceux qui les exécutent, s'ils sont gouvernants en application, sont gouvernés en principe. Mais si en divisant le pouvoir, vous ne mettez pas des bornes à la compétence de la loi, il arrive qu'une classe d'hommes fait des lois, sans s'embarrasser des maux qu'elle occasionne et qu'une autre classe exécute ces lois, en se croyant innocente du mal qu'elle fait, parce qu'elle dit qu'elle n'a pas contribué à la loi. La justice et l'humanité se trouvent entre ces deux classes, sans pouvoir parler à l'une ou à l'autre. Mieux vaudrait mille fois alors que le pouvoir qui exécute les lois fût aussi chargé de les faire. Au moins apprécierait-il les difficultés et les douleurs de l'exécution.

CHAPITRE IV

OBJECTION CONTRE LA POSSIBILITÉ DE LIMITER L'AUTORITÉ SOCIALE

Une objection se présente contre la limitation de l'autorité sociale. Est-il possible de la limiter? Existe-t-il une force qui puisse l'empêcher de franchir les barrières qu'on lui aura prescrites? On peut, dira-t-on, par des combinaisons ingénieuses, limiter le pouvoir en le divisant. On peut mettre en opposition et en équilibre ses différentes parties. Mais par quel moyen fera-t-on que la somme totale n'en soit pas illimitée? Comment borner le pouvoir autrement que par le pouvoir?

Sans doute la limitation abstraite de l'autorité sociale serait une recherche stérile, si on ne lui donnait pas ensuite dans l'organisation du gouvernement les garanties dont elle a besoin. L'investigation de ces garanties n'est pas du ressort de cet ouvrage. Nous dirons seulement qu'il nous semble possible de découvrir des bases d'institutions politiques, qui combinent tellement les intérêts des divers dépositaires de la puissance, que leur avantage le plus manifeste, le plus durable et le plus assuré soit de rester chacun dans les bornes de leurs attributions respectives et de s'y contenir mutuellement. Mais la première question n'en est pas moins la limitation de la somme totale de l'autorité. Car avant d'organiser une chose, il faut en avoir déterminé la nature et l'étendue.

Nous dirons ensuite que, sans vouloir, comme l'ont fait trop souvent les philosophes, exagérer l'influence de la vérité sur les hommes, l'on peut affirmer que, lorsque de certains principes sont complètement et clairement démontrés, ils se servent en quelque sorte de garantie à eux-mêmes. Les intérêts les plus véhéments ont une sorte de pudeur qui les empêche de s'appuyer d'erreurs trop manifestement réfutées. Au moment même où la lutte de la Révolution française remettait en fermentation tous les préjugés encore existants, des erreurs de même nature n'ont pas osé se reproduire, uniquement parce que la démonstration en avait fait justice. Ceux qui défendaient les privilèges de la féodalité n'ont pas songé à proposer le rétablissement de l'esclavage dont Platon dans sa *République* idéale, et dont Aristote dans sa *Politique* ne supposaient pas qu'on pût se passer.

Il se forme à l'égard de toutes les vérités que l'on parvient à environner de preuves incontestables une opinion universelle qui bientôt est victorieuse. S'il est reconnu que l'autorité sociale n'est pas sans bornes, c'est-à-dire qu'il n'existe sur la terre aucune puissance illimitée, nul, dans aucun temps, n'osera réclamer une semblable puissance. L'expérience même le démontre déjà. Bien que l'autorité sociale ne soit pas encore limitée en théorie, elle est néanmoins de fait plus resserrée de nos jours qu'autrefois. L'on n'attribue plus, par exemple, même à la société entière le droit de vie et de mort sans jugement; aussi nul gouvernement moderne ne prétend exercer un pareil droit. Si les tyrans des anciennes républiques nous paraissent bien plus effrénés que les gouvernants de l'histoire moderne, c'est en partie à cette cause qu'il faut l'attribuer. Les attentats les plus monstrueux du despotisme d'un seul furent souvent dus à la doctrine de la puissance sans bornes de tous. La limitation de l'autorité sociale est donc possible. Elle sera garantie d'abord par la même force qui garantit toutes les vérités reconnues, par l'opinion. L'on pourra s'occuper ensuite de la garantir d'une manière plus fixe, par l'organisation particulière des pouvoirs politiques. Mais avoir obtenu et consolidé la première garantie sera toujours un grand bien.

CHAPITRE V

DES LIMITES DE L'AUTORITÉ SOCIALE RESTREINTE AU STRICT NÉCESSAIRE

Deux choses sont indispensables pour qu'une société existe et pour qu'elle existe heureuse. L'une qu'elle soit à l'abri des désordres intérieurs, l'autre qu'elle soit à couvert des invasions étrangères. L'autorité sociale doit en conséquence être spécialement chargée de réprimer ces désordres et de repousser ces invasions. Pour cet effet, elle doit être investie du droit de porter des lois pénales contre les crimes, du droit d'organiser une force armée contre les ennemis extérieurs, du droit enfin d'imposer aux individus le sacrifice d'une portion de leur propriété particulière pour subvenir aux dépenses de ces deux objets. La juridiction indispensable de l'autorité sociale se compose donc de deux branches : châtiment des délits, résistance aux agressions.

Il faut même distinguer deux espèces de délits, les actions essentiellement nuisibles en elles-mêmes et les actions qui ne sont nuisibles que comme violation d'engagements contractés. La juridiction de la société sur les premières est absolue. Elle n'est que relative à l'égard des secondes. Elle dépend et de la nature de l'engagement et de la réclamation de l'individu lésé. Lors même que la victime d'un assassinat ou d'un vol voudrait pardonner au coupable, société devrait le punir, parce que l'action commise est nuisible par son essence. Mais lorsque la rupture d'un engagement est consentie par toutes les parties contractantes ou intéressées, la société n'a pas le droit d'en prolonger de force l'exécution, comme n'a pas le droit de le dissoudre sur la demande d'une seule des parties.

Il est évident que la juridiction de la société ne peut rester en deçà de ces bornes, mais qu'elle peut s'arrêter là. On ne pourrait concevoir un peuple, chez lequel les crimes individuels demeureraient impunis et qui n'aurait préparé aucun moyen de résister aux attaques que pourraient entreprendre contre lui les nations étrangères. Mais on pourrait en concevoir dont le gouvernement n'aurait d'autre mission que de veiller à ces deux objets. L'existence des individus et celle de la société seraient parfaitement assurées. Le nécessaire serait fait.

CHAPITRE VI

DES DROITS INDIVIDUELS QUAND L'AUTORITÉ SOCIALE SE TROUVE AINSI RESTREINTE

Les droits individuels se composent de tout ce qui reste indépendant de l'autorité sociale. Dans l'hypothèse que nous venons de présenter au chapitre précédent, les droits individuels consisteraient dans la faculté de faire tout ce qui ne nuit pas à autrui ou dans la liberté d'action, dans le droit de n'être astreint à la profession d'aucune croyance dont on ne serait pas convaincu, cette croyance, fût-elle celle de la majorité, ou dans la liberté religieuse, dans le droit de manifester sa pensée, par tous les moyens de publicité, pourvu que cette publicité ne nuisît à aucun individu et ne provoquât aucune action coupable, enfin dans la certitude de ne pas être arbitrairement traité, comme si l'on avait excédé les bornes des droits individuels, c'est-à-dire dans la garantie de n'être arrêté, détenu ni jugé que d'après les lois et suivant les formes.

Les droits de la société ne sauraient être utilement distingués de ceux du gouvernement, parce qu'il est impossible d'indiquer un mode pour la société d'exercer ses droits, sans que le gouvernement s'en mêle. Mais les droits des individus peuvent être utilement distingués de ceux du gouvernement et de la société, parce qu'il est possible, comme on le voit, d'indiquer les objets sur lesquels le gouvernement et la société doivent s'abstenir de prononcer et laisser les individus parfaitement libres.

CHAPITRE VII

DU PRINCIPE DE L'UTILITÉ, SUBSTITUÉ À L'IDÉE DE DROITS INDIVIDUELS

Un écrivain très recommandable par la profondeur, la justesse et la nouveauté de ses pensées, Jérémie Bentham, s'est élevé récemment, contre l'idée de droits et surtout contre celle de droits naturels, inaliénables ou imprescriptibles ; il a prétendu que cette notion n'était propre qu'à nous égarer, et qu'il fallait mettre à sa place celle de l'utilité, qui lui paraît plus simple et plus intelligible. Comme la route qu'il a préférée l'a conduit à des résultats parfaitement semblables aux miens, je voudrais ne pas disputer contre sa terminologie. Je suis pourtant forcé de la combattre ; car le principe d'utilité, tel que Bentham nous le présente, me semble avoir les inconvénients communs à toutes les locutions vagues ; et il a de plus son danger particulier.

Nul doute qu'en définissant convenablement le mot d'utilité, l'on ne parvienne à appuyer sur cette notion précisément les mêmes règles que celles qui découlent de l'idée du droit naturel et de la justice. En examinant avec attention toutes les questions qui paraissent mettre en opposition ce qui est utile et ce qui est juste, on trouve toujours que ce qui n'est pas juste n'est jamais utile. Mais il n'en est pas moins vrai que le mot d'utilité, suivant l'acception vulgaire, rappelle une notion différente de celle de la justice ou du droit. Or, lorsque l'usage et la raison commune attachent à un mot une signification déterminée, il est dangereux de changer cette signification. On explique vainement ensuite ce qu'on a voulu dire. Le mot reste, et l'explication s'oublie.

On ne peut, dit Bentham, *raisonner avec des fanatiques armés d'un droit naturel que chacun entend comme il lui plaît, et applique comme il lui convient.* Mais de son aveu même, le principe de l'utilité est susceptible de tout autant d'interprétations et d'applications contradictoires. « L'utilité, dit-il, a été souvent mal appliquée : entendue dans un sens étroit, elle a prêté son nom à des crimes. Mais on ne doit pas rejeter sur le principe les fautes qui lui sont contraires, et que lui seul peut servir à rectifier.» Comment cette apologie s'appliquerait-elle à l'utilité, et ne s'appliquerait-elle pas au droit naturel?

Le principe de l'utilité a ce danger de plus que celui du droit, qu'il réveille dans l'esprit de l'homme l'espoir d'un profit, et non le sentiment d'un devoir. Or, l'évaluation d'un profit est arbitraire : c'est l'imagination qui en décide. Mais ni ses erreurs, ni ses caprices ne sauraient changer la notion du devoir.

Les actions ne peuvent pas être plus ou moins justes; mais elles peuvent être plus ou moins utiles. En nuisant à mes semblables, je viole leurs droits. C'est une vérité incontestable; mais si je ne juge de cette violation que par son utilité, je puis me tromper dans ce calcul et trouver de l'utilité à cette violation. Le principe de l'utilité est par conséquent bien plus vague que celui du droit naturel.

Loin d'adopter la terminologie de Bentham, je voudrais le plus possible séparer l'idée du droit de la notion de l'utilité. Ce n'est qu'une différence de rédaction. Mais elle est plus importante qu'on ne pense.

Le droit est un principe; l'utilité n'est qu'un résultat. Le droit est une cause; l'utilité n'est qu'un effet.

Vouloir soumettre le droit à l'utilité, c'est vouloir soumettre les règles éternelles de l'arithmétique à nos intérêts de chaque jour.

Sans doute il est utile pour les transactions générales des hommes entre eux, qu'il existe entre les nombres des rapports immuables; mais si l'on prétendait que ces rapports n'existent que parce qu'il est utile que cela soit ainsi, l'on ne manquerait pas d'occasions où l'on prouverait qu'il serait infiniment plus utile de faire plier ces rapports. L'on oublierait que leur utilité constante vient de leur immutabilité et cessant d'être immuables, ils cesseraient d'être utiles. Ainsi l'utilité, pour avoir été trop favorablement traitée en apparence et transformée en cause, au lieu qu'elle doit rester effet, disparaîtrait bientôt totalement elle-même.

Il en est ainsi de la morale et du droit. Vous détruisez l'utilité par cela seul que vous la placez au premier rang. Ce n'est que lorsque la règle est démontrée, qu'il est bon de faire ressortir l'utilité qu'elle peut avoir.

Je le demande à l'auteur même que je réfute. Les expressions qu'il veut nous interdire ne rappellent-elles pas des idées plus fixes et plus précises que celles qu'il prétend leur substituer? Dites à un homme : vous avez le droit de n'être pas mis à mort ou dépouillé arbitrairement; vous lui donnez un bien autre sentiment de sécurité et de garantie, que si vous lui dites : il n'est pas utile que vous soyez mis à mort ou dépouillé arbitrairement. On peut démontrer, je l'ai déjà reconnu, qu'en effet cela n'est jamais utile. Mais en parlant du droit, vous présentez une idée indépendante de tout calcul. En parlant de l'utilité, vous semblez inviter à remettre la chose en question, en la soumettant à une vérification nouvelle.

Quoi de plus absurde, s'écrie l'ingénieux et savant collaborateur de Bentham [Dumont], que des droits inaliénables qui ont toujours été aliénés, des droits imprescriptibles qui ont toujours été prescrits! Mais en disant que ces droits sont inaliénables ou imprescriptibles, on dit simplement qu'ils ne doivent pas être aliénés, qu'ils ne doivent pas être prescrits. On parle de ce qui doit être, non de ce qui est.

Bentham, en réduisant tout au principe d'utilité, s'est condamné à une évaluation forcée de ce qui résulte de toutes les actions humaines, évaluation qui contrarie les notions les plus simples et les plus habituelles. Quand il parle de la fraude, du vol, etc., il est obligé de convenir que s'il y a perte d'un côté, il y a gain de l'autre et alors son principe pour repousser des actions pareilles, c'est que bien de gain n'est pas équivalent à mal de perte : mais le bien et le mal étant séparés, l'homme qui commet le vol trouvera que son gain lui importe plus que la perte d'un autre. Toute idée de justice étant mise hors de la question, il ne calculera plus que le gain qu'il fait. Il dira : gain pour moi est plus qu'équivalent pour moi à perte d'autrui. Il ne sera donc retenu que par la crainte d'être découvert. Tout motif moral est anéanti par ce système.

En repoussant le premier principe de Bentham, je suis loin de méconnaître le mérite de cet écrivain. Son ouvrage est plein d'idées et de vues profondes. Toutes les conséquences qu'il tire de son principe sont des vérités précieuses en elles-mêmes. C'est que ce principe n'est pas faux ; la terminologie seule est vicieuse. Dès qu'il parvient à se dégager de sa terminologie, il réunit dans un ordre admirable les notions les plus saines sur l'économie politique, sur les précautions avec lesquelles le gouvernement doit intervenir dans les affaires des individus, sur la population, sur la religion, sur le commerce, sur les lois pénales, sur la proportion des châtiments aux délits. Mais il lui est arrivé, comme à beaucoup d'auteurs estimables, de prendre une rédaction pour une découverte et de tout sacrifier alors à cette rédaction.

LIVRE III

DES RAISONNEMENTS ET DES HYPOTHESES QUI MOTIVENT L'EXTENSION DE L'AUTORITE SOCIALE

CHAPITRE I

DE L'EXTENSION DE L'AUTORITÉ SOCIALE AU-DELÀ DE SA JURIDICTION INDISPENSABLE, SOUS LE PRÉTEXTE DE L'UTILITÉ

Chez aucun peuple, les individus n'ont joui des droits individuels dans toute leur plénitude. Aucun gouvernement n'a restreint l'exercice de l'autorité sociale dans les limites du strict nécessaire. Tous l'ont étendue fort au-delà ; et les philosophes de tous les siècles, les écrivains de tous les partis ont sanctionné cette extension de tout le poids de leurs suffrages.

Je ne compte pas dans ce nombre seulement des esprits vulgaires et subalternes, mais les auteurs les plus distingués des deux derniers siècles, Fénelon, Rousseau, Mably, et même à quelques égards Montesquieu.

M. Necker n'est pas exempt des erreurs que je reproche à ceux qui ont favorisé l'extension de l'autorité sociale. Il appelle le souverain le tuteur de la félicité publique et, lorsqu'il traite des prohibitions commerciales, il suppose sans cesse que, les individus se laissant dominer par l'intérêt du moment, le souverain entend mieux qu'eux-mêmes leur intérêt durable. Ce qui rend dans M. Necker cette erreur plus excusable et plus touchante, c'est qu'il est toujours dévoré du désir de faire le bien et qu'il ne voit dans l'autorité qu'un moyen plus étendu de bienveillance et de bienfaisance.

L'homme, nous disent-ils, est l'ouvrage des lois. Au commencement, les hommes font les institutions et dans la suite, les institutions font les hommes. L'autorité doit s'emparer de nous dès les premiers moments de notre existence, pour nous entourer d'exemples et de préceptes de vertu. Elle doit diriger, améliorer, éclairer cette classe nombreuse et ignorante du peuple, qui, n'ayant pas le temps de l'examen, est condamnée à recevoir les vérités mêmes sur paroles et comme des préjugés. Tout le temps où la loi nous abandonne est un temps qu'elle donne aux passions pour nous tenter, nous séduire et nous subjuguer. La loi doit exciter l'amour du travail, graver dans l'âme de la jeunesse le respect pour la morale, frapper l'imagination par des institutions habilement combinées, pénétrer jusqu'au fond des cœurs pour en arracher les pensées coupables, au lieu de se borner à comprimer les actions nuisibles, prévenir les crimes au lieu de les punir. La loi doit régler nos moindres mouvements, présider à la diffusion des lumières, au développement de l'industrie, au perfectionnement des arts, conduire, comme par la main, la foule aveugle qu'il faut instruire, ou la foule corrompue qu'il faut corriger.

A l'appui de cette doctrine, ces publicistes illustres citent les exemples les plus mémorables des nations anciennes, où les lois suivaient l'homme dans toutes les professions, dans toutes les actions de sa vie, lui dictaient ses moindres paroles et inspectaient jusqu'à ses plaisirs.

Imbus de leurs principes, les chefs de la Révolution française sont crus des Lycurgues, des Solon, des Numa, des Charlemagne ; aujourd'hui même, malgré le triste résultat de leurs efforts, on accuse plutôt la maladresse des entrepreneurs que la nature de l'entreprise.

Une observation générale est nécessaire avant d'examiner en détail la théorie qui tend à légitimer l'extension de l'autorité sociale.

Cette extension n'est pas d'une nécessité absolue, nous croyons l'avoir démontré. Elle est motivée uniquement sur l'espérance de l'utilité. Mais l'allégation de l'utilité une fois admise, nous nous trouvons reportés malgré tous nos efforts, vers tous les inconvénients qui résultent de la force aveugle et colossale, qui nous a paru si terrible sous le nom de souveraineté illimitée. L'utilité n'est pas susceptible d'une démonstration précise. C'est un objet d'opinion individuelle et conséquemment de discussion indéfinie. L'on peut trouver des motifs d'utilité pour tous les commandements et pour toutes les prohibitions. Défendre aux citoyens de sortir de leurs maisons préviendrait tous les délits qui se commettent sur les grandes routes. Les obliger de se présenter chaque matin devant leur municipalité empêcherait les vagabonds, les brigands, les hommes dangereux de se cacher dans les grandes villes, pour y attendre les occasions d'y faire du mal. C'est avec cette logique que de nos jours on a fait de la France un vaste cachot. Rien dans la nature n'est indifférent suivant le sens rigoureux de cette expression. Tout a sa cause, tout a ses effets. Tout a des résultats ou réels ou possibles, tout peut être utile, tout peut être dangereux. L'autorité sociale étant seule juge de toutes ces possibilités, il est clair que, dans ce système, elle n'a point et ne peut point avoir de limites. Cependant, si elle doit être limitée, tout ce qui est de sa juridiction doit l'être; ce qui ne peut l'être n'est pas de cette juridiction. Or, nous avons prouvé qu'elle devait être limitée. Donc, avant de comprendre un objet quelconque dans ses attributions, il faut examiner si l'on peut marquer la borne où l'exercice de cette attribution doit s'arrêter. S'il n'est aucun moyen de tracer cette borne, c'est que l'attribution elle-même ne doit pas exister : c'est qu'on transporte l'autorité hors de sa sphère. Car il est de l'essence de cette sphère qu'elle ne soit pas sans bornes. Faites-la sans bornes, et vous retombez dans l'abîme incommensurable de l'arbitraire. Faites-la sans bornes sur un seul objet, et il n'y a plus aucune garantie dans l'ordre social. Car, si une seule partie de l'ordre social est sans garantie, la garantie de tout le reste s'anéantit. Si elle ne s'anéantit pas de fait, elle s'anéantit de droit; or le fait n'est qu'un accident; le droit seul est la garantie.

CHAPITRE II

DES HYPOTHÈSES SANS LESQUELLES L'EXTENSION DE L'AUTORITÉ SOCIALE EST INADMISSIBLE

L'imagination peut inventer un emploi singulièrement utile de l'autorité sociale, dans son extension indéfinie, en la supposant toujours exercée en faveur de la raison, de l'intérêt de tous et de la justice, choisissant toujours des moyens d'une noble nature et d'un succès assuré, parvenant à s'assujettir les facultés de l'homme sans les dégrader, agissant en un mot, comme les dévots conçoivent l'action de la providence, par la réunion de la force qui commande et de la conviction qui pénètre au fond des cœurs. Mais pour adopter ces suppositions brillantes, il faut admettre trois hypothèses. Il faut se représenter d'abord le gouvernement, sinon comme infaillible, du moins comme indubitablement plus éclairé que les gouvernés. Car pour intervenir dans les relations des individus entre eux avec plus de sagesse qu'ils ne le pourraient eux-mêmes, pour diriger le développement de leurs facultés et l'emploi de leurs moyens avec plus de succès que le ferait leur jugement propre, il faut avoir le privilège assuré de distinguer mieux qu'eux, ce qui est avantageux de ce qui est nuisible. Sans cela, que gagnez-vous pour le bonheur, l'ordre ou la morale en étendant les attributions des gouvernements ? Vous créez une force aveugle dont la disposition est abandonnée au hasard. Vous tirez au sort entre le bien et le mal, entre l'erreur et la vérité et le sort décide qui sera revêtu de la puissance. Toute extension de l'autorité, dont les gouvernants sont investis, ayant lieu toujours aux dépens de la liberté des gouvernés, encore faut-il pour consentir à ce sacrifice, qu'il soit probable que les premiers feront de leur pouvoir agrandi de la sorte un meilleur usage que les seconds de leur liberté. Il faut en second lieu supposer que, si, malgré ses lumières supérieures, le gouvernement se trompe, ses erreurs seront moins funestes que celles des particuliers. Il faut s'assurer enfin que les moyens qui sont entre les mains des gouvernements ne produiront pas un mal plus grand que le bien qu'ils doivent atteindre.

Nous allons examiner successivement ces trois hypothèses.

Chapitre III

Les gouvernements sont-ils nécessairement plus exempts d'erreurs que les gouvernés ?

Il est facile d'affirmer que des lieux élevés doit partir la lumière et qu'un gouvernement éclairé doit mener la foule. En écrivant ces mots, on se représente le gouvernement comme un être abstrait, composé de ce qu'il y a de meilleur, de plus instruit et de plus sage dans une nation. Mais il y a dans cette idée que l'on se forme du gouvernement, confusion d'époques et pétition de principe. Il y a confusion d'époques en ce que l'on ne distingue pas les nations barbares des nations civilisées. Nul doute que, lorsqu'une peuplade ne possédant que les notions grossières indispensables à l'existence physique reçoit, par la conquête ou toute autre manière, un gouvernement qui lui fait connaître les premiers éléments de la civilisation, les hommes qui composent ce gouvernement ne soient plus éclairés que ceux qu'ils gouvernent. Ainsi l'on peut croire que Cécrops, s'il a existé, avait plus de lumières que les Athéniens, Numa que les Romains, Mahomet que les Arabes. Mais appliquer ce raisonnement à une association civilisée est, ce me semble, une grande erreur. Dans une pareille association, une portion nombreuse ne s'éclaire, il est vrai, que très difficilement, vouée qu'elle est par la nature des choses, à des occupations mécaniques et les gouvernants sont incontestablement supérieurs à cette portion. Mais il y a aussi une classe éclairée, dont les gouvernants mêmes font partie et ne font qu'une très petite partie. Ce n'est pas entre les classes ignorantes et les gouvernants que la comparaison doit s'établir, mais entre les gouvernants et la classe éclairée. Celle-ci doit instruire et diriger le reste de la nation. Mais il faut distinguer son influence comme éclairée, de celle d'une fraction d'elle-même comme gouvernante. La question posée ainsi, il y a pétition de principe à conférer aux gouvernements la supériorité des lumières : Car on franchit sans l'examiner une première difficulté qui se rencontre dans la formation des gouvernements. Les gouvernements peuvent être formés de trois manières, par l'hérédité, par l'élection, par la force. Nous ne disons rien de ce dernier mode. On ne l'attaque guère en pratique, parce qu'il a l'avantage d'imposer silence. Mais on ne s'avise pas non plus de le justifier en théorie.

Lorsque la monarchie héréditaire s'appuyait du droit divin, le mystère même qui sanctionnait cette institution théocratique pouvait faire attribuer au monarque des lumières supérieures comme un don du ciel et l'on retrouve cette notion dans les *Mémoires* écrits par Louis XIV. Mais aujourd'hui que les gouvernements reposent sur des bases purement humaines, cette hypothèse religieuse est inadmissible. L'hérédité ne nous présente qu'une succession de gouvernants élevés dans la puissance, et l'expérience est presque superflue pour nous indiquer le résultat de deux éléments tels que le hasard et la flatterie. L'élection donne aux gouvernements la sanction du vœu populaire. Mais cette sanction est-elle une garantie de lumières exclusives dans ceux qu'elle investit du pouvoir ? Les écrivains qui le prétendent parcourent un singulier cercle. Lorsqu'on se permet quelque doute sur l'excellence des gouvernants, le choix du peuple leur paraît une réfutation sans réplique de ces doutes injurieux ; dans cette partie de leur système, le peuple est donc infaillible. Mais lorsqu'on réclame pour ce même peuple le droit de se diriger dans ses intérêts et ses opinions, ils affirment qu'au gouvernement appartient cette direction et, dans cette seconde partie, ils déclarent le peuple incapable de marcher seul, sans tomber d'erreurs en erreurs. Ainsi, par je ne sais quel prodige, une foule ignoble, absurde, dégradée, stupide, qui ne peut se conduire et qu'il faut guider sans cesse, se trouve soudain éclairée pour un moment unique et sans retour ; elle nomme ou elle accepte ses chefs, puis elle retombe immédiatement dans l'aveuglement et dans l'ignorance. Le peuple, comme le prouve Machiavel et d'après lui Montesquieu, fait presque toujours de bons choix pour des emplois particuliers. Mais les raisonnements mêmes de ces écrivains démontrent que, pour assurer la bonté des choix du peuple, il est nécessaire que les fonctions qu'il confère soient d'une circonscription bien déterminée et renfermée dans des limites précises. *Le peuple,* dit Montesquieu, *est admirable pour choisir ceux à qui il doit confier quelque partie de son autorité. Il sait très bien qu'un homme a été souvent à la guerre, qu'il y a eu tels ou tels succès; il est donc très capable d'élire un général. Il sait qu'un juge est assidu; que beaucoup de gens se retirent de son tribunal contents de lui; qu'on ne l'a pas convaincu de corruption; en voilà assez pour qu'il élise un préteur. Il a été frappé de la magnificence ou des richesses d'un citoyen; cela suffit pour qu'il puisse choisir un édile. Il n'a à se déterminer que par des motifs qu'il ne peut ignorer, et des faits qui tombent sous les sens.* L'on voit que tous les exemples dont M. de Montesquieu s'appuie, ne s'appliquent qu'aux fonctions de l'autorité sociale restreinte au strict nécessaire. Il en est de même de ce que dit Machiavel. « Les hommes, observe-t-il, quoique sujets à se tromper sur le général, ne se trompent pas sur le particulier.» Mais appeler le peuple à nommer des gouvernants, si ces gouvernants font autre chose que punir le crime et repousser les invasions, s'ils s'arrogent une juridiction sur l'opinion, sur les lumières, sur les actions indifférentes, sur la propriété, sur l'industrie, en un mot sur tout, ce n'est plus l'appeler à prononcer sur le particulier, mais sur le général. Le choix du peuple, lorsqu'il est libre et dans les temps calmes, prouve en faveur du talent particulier de l'homme auquel il confie une mission particulière. Il apprécie un juge par ses jugements, un général par ses victoires; mais lorsqu'il est question d'un pouvoir indéfini, portant sur des choses vagues, arbitraires et illimitées, le choix du peuple ne prouve rien. Il n'a pas alors pour se déterminer des faits antérieurs, des faits qui tombent sous le sens. Le choix du peuple appelle naturellement aux places des hommes de la classe éclairée. Mais ces élus du peuple n'ont aucune chance pour posséder une supériorité intellectuelle sur le reste de cette classe. Leurs opinions seront au niveau des idées les plus universellement répandues. Par cela même, ils seront excellents pour la conservation, pour la protection négative. Ils ne vaudront rien pour la direction. Pour garantir et pour conserver, il suffit d'être au niveau. Pour diriger, il faudrait être au-dessus. Si vous supposez, dit Condorcet, *Premier mémoire sur l'éducation* (page 55), la puissance publique plus éclairée que la masse du peuple, vous devez la supposer moins éclairée que beaucoup d'individus. Nous ajouterons que les qualités qui conduisent à l'autorité dans un gouvernement fondé sur le choix du peuple, sont toujours plus ou moins exclusives d'autres qualités particulièrement propres à l'accroissement des lumières. Il faut pour s'attirer la confiance de la grande masse d'une nation, de la ténacité dans les idées, de la partialité dans les opinions, quelque chose de positif dans la manière de voir et d'agir, plus de force que de finesse et plus de promptitude à saisir l'ensemble que de délicatesse à discerner les détails. Ces choses sont excellentes pour la répression, pour la surveillance, pour tout ce qu'il y a dans les fonctions du gouvernement de fixe, de déterminé, de précis. Mais transportées dans le domaine de l'intelligence, de l'opinion, des lumières, de la morale, elles ont quelque chose de rude, d'inflexible, de grossier qui va contre le but d'amélioration ou de perfectionnement que l'on se propose. Une autre considération ne doit pas nous échapper. Il y a dans le pouvoir quelque chose qui fausse plus ou moins le jugement. Les chances d'erreur de la force sont plus multipliées que celles de la faiblesse. La force trouve ses ressources en elle-même. La faiblesse a besoin de la raison. Toutes choses égales, il est toujours vraisemblable que les gouvernants auront des opinions moins justes, moins saines, moins impartiales que les gouvernés. Supposez deux hommes également éclairés, l'un revêtu du pouvoir, l'autre simple citoyen. Ne sentez-vous pas que le premier, appelé sans cesse à agir, plus ou moins compromis dans ses actions, placé plus en évidence, aura moins de temps pour la réflexion, plus d'intérêt à la persistance et par conséquent, plus de chances d'erreurs, que le second qui examine à loisir, ne prend d'engagement envers aucune opinion, n'a nul motif de défendre une idée fausse, n'a compromis ni son pouvoir, ni sa sûreté, ni son amour-propre et qui, enfin, s'il se passionne pour cette idée fausse, n'a nul moyen de la faire dominer? Les chances d'erreurs des gouvernants ne sont point un motif pour révoquer en doute la nécessité des fonctions du gouvernement dans ce qui a rapport à la sûreté extérieure ou intérieure. Ces fonctions étant d'une nécessité démontrée, il faut instituer à tout prix une autorité qui les exerce et courir le risque de ses erreurs. Ces erreurs ont d'ailleurs peu de dangers. Rien de plus simple que les objets sur lesquels ces fonctions appellent le gouvernement à prononcer. Pour préserver l'Etat des invasions, il faut que la loi décrète que des agents responsables veilleront sur les démarches des étrangers et qu'une masse d'hommes sera prête à se mettre en mouvement à un signal donné. Pour maintenir le bon ordre intérieur, il faut que la loi décrète que tel délit sera suivi de tel châtiment. Pour subvenir aux dépenses de ces deux objets, il faut que la loi décrète que chaque citoyen versera dans le trésor public une portion déterminée de sa fortune. Ces fonctions n'exigent des gouvernants qu'une intelligence et des lumières communes telles qu'en assure l'éducation à la majorité de la classe instruite. Il n'en est pas de même des fonctions innombrables et illimitées que l'autorité s'arroge lorsqu'elle franchit ces limites. Il est à la fois moins nécessaire, que ces nouvelles fonctions soient remplies, plus difficile qu'elles le soient bien et plus dangereux qu'elles le soient mal. Elles n'ont pas la même sanction que les fonctions nécessaires. On ne peut alléguer en leur faveur que l'utilité. Or cette utilité ne repose que sur la supériorité présumée des gouvernants sur les gouvernés. Quand nous n'aurions prouvé autre chose, sinon que cette supériorité est douteuse, ce serait, ce me semble, une objection sans réplique contre ces fonctions. La terminologie a été la source de la plupart des idées fausses. Les verbes impersonnels ont trompé les écrivains politiques. Ils ont cru dire quelque chose, en disant, il faut diriger l'opinion des hommes. On ne doit pas abandonner les hommes aux divagations de leur esprit. Il faut influer sur la pensée. Il y a des opinions dont on peut tirer utilement parti pour tromper les hommes. Mais ces mots, *il faut, on doit, on ne doit pas*, ne se rapportent-ils pas à des hommes? On croirait qu'il est question d'une espèce différente. Cependant, toutes ces phrases qui nous en imposent se réduisent à dire : les hommes doivent diriger les opinions des hommes. Les hommes ne doivent pas abandonner les hommes à leurs propres divagations. Il y a des opinions dont les hommes peuvent tirer parti pour tromper les hommes. Les verbes impersonnels semblent avoir persuadé à nos philosophes qu'il y avait autre chose que des hommes dans les gouvernants.

L'on peut répondre à ceux qui veulent soumettre l'intelligence du grand nombre à celle de quelques-uns, ce qu'un Romain célèbre disait à son fils qui lui proposait de prendre une ville, en sacrifiant trois cents soldats. Voudrais-tu bien être un de ces trois cents? et encore faudrait-il ajouter : il n'est pas sûr que la ville sera prise.

CHAPITRE IV

LES ERREURS DES GOUVERNEMENTS SONT-ELLES MOINS DANGEREUSES QUE CELLES DES INDIVIDUS ?

Les gouvernants étant exposés à l'erreur comme les individus, il faut examiner maintenant si les erreurs des gouvernements sont moins dangereuses que celles des particuliers. Car l'on pourrait se retrancher à dire que l'erreur étant inévitable, il vaut mieux que l'autorité se trompe et que les individus lui obéissent. Ce serait en quelque sorte donner au gouvernement un plein pouvoir de se tromper à notre place. Mais les erreurs des gouvernements ont des inconvénients d'une triple espèce. Elles font d'abord un mal positif par le vice même de leur principe. Mais en second lieu, les hommes étant forcés de s'y résigner, y plient leurs intérêts et leurs habitudes; et quand l'erreur est reconnue, il est presqu'aussi funeste de la détruire que de la laisser subsister. L'autorité frappée tantôt du danger de persévérer dans un système défectueux, tantôt du danger de renoncer à ce système, suit une marche incertaine et vacillante et vexe dans un double sens. Enfin, lorsque l'erreur s'écroule, de nouveaux malheurs réultent du renversement des calculs et du froissement des usages. Les particuliers peuvent aussi se tromper sans doute; mais plusieurs différences essentielles rendent leurs erreurs beaucoup moins funestes que celles de l'autorité. Si les individus s'égarent, les lois sont là pour les réprimer. Mais si l'autorité se trompe, ses erreurs se fortifient de toute la force des lois. Ainsi les erreurs de l'autorité sont générales et condamnent les individus à l'obéissance. Les méprises de l'intérêt particulier sont individuelles. L'erreur de l'un n'influe en rien sur la conduite d'un autre. Lorsque l'autorité reste neutre, toute erreur est préjudiciable à celui qui la commet. La nature a donné à chacun deux guides: l'intérêt et l'expérience. S'il se trompe dans son intérêt, il s'éclairera alors par ses propres pertes; quel motif de persistance aurait-il? Tout se passe de lui à lui-même; il peut, sans que personne le remarque ou lui impose, reculer, avancer, changer de route, se corriger enfin librement. La situation d'un gouvernement est précisément inverse. Plus éloigné des conséquences de ses mesures et n'en éprouvant pas les effets d'une manière aussi immédiate, il découvre plus tard sa méprise; quand il la découvre, il se trouve en présence d'observateurs ennemis. Il a raison de craindre de se déconsidérer en se corrigeant. Entre le moment où l'autorité dévie de la bonne route et le moment où elle s'en aperçoit, beaucoup de temps s'écoule; mais entre ce dernier moment et celui où elle revient sur ses pas, il s'écoule plus de temps encore; et l'action même de revenir sur ses pas n'est point sans danger. Toutes les fois donc qu'il n'y a pas nécessité, c'est-à-dire toutes les fois qu'il n'est pas question de la punition des crimes ou de la résistance aux invasions étrangères, il vaut mieux se livrer à la chance naturelle de l'erreur des particuliers que courir le risque non moins probable de celle des gouvernants. Le droit dont je suis le plus jaloux, disait je ne sais quel philosophe, c'est celui de me tromper. Il avait raison.

Si les hommes permettent à l'autorité de leur enlever ce droit, ils n'auront plus aucune liberté individuelle, et ce sacrifice ne les mettra point à l'abri de l'erreur, puisque l'autorité ne fera que substituer les siennes à celles des individus.

CHAPITRE V

DE LA NATURE DES MOYENS QUE L'AUTORITÉ SOCIALE PEUT EMPLOYER SOUS LE PRÉTEXTE DE L'UTILITÉ

Nous arrivons à l'examen de la troisième question. Les moyens qui sont entre les mains des gouvernements ne produisent-ils pas, lorsqu'ils sont employés sous le vague prétexte de l'utilité, un mal supérieur au bien que les gouvernements se proposent d'atteindre ?

Toutes les facultés humaines sont susceptibles d'abus. Mais lorsqu'on fixe ses regards sur les abus de ces facultés et qu'on se persuade facilement qu'il est bon de les restreindre ou lorsqu'on pense que l'autorité doit contraindre l'homme à faire de ces facultés le meilleur emploi possible, on envisage la question sous un point de vue très incomplet. Il ne faut jamais oublier ce qui résulte des restrictions mises à ces facultés.

La théorie de l'autorité se compose de deux termes de comparaison, utilité du but, nature des moyens. Si l'on ne considère que le premier de ces termes, on se trompe. Car on ne fait pas entrer en ligne de compte la pression que ces moyens exercent, les obstacles qu'ils rencontrent et par conséquent le danger et le malheur des frottements. On peut alors faire un grand étalage des avantages que l'on se propose d'obtenir. Tant que l'on décrit ces avantages, on trouve le but merveilleux et le système inattaquable. Il n'existe aucun despotisme dans le monde, quelque inepte qu'il soit dans ses plans et quelque oppressif dans ses mesures, qui ne sache alléguer un but abstrait, plausible et désirable. Mais si ce but est impossible à atteindre ou si l'on ne peut y arriver que par des moyens qui fassent un mal plus grand que le bien auquel on aspire, l'on aura prodigué en vain beaucoup d'éloquence, on se sera soumis gratuitement à beaucoup de vexations.

Cette observation nous dirigera dans cet ouvrage. Nous nous attacherons principalement à déterminer l'effet des moyens que l'autorité sociale peut employer dans l'exercice des attributions qu'elle s'arroge, sous le prétexte de l'utilité. Nous finirons par examiner jusqu'à quel point les exemples que nous fournissent les nations anciennes sont applicables aux peuples modernes, aux habitudes, aux mœurs, à la nature morale en un mot des sociétés de nos jours.

Les moyens que l'autorité peut employer sont de deux espèces. Les lois prohibitives ou coercitives, et les actes que l'on appelle mesures de police dans les circonstances ordinaires, coups d'Etat dans les circonstances extraordinaires. Plusieurs écrivains attribuent à l'autorité des moyens d'une troisième espèce. Ils nous parlent sans cesse d'une action douce, adroite, indirecte sur l'opinion. Créer l'opinion, régénérer l'opinion, éclairer l'opinion sont des mots que nous rencontrons à chaque page comme attributions du gouvernement dans toutes les brochures, dans tous les livres, dans tous les projets de politique et, durant la Révolution française, nous les rencontrions dans tous les actes d'autorité. Mais une circonstance m'a parue toujours embarrassante dans ce système. J'ai toujours vu que toutes les mesures de gouvernement, destinées à ce genre d'influence, aboutissaient à des peines prononcées contre ceux qui s'y dérobaient. A l'exception des proclamations, qui sont en conséquence regardées comme des choses de pure forme, l'autorité, lorsqu'elle commence par des conseils, finit toujours par des menaces. En effet, comme le disait très bien Mirabeau, tout ce qui tient à la pensée, à l'opinion est individuel. Ce n'est jamais en sa qualité de gouvernement; qu'un gouvernement persuade. Il ne peut en cette qualité que commander ou punir. Je ne place donc point parmi les moyens réels de l'autorité ces tentatives amphibies, qui ne sont pour elle qu'un déguisement qu'elle ne tarde pas à déposer comme inutile et comme incommode. Je reviendrai sur ce sujet dans un chapitre particulier à la fin de cet ouvrage. Ici je me borne à examiner les deux moyens qui sont véritablement à la disposition de l'autorité.

Les Etats populaires, lorsqu'ils sont tranquilles, sont prodigues de lois prohibitives et coercitives; lorsqu'ils sont agités, ils ne sont pas moins prodigues de coups d'Etat. Cette forme de gouvernement a ce danger que les hommes qui arrivent à la tête des affaires n'ont pas l'habitude de gouverner et ne savent pas tourner les obstacles. A chaque difficulté qu'ils rencontrent, ils croient la violence nécessaire. Ils suspendent les lois, renversent les formes et crient bêtement qu'ils ont sauvé la patrie. Mais c'est une patrie bientôt perdue, qu'une patrie sauvée ainsi chaque jour.

Les Etats monarchiques, à moins qu'ils ne soient régis très stupidement, se bornent d'ordinaire aux mesures de police, mais en font un ample usage.

On peut dire que la multiplicité des lois est la maladie des Etats qui se prétendent libres, parce que dans ces Etats on exige que l'autorité fasse tout par les lois. Nous avons vu nos démagogues, après avoir foulé aux pieds toutes les notions de justice et toutes les lois naturelles et civiles, se remettre tranquillement à faire ce qu'ils appelaient des lois.

On peut dire que l'absence des lois, les mesures de police, les actes arbitraires sont la maladie des gouvernements qui n'ont pas la prétention d'être libres, parce que dans ces gouvernements l'autorité fait tout par les hommes.

C'est pour cette raison qu'en général, il y a moins d'indépendance individuelle dans les républiques, moins de sécurité personnelle dans les monarchies. Je parle de ces deux Etats institués régulièrement. Car dans les républiques gouvernées par des factions ou dans les monarchies mal constituées ou mal affermies, les deux inconvénients se réunissent.

Nous allons rechercher en premier lieu les effets de la multiplicité des lois sur le bonheur et la morale des individus. On trouvera peut-être que cette imprudente multiplicité, qui, à de certaines époques, a jeté de la défaveur sur ce qu'il y a de plus noble au monde, sur la liberté, a fait chercher un refuge dans ce qu'il y a de plus misérable et de plus bas, dans la servitude. Nous traiterons ensuite des effets qu'entraînent également sur la morale et sur le bonheur des citoyens les mesures arbitraires.

Le lecteur alors pourra comparer les moyens que l'autorité sociale emploie lorsqu'elle franchit les bornes indispensables, avec le but qu'elle doit se proposer, examiner si elle atteint ce but et juger enfin si ce but, fût-il atteint, est une indemnité suffisante pour le résultat moral des moyens mis en usage pour y parvenir.

LIVRE IV

DE LA MULTIPLICITE DES LOIS

CHAPITRE I

CAUSES NATURELLES DE LA MULTIPLICITÉ DES LOIS

La multiplicité des lois flattent dans le législateur deux penchants naturels à l'homme, le besoin d'agir et le plaisir qu'il trouve à se croire nécessaire. Toutes les fois que vous donnez à un homme une vocation spéciale, il fait plutôt plus que moins. Ceux qui sont chargés d'arrêter les vagabonds sur les grandes routes, sont tentés de chercher querelle à tous les voyageurs. Lorsque les espions n'ont rien découvert, ils inventent. L'on a remarqué qu'il suffisait de créer dans un pays un ministère qui surveillât les conspirateurs, pour qu'on entendît parler sans cesse de conspirations. Les gouvernants veulent toujours gouverner; et lorsque, par la division des pouvoirs, une classe de gouvernants est chargée de faire des lois, elle s'imagine n'en pouvoir trop faire.

Les législateurs se partagent l'existence humaine, par droit de conquête, comme les généraux d'Alexandre se partageaient le monde.

CHAPITRE II

IDÉE QU'ON SE FORME D'ORDINAIRE DE L'EFFET DE LA MULTIPLICITÉ DES LOIS ET FAUSSETÉ DE CETTE IDÉE

L'on imagine d'ordinaire que, lorsque l'autorité se permet de plier à volonté les lois prohibitives et coercitives, pourvu que l'intention du législateur soit clairement exprimée, pourvu que les lois n'aient point un effet rétroactif, pourvu que les citoyens soient informés à temps de la règle de conduite qu'ils doivent suivre, la multiplicité des lois n'a d'autre inconvénient que de gêner un peu la liberté des individus. Il n'est pas ainsi. La multiplicité des lois, dans les circonstances même les plus ordinaires, a l'inconvénient de fausser la morale des individus. Les actions qui sont de la compétence de l'autorité, selon sa destination première, sont de deux espèces : actions nuisibles par leur nature, l'autorité doit les punir; engagements contractés par les individus entre eux, l'autorité doit en commander l'exécution. Aussi longtemps qu'elle reste dans ces bornes, elle n'établit aucune contradiction, aucune différence, entre la morale législative et la morale naturelle. Mais lorsqu'elle prohibe des actions qui ne sont point criminelles ou qu'elle en ordonne qui ne sont point devenues obligatoires par des engagements antérieurs et qui n'ont par conséquent que sa volonté pour origine, il s'introduit dans la société deux espèces de crimes et deux espèces de devoirs, ceux qui sont tels par leur nature et ceux que l'autorité déclare tels. Il en résulte, soit que les individus soumettent leur jugement à l'autorité, soit qu'ils le maintiennent dans sa primitive indépendance, des effets également désastreux. Dans la première hypothèse, la morale devient vacillante et versatile. Les actions ne sont plus bonnes ou mauvaises en raison du bien ou du mal qu'elles produisent, mais selon que la loi les ordonne ou les défend. Ainsi la théologie représentait les actions comme vertueuses, parce qu'elles plaisaient à Dieu et non comme agréables à Dieu parce qu'elles étaient vertueuses. La règle du juste et de l'injuste n'est plus dans la conscience de l'homme, mais dans la volonté du législateur;

et la moralité, le sentiment intérieur éprouvent une dégradation incalculable par cette dépendance d'une chose étrangère, accessoire, factice, variable, susceptible d'erreur et de perversion. Dans l'hypothèse contraire, en supposant que l'homme se mette en opposition avec la loi, il en résulte d'abord beaucoup de malheurs individuels pour lui et pour ceux dont le sort dépend du sien. Mais en second lieu, s'arrêtera-t-il longtemps à contester la compétence de la loi sur les actions qu'il considère comme indifférentes ? En violant des prohibitions ou des commandements qui lui semblent arbitraires, il court les mêmes dangers qu'en enfreignant les règles de la morale éternelle. Cette injuste parité dans les conséquences n'entraînera-t-elle pas la confusion de toutes ses idées, ses doutes ne se porteront-ils pas indistinctement sur toutes les actions que la loi réprouve ou commande et, dans le trouble de sa lutte périlleuse contre des institutions menaçantes, n'est-il pas à craindre que bientôt il ne discerne plus le bien d'avec le mal ni la loi d'avec la nature ?

Ce qui préserve du crime la majorité des hommes, c'est le sentiment de n'avoir jamais franchi la ligne de l'innocence. Plus on resserre cette ligne, plus on expose les hommes à la transgresser, quelque légère que soit l'infraction. Par cela seul qu'ils ont vaincu le premier scrupule, ils ont perdu leur sauvegarde la plus assurée. Ils emploient, pour éluder les interdictions qui leur semblent inutiles, des moyens qui pourraient leur servir contre les lois les plus saintes. Ils se forment de la sorte à la désobéissance et lors même que leur but est innocent encore, ils se pervertissent par la route qu'ils sont obligés de prendre pour y parvenir. Forcer les hommes à s'abstenir de ce qui n'est pas réprouvé par la morale ou leur imposer des devoirs qui ne leur sont pas commandés par elle, c'est donc non seulement les faire souffrir, mais les dépraver.

Chapitre III

Que le principal avantage que cherchent dans la multiplicité des lois les partisans des gouvernements populaires, n'exite pas en réalité

Nous avons dit que la multiplicité des lois était la maladie des Etats prétendus libres. Les amis des gouvernements populaires recourent à un argument spécieux pour les justifier. Il vaut mieux, disent-ils, obéir aux lois qu'aux hommes ; il faut que la loi commande, pour que les hommes ne commandent pas. Nul doute, lorsqu'il s'agit d'obéir et quand il faut que quelqu'un commande. Mais sur mille objets, les hommes et la loi doivent se taire. Sur mille objets, il ne faut obéir ni aux hommes ni aux lois.

C'est d'ailleurs à tort qu'on espère que la multiplicité des lois préservera de la tyrannie des hommes. En multipliant les lois, vous multipliez nécessairement les agents de l'autorité. Vous donnez par conséquent à un plus grand nombre d'hommes du pouvoir sur leurs semblables. Vous doublez ainsi les chances de l'arbitraire. Car quelque précises que soient ces lois, il y a toujours possibilité d'arbitraire ne fût-ce que dans l'exactitude plus ou moins sévère de l'exécution.

De plus, toute loi écrite est susceptible d'être éludée. En vain le législateur veut y pourvoir par des précautions menaçantes ou des formalités minutieuses. Son attente est toujours trompée. Dans ce défi que soutient chaque individu contre les lois, les actions se diversifient à l'infini. Une lutte fatale commence entre le législateur et le citoyen. Les volontés individuelles s'irritent de rencontrer partout une volonté générale qui prétend les comprimer. La loi se subdivise, se complique, se multiplie vainement. Les actions parviennent toujours à se dérober à sa poursuite. Le législateur veut défendre son ouvrage comme le citoyen défend sa liberté. Une loi désobéie en appelle une plus rigoureuse. Cette seconde inexécutée en nécessite une plus sévère encore. Cette progression ne peut s'arrêter. Enfin, fatigué de tant d'efforts inutiles, le législateur ne fait plus des lois précises, parce que l'expérience l'a convaincu qu'il est trop aisé de leur échapper, quelque sévères qu'elles puissent être. Il fait des lois vagues et de la sorte la tyrannie des hommes est en dernière analyse le résultat de la multiplicité des lois. C'est ainsi que parmi nous de prétendus républicains ont commencé par des centaines de décrets, puérils, barbares et toujours inexécutés contre les prêtres et ont fini par confier à cinq hommes le droit de déporter les prêtres sans jugement.

CHAPITRE IV

DE LA CORRUPTION QUE LA MULTIPLICITÉ DES LOIS INTRODUIT DANS LES AGENTS DE L'AUTORITÉ

Un autre inconvénient de la multiplicité des lois, c'est que nécessairement elles corrompent les agents chargés de veiller à ce qu'elles ne soient pas enfreintes ou éludées. La loi n'a pas besoin de solder des délateurs pour assurer la poursuite et la punition des crimes. Les individus que ces crimes blessent se chargent naturellement d'en demander réparation. Mais quand les lois se multiplient, c'est un signe que l'autorité ne se renferme plus dans sa sphère primitive ; et son action rencontre alors de nouveaux obstacles. Lorsque sous le prétexte de l'utilité, les lois se dirigent contre des actions qui, par leur nature, ne sont pas des délits, nul n'a intérêt à dénoncer des transgressions qui ne lui nuisent en rien. Il faut que l'autorité crée cet intérêt ; la corruption seule peut le créer. Ainsi l'autorité agissant hors de sa sphère ne corrompt pas seulement d'une manière générale, comme nous l'avons démontré plus haut, ceux sur qui elle agit ; elle corrompt plus particulièrement ceux par qui elle agit. Les sbires, les espions, les délateurs sont aussi des hommes. Lorsque l'autorité les achète pour les précipiter dans le dernier degré de la perversité et de l'infamie, c'est une portion de citoyens qu'elle voue à la bassesse et au crime et elle porte atteinte à la morale du reste, en présentant à tous l'exemple du crime récompensé.

Les dépositaires du pouvoir s'imaginent à tort profiter seuls de la corruption de leurs agents. Les hommes qui se vendent au pouvoir contre les individus, se vendent de même aux individus contre le pouvoir et la dépravation se communique à toutes les classes.

Les lois prohibitives et coercitives sont des moyens d'une nature toujours dangereuse et dont le danger s'accroît en raison de leur nombre et de leur complication. Les lois même dirigées contre les crimes ne sont pas sans inconvénient, mais elles sont légitimées par leur urgente nécessité. Devant la perspective assurée de la dissolution de toute société, perspective qui résulterait de l'impunité des crimes, tout inconvénient de détail doit être compté pour rien. Mais, lorsqu'il n'est question que d'utilité, c'est-à-dire d'un calcul incertain et variable, quoi de plus absurde que de sacrifier à ce calcul des avantages certains, le repos, le bonheur, la moralité des gouvernés ?

Ces observations conservent la même force sous toutes les formes de gouvernement. Mais elles s'appliquent surtout aux gouvernements qui se disent libres. De prétendus amis de la liberté se sont bercés trop longtemps de l'idée de dominer toutes les actions humaines et de briser dans le cœur de l'homme tout ce qui contrariait leurs spéculations, tout ce qui s'opposait à leurs théories. Les lois de la liberté, dit Rousseau, sont mille fois plus austères que n'est dur le joug des tyrans. Il n'est pas étonnant que ces ardents et maladroits apôtres aient fait détester la doctrine qu'ils prêchaient ainsi. On aura beau dire : la condition la plus indispensable pour faire adopter aux hommes les principes de la liberté sera toujours, quoi que l'on fasse, la jouissance de la liberté.

CHAPITRE V

AUTRE INCONVÉNIENT DE LA MULTIPLICITÉ DES LOIS

Les lois multipliées subsistent contre l'intention et même à l'insu des législateurs qui se succèdent. Elles s'entassent dans les codes, elles tombent en désuétude, les gouvernés les oublient. Elles planent néanmoins sur eux, enveloppées d'un nuage. *L'une des principales tyrannies de Tibère,* dit Montesquieu, *fut l'abus qu'il fit des anciennes lois.*

Tibère avait hérité de toutes les lois enfantées par les dissensions civiles de Rome. Or les dissensions civiles produisent des lois violentes et dures. Elles produisent encore une foule de règlements minutieux, destructifs de toute liberté individuelle. Ces choses survivent aux tempêtes qui les ont créées. L'autorité légataire de ces armes pernicieuses trouve d'avance toutes les injustices autorisées par des lois. Pour les grandes persécutions, il existe un arsenal de lois ignorées, légitimant toutes les iniquités; et pour le détail de chaque jour, un répertoire de dispositions réglementaires, moins odieuses, mais plus habituellement vexatoires.

Dans cette situation, tout est avantage pour l'autorité, mais tout est péril pour les citoyens. Le gouvernement s'arroge le droit de ne pas faire exécuter les lois défectueuses ou les lois barbares. On ne peut guère lui en faire un crime. Mais il se familiarise de la sorte avec l'infraction de ses devoirs et soumet bientôt à son jugement la législation entière. Tout devient arbitraire dans ses actes. Ce n'est pas tout. Ces lois oppressives dont l'inexécution lui concilie la reconnaissance populaire, il ne les anéantit pas. Elles restent comme en embuscade, prêtes à reparaître au premier signe et à tomber à l'improviste sur les citoyens.

Ce serait, je le pense, une précaution utile dans tout pays, qu'une révision périodique et nécessaire de toutes les lois à des époques fixes. Chez les peuples qui ont confié le pouvoir législatif à des assemblées représentatives, ces assemblées seraient naturellement investies de cette fonction. Car, il serait absurde que le corps qui vote les lois n'eût pas le droit de les rapporter et que son ouvrage subsistât, malgré lui, avec toutes ses erreurs, en dépit de ses regrets et de ses remords. Cette organisation ressemblerait à notre ancienne et détestable jurisprudence sur les prévenus d'émigration. L'autorité revêtue de la faculté d'inscrire, n'avait plus celle de rayer; admirable arrangement pour rendre l'injustice irréparable.

Dans les pays où tous les pouvoirs seraient concentrés dans la même main, il serait encore salutaire d'astreindre l'autorité à faire connaître périodiquement les lois qu'elle veut maintenir. Tous les codes en contiennent, dont les gouvernements font usage, parce qu'ils les trouvent préexistantes ; mais ils rougiraient souvent de prendre sur eux la responsabilité publique d'une nouvelle sanction.

LIVRE V

DES MESURES ARBITRAIRES

CHAPITRE I

DES MESURES ARBITRAIRES ET POURQUOI DE TOUT TEMPS ON A MOINS RÉCLAMÉ CONTRE CES MESURES QUE CONTRE LES ATTEINTES PORTÉES À LA PROPRIÉTÉ

Les gouvernements qui n'ont pas la prétention d'être libres échappent aux inconvénients de la multiplicité des lois par les mesures arbitraires. Ces mesures ne pèsent que successivement sur les individus isolés et, bien qu'elles les menacent tous, la majorité de ceux qui sont menacés se fait illusion sur le danger qui plane à son insu sur sa tête. De là vient que sous les gouvernements qui ne font qu'un usage modéré de l'arbitraire, la vie paraît d'abord plus douce que dans les républiques qui poursuivent leurs citoyens de leurs lois gênantes et multipliées. Il faut d'ailleurs assez de réflexion, il faut une droiture de sens, une raison prévoyante qui ne résultent que de l'habitude même de la liberté, pour apercevoir, dès l'origine et dans un seul acte arbitraire, toutes les conséquences de ce terrible moyen.

L'un des traits caractéristiques de notre nation, c'est de n'avoir jamais attaché suffisamment d'importance à la sécurité individuelle. Incarcérer arbitrairement un citoyen, le retenir indéfiniment dans les cachots, le séparer de sa femme et de ses enfants, briser toutes ses relations, bouleverser tous ses calculs de fortune, nous a semblé toujours une suite de mesures simples et pour le moins excusables. Lorsque ces mesures nous frappent ou frappent les objets qui nous sont chers, nous nous plaignons, mais c'est de l'erreur plutôt que de l'injustice ; et peu d'hommes dans la longue série de nos oppressions diverses se sont donné le facile mérite de réclamer pour des individus d'un parti différent du leur.

L'on a remarqué que M. de Montesquieu, qui défend avec force les droits de la propriété particulière contre l'intérêt même de l'Etat, traite avec beaucoup moins de chaleur la question de la liberté des individus, comme si les personnes étaient moins sacrées que les biens. Il y a une cause toute simple pour que chez un peuple distrait et égoïste, les droits de la liberté individuelle soient moins bien protégés que ceux de la propriété. L'homme auquel on enlève sa liberté est désarmé par ce fait même, au lieu que l'homme qu'on dépouille de la propriété, conserve sa liberté pour la réclamer. Ainsi, la liberté n'est jamais défendue que par les amis de l'opprimé ; la propriété l'est par l'opprimé lui-même. On conçoit que la vivacité des réclamations soit différente dans les deux cas.

CHAPITRE II

DU PRÉTEXTE DES MESURES ARBITRAIRES ET DU DROIT DE PRÉVENIR LES DÉLITS

Le prétexte de l'utilité ne manque pas aux mesures arbitraires. Elles sont destinées à maintenir l'ordre et à prévenir les crimes. L'on a répété mille fois qu'il valait mieux prévenir les délits que les punir ; et comme cette assertion vague est susceptible de plusieurs interprétations, personne ne s'est encore avisé de la révoquer en doute.

Si l'on entend par le droit de prévenir les délits celui de répartir de la maréchaussée sur les routes ou de dissiper des rassemblements, avant qu'ils aient causé du désordre, l'autorité possède ce droit ou, pour mieux dire, c'est un de ses devoirs. Mais le droit de prévenir les délits n'est que trop fréquemment la faculté de sévir contre des innocents, de peur qu'ils ne se rendent coupables. Soupçonne-t-on tels individus d'être disposés à conspirer, on les arrête, on les éloigne, non qu'ils soient criminels, mais pour les empêcher de le devenir. Considère-t-on telle classe comme mal intentionnée? on la distingue d'une manière humiliante du reste des citoyens, on lui impose des formalités, on la soumet à des précautions dont les autres sont exemptes.

On se souviendra longtemps des inventions diverses qui ont signalé ce que nous nommons le règne de la terreur, et de la loi contre les suspects, et de l'éloignement des nobles, et de la proscription des prêtres. L'intérêt de ces classes, affirmait-on, étant contraire à l'ordre public, on avait à redouter qu'elles ne le troublassent et l'on aimait mieux prévenir leurs délits que les punir. Preuve de ce que nous avons observé ci-dessus, qu'une république dominée par une faction, réunit aux désordres de l'anarchie toutes les vexations du despotisme. D'un autre côté, je ne sais quel tyran d'une petite principauté d'Italie s'arrogeait un droit universel de déportation, sous prétexte qu'il était de sa clémence d'empêcher des hommes enclins au crime de se livrer à ce funeste penchant. Preuve de ce que nous avons dit encore, que le gouvernement d'un seul, mal constitué ou mal affermi, réunit aux vexations silencieuses les moyens bruyants et scandaleux des factions.

Le prétexte de prévenir les délits a les conséquences les plus vastes et les plus incalculables. La possibilité d'un délit est renfermée dans la liberté de tous les individus, dans l'existence de toutes les classes, dans le développement de toutes les facultés. Les dépositaires de l'autorité feignant toujours de craindre qu'un crime ne se commette, peuvent ourdir un vaste filet qui enveloppe tous les innocents. L'incarcération de ceux qu'on soupçonne, et l'éternelle captivité de ceux qu'on serait forcé d'absoudre, mais qui sont irrités peut-être par une détention prolongée, et l'exil arbitraire de ceux que l'on croit devoir craindre, bien qu'on n'ait rien à leur reprocher, et l'esclavage de la pensée, et ce vaste silence qui plaît à l'oreille de l'autorité, tout s'explique par ce prétexte. L'événement présente toujours une apologie. Si le crime qu'on prétendait redouter ne se réalise pas, la gloire en est à l'autorité préservatrice. Si des vexations non méritées provoquent l'opposition, une résistance que l'injustice a seule amenée est alléguée à l'appui de l'injustice. Rien de plus facile que de faire passer l'effet pour la cause. Plus une mesure de gouvernement est contraire à la liberté et à la raison, plus elle entraîne et de désordres et de violences. L'on motive alors sur ces violences et sur ces désordres la nécessité de cette mesure. Ainsi nous avons vu les agents de la terreur parmi nous forcer les prêtres à la résistance en leur refusant toute sécurité dans la soumission et justifier ensuite leur persécution par la résistance des prêtres. De même les Romains voyaient Tibère, quand ses victimes disparaissaient en silence, s'enorgueillir de la paix qu'il maintenait dans l'empire ; et quand des plaintes se faisaient entendre, trouver un motif de tyrannie dans ce que ses flatteurs appelaient des tentatives de sédition.

Le prétexte de prévenir les délits peut se transporter de l'administration intérieure aux relations étrangères. Les mêmes abus en résultent et les mêmes sophismes le justifient. Les dépositaires de l'autorité provoquent-ils nos voisins les plus paisibles, nos plus fidèles alliés ? Ils ne font disent-ils que punir des intentions hostiles et devancer des attaques méditées. Comment démontrer la non-existence de ces intentions, l'impossibilité de ces attaques ? Si le peuple malheureux qu'ils calomnient est facilement subjugué, ils l'ont prévenu puisqu'il se soumet. S'il a le temps de résister à ces agresseurs hypocrites, il voulait la guerre puisqu'il se défend. Pour démontrer que dans cette peinture, il n'y a point d'exagération, est-il besoin de rappeler la guerre de Suisse ?

Quoi, dira-t-on, le gouvernement, instruit qu'une conspiration se trame dans les ténèbres ou que des brigands projettent l'assassinat d'un citoyen et le pillage de son domicile, n'aura de ressources que de punir les coupables, lorsque le crime sera consommé ! L'on confond ici deux choses très différentes : les délits commencés et la disposition prétendue à commettre des délits. Le gouvernement a le devoir et par conséquent le droit de veiller sur les mouvements qui lui semblent dangereux. Lorsqu'il a des indices de la conspiration tramée ou de l'assassinat médité, il peut s'assurer des hommes que ces indices accusent. Mais alors ce n'est point une mesure arbitraire, c'est une action juridique. Alors même ces hommes doivent être remis à des tribunaux indépendants. Alors même, si les preuves ne se montrent pas, la détention des accusés ne peut être prolongée. Aussi longtemps que le gouvernement n'a que des doutes sur les intentions, il doit veiller immobile et l'objet de ses doutes ne doit pas s'en ressentir. Ce serait pour les hommes une condition trop misérable que d'être à la merci sans cesse des doutes du gouvernement.

Pour rendre le droit de prévenir admissible, il faut distinguer encore la juridiction de l'autorité sur les actions et sa juridiction sur les individus. C'est dans cette distinction qu'est le préservatif contre l'arbitraire. Le gouvernement a quelquefois le droit de diriger son autorité contre des actions indifférentes ou innocentes, lorsqu'elles lui paraissent conduire à des résultats dangereux. Mais il n'a jamais celui de faire peser cette même autorité sur des individus qui ne sont pas reconnus coupables, lors même que les intentions de ces individus lui seraient suspectes ou que leurs moyens lui paraîtraient à craindre. Si par exemple un pays était infesté par des rassemblements en armes, l'on pourrait sans injustice mettre momentanément à toute réunion des entraves qui gêneraient les innocents ainsi que les coupables. Si, comme on l'a vu dans quelques contrées de l'Allemagne, les incendies se multipliaient, l'on pourrait attacher une peine au simple transport, à la simple possession de certaines matières combustibles. Si les meurtres devenaient nombreux, comme en Italie, le port d'armes pourrait être interdit à tout individu sans distinction. Ces exemples sont susceptibles d'être nuancés à l'infini. L'action la plus innocente par sa nature peut être placée dans des circonstances où elle produirait autant de mal que l'action la plus criminelle. Il faut sans doute apporter un grand scrupule dans l'application de ce principe, puisque la prohibition de toute action non criminelle est toujours nuisible à la morale autant qu'à liberté des gouvernés. Néanmoins cette latitude ne peut être refusée au gouvernement. Des interdictions de la nature de celles que nous avons indiquées doivent être regardées comme légitimes, tant qu'elles sont générales. Mais ces interdictions mêmes, si elles étaient dirigées d'une manière exclusive contre certains individus ou certaines classes, comme nous en avons eu tant d'exemples pendant notre Révolution, deviendraient injustes. Elles ne seraient autre chose que des peines qui devanceraient le crime. Car c'est une peine qu'une distinction fâcheuse entre des hommes également innocents. C'est une peine que la privation non méritée de la liberté dont les autres jouissent. Or toute peine qui n'est pas la suite d'un crime démontré légalement est elle-même un crime de l'autorité.

CHAPITRE III

SOPHISME EN FAVEUR DE L'ARBITRAIRE

Les actes de l'autorité, nous dit-on, ne portent que sur les imprudents qui les provoquent. L'homme qui se résigne et se tait se trouve partout à l'abri. Rassuré par ce vain sophisme, ce n'est pas contre les oppresseurs qu'on s'élève, c'est aux victimes qu'on cherche des torts. Nul ne sait être courageux même par prudence. Chacun se tait, chacun baisse la tête dans l'espoir trompeur de désarmer le pouvoir par son silence. On ouvre au despotisme un libre passage, se flattant d'être ménagé. Chacun marche silencieusement et les yeux baissés dans l'étroit sentier qui doit le conduire en sûreté vers la tombe. Mais lorsque l'arbitraire est toléré, il se dissémine par degrés entre une telle quantité d'agents que le citoyen le plus inconnu peut rencontrer la puissance dans la main de son ennemi. Quelles que soient les espérances des âmes pusillanimes, heureusement pour la moralité de l'espèce humaine, il ne suffit pas pour être en sûreté de se tenir à l'écart et de laisser frapper les autres. Mille liens nous unissent à nos semblables et l'égoïsme le plus inquiet ne parvient pas à les briser tous. Vous vous croyez invulnérable dans votre obscurité volontaire et dans votre honteuse apathie, mais vous avez un fils, la jeunesse l'emporte ; un frère moins prudent que vous se permet un murmure ; un ancien ennemi qu'autrefois vous avez blessé a su conquérir quelque puissance, votre maison d'Albe devient l'objet de la fantaisie d'un prétorien. Que ferez-vous alors ? Après avoir avec amertume blâmé toute lutte contre le pouvoir, lutterez-vous à votre tour ? Vous êtes condamné d'avance et par votre propre conscience et par cette opinion publique avilie que vous avez contribué vous-même à former. Céderez-vous sans résistance ? Mais vous permettra-t-on de céder ? N'éloignera-t-on pas, ne poursuivra-t-on pas un objet importun, monument d'une injustice ? Des innocents ont disparu, vous les avez jugés coupables, vous avez préparé la route où vous marchez à votre tour.

CHAPITRE IV

DE L'EFFET DES MESURES ARBITRAIRES SOUS LE RAPPORT DE LA MORALE, SOUS CELUI DE L'INDUSTRIE ET SOUS CELUI DE LA DURÉE DES GOUVERNEMENTS

Si nous examinons les conséquences des mesures arbitraires sous le rapport de la morale, sous celui de l'industrie ou même de la durée des gouvernements, nous les trouverons également désastreuses.

Lorsqu'un gouvernement frappe sans scrupule les hommes qui lui sont suspects, ce n'est pas seulement un individu qu'il persécute, c'est la nation entière qu'il indigne ou qu'il dégrade. Les hommes tendent toujours à s'affranchir de la douleur. Lorsque ce qu'ils aiment est menacé, ils s'en détachent ou le défendent. Point de morale sans sécurité. Point d'affections douces sans la certitude que les objets de nos affections reposent à l'abri, sous la sauvegarde de leur innocence. Les mœurs se corrompent subitement dans les villes attaquées de la peste. On s'y vole l'un l'autre en mourant (M. de Pauw). L'arbitraire est au moral, ce que la peste est au physique. Il réduit les citoyens à choisir entre l'oubli de tous les sentiments ou la haine de l'autorité. Lorsqu'un peuple contemple froidement une succession d'actes tyranniques, lorsqu'il voit, sans murmure, les prisons s'encombrer, se multiplier les bannissements, lorsque chacun se tait, s'isole et, tremblant pour soi, cherche à désarmer l'autorité par la dissimulation ou par un assentiment plus coupable encore, croit-on qu'il suffise, au milieu de ce détestable exemple, de quelques phrases banales pour ranimer les sentiments honnêtes et généreux ? L'on parle de la nécessité de la puissance paternelle. Mais le premier devoir d'un fils est de défendre son père opprimé ; et lorsque vous enlevez un père du milieu de ses enfants, lorsque vous forcez ces derniers à garder un lâche silence, que devient l'effet de vos maximes et de vos codes, de vos déclamations et de vos lois ? L'on rend hommage à la sainteté du mariage ; mais sur une dénonciation ténébreuse, sur un simple soupçon, par une mesure que l'on appelle de précaution, de sûreté, de police, on sépare un époux de sa femme, une femme de son mari ! Pense-t-on que l'amour conjugal renaisse tour à tour et disparaisse sous le bon plaisir de l'autorité ? L'on vante les liens domestiques. Mais la sanction des liens domestiques, c'est la liberté individuelle, l'espoir fondé de vivre ensemble, de vivre libre dans l'asile que la justice garantit au citoyen ; si les liens domestiques existaient, les pères, les enfants, les époux, les femmes, les amis, les proches de ceux que l'arbitraire opprime, se soumettraient-ils à cet arbitraire ? On parle de crédit, de commerce, d'industrie ; mais celui qu'on arrête a des créanciers, dont la fortune s'appuie sur la sienne, des associés intéressés à ses entreprises. L'effet de sa détention n'est pas seulement la perte momentanée de sa liberté, mais l'interruption de ses spéculations, peut-être sa ruine. Cette ruine s'étend à tous les copartageants de ses intérêts. Elle s'étend plus loin encore ; car elle frappe toutes les opinions, elle ébranle toutes les sécurités. Lorsqu'un individu souffre sans avoir été reconnu coupable, tout ce qui n'est pas dépourvu d'intelligence se croit menacé et avec raison, car la garantie est détruite. L'on se tait parce qu'on a peur, mais toutes les transactions s'en ressentent. La terre tremble et l'on ne marche qu'avec effroi. Tout se tient dans nos associations nombreuses, au milieu de nos relations si compliquées. Les injustices qu'on nomme particulières sont d'intarissables sources de malheur public. Il ne nous est pas donné de les circonscrire dans une sphère déterminée.

L'arbitraire va chercher au fond du cœur la morale pour la dégrader ; et le repos momentané qu'il procure est un repos précaire, douloureux, l'avant-coureur des plus horribles tempêtes. Il ne faut pas s'y tromper. Quelque avili que l'extérieur d'une nation nous paraisse, les affections généreuses se réfugieront toujours dans quelques âmes solitaires et c'est là, qu'indignées, elles fermenteront en silence. Les voûtes des assemblées peuvent retentir de déclamations furieuses, l'écho des palais d'expressions de mépris pour la race humaine. Les flatteurs des peuples peuvent les irriter contre la pitié ; les flatteurs des rois leur dénoncer le courage. Mais aucun siècle ne sera jamais tellement déshérité par le ciel, qu'il présente le genre humain tout entier tel qu'il le faudrait pour l'arbitraire. La haine de l'oppression, soit au nom d'un seul, soit au nom de tous, s'est transmise d'âge en âge, sous le despotisme qui variait ses formes. L'avenir ne trahira pas cette belle cause. Il restera toujours de ces hommes pour qui la justice est une passion, la défense du faible un besoin. La nature a voulu cette succession. Nul n'a jamais pu l'interrompre ; nul n'aura jamais ce pouvoir. Ces hommes céderont toujours à cette impulsion magnanime. Beaucoup souffriront, beaucoup périront peut-être, mais la terre à laquelle ira se mêler leur cendre sera soulevée par cette cendre et s'entrouvrira tôt ou tard.

CHAPITRE V

DE L'INFLEUNCE DE L'ARBITRAIRE SUR LES GOUVERNANTS EUX-MÊMES

Les moyens arbitraires une fois admis, les dépositaires de l'autorité les trouvent tellement courts, tellement simples, tellement commodes qu'ils n'en veulent plus employer d'autres. De la sorte, présentés d'abord comme une ressource extrême dans des circonstances infiniment rares, l'arbitraire devient la solution de tous les problèmes et la pratique de chaque jour. Mais cet instrument perfide, en tourmentant ceux sur qui on l'exerce, tourmente aussi la main qui l'emploie. Une dévorante inquiétude s'empare les gouvernements dès qu'ils entrent dans cette route. Leur incertitude est une sorte de responsabilité mêlée de remords qui pèse sur eux. Comme ils n'ont plus aucune règle fixe, ils avancent, ils reculent, ils s'agitent, ils ne savent jamais s'ils en font assez, s'ils n'en font pas trop. La loi serait du repos pour eux.

LIVRE VI

DES COUPS D'ETAT

CHAPITRE I

DE L'ADMIRATION POUR LES COUPS D'ETAT

L'on est convenu d'admirer de siècle en siècle certains exemples d'une rapidité extrajudiciaire, certains attentats politiques ; et pour les admirer plus à son aise, on les considère isolément, comme si les faits qui les ont suivis ne faisaient pas partie de leurs conséquences. Les Gracques, nous dit-on, mettaient en danger la République romaine : Toutes les formes étaient impuissantes. Le Sénat recourut deux fois à la loi terrible de la nécessité et la République fut sauvée. La République fut sauvée, c'est-à-dire que de cette époque, il faut dater sa perte. Tous les droits furent méconnus, toute constitution renversée ; le peuple un instant consterné reprit bientôt des prétentions fortifiées par la vengeance. Il n'avait demandé que l'égalité des privilèges. Il jura le châtiment des meurtriers de ses défenseurs. Le féroce Marius vint présider à cette vengeance. Les complices de Catilina étaient dans les fers. On craignait que d'autres complices ne les délivrassent. Cicéron les fit mettre à mort sans jugement et l'on vante sans cesse la prudence de Cicéron. Certes, les fruits de sa prudence et de ses mesures rapides et illégales furent au moins de peu de durée. César réunit autour de lui les partisans de Catilina ; la liberté de Rome périt encore avant Cicéron. Mais, s'il avait frappé César, Antoine était là; derrière Antoine, d'autres encore. L'ambition des Guises agitait le règne de Henri III. Il semblait impossible de juger les Guises. Henri III fit assassiner l'un d'eux. Son règne en devint-il plus tranquille? Henri III fut assassiné lui-même. Vingt années de guerres civiles déchirèrent l'empire français; et peut-être le bon Henri IV porta-t-il quarante ans après la peine du crime du dernier Valois. Dans les crises de cette nature, les coupables que l'on immole ne sont jamais qu'en petit nombre. D'autres se taisent, se cachent, attendent. Ils profitent de l'indignation que la violence a refoulée dans les âmes; ils profitent de la consternation que l'apparence de l'injustice répand dans l'esprit des hommes scrupuleux. Le gouvernement en s'affranchissant des lois a perdu son caractère légal et son plus grand avantage; et lorsque les factieux l'attaquent avec des armes pareilles aux siennes, la foule des citoyens peut être partagée, car il lui semble qu'elle n'a que le choix entre deux factions. L'intérêt de l'Etat, les dangers de la lenteur, le salut public, si vous admettez ces prétextes imposants, ces mots spécieux, chaque gouvernement ou chaque parti verra l'intérêt de l'Etat dans la destruction de ses ennemis, les dangers de la lenteur dans une heure d'examen, le salut public dans une condamnation sans jugement et sans preuves.

Lorsque les chefs présumés d'une conspiration ne peuvent être jugés sans qu'il soit à craindre que le peuple ne les délivre, la disposition de ce peuple est telle, que la punition des chefs de cette conspiration sera inutile. Un peuple ainsi disposé ne manquera jamais de chefs. On parle bien à l'aise de l'utilité des coups d'État et de cette rapidité qui, ne laissant pas aux factieux le temps de se reconnaître, raffermit l'autorité des gouvernements et la constitution des empires; et l'on ne trouve pas dans l'histoire un seul exemple de rigueurs illégales produisant d'une manière durable un effet salutaire.

Sans doute, il y a pour les sociétés politiques des moments de danger que toute la prudence humaine a peine à conjurer. Mais ce n'est point par la violence, par la suppression de la justice, en ramenant dans l'état social le chaos de l'état sauvage, ce n'est point ainsi que ces dangers se peuvent conjurer. C'est au contraire en adhérant plus scrupuleusement que jamais aux lois établies, aux formes tutélaires, aux garanties préservatrices. Deux avantages résultent de cette courageuse persistance dans ce qui est juste et légal. Les gouvernements laissent à leurs ennemis tout l'odieux de l'irrégularité et de la violation des lois les plus saintes et de plus ils conquièrent, par le calme et la sécurité qu'ils témoignent, la confiance de cette masse timide qui resterait au moins indécise, si des mesures extraordinaires, arbitraires, prouvaient dans les dépositaires de l'autorité le sentiment d'un péril pressant. Enfin, il faut le dire, il est quelquefois dans les arrêts de la destinée, c'est-à-dire dans l'enchaînement inévitable des causes, qu'un gouvernement périsse, lorsque ses institutions forment un trop grand contraste avec les mœurs, les habitudes, les dispositions des gouvernés, mais il est des actions que l'amour de la vie ne légitime pas dans les individus. Il en est de même pour les gouvernements et l'on cessera peut-être de qualifier cette règle de morale niaise, si l'on réfléchit qu'elle se fortifie d'une expérience que l'histoire de tous les peuples confirme. Lorsqu'un gouvernement n'a d'autre ressource pour prolonger sa durée que les mesures illégales, ces mesures ne retardent sa perte que de peu de temps et le bouleversement qu'il croyait prévenir s'opère ensuite avec plus de malheur et de honte. Soyez justes d'abord, dirai-je toujours aux dépositaires de l'autorité ; car si l'existence de votre pouvoir n'est pas compatible avec la justice, l'existence de votre pouvoir ne vaut pas la peine d'être conservée. Soyez justes, car si vous ne pouvez exister avec la justice, vous aurez beau faire, avec l'injustice même, vous n'existerez pas longtemps.

Ceci ne s'applique, j'en conviens, qu'aux gouvernements soit républicains, soit monarchiques qui prétendent reposer sur des principes raisonnables et se décorer des apparences de la modération. Un despotisme tel que celui de Constantinople peut gagner à la violation des formes. Son existence même en est la violation permanente. Il est forcé perpétuellement de tomber à coups de haches sur l'innocent et sur le coupable ; il se condamne à trembler devant ses complices qu'il enrégimente, qu'il flatte et qu'il enrichit. Il vit de coups d'Etat, jusqu'à ce qu'un coup d'Etat le fasse périr lui-même de la main de ses suppôts. Mais tout gouvernement modéré, tout gouvernement qui veut s'appuyer d'un système de régularité et de justice se perd par toute suspension de la justice, par toute déviation de la régularité. Comme il est dans sa nature de s'adoucir tôt ou tard, ses ennemis attendent cette époque pour se prévaloir des souvenirs armés contre lui. La violence a paru le sauver un instant; mais elle a rendu sa chute plus inévitable. Car en le délivrant de quelques adversaires, elle a généralisé la haine que ces adversaires lui portaient.

Beaucoup d'hommes ne voient les causes des événements du jour que dans les actes de la veille. En conséquence, lorsque la violence, après avoir produit une stupeur momentanée, est suivie d'une réaction qui en détruit l'effet, ces hommes attribuent cette réaction à la suppression des mesures violentes, à trop de parcimonie dans les proscriptions, au relâchement de l'autorité. Il leur semble que, si l'on eut été plus injuste encore, on eut gouverné plus longtemps. Cela ressemble aux raisonnements de ces voleurs qui se reprochent de n'avoir pas tué les voyageurs qui les dénoncent, ne réfléchissant pas que les assassins mêmes sont tôt ou tard découverts. Mais il est dans la nature des décrets iniques de tomber en désuétude. Il n'y a de stable que la justice. Il est dans la nature de l'autorité de s'adoucir même à son insu. Les précautions devenues odieuses s'affaiblissent et se négligent. L'opinion pèse, malgré son silence; la puissance fléchit. Mais comme elle fléchit de faiblesse au lieu de se modérer par la justice, elle ne se concilie pas les cœurs. Les trames se renouent, les haines se développent. Les innocents frappés par l'arbitraire reparaissent plus forts. Les coupables qu'on a condamnés sans les entendre semblent innocents. Le mal qu'on a retardé de quelques heures revient plus terrible, aggravé du mal qu'on a fait.

Non, il n'y a point d'excuse pour des moyens qui servent également à toutes les intentions et à tous les buts et qui, invoqués par les hommes honnêtes contre les brigands, se retrouvent dans la bouche des brigands avec l'autorité des hommes honnêtes, avec la même apologie de la nécessité, avec le même prétexte de salut public.

La loi de Valerius Publicola, qui permettait de tuer sans formalité quiconque aspirerait à la tyrannie sous la condition de rapporter ensuite les preuves de l'accusation, servit alternativement aux fureurs aristocratiques et populaires et perdit la République romaine.

Permettre à la société, c'est-à-dire aux dépositaires du pouvoir social, de violer les formes, c'est sacrifier le but même que l'on se propose aux moyens que l'on emploie. Pourquoi veut-on que l'autorité réprime ceux qui attaqueraient nos propriétés, notre liberté ou notre vie ? Pour que notre vie, notre liberté, notre fortune soient en sûreté. Mais si notre fortune peut être détruite, notre liberté menacée, notre vie troublée par l'arbitraire, quel bien assuré retirons-nous de la protection de l'autorité ? Pourquoi veut-on que l'autorité punisse ceux qui conspireraient contre la constitution de l'Etat ? Parce que l'on craint que ces conspirateurs ne substituent une puissance oppressive à une organisation légale et modérée. Mais l'autorité elle-même exerce cette puissance oppressive, quel avantage conserve-t-elle sur les coupables qu'elle punit ? Un avantage de fait pendant quelque temps peut-être. Les mesures arbitraires d'un gouvernement établi sont moins multipliées que celles des factions qui ont à établir leur puissance ; mais cet avantage même se perd à mesure que les gouvernements font usage de l'arbitraire. Non seulement le nombre de leurs ennemis augmente en raison de celui des victimes, mais leur défiance s'accroît hors de toute proportion avec le nombre de leurs ennemis. Une atteinte portée à la liberté individuelle en appelle d'autres ; et le gouvernement une fois entré dans cette funeste route, finit bientôt par n'être préférable en rien à une faction.

La fureur de presque tous les hommes, c'est de se montrer au-dessus de ce qu'ils sont. La fureur des écrivains, c'est de se montrer des hommes d'Etat. En conséquence, les coups d'Etat, loin d'être frappés en général de la réprobation qu'ils méritent, ont été d'ordinaire racontés avec respect et décrits avec complaisance. L'auteur, paisiblement assis à son bureau, lance de tous côtés l'arbitraire, cherche à mettre dans son style la rapidité qu'il recommande dans les mesures, se croit revêtu pour un moment du pouvoir, parce qu'il en prêche l'abus, réchauffe sa vie spéculative de tous les développements de force et de puissance dont il décore ses phrases, se donne ainsi quelque chose du plaisir de l'autorité, répète à tue-tête tous les grands mots de salut du peuple, de loi suprême, d'intérêt public, est en admiration de sa profondeur et s'émerveille de son énergie. Pauvre imbécile ! Il parle à des hommes qui ne demandent pas mieux que de l'écouter et de le rendre un jour la première victime de sa théorie !

Cette vanité qui a faussé le jugement de tant d'écrivains, a eu plus d'inconvénients qu'on ne croit durant nos dissensions civiles. Tous les esprits médiocres que le flot des événements plaçait passagèrement à la tête des affaires, remplis qu'ils étaient de toutes ces maximes, d'autant plus agréables à la sottise qu'elles lui servent à trancher les nœuds qu'elle ne peut délier, ne rêvaient que mesures de salut public, grandes mesures, coups d'Etat. Ils se croyaient des génies extraordinaires, parce qu'ils s'écartaient à chaque pas des moyens ordinaires. Ils se proclamaient des têtes vastes, parce que la justice leur paraissait une chose étroite. Est-il besoin de dire où tout cela nous a conduit ?

CHAPITRE II

DES COUPS D'ETAT DANS LES PAYS OÙ IL Y A DES CONSTITUTIONS ÉCRITES

Les coups d'Etat sont surtout funestes dans les pays qui ne se gouvernent point par des traditions, des souvenirs, des habitudes, mais dont les institutions sont fixées par une charte positive, par une constitution écrite.

Durant tout le cours de notre Révolution, nos gouvernements ont prétendu qu'ils avaient le droit de violer la constitution pour la sauver. Le dépôt constitutionnel, disaient-ils, leur étant confié, leur devoir était de prévenir toutes les atteintes qu'on oserait y porter ; et comme le prétexte de prévenir permet de tout faire et de tout tenter, nos autorités, dans leur prévoyance préservatrice, ont toujours démêlé de secrets desseins et des intentions perfides dans ceux qui leur portaient ombrage et généreusement elles ont pris sur elles de faire un mal certain pour empêcher un mal douteux.

Rien ne sert mieux à fausser les idées que les comparaisons. L'on a dit que l'on pouvait sortir de la constitution pour la défendre, comme la garnison d'une place assiégée ferait une sortie contre une troupe qui la bloquerait. Cette logique rappelle celle du berger dans l'avocat Patelin. Mais comme elle a tantôt couvert la France de deuils et de ruines, tantôt servi de prétexte au despotisme le plus oppresseur, je pense qu'il est nécessaire d'y répondre sérieusement.

Un gouvernement qui existe par une constitution cesse d'exister aussitôt que la constitution qui l'a créé n'existe plus et une constitution n'existe plus dès qu'elle est violée.

On peut demander sans doute ce que le gouvernement doit faire, quand un parti veut évidemment renverser la constitution. Mais cette objection poussée à un certain point est insoluble. On arrive aisément par l'hypothèse à un arrangement de faits qui défie toutes les précautions antérieures. L'on ne peut organiser de contrepoids moraux contre des tentatives de force physique. Ce qu'il faut c'est que les institutions soient telles que les partis soient détournés de pareilles tentatives, qu'ils n'y trouvent pas d'intérêt, qu'ils n'y puisent pas de moyens et que, si quelque forcené s'y porte, les forces physiques de la grande majorité soient prêtes à résister à la force physique qu'il emploierait. C'est là ce qu'on nomme esprit public. Mais cela est très différent des violations de constitution qu'on a nommées parmi nous coups d'Etat et que les gouvernements méditent à loisir et font éclater, quand il leur convient, sous le prétexte d'une nécessité prétendue.

C'est sans doute une niaiserie de dire, en éloge d'une constitution, qu'elle irait parfaitement si tout le monde voulait l'observer. Mais ce n'est pas une niaiserie de dire que si vous prenez pour base de vos objections l'hypothèse que personne ne voudra respecter la constitution et que tout le monde se plaira à la violer, sans motifs, il vous sera facile de prouver qu'aucune constitution ne peut subsister. La possibilité physique d'un renversement existe toujours. Le tout est d'opposer à cette possibilité des barrières morales.

Toutes les fois qu'on adopte ou qu'on justifie des moyens qui ne peuvent être jugés qu'après l'événement et qui ne sont pas accompagnés de formes précises et tutélaires, on érige la tyrannie en système, parce que, la chose faite, les victimes ne sont plus là pour réclamer et leurs amis n'ont de ressources, pour ne pas partager leur sort, que l'assentiment ou le silence. Encore le silence est-il du courage.

Que reste-t-il après une constitution violée? plus de sécurité, plus de confiance. Dans les gouvernants, le sentiment de l'usurpation; dans les gouvernés, la conviction d'être à la merci d'un pouvoir arbitraire. Toute protestation de respect pour la constitution paraît dans les uns une dérision, tout appel à cette constitution paraît dans les autres une hostilité. Supposez les intentions les plus pures, tous les efforts seront infructueux. Les dépositaires de l'autorité savent qu'ils ont préparé un glaive qui n'attend qu'un bras assez fort pour le diriger contre eux.

Le peuple oublierait peut-être que le gouvernement est illégitime et s'est établi sur la violation des lois. Mais le gouvernement ne l'oublie pas. Il y pense et pour regarder comme précaire une autorité dont il connaît l'impure origine et pour avoir toujours en arrière-pensée, la possibilité d'un coup d'Etat pareil au premier. Il marche avec effort au jour le jour par secousses. De l'autre côté, non seulement le parti frappé, mais tous les pouvoirs dans l'Etat qui n'ont que des attributions constitutionnelles, sentent que la vérité, que l'éloquence, que tous les moyens moraux sont inutiles contre une autorité devenue uniquement arbitraire. En conséquence, ils renoncent à toute force intellectuelle. Ils rampent mais haïssent en esclaves.

Partout où la constitution a été violée, cette constitution est démontrée mauvaise; car de trois choses l'une, ou il était impossible aux pouvoirs constitués de gouverner avec la constitution, ou il n'y avait pas dans tous les pouvoirs un intérêt égal au maintien de cette constitution, ou enfin il n'existait pas dans les pouvoirs opposés au pouvoir usurpateur des moyens suffisants de la défendre. Mais lors même qu'on supposerait par impossible que cette constitution eût été bonne, sa puissance est détruite sur l'esprit des peuples. Elle perd tout ce qui la rend respectable, tout ce qui forme son culte, dès qu'on attente à sa légalité. Rien n'est plus commun que de voir un Etat exister tolérablement sans constitution. Mais le fantôme d'une constitution qu'on outrage nuit beaucoup plus à la liberté que l'absence totale de tout acte constitutionnel.

Il est, je le sais, des moyens factices d'entourer les violations de constitution d'une apparente légitimité. On encourage le peuple à se prononcer par des adresses, on lui fait sanctionner les changements proposés.

On a recouru à cet expédient dès les premiers jours de notre Révolution, bien que l'Assemblée constituante eût fait dès l'origine ce qu'il fallait pour le rendre ridicule, en admettant en sa présence les députés du genre humain. Mais c'est à tort que l'on a cru le ridicule tout-puissant en France. Le ridicule, parmi nous, attaque tout, mais ne détruit rien, parce que la vanité se trouve contente de s'être moquée de ce qui se fait et que chacun, flatté de la supériorité qu'il a montrée, tolère ensuite ce dont il s'était moqué. La sanction du peuple ne peut jamais être qu'une formalité vaine. A côté des actes que l'on soumet à cette sanction prétendue, il y a toujours ou la force du gouvernement existant, provisoire ou définitif, qui veut que ces actes soient acceptés, ou, dans l'improbable supposition de sa neutralité complète, la perspective, en cas de refus, de guerres et de dissensions civiles. La sanction du peuple, les adresses d'adhésion ont pris naissance dans la tête de ces hommes qui, ne trouvant de point d'appui ni dans la morale, ni dans la raison, en cherchent un dans un assentiment simulé qu'ils obtiennent de l'ignorance ou qu'ils arrachent à la terreur. Les législateurs qui font les plus mauvaises lois sont ceux qui attachent le plus d'importance à ce qu'on obéisse à la loi, en sa qualité de loi, et sans examen. De même les hommes qui adoptent les mesures les plus contraires au bien général, ne pouvant leur trouver de motifs dans l'intérêt public, veulent y suppléer en leur donnant l'apparence de la volonté du peuple. Ce moyen coupe court à toutes les objections. Se plaint-on que le peuple est opprimé? il a déclaré qu'il voulait l'être.

Les adresses d'adhésion devraient être bannies de tout pays où l'on a quelque idée de liberté. Elles ne peuvent jamais être considérées comme l'expression d'un sentiment vrai. *Le nom de peuple,* dit Bentham, *est une signature contrefaite, pour justifier ses chefs.* La peur vient sans cesse, empruntant la langue de l'énergie, pour encenser le pouvoir, pour se féliciter de la servitude et pour encourager les vainqueurs avides de vengeance au sacrifice des vaincus. C'est toujours après les grandes injustices que viennent les grandes adulations. Rome ne se prosternait pas devant Marc-Aurèle, mais bien devant Tibère et

Caracalla. Si je voyais une nation consultée dans un pays où l'opinion publique serait étouffée, la liberté de la presse anéantie, l'élection populaire détruite, je croirais voir la tyrannie demandant à ses adversaires une liste pour les reconnaître et pour les frapper à loisir.

Pour qui prétend-on que les adresses d'adhésion sont nécessaires ? pour les auteurs d'une mesure déjà prise ? mais ils ont agi. Quel scrupule tardif les saisit tout à coup ? d'où vient que naguère audacieux, ils sont subitement timides ? pour le peuple ? mais, s'il blâmait leur conduite, retourneraient-ils sur leurs pas ? ne disaient-ils point que les adresses désapprobatrices sont l'ouvrage d'une faction rebelle ? ne feraient-ils point arriver des adresses opposées ?

Les adresses d'adhésion sont une cérémonie purement illusoire. Or toute cérémonie illusoire est pis qu'inutile. Il y a quelque chose qui froisse et qui dégrade l'esprit d'un peuple dans cette formalité. On lui commande toutes les apparences de la liberté pour voter dans un sens prescrit d'avance. Ce persiflage l'avilit à ses propres yeux et rend la liberté ridicule.

Les adresses d'adhésion corrompent le peuple. Elles l'accoutument à se courber devant la puissance ; ce qui est toujours une mauvaise chose, lors même que la puissance a raison.

Chapitre III

Condition nécessaire pour que les constitutions ne soient pas violées

Bien que nous nous soyons interdit dans cet ouvrage toute recherche sur les constitutions proprement dites, ce que nous venons d'établir sur la nécessité de ne les violer sous aucun prétexte, là où il en existe, nous oblige à parler d'une condition indispensable pour prévenir ces violations.

Le bonheur des sociétés et la sécurité des individus reposent sur certains principes positifs et immuables. Ces principes sont vrais dans tous les climats, sous toutes les latitudes. Ils ne peuvent jamais varier, quelle que soit l'étendue d'un pays, le degré de sa civilisation, ses mœurs, sa croyance et ses usages. Il est incontestable dans un hameau de 120 cabanes, comme dans une nation de 40 millions d'hommes, que nul ne doit être arrêté arbitrairement, puni sans avoir été jugé, jugé qu'en vertu des lois et selon les formes, empêché de manifester son opinion, d'exercer son industrie, de disposer de ses facultés d'une manière innocente et paisible.

Une constitution est la garantie de ces principes. Par conséquent, tout ce qui tient à ces principes est constitutionnel et par conséquent aussi, rien n'est constitutionnel de ce qui n'y tient pas. Il y a de grandes bases auxquelles toutes les autorités constituées ne doivent pas pouvoir toucher. Mais la réunion de ces autorités doit pouvoir faire tout ce qui n'est pas contraire à ces bases.

Etendre une constitution à tout, c'est faire de tout des dangers pour elle. C'est créer des écueils pour l'en entourer. Vous ne pouvez assez prévoir l'effet d'une disposition partielle pour renoncer à toute faculté de la changer. Une ligne, un mot, dans une constitution, peuvent produire des résultats dont vous n'aviez pas la moindre idée. Si la constitution entre dans une multitude de détails, elle sera infailliblement violée; elle le sera dans les petites choses, parce que les entraves que le gouvernement rencontre dans son action nécessaire retombant toujours sur les gouvernés, ils appelleront eux-mêmes cette violation. Mais cette constitution sera violée aussi dans les grandes choses, parce que le gouvernement partira de sa violation dans les petites pour s'arroger la même liberté sur des objets importants. Un sophisme assez spécieux lui servira d'excuse. Si pour des considérations d'une utilité médiocre, dira-t-il, il est permis de s'écarter de la charte constitutionnelle, à plus forte raison doit-il l'être quand il s'agit de sauver l'Etat.

La circonscription sévère d'une constitution dans ses bornes est mille fois préférable à la vénération superstitieuse dont on a voulu dans quelques pays entourer les constitutions successives qu'on leur donnait, comme si l'attachement et l'enthousiasme étaient des propriétés transmissibles, appartenant toujours par droit de conquête à la constitution du jour.

Cette vénération en masse inévitablement et manifestement hypocrite a plusieurs inconvénients, comme tout ce qui manque de justesse et de vérité.

Le peuple y croit ou le peuple n'y croit pas.

S'il y croit, il regarde la constitution comme un tout indivisible ; et, lorsque les frottements occasionnés par les défauts de cette constitution le blessent, il s'en détache en totalité. Au lieu de diriger son mécontentement contre certaines parties dont il pourrait espérer l'amélioration, il le dirige contre l'ensemble, qu'il regarde comme incorrigible.

Si, au contraire, le peuple ne croit pas à la vénération qu'on professe, il s'accoutume à soupçonner les dépositaires du pouvoir d'hypocrisie et de duplicité. Il révoque en doute tout ce qu'ils lui disent. Il voit le mensonge en honneur ; et il est à craindre que dans l'intérieur de sa vie privée, il ne recoure aux mêmes moyens dont les chefs lui donnent l'exemple public.

L'on peut exister tolérablement sous un gouvernement vicieux, lorsqu'il n'y a pas de constitution, parce qu'alors le gouvernement est une chose variable qui dépend des hommes, qui change avec eux et que l'expérience corrige ou pallie. Mais une constitution vicieuse, lorsqu'elle est immuable est beaucoup plus funeste, parce que ses défauts sont permanents, se reproduisent toujours et ne peuvent être rectifiés insensiblement ou tacitement par l'expérience. Pour faire disparaître momentanément les inconvénients d'un gouvernement imparfait, il ne faut que déplacer ou éclairer quelques hommes ; pour lutter contre les inconvénients d'une constitution imparfaite, il faut violer cette constitution, c'est-à-dire faire un mal beaucoup plus grand dans ses conséquences à venir que le bien présent que l'on veut atteindre.

L'on se représente toujours les modifications apportées à la constitution d'un empire comme accompagnées de convulsions terribles et de grandes calamités. Si l'on consultait l'histoire, l'on verrait que ces calamités n'ont lieu le plus souvent que parce que les peuples se forment une idée exagérée de leur constitution et ne se réservent aucun mode de l'améliorer insensiblement. Nous avons remarqué plus haut que l'homme avait une facilité singulière à manquer à ses devoirs les plus réels, dès qu'il s'affranchissait d'un voir même imaginaire. Cette vérité s'applique aux constitutions. Lorsqu'un peuple ne s'est réservé dans son organisation politique aucun moyen d'en corriger les défauts, la plus légère modification devient pour lui un acte aussi hasardeux, aussi irrégulier que le plus entier bouleversement. Mais, si, n'envisageant sa constitution que comme un moyen d'arriver au plus haut degré de bonheur et de liberté possible, il s'était ménagé dans son organisation même, avec les précautions et les lenteurs convenables, la faculté d'apporter à sa constitution les améliorations convenables, comme il n'aurait point, en usant de cette faculté, le sentiment de manquer à un devoir ou de donner à l'Etat social un ébranlement universel, la modification requise ou désirée s'opérerait paisiblement.

Toutes les fois que pour atteindre un but, il faut une violation des formes, il est à craindre que le but ne soit dépassé par ce seul effort. Lorsqu'au contraire la route est tracée par la constitution même, le mouvement devient régulier. Les hommes s'étant dit où ils veulent arriver, ne s'élancent pas au hasard et ne franchissent pas le terme, esclaves de l'impulsion même qu'ils se sont donnée.

Pour la stabilité même, la possibilité d'une amélioration graduelle est mille fois préférable à l'inflexibilité d'une immuable constitution. Plus la perspective du perfectionnement est assurée, moins les mécontents ont de prise. L'on défend la totalité d'une constitution avec bien plus d'avantages, en démontrant au peuple la convenance d'ajourner un changement, qu'en lui faisant de sa persistance dans ce qu'il croit abusif, une sorte de devoir mystique et en opposant à sa conviction des scrupules superstitieux qui interdisent l'examen ou le rendent inutile. A un certain degré de civilisation sociale, toute superstition, contrariant le reste des idées, des mœurs et des habitudes, n'a qu'une influence passagère. Rien n'est durable pour une nation, dès qu'elle a commencé à raisonner, sinon ce qui s'explique par le raisonnement et se démontre par l'expérience.

L'axiome des Barons anglais : nous ne voulons pas changer les lois d'Angleterre était beaucoup plus raisonnable que s'ils avaient dit : nous ne pouvons pas. Le refus de changer les lois, parce qu'on ne veut pas les changer, s'explique ou par la bonté de ces lois, ou par l'inconvénient d'un changement immédiat. Mais un tel refus, motivé sur l'impuissance, devient inintelligible. Quelle est la cause de cette impuissance ? Où est la réalité de la barrière qu'on nous oppose ? Toutes les fois qu'on met la raison hors de la question, la question se dénature et l'on marche contre son but.

Il est des articles constitutionnels qui tiennent aux droits de l'espèce humaine, à la liberté individuelle, à celle de l'opinion, à celle des lois, à celle des tribunaux. Toutes les autorités réunies ne doivent pas être compétentes pour un changement dans les objets qui sont le but de toute association. Tout le reste est législatif. Ce qui a le plus longtemps maintenu la liberté britannique, c'est que les trois pouvoirs réunis ont une autorité très étendue même sur l'acte constitutionnel.

Je ne connais rien de si ridicule que ce que nous avons vu sans cesse se renouveler dans notre Révolution. Une constitution se rédige, on la discute, on décrète, on la met en activité. Mille lacunes se font remarquer, mille superfluités se rencontrent, mille doutes s'élèvent. On commente la constitution, on l'interprète comme un manuscrit ancien qu'on aurait nouvellement déterré. La constitution ne s'explique pas, dit-on, la constitution se tait, la constitution a des parties ténébreuses. Eh ! malheureux ! croyez-vous qu'un peuple se gouverne par des énigmes et que ce qui fut hier l'objet d'une critique sévère et publique puisse se transformer tout à coup en objet de vénération silencieuse et d'imbécile adoration ?

Organisez bien vos divers pouvoirs, intéressez toute leur existence, toute leur moralité, tous leurs calculs personnels, toutes leurs espérances honorables à la conservation de votre établissement public et, si toutes les autorités réunies veulent profiter de l'expérience pour apporter à leurs relations réciproques des changements qui ne pèsent en rien sur les citoyens, qui n'attentent ni à la sûreté personnelle, ni à la manifestation de la pensée, ni à l'indépendance du pouvoir judiciaire, ni aux principes de l'égalité, laissez leur toute liberté sous ce rapport.

Il faut apprendre à perfectionner la constitution, disait l'ancien évêque d'Autun [Talleyrand], dans son *Rapport sur l'instruction publique,* le 10 septembre 1791. *En faisant serment de la défendre, nous n'avons pu renoncer au droit et à l'espoir de l'améliorer.*

Si l'ensemble de vos autorités abuse de la liberté que vous lui accordez, c'est que votre constitution est vicieuse ; car si votre constitution était bonne, elle leur aurait donné l'intérêt de ne pas en abuser.

Mais, dira-t-on, les constitutions ne se font pas par la volonté des hommes. Le temps les fait. Elles s'introduisent graduellement et d'une manière imperceptible. Elles ne se composent point, comme on l'a cru, d'éléments nouveaux, pour la réunion desquels aucun ciment n'est assez solide. Elles se composent d'anciens éléments, plus ou moins modifiés. Toutes les constitutions qu'on a voulu faire se sont écroulées. Toutes celles qui ont existé, qui existent encore, n'avaient pas été faites. Pourquoi donc chercher des principes pour faire des constitutions ?

Sans examiner l'idée qui sert de base à cette objection et que nous croyons en général assez vraie, nous dirons que le principe que nous avons établi ne s'applique pas exclusivement aux constitutions à faire, mais à toutes les constitutions faites. Il démontre la nécessité de les dégager des détails superflus, qui les empêchent d'être exécutés facilement. Il prouve qu'il faut qu'elles contiennent en elles-mêmes des moyens paisibles d'amélioration. Car plus elles sont inflexibles, moins elles sont respectées.

Au reste notre détermination positive de ne traiter dans cet ouvrage aucune des questions qui se rapportent aux formes des gouvernements nous force à laisser plusieurs lacunes sans les remplir et beaucoup d'objections sans réponse. Il y a de certaines institutions que nous considérons comme incompatibles avec la liberté dans certaines situations données. Il est clair que toutes les autorités ne peuvent pas être autorisées à établir ces institutions. Mais, pour assigner cette limite à la juridiction des autorités, il eût fallu discuter les institutions qu'il doit leur être interdit d'adopter et c'est ce que nous avons résolu de ne pas faire.

LIVRE VII

DE LA LIBERTE DE LA PENSEE

Chapitre I

Objet des trois livres suivants

Nous allons traiter dans les trois livres suivants de la liberté de la pensée, de la liberté religieuse et de la garantie judiciaire.

La liberté politique serait une chose de nulle valeur, si les droits des individus n'étaient placés à l'abri de toute atteinte. Tout pays où ces droits ne sont pas respectés est un pays soumis au despotisme, quelle que soit d'ailleurs l'organisation nominale du gouvernement.

Il y a quelques années que ces vérités étaient universellement reconnues. De longues erreurs, une longue oppression, sous les prétextes les plus opposés, sous les étendards les plus différents, ont rejeté toutes les idées dans la confusion. Des questions que l'on croirait usées, si l'on en jugeait par les écrivains du XVIIIe siècle, sembleront n'avoir jamais été l'objet des méditations humaines, si l'on en juge par la plupart des écrivains de nos jours.

Chapitre II

De la liberté de la pensée

Les lois, dit Montesquieu, *ne se chargent de punir que les actions extérieures.* Cette vérité paraît inutile à démontrer. L'autorité néanmoins l'a souvent méconnue.

Elle a quelquefois voulu dominer la pensée même. Les dragonnades de Louis XIV, les lois insensées de l'implacable Parlement de Charles II, les fureurs de nos révolutionnaires n'ont point eu d'autre but.

D'autres fois l'autorité, renonçant à cette prétention ridicule, a décoré sa renonciation du nom de concession volontaire et de tolérance méritoire. Plaisant mérite que d'accorder ce dont le refus est impossible et de tolérer ce que l'on ignore.

Pour sentir l'absurdité de toute tentative de la société sur l'opinion intérieure de ses membres, peu de mots suffisent et sur la possibilité et sur les moyens.

La possibilité n'existe pas. La nature a donné à la pensée de l'homme un asile inexpugnable. Elle lui a créé un sanctuaire impénétrable à toute puissance.

Les moyens sont toujours les mêmes, tellement les mêmes qu'en racontant ce qui s'est fait il y a deux siècles, nous semblerons dire ce qui naguère s'est fait sous nos yeux. Et ces moyens toujours les mêmes vont toujours contre leur but.

On peut déployer contre l'opinion muette toutes les ressources d'une curiosité inquisitoriale. On peut scruter dans les consciences, imposer serments sur serments dans l'espoir que celui dont la conscience n'a pas été révoltée d'un premier acte, le sera d'un second ou d'un troisième. On peut frapper le scrupule avec une rigueur sans mesure, tout en entourant l'obéissance d'une inexorable défiance. L'on peut persécuter les hommes fiers et honnêtes, en ne ménageant qu'à regret les esprits souples et complaisants. On peut se montrer également incapable de respecter la résistance et de croire à la soumission. L'on peut tendre des pièges aux citoyens, inventer les formules recherchées pour déclarer tout un peuple réfractaire, le mettre hors de la protection des lois, sans qu'il ait agi, le punir sans qu'il ait commis de crimes, le priver du droit même du silence, poursuivre enfin les hommes jusque dans les douleurs de l'agonie et à l'heure solennelle de la mort.

Qu'arrive-t-il ? Les hommes honnêtes s'indignent, les hommes faibles se dégradent, tous souffrent, nul n'est ramené. Des serments imposés comme des ordres sont une prime à l'hypocrisie. Ils n'atteignent que ce qu'il est criminel d'atteindre, la franchise et l'intégrité. On flétrit l'assentiment lorsqu'on le commande. Appuyer une opinion par des menaces, c'est inviter le courage à la contester ; présenter à l'obéissance des motifs de séduction, condamner à la résistance le désintéressement.

Vingt-huit ans après toutes les vexations inventées par les Stuarts comme une sauvegarde, les Stuarts ont été chassés. Un siècle après les attentats contre les protestants sous Louis XIV, les protestants ont concouru au renversement de la famille de Louis XIV. A peine dix ans nous séparent des gouvernements révolutionnaires qui se disaient républicains et, par une confusion funeste mais naturelle, le nom même qu'ils ont profané, ne se prononce qu'avec horreur.

CHAPITRE III

DE LA MANIFESTATION DE LA PENSÉE

Les hommes ont deux moyens de manifester leur pensée, la parole et les écrits.

Il fut un temps où la parole paraissait digne de toute la surveillance de l'autorité. En effet, si l'on considère que la parole est l'instrument indispensable de tous les complots, l'avant-coureur nécessaire de presque tous les crimes, le moyen de communication de toutes les intentions perverses, l'on conviendra qu'il serait à désirer qu'on pût en circonscrire l'usage, de manière à faire disparaître ses inconvénients en lui laissant son utilité.

Pourquoi donc a-t-on renoncé à tout effort pour arriver à ce but si désirable ? C'est que l'expérience a démontré que les mesures propres à y parvenir étaient productives de maux plus grands que ceux auxquels on voulait porter remède. Espionnage, corruption, délations, calomnies, abus de confiance, trahison, soupçons entre les parents, dissensions entre les amis, inimitiés entre les indifférents, achat des infidélités domestiques, vénalité, mensonge, parjure, arbitraire, tels étaient les éléments dont se composait l'action de l'autorité sur la parole. L'on a senti que c'était acheter trop cher l'avantage de la surveillance, l'on a de plus appris que c'était attacher de l'importance à ce qui ne devait pas en avoir ; qu'en enregistrant l'imprudence, on la rendait hostilité ; qu'en arrêtant au vol des paroles fugitives, on les faisait suivre d'actions téméraires et qu'il valait mieux, en sévissant contre les faits que la parole pouvait avoir amenés, laisser s'évaporer d'ailleurs ce qui ne produisait point de résultats. En conséquence, à l'exception de quelques circonstances très rares, de quelques époques évidemment désastreuses ou de quelques gouvernements ombrageux qui ne déguisent point leur tyrannie, la société a commencé une distinction qui rend sa juridiction sur la parole plus douce et plus légitime. La manifestation d'une opinion peut dans un cas particulier produire un effet tellement infaillible qu'elle doive être considérée comme une action. Alors si cette action est coupable, la parole doit être punie. Mais, il en est de même des écrits. Les écrits, comme la parole, comme les mouvements les plus simples, peuvent faire partie d'une action. Ils doivent être jugés comme partie de cette action, si elle est criminelle. Mais, s'ils ne font partie d'aucune action, ils doivent comme la parole, jouir d'une entière liberté.

Ceci répond également aux hommes qui, de nos jours, établissaient la nécessité d'abattre un nombre de têtes qu'ils désignaient et se justifiaient en disant qu'après tout, ils ne faisaient qu'émettre leur opinion ; et à ceux qui veulent profiter de ce délire pour soumettre la manifestation de toute opinion à la juridiction de l'autorité.

Si vous admettez la nécessité de réprimer la manifestation des opinions, il faut ou que la partie publique agisse judiciairement, ou que l'autorité s'arroge des attributions de police qui la dispensent de recourir aux voies judiciaires. Dans le premier cas les lois seront éludées : Rien de plus facile à une opinion que de se présenter sous des formes tellement variées qu'une loi précise ne la puisse atteindre. Dans le second, en autorisant le gouvernement à sévir contre des opinions quelles qu'elles soient, vous l'investissez du droit d'interpréter la pensée, de tirer des inductions, de raisonner en un mot et de mettre ses raisonnements à la place des faits contre lesquels seuls doit agir l'autorité. C'est établir l'arbitraire dans toute sa latitude. Quelle est l'opinion qui ne puisse attirer une peine à son auteur ? Vous donnez au gouvernement toute faculté de mal faire, pourvu qu'il ait soin de mal raisonner. Vous ne sortirez jamais de ce cercle. Les hommes auxquels vous confiez le droit de juger les opinions sont tout aussi susceptibles que d'autres d'être égarés ou corrompus et le pouvoir arbitraire dont vous les aurez investis peut être employé contre les vérités les plus nécessaires, comme contre les erreurs les plus funestes.

Lorsqu'on ne considère qu'un côté des questions morales et politiques, il est facile de tracer un tableau terrible de l'abus de nos facultés. Mais lorsqu'on envisage ces questions sous tous les points de vue, le tableau des malheurs qu'occasionne l'autorité sociale en limitant ces facultés n'est, je le pense, pas moins effrayant.

Quel est en effet le résultat de toutes les atteintes portées à la liberté des écrits ? D'aigrir contre le gouvernement tous les écrivains qui auront le sentiment de l'indépendance, inséparable du talent, de les forcer à recourir à des allusions indirectes et perfides, de nécessiter la circulation de productions clandestines et d'autant plus dangereuses, d'alimenter l'avidité du public pour les anecdotes, les personnalités, les principes séditieux, de donner à la calomnie l'air toujours intéressant du courage, enfin d'attacher une importance excessive aux ouvrages qui seront proscrits.

Sans l'intervention de l'autorité, la sédition, l'immoralité, la calomnie imprimées ne feraient guère plus d'effet au bout d'un certain temps d'une liberté complète, que la calomnie, l'immoralité, la sédition verbales ou manuscrites.

Une réflexion m'a toujours frappé. Supposons une société antérieure l'invention du langage et suppléant à ce moyen de communication rapide et facile par des moyens moins faciles et plus lents. La découverte du langage aurait produit dans cette société une explosion subite. L'on aurait attaché sans doute une gigantesque importance à des sons encore nouveaux et bien des esprits prudents et sages auraient pu regretter le temps d'un paisible et complet silence. Mais cette importance se serait usée graduellement. La parole serait devenue un moyen borné dans ses effets. Une défiance salutaire, fruit de l'expérience, aurait préservé les auditeurs d'un entraînement irréfléchi. Tout enfin serait rentré dans l'ordre, avec cette différence que les communications sociales et par conséquent le perfectionnement de tous les arts, la rectification de toutes les idées auraient conservé un moyen de plus.

Il en sera de même de la presse, partout où l'autorité juste et modérée ne se mettra pas en lutte avec elle. Le gouvernement anglais ne fut point ébranlé par les célèbres lettres de Junius. Il sut résister à la double force de l'éloquence et du talent. En Prusse, sous le règne le plus brillant qui ait illustré cette monarchie, la liberté de la presse fut illimitée. Frédéric II, durant 46 années, ne déploya jamais son autorité contre aucun écrivain, contre aucun écrit. La tranquillité de son règne ne fut point troublée, bien qu'il fût agité par des guerres terribles et qu'il luttât contre l'Europe liguée. La liberté répand du calme dans l'âme, de la raison dans l'esprit des hommes qui jouissent sans inquiétude de ce bien inestimable. Ce qui le prouve, c'est que le successeur de Frédéric II, l'ayant adopté la conduite opposée, une fermentation générale se fit sentir. Les écrivains se mirent en lutte contre l'autorité ; le gouvernement se vit abandonné par les tribunaux et, si les nuages qui s'élevèrent de toutes parts sur cet horizon jadis si paisible ne se terminèrent pas par une tempête, c'est que les restrictions mêmes que Frédéric-Guillaume tenta d'imposer à la manifestation de la pensée, se ressentirent de la sagesse du grand Frédéric. Le nouveau roi fut contenu par la mémoire de son oncle, dont l'ombre magnanime semblait veiller encore sur la Prusse. Ses prohibitions furent rédigées plutôt dans un style d'excuse que de menaces. Il rendit hommage à la liberté des opinions dans le préambule des Edits mêmes destinés à les réprimer ; et des mesures vexatoires en principe furent adoucies dans l'exécution par une sorte de pudeur tacite et par la tradition de la liberté.

L'autorité d'ailleurs a pour se défendre les mêmes moyens que ses ennemis pour l'attaquer. Elle peut éclairer l'opinion, elle peut même la séduire et il n'est pas à craindre que le pouvoir manque jamais d'hommes adroits et habiles qui lui consacrent et leur zèle et leur talent. Les partisans de l'autorité ne demandent pas mieux que de se donner le mérite du courage et de représenter l'apologie des gouvernements comme difficile et hasardeuse. Pour appuyer leurs suppositions, ils choisissent l'exemple du gouvernement français renversé, disent-ils, en 1789, par la liberté de la presse. Mais ce n'est point la liberté de la presse qui a renversé la monarchie française. Ce n'est point la liberté de la presse qui a créé le désordre des finances, cause véritable de la Révolution. Au contraire, si la liberté de la presse avait existé sous Louis XIV et Louis XV, les guerres insensées du premier et la corruption dispendieuse du second n'auraient pas épuisé l'Etat. La publicité aurait contenu l'un de ces rois dans ses entreprises, l'autre dans ses vices : ils n'auraient pas transmis au malheureux Louis XVI un empire qu'il était impossible de sauver. Ce n'est point la liberté de la presse qui a enflammé l'indignation populaire contre les détentions illégales et les lettres de cachet. C'est l'indignation populaire qui a saisi contre l'oppression de la puissance, non pas la liberté de la presse, mais la ressource dangereuse du libelle, ressource que toutes les précautions de la police ne parviennent jamais à enlever au peuple asservi. Si la liberté de la presse avait existé, d'un côté les détentions illégales auraient été moins multipliées, de l'autre on n'aurait pu les exagérer. L'imagination n'aurait pas été frappée par des suppositions dont la vraisemblance était fortifiée du mystère même qui les entourait. Ce n'est pas enfin la liberté de la presse qui a entraîné les forfaits et le délire d'une révolution dont je reconnais tous les malheurs. C'est la longue privation de la liberté de la presse qui avait rendu le vulgaire des Français crédule, inquiet, ignorant et par là même souvent féroce. C'est parce que, durant des siècles, on n'avait pas osé réclamer les droits du peuple, que le peuple n'a su quel sens attacher à ces mots prononcés tout d'un coup au milieu de la tempête. Dans tout ce qu'on nomme les excès de la liberté, je ne reconnais que l'éducation de la servitude.

Les gouvernements ne savent pas le mal qu'ils se font, en se réservant le privilège exclusif de parler et d'écrire sur leurs propres actes. On ne croit rien de ce qu'affirme une autorité qui ne permet pas qu'on lui réponde. On croit tout ce qui s'affirme contre une autorité qui ne tolère pas l'examen.

Ce sont ces précautions minutieuses et tyranniques contre les écrits, comme contre des phalanges ennemies, ce sont ces précautions qui, leur attribuant une influence imaginaire, grossissent leur influence réelle. Lorsque les hommes voient des codes entiers de lois prohibitives et des armées d'inquisiteurs, ils doivent supposer bien redoutables les attaques repoussées ainsi. Puisqu'on se donne tant de peines pour écarter de nous de certains écrits, doivent-ils se dire, sans doute l'impression qu'ils produiraient serait bien profonde. Ils portent sans doute avec eux une évidence bien irrésistible.

Les dangers de la liberté de la presse ne sont point prévenus par les moyens de l'autorité. Elle n'atteint point son but ostensible. Mais le but qu'elle atteint, c'est de comprimer la pensée de tous les citoyens timides ou scrupuleux, de fermer tout accès aux réclamations des opprimés, de laisser s'invétérer tous les abus, sans qu'aucune représentation s'élève, de s'entourer elle-même d'ignorance et de ténèbres, de consacrer le despotisme de ses agents les plus subalternes, contre lesquels on n'ose rien imprimer, de refouler dans les âmes l'aigreur, la vengeance, le ressentiment, d'imposer silence à la raison, à la justice, à la vérité, sans pouvoir commander le même silence à l'audace et à l'exagération qui bravent ses lois.

Ces vérités seraient incontestables, lors même que nous conviendrions de tous les inconvénients attribués à la liberté de la presse. Que sera-ce si un examen plus approfondi nous porte à nier ces inconvénients et s'il est démontré que les calamités reprochées à la liberté de la presse n'ont pour la plupart été que l'effet de son asservissement?

D'ordinaire, dans le moment même où une faction dominante exerce sur la presse le despotisme le plus scandaleux, elle dirige cet instrument contre ses antagonistes et, lorsque par ses propres excès cette faction a amené sa chute, les héritiers de son pouvoir citent contre la liberté de la presse les maux qu'ont occasionnés des écrivains mercenaires et des délateurs autorisés. Ceci me conduit à une considération qui me paraît d'un grand poids dans la question.

Dans un pays encore agité par des partis, lorsqu'un de ces partis parvient à restreindre la liberté de la presse, il a une puissance beaucoup plus illimitée et plus redoutable que les despotismes ordinaires. Sous les gouvernements despotiques, on ne permet point la liberté de la presse ; mais tout se tait également, gouvernants et gouvernés. L'opinion est silencieuse, mais elle reste elle-même. Rien ne l'égare, rien ne la fait dévier. Mais dans une contrée où la faction régnante s'est emparée de la presse, les écrivains de cette faction argumentent, inventent, calomnient, dans un sens, comme on pourrait le faire dans tous, si la liberté d'écrire existait. Ils discutent comme s'il était question de convaincre ; ils s'emportent comme s'il y avait de l'opposition ; ils injurient comme si l'on avait la faculté de répondre. Leurs calomnies absurdes précèdent des persécutions barbares ; leurs plaisanteries féroces préludent à d'illégales condamnations. Le public éloigné prend cette parodie de la liberté pour la liberté même. Il puise des opinions dans leurs libelles mensongers. Leurs démonstrations d'attaque lui persuadent que les victimes font résistance, comme en voyant de loin les danses guerrières des sauvages, on croirait qu'ils combattent contre les malheureux qu'ils vont dévorer.

Dans les grandes associations des temps modernes, la liberté de la presse étant le seul moyen de publicité est par là même, quelle que soit la forme du gouvernement, l'unique sauvegarde de nos droits. Collatin pouvait exposer sur la place publique de Rome le corps de Lucrèce et tout le peuple était instruit de l'outrage qu'il avait reçu. Le débiteur plébéien pouvait montrer à ses concitoyens indignés les blessures que lui avait infligées le patricien avide, son créancier usuraire. Mais de nos jours, l'immensité des empires met obstacle à ce mode de réclamation. Les injustices partielles restent toujours inconnues à la presque totalité des habitants de nos vastes contrées. Si les gouvernements éphémères qui ont tyrannisé la France ont attiré sur eux la haine publique, c'est moins par ce qu'ils ont fait que par ce qu'ils ont avoué. Ils se vantaient de leurs injustices. Ils les publiaient dans leurs journaux. Des gouvernements plus prudents agiraient en silence et l'opinion qui ne serait frappée que par des bruits sourds, interrompus et mal constatés, resterait incertaine, indécise et flottante. Sans doute, l'explosion, comme nous l'avons déjà remarqué, n'en serait que plus terrible, mais ce serait un mal qui en remplacerait un autre.

Toutes les barrières civiles, politiques, judiciaires deviennent illusoires sans liberté de la presse. L'indépendance des tribunaux peut être violée au mépris de la constitution la mieux rédigée. Si la publicité n'est pas garantie, ce délit ne sera pas réprimé, car il restera couvert d'un voile. Les tribunaux eux-mêmes peuvent prévariquer dans leurs jugements ou bouleverser les formes. La seule sauvegarde des formes est encore la publicité. L'innocence peut être plongée dans les fers. Si la publicité n'avertit pas les citoyens du danger qui plane sur toutes les têtes, les cachots retiendront indéfiniment leurs victimes à la faveur du silence universel. On peut persécuter pour des opinions, des croyances ou des doutes, et nul n'ayant la faculté d'appeler à lui l'attention publique, la protection promise par les lois n'est qu'une chimère, un danger de plus. Dans les pays où il y a des assemblées représentatives, la représentation nationale peut être asservie, mutilée, calomniée. Si l'imprimerie n'est qu'un instrument entre les mains de l'autorité, l'empire entier retentira de ses calomnies, sans que la vérité trouve une seule voix qui s'élève en sa faveur. Enfin la liberté de la presse, ne fût-elle accompagnée d'aucune conséquence légale, aurait encore cet avantage que, dans plusieurs cas, les dépositaires supérieurs de l'autorité peuvent être dans l'ignorance des attentats qui se commettent et que dans d'autres cas, ils trouvent commode de feindre cette ignorance. La liberté de la presse remédie à ces deux inconvénients. Elle éclaire l'autorité ; elle l'empêche de fermer volontairement les yeux. Forcée d'apprendre les faits qui se passent dans le mystère et de convenir qu'elle en est instruite, elle osera plus rarement légitimer des vexations qu'il lui est commode de laisser commettre, en ayant l'air de n'en point être informée.

Toutes les réflexions que l'on vient de lire ne s'appliquent qu'aux relations de l'autorité avec la publicité des opinions. Il reste toujours aux individus que cette publicité blesse dans leurs intérêts ou dans leur honneur le droit d'en exiger la réparation. Tout homme a celui d'invoquer la loi pour repousser le mal qu'on lui fait, n'importe avec quelle arme. La poursuite individuelle de la calomnie n'a point les inconvénients de l'intervention de l'autorité. Personne n'a d'intérêt à se prétendre attaqué ni à recourir à des interprétations forcées pour aggraver les inculpations dirigées contre lui. Le jugement par jurés serait d'ailleurs une garantie contre ces interprétations abusives.

Chapitre IV

Continuation du même sujet

Nous n'avons dans le chapitre précédent traité de la liberté de la presse que d'une manière en quelque sorte administrative. Mais des considérations plus importantes, sous les rapports de la politique et de la morale, appellent notre attention.

Restreindre aujourd'hui la liberté de la presse, c'est restreindre toute la liberté intellectuelle de l'espèce humaine. La presse est un instrument dont elle ne peut plus se passer. La nature et l'étendue de nos associations modernes, l'abolition de toutes les formes populaires et tumultueuses rendent l'imprimerie le seul moyen de publicité, le seul mode de communication des nations entre elles, comme des individus entre eux. La question de la liberté de la presse est donc la question générale du développement de l'esprit humain. C'est sous ce point de vue qu'il est nécessaire de l'envisager.

Dans les pays où le peuple ne participe point au gouvernement d'une manière active, c'est-à-dire partout où il n'y a pas une représentation nationale librement élue et revêtue de prérogatives imposantes, la liberté de la presse remplace en quelque sorte les droits politiques. La partie éclairée de la nation s'intéresse à l'administration des affaires, lorsqu'elle peut exprimer son opinion, sinon directement sur chaque opération en particulier, du moins sur les principes généraux du gouvernement. Mais lorsqu'il n'y a dans un pays ni liberté de la presse, ni droits politiques, le peuple se détache entièrement des affaires publiques. Toute communication est rompue entre les gouvernants et les gouvernés. L'autorité, pendant quelque temps, et les partisans de l'autorité peuvent regarder cela comme un avantage. Le gouvernement ne rencontre point d'obstacles. Rien ne le contrarie. Il agit librement mais c'est que lui seul est vivant et que la nation est morte. L'opinion publique est la vie des Etats. Quand l'opinion publique ne se renouvelle pas, les Etats dépérissent et tombent en dissolution. Il y avait autrefois en Europe, dans tous les pays, des institutions mêlées de beaucoup d'abus mais qui, donnant à de certaines classes des privilèges à défendre et des droits à exercer, entretenaient dans ces classes une activité qui les préservait du découragement et de l'apathie. C'est à cette cause qu'il faut attribuer l'énergie des caractères jusqu'au XVIe siècle, énergie dont nous ne retrouvons plus aucun vestige. Ces institutions ont été partout détruites ou tellement modifiées qu'elles ont perdu presque entièrement leur influence. Mais vers le même temps où elles se sont écroulées, la découverte de l'imprimerie a fourni aux hommes un moyen nouveau de discussion, une nouvelle cause de mouvement intellectuel. Cette découverte et la liberté de penser qui en est résultée ont été depuis trois siècles favorisées par certains gouvernements, tolérées par d'autres, étouffées par d'autres encore. Or, nous ne craignons pas d'affirmer que les nations chez lesquelles cette occupation de l'esprit a été encouragée ou permise ont seules conservé de la force et de la vie et que celles dont les chefs ont imposé silence à toute opinion libre ont perdu graduellement tout caractère et toute vigueur. Les Français sous la monarchie n'ont été complètement privés des droits politiques qu'après Richelieu. J'ai déjà dit que des institutions défectueuses mais investissant des classes puissantes de certains privilèges qu'elles sont occupées sans cesse à défendre ont, au milieu de beaucoup d'inconvénients, cet avantage qu'elles ne laissent pas la nation entière se dégrader et s'abâtardir. Le commencement du règne de Louis XIV fut encore agité par la guerre de la Fronde, guerre puérile à la vérité, mais qui était le reste d'un esprit de résistance, accoutumé à l'action et continuant à agir presque sans but. Le despotisme s'accrut beaucoup vers la fin de ce règne. Cependant l'opposition se maintint toujours, se réfugiant dans les querelles religieuses, tantôt des calvinistes contre le catholicisme, tantôt des catholiques entre eux. La mort de Louis XIV fut l'époque du relâchement de l'autorité. La liberté des opinions gagna chaque jour du terrain. Je ne veux point dire que cette liberté s'exerça de la manière la plus décente et la plus utile. Je veux dire seulement qu'elle s'exerça et que de la sorte on ne peut mettre les Français à aucune époque jusqu'au renversement de la monarchie, parmi les peuples condamnés à l'asservissement complet et à une léthargie morale.

Cette marche de l'esprit humain finit, j'en conviens, par une révolution terrible. Je suis plus disposé que personne à déplorer les maux de cette révolution. Je pense avoir démontré ailleurs qu'elle eut bien d'autres causes que l'indépendance et la manifestation de la pensée. Mais, sans revenir ici sur cette matière, je dirai que ceux qui en accusent avec amertume la liberté de la presse, n'ont pas réfléchi probablement aux effets qu'aurait produits la destruction complète de cette liberté. L'on voit très bien en toute chose les maux qui ont eu lieu et l'on croit voir les causes immédiates de ces maux. Mais on n'aperçoit pas aussi clairement ce qui serait résulté d'un enchaînement différent de circonstances. Si Louis XIV eût eu pour successeur un prince ombrageux, despotique et assez habile pour opprimer la nation sans la soulever, la France serait tombée dans la même apathie que des monarchies voisines, jadis non moins formidables et non moins peuplées. Mais, les Français ont toujours conservé de l'intérêt à la chose publique, parce qu'ils ont toujours eu, sinon le droit, au moins la faculté de s'en occuper. L'on a beaucoup exagéré dans ces derniers temps l'abaissement momentané de la France durant la guerre de Sept Ans et pendant les années qui précédèrent immédiatement la Révolution. Mais il serait facile de démontrer que cet abaissement dont on accuse bêtement les philosophes, tenait à une administration mauvaise, à de mauvaises nominations dictées, que je pense, non par les philosophes, mais par des maîtresses et des courtisans. Cet abaissement ne provenait point d'un manque d'énergie dans la nation, elle l'a bien prouvé, quand elle a eu l'Europe à combattre.

L'Espagne, il y a 400 ans, était plus puissante et plus peuplée que la France. Cet empire, avant l'abolition des Cortès, avait trente millions d'habitants; il en a neuf aujourd'hui. Ses vaisseaux couvraient toutes les mers et dominaient sur toutes les colonies. Sa marine est maintenant inférieure à celle de l'Angleterre, de la France et de la Hollande. Cependant le caractère espagnol est énergique, brave, entreprenant. D'où vient donc la différence frappante entre les destinées de l'Espagne et celles de la France? de ce qu'au moment où la liberté politique a disparu en Espagne, rien ne vint offrir à l'activité intellectuelle et morale de ses habitants un nouveau moyen d'essor. On attribuera sans doute la décadence de l'Espagne aux fautes de son administration, à l'inquisition qui la gouverne, à mille autres causes immédiates. Mais toutes ces causes tiennent à la même source. S'il y avait eu en Espagne de la liberté pour la pensée, l'administration eût été meilleure, parce qu'elle se fût éclairée des lumières des individus; et quant à l'inquisition, partout où la liberté de la presse existe, l'inquisition ne peut pas exister et partout où il n'y a pas de liberté de la presse, il se glisse toujours, sous une forme quelconque, quelque chose de pareil à l'inquisition.

L'Allemagne nous fournit le sujet d'une comparaison toute semblable et plus frappante encore, vu la disproportion des deux objets comparés. L'une des deux grandes monarchies qui se partagent cette contrée était jadis un colosse de puissance. Elle s'affaiblit chaque jour. Ses finances se détériorent; sa force militaire se dégrade. Ses opérations intérieures sont impuissantes contre le dépérissement qui la mine. Ses efforts extérieurs sont mal combinés et ses défaites inexplicables. Son cabinet, cependant, nous a longtemps été présenté par les publicistes comme un modèle de suite de prudence et de secrets. Mais il n'existe dans cet empire ni liberté politique, ni indépendance intellectuelle. Non seulement la presse y est soumise à des restrictions sévères, mais l'introduction de tout livre étranger y est sévèrement prohibée. La nation, séparée de son gouvernement par une nuit épaisse, ne prend à ses mesures qu'une faible part. Il n'est pas au pouvoir de l'autorité d'endormir ou de réveiller les peuples suivant ses convenances ou ses fantaisies momentanées. La vie n'est pas une chose qu'on ôte et qu'on rende tour à tour.

Il est si vrai qu'on doit attribuer les malheurs de la monarchie que j'ai en vue à ce défaut de vie intérieure, que la portion qui lui a toujours fourni les meilleures troupes et les défenseurs les plus zélés est un pays qui, libre autrefois, a conservé des regrets, des souvenirs et quelques formes de liberté. L'hérédité du trône n'a été reconnue en Hongrie que dans l'assemblée de 1687 au milieu des plus sanglantes exécutions. L'énergie des Hongrois ne s'est soutenue sous le gouvernement autrichien que parce que ce gouvernement ne pèse sur eux que depuis un peu plus d'un siècle. Observez que ce pays est en même temps la portion la plus mécontente de cette monarchie; mais des sujets mécontents valent encore mieux pour leurs maîtres que des sujets sans zèle, parce qu'ils sont sans intérêts.

La Prusse, au contraire, où l'opinion publique n'a jamais été complètement étouffée et où cette opinion a joui de la plus grande liberté depuis Frédéric II, a lutté avec succès contre beaucoup de désavantages, d'autant moins faciles à surmonter qu'ils étaient inhérents à sa situation et à ses circonstances locales. Mais, jusqu'à l'époque de son érection en monarchie, vers le commencement du siècle dernier, la Prusse s'était ressentie de l'agitation introduite dans tous les esprits en Allemagne par la Réformation. Les électeurs de Brandebourg s'étaient toujours distingués parmi les chefs de la ligue formée en faveur de la liberté religieuse et leurs sujets s'étaient associés à eux de pensée et d'action dans cette noble et grande entreprise. Le règne militaire de Frédéric-Guillaume n'avait point amorti cette disposition, quand Frédéric II le remplaça. Il laissa la plus grande latitude à la pensée, il permit l'examen de toutes les questions de politique et de religion. Son aversion même pour la littérature allemande, qu'il connaissait peu, fut très favorable à la liberté complète des écrivains allemands. Le plus grand service que l'autorité puisse rendre aux lumières, c'est de ne pas s'en occuper. Laisser faire est tout ce qu'il faut pour porter le commerce au plus haut point de prospérité; laisser écrire est tout ce qu'il faut pour que l'esprit humain parvienne au plus haut degré d'activité, de pénétration et de justesse. Cette conduite de Frédéric eut ce résultat que ses sujets s'identifièrent avec lui dans toutes ses entreprises. Quoiqu'il n'y eût en Prusse aucune liberté politique, aucune garantie assurée, un esprit public s'y forma et ce fut avec cet esprit public, autant qu'avec ses légions, que Frédéric repoussa l'Europe coalisée contre lui. Durant la guerre de Sept Ans, il éprouva de fréquents revers. Sa capitale fut prise, ses armées furent dispersées; mais il y avait je ne sais quelle élasticité morale qui se communiquait de lui à son peuple et de son peuple à lui. Les Prussiens avaient quelque chose à perdre par la défaite de leur roi. Car ils auraient perdu la liberté de la pensée, la liberté de la presse et cette part indéfinissable, mais réelle que l'exercice des deux facultés leur donnait dans ses entreprises et dans son administration. Ils le favorisaient de leurs vœux ; ils réagissaient sur son armée ; ils l'appuyaient d'une sorte d'atmosphère d'opinion, d'esprit public, qui la soutenait et doublait ses forces. Nous ne nous déguisons point, en écrivant ces lignes, qu'il y a une classe d'hommes qui n'y apercevra qu'un sujet de dérision et de moquerie. Ces hommes veulent à toute force qu'il n'y ait rien de moral, rien d'intellectuel dans le gouvernement de l'espèce humaine. Ils mettent ce qu'ils ont de facultés à prouver l'inutilité et l'impuissance de ces facultés. Je les prierai pourtant de répondre aux exemples que j'ai cités et de nous dire pourquoi, de quatre monarchies encore existantes, les deux anciennement les plus fortes, mais ayant étouffé dans leurs sujets toute activité de l'esprit et tout développement de la pensée, sont tombées graduellement dans un état de faiblesse et de léthargie toujours croissante et pourquoi les deux autres dont la première a toléré, le plus souvent malgré elle, l'existence et l'autorité de l'opinion et dont la seconde l'a favorisée, se sont élevées à un haut degré de prospérité et de puissance. Je répète que des raisonnements tirés des fautes et des inconséquences des gouvernements dans les deux premières monarchies ne seraient pas admissibles, car ces gouvernements auraient commis moins de fautes, si la liberté les eût entourés de plus de lumière ou, lors même qu'ils auraient commis ces fautes, la nation aurait conservé quelque énergie par le seul exercice de la désapprobation, bien qu'impuissante. Elle aurait été prête, comme la nation française, à relever au premier signal.

Je n'ai point voulu m'appuyer de l'exemple de l'Angleterre, bien qu'il m'eût été beaucoup plus favorable. Quelque jugement qu'on porte sur l'Angleterre, on conviendra, je pense, qu'elle a un esprit national plus fort et plus actif que celui d'aucun autre peuple de l'Europe. Mais on aurait pu attribuer, et avec raison, l'énergie de l'Angleterre à sa constitution politique et je voulais prouver les avantages de la liberté de la presse indépendamment de toute constitution.

Si j'avais voulu multiplier les preuves, j'aurais pu parler encore de la Chine. Le gouvernement de cette contrée est parvenu à dominer la pensée et à la rendre un pur instrument. Les sciences n'y sont cultivées que par ses ordres, sous sa direction et sous son empire. Nul n'ose se frayer une route nouvelle ni s'écarter en aucun sens des opinions commandées. Il en est résulté que la Chine a été perpétuellement conquise par des étrangers moins nombreux que les Chinois. Pour arrêter le développement des esprits, il a fallu briser en eux l'énergie qui leur aurait servi à se défendre et à défendre leur gouvernement.

Les chefs des peuples ignorants ont toujours fini, dit Bentham (III, 21) *par être les victimes de leur politique étroite et pusillanime. Ces nations vieillies dans l'enfance sous des tuteurs qui prolongent leur imbécillité pour les gouverner plus aisément, ont toujours offert au premier agresseur une proie facile.*

Chapitre V

Continuation du même sujet

Si vous appliquez à l'état actuel de l'esprit humain cette expérience des trois derniers siècles de l'histoire, vous vous convaincrez facilement que l'anéantissement de la liberté de la presse, c'est-à-dire des progrès de la pensée, aurait aujourd'hui des résultats plus funestes encore que ceux que nous avons retracés. Les monarchies dont nous avons décrit le dépérissement progressif et la marche rétrograde, privées de l'usage libre de l'imprimerie dès son origine, n'ont ressenti cette privation que d'une manière sourde, lente, imperceptible. Un peuple qui se verrait dépouillé de la liberté de la presse après en avoir joui, en éprouverait d'abord une douleur plus vive et, bientôt après, une dégradation plus rapide. Ce qui avilit les hommes, ce n'est point de ne pas avoir une faculté, mais de l'abdiquer. « Il y a, dit Condillac, deux sortes de barbaries, l'une qui précède les siècles éclairés, l'autre qui leur succède. » On peut dire de même qu'il y a deux sortes de servitude, l'une qui précède la liberté, l'autre qui la remplace. La première est un état désirable si vous la comparez à la seconde. Mais le choix n'en est pas laissé aux gouvernements, parce qu'ils ne peuvent anéantir le passé.

Je suppose une nation éclairée, enrichie des travaux de plusieurs générations studieuses, possédant des chefs-d'œuvre de tout genre, ayant fait d'immenses progrès dans les sciences et dans les arts et, parvenue à ce point, par la seule route qui puisse y conduire, par une jouissance soit assurée, soit précaire de la liberté de la presse. Si l'autorité mettait chez cette nation de telles entraves à cette liberté, qu'il fût chaque jour plus difficile de les éluder, si elle ne permettait l'exercice de la pensée que dans un sens déterminé d'avance, la nation pourrait vivre quelque temps sur ses capitaux anciens, pour ainsi dire, sur ses lumières acquises, sur des habitudes de méditation et d'activité contractées antérieurement, mais rien ne se renouvellerait dans les idées. Le principe reproducteur serait desséché. Durant quelques années, la vanité suppléerait peut-être à l'amour des lumières. Des sophistes, se rappelant l'éclat et la considération que donnaient auparavant les travaux littéraires, se livreraient à des travaux du même genre en apparence. Ils combattraient avec des écrits le bien que des écrits auraient fait et tant qu'il resterait quelque trace des principes libéraux, il y aurait dans la littérature d'un tel peuple, une espèce de mouvement, une sorte de lutte contre ces idées et ces principes. Mais ce mouvement même et cette lutte seraient un héritage de la liberté détruite. A mesure que l'on en ferait disparaître les derniers vestiges, les dernières traditions, il y aurait moins de succès et moins de profits à continuer des attaques chaque jour plus superflues. Quand tout aurait disparu, le combat finirait, parce que les combattants n'apercevraient plus même l'ombre de leurs adversaires et les vainqueurs comme les vaincus garderaient le silence. Qui sait si l'autorité ne jugerait pas utile de l'imposer ? Elle ne voudrait pas que l'on réveillât des souvenirs éteints, qu'on agitât des questions délaissées. Elle pèserait sur ses acolytes trop zélés, comme autrefois sur ses ennemis. Elle défendrait d'écrire même dans son sens, sur les intérêts de l'espèce humaine, comme je ne sais quel gouvernement dévot avait interdit de parler de Dieu, en bien ou en mal. Ainsi, la carrière de la pensée proprement dite serait définitivement fermée à l'esprit humain. La génération éclairée disparaîtrait graduellement; la génération suivante, ne voyant dans les occupations intellectuelles aucun avantage, y voyant même des dangers, s'en détacherait sans retour. En vain direz-vous que l'esprit humain pourrait s'exercer encore dans la littérature légère, qu'il pourrait se livrer aux sciences exactes et naturelles, qu'il pourrait s'adonner aux arts. La nature en créant l'homme n'a pas consulté l'autorité. Elle a voulu que toutes nos facultés eussent entre elles une liaison intime et qu'aucune ne pût être limitée sans que les autres s'en ressentissent. L'indépendance de la pensée est aussi nécessaire, même à la littérature légère, aux science et aux arts que l'air à la vie physique. L'on pourrait aussi bien faire travailler des hommes sous une pompe pneumatique, en disant qu'on n'exige pas d'eux qu'ils respirent, mais qu'ils remuent les bras et les jambes, que maintenir l'activité de l'esprit sur un objet donné, en l'empêchant de s'exercer sur les sujets importants qui lui rendent son énergie, parce qu'ils lui rappellent sa dignité. Les littérateurs ainsi garrottés font d'abord des panégyriques; mais ils deviennent peu à peu incapables même de louer et la littérature finit par se perdre dans les anagrammes et les acrostiches. Les savants ne sont plus que les dépositaires de découvertes anciennes qui se détériorent et se dégradent entre des mains chargées de fers. La source du talent se tarit chez les artistes avec l'espoir de la gloire qui ne se nourrit que de liberté et par une relation mystérieuse, mais incontestable, entre des choses que l'on croyait pouvoir s'isoler *(sic)*, ils n'ont plus la faculté de représenter noblement la figure humaine, lorsque l'âme humaine est avilie.

Et ce ne serait pas tout encore. Bientôt le commerce, les professions et les métiers les plus nécessaires se ressentiraient de la mort de la pensée. Il ne faut pas croire que le commerce soit à lui seul un mobile d'activité suffisant. L'on s'exagère souvent l'influence de l'intérêt personnel. L'intérêt personnel lui-même a besoin pour agir de l'existence de l'opinion. L'homme dont l'opinion languit étouffée n'est pas longtemps excité même par son intérêt. Une sorte de stupeur s'empare de lui; et comme la paralysie s'étend d'une portion du corps à l'autre, elle s'étend aussi de l'une à l'autre de nos facultés.

L'intérêt séparé de l'opinion est borné dans ses besoins et facile à contenter dans ses jouissances, il travaille juste ce qu'il faut pour le présent, mais ne prépare rien pour l'avenir. Voyez l'Espagne que nous avons citée ci-dessus. Il arrive ainsi que les gouvernements qui veulent tuer l'opinion et croient encourager l'intérêt se trouvent à leur grand regret, par leur opération double et maladroite, les avoir tués tous les deux. Il existe sans doute un intérêt qui ne s'éteint pas sous le despotisme ; mais ce n'est pas celui qui porte l'homme au travail. C'est celui qui le porte à mendier, à piller, à s'enrichir des faveurs de la puissance et des dépouilles de la faiblesse. Cet intérêt n'a rien de commun avec le mobile nécessaire aux classes laborieuses. Il donne aux alentours des despotes une grande activité ; mais il ne peut servir de levier ni aux efforts de l'industrie ni aux spéculations du commerce. Nous avons montré, par l'exemple de Frédéric II, combien l'indépendance intellectuelle avait d'influence même sur les succès militaires. L'on n'aperçoit pas au premier coup d'œil la relation qui existe entre l'esprit public d'une nation et la discipline ou la valeur d'une armée qui combat séparée de cette nation et qui souvent est composée d'éléments étrangers. Cette relation pourtant est constante et nécessaire. L'on aime de nos jours à ne considérer les soldats que comme des instruments dociles, qu'il suffit de savoir habilement employer. Cela n'est que trop vrai à certains égards. Mais il faut néanmoins que ces soldats aient la conscience qu'il existe derrière eux une certaine opinion publique. Elle les anime presque sans qu'ils la connaissent. Elle ressemble à cette musique au son de laquelle ces mêmes soldats s'avancent à l'ennemi. Nul n'y prête une attention suivie et cependant tous sont remués, encouragés, entraînés par elle. Si elle cessait de se faire entendre, tous se relâcheraient insensiblement. Les hordes barbares peuvent seules marcher au combat avec ardeur, sans être soutenues par l'opinion d'une nation de compatriotes, dont ils défendent la cause et qui prend part à leur succès. Mais c'est que les hordes barbares sont animées par l'espoir du pillage ou par le désir de former des établissements nouveaux dans le pays dont elles s'emparent. Cet espoir et ce désir leur tiennent lieu d'une opinion publique ou plutôt ce désir et cet espoir sont une véritable opinion.

La conquête des Gaules, remarque Filangieri, *coûta dix ans de fatigues, de victoires, de négociations à César, et ne coûta, pour ainsi dire, qu'un jour à Clovis.* Cependant les Gaulois qui résistaient à César étaient sûrement moins disciplinés que ceux qui combattaient contre Clovis, et qui avaient été dressés à la tactique romaine. Clovis, âgé de 15 ou 16 ans, n'était certainement pas plus grand capitaine que César. Mais César avait à dompter un peuple qui prenait une grande part à l'administration de ses affaires intérieures, Clovis un peuple esclave depuis cinq siècles. Nous avons déjà dit, en commençant ce chapitre, que, chez les peuples modernes, la liberté de la presse tenait lieu, sous quelques rapports, de la participation immédiate à l'administration des affaires.

Il y a deux circonstances, j'en conviens, qui peuvent suppléer momentanément chez les peuples policés eux-mêmes à l'opinion publique, dans ce qui concerne les succès militaires. La première, c'est lorsqu'un grand général inspire à ses soldats un enthousiasme personnel. La seconde, lorsque l'opinion publique, ayant existé longtemps avec force, l'armée a conservé l'impulsion que cette opinion lui avait donnée. C'est alors l'esprit public qui s'est réfugié de la nation dans l'armée. Il est tout simple que cet esprit, qui ne se conserve que par le mouvement et par l'intérêt, s'éteigne d'abord dans la partie paisible et inactive du peuple, lorsque l'autorité lui enlève tout aliment et qu'il se conserve plus longtemps dans la partie active et guerrière. Mais de ces deux circonstances, l'une est accidentelle, l'autre est passagère et dans toutes les deux, c'est une cause factice qui supplée à la seule cause réelle et durable. Toutes les facultés de l'homme se tiennent. L'industrie et l'art militaire se perfectionnent par les découvertes des sciences. Les sciences gagnent à leur tour aux perfectionnements de l'art militaire et de l'industrie. Les lumières s'appliquent à tout. Elles font faire des progrès à l'industrie, à tous les arts, à toutes les sciences, puis, en analysant ces progrès, elles étendent leur propre horizon. La morale enfin s'épure et se rectifie par les lumières. Si le gouvernement porte atteinte à la manifestation de la pensée, la morale en sera moins saine, les connaissances de fait moins exactes, les sciences moins actives dans leurs développements, l'art militaire moins avancé, l'industrie moins enrichie par des découvertes.

L'existence humaine, attaquée dans ses parties les plus nobles, sent bientôt le poison s'étendre jusqu'aux parties les plus éloignées. Vous croyez n'avoir fait que la borner dans quelque liberté superflue ou lui retrancher quelque pompe inutile, votre arme empoisonnée l'a blessée au cœur.

Cette marche que nous retraçons ici, ce n'est point de la théorie, c'est de l'histoire. C'est l'histoire de l'empire grec, de cet empire héritier de celui de Rome, investi d'une grande portion de sa force et de toutes ses lumières, de cet empire où le despotisme s'établit, avec toutes les données les plus favorables à sa puissance et à sa durée, et qui dépérit et tomba par cela seul que tout empire despotique doit dépérir et tomber.

L'on nous parle souvent, je le sais, d'un cercle prétendu que parcourt l'esprit humain et qui, dit-on, ramène par une fatalité inévitable, l'ignorance après les lumières, la barbarie après la civilisation. Mais par malheur pour ce système, le despotisme s'est toujours glissé entre ces époques, de manière qu'il est difficile de ne le pas accuser d'entrer pour quelque chose dans cette révolution. La véritable cause de ces vicissitudes dans l'histoire des peuples, c'est que l'intelligence de l'homme ne peut rester stationnaire. Si vous ne l'arrêtez pas, elle avance. Si vous l'arrêtez, elle recule, parce qu'elle ne peut demeurer au même point. La pensée est le principe de tout. Si vous la découragez sur elle-même, elle ne s'exercera plus sur aucun objet qu'avec langueur. On dirait qu'indignée de se voir repoussée de la sphère qui lui est propre, elle veut se venger par un noble suicide de l'humiliation qui lui est infligée. Tous les efforts de l'autorité ne lui rendent pas la vie. Le mouvement factice et interrompu qu'elle reçoit ne ressemble qu'à ces convulsions qu'un art plus effrayant qu'utile imprime aux cadavres sans les ranimer. Que si le gouvernement voulait suppléer par son activité propre à l'activité naturelle de l'opinion enchaînée, comme dans les places assiégées on fait piaffer entre des colonnes les chevaux qu'on tient enfermés, il se chargerait d'une tâche difficile. D'abord une agitation tout artificielle est chère à entretenir ; car elle ne s'entretient que par des choses extraordinaires. Lorsque chacun est libre, chacun s'intéresse ou s'amuse de ce qu'il fait, de ce qu'il dit, de ce qu'il écrit. Mais lorsque la grande masse d'une nation est réduite au rôle de spectateurs forcés au silence, il faut, pour que ces spectateurs muets applaudissent ou seulement pour qu'ils regardent, que les entrepreneurs du spectacle réveillent sans cesse leur curiosité par des coups de théâtre et des changements de scène. Or, c'est sans doute un avantage dans un gouvernement qu'il soit propre à de grandes choses, quand le bien général l'exige. Mais c'est un inconvénient incalculable pour les gouvernés que le gouvernement soit condamné à faire ce qu'on appelle de grandes choses, quand le bien général ne l'exige pas. D'ailleurs ce mouvement factice ne remplit pas longtemps son but. Les gouvernés cessent bientôt d'écouter un long monologue qu'il ne leur est jamais permis d'interrompre. La nation se fatigue d'un vain étalage, dont elle ne supporte que les frais ou les périls, mais dont les intentions et la conduite lui sont étrangères. L'intérêt aux choses publiques se concentre entre l'autorité et ses créatures. Une barrière morale s'élève entre le pouvoir qui s'agite et le peuple qui reste immobile. Le premier s'efforce vainement de communiquer à l'autre son agitation et les entreprises les plus éclatantes et les célébrations les plus pompeuses de ces entreprises ne sont que des cérémonies funéraires, où l'on forme des danses sur des tombeaux. Les places se remplissent d'instruments passifs et l'obéissance se dépouille de toute spontanéité. Tout marche, mais par le commandement et par la menace. Tout est plus cher, parce que les hommes se font payer pour descendre au rang de simples machines. Il faut que l'argent fasse la fonction de l'opinion, de l'émulation et de la gloire. Tout est moins facile, parce que rien n'est volontaire. Le gouvernement est obéi plutôt qu'il n'est secondé. A la moindre interruption tous les rouages cessent d'agir. C'est une partie d'échec, la main du pouvoir la dirige ; aucune pièce ne résiste ; mais si le bras s'arrêtait un instant, elles resteraient toutes immobiles. Enfin, le mouvement s'affaiblit dans l'autorité même. La léthargie d'une nation, où il n'y a pas d'opinion publique, se communique à son gouvernement, quoi qu'il fasse ; n'ayant pu la tenir éveillée, il finit par s'endormir avec elle. Ainsi donc tout se tait, tout s'affaisse, tout dégénère, tout se dégrade chez une nation qui n'a plus le droit de manifester sa pensée et, tôt ou tard, un tel empire offre le spectacle de ces plaines de l'Egypte où l'on voit une immense pyramide peser sur une poussière aride et régner sur de silencieux déserts.

C'était une belle conception de la nature d'avoir placé la récompense de l'homme hors de lui, d'avoir allumé dans son cœur cette flamme indéfinissable de la gloire, qui, se nourrissant de nobles espérances, source de toutes les actions grandes, préservatif contre tous les vices, lien des générations entre elles et de l'homme avec l'univers, repousse les plaisirs grossiers et dédaigne les désirs sordides. Malheur à qui l'éteint cette flamme sacrée ! Il remplit dans ce monde le rôle du mauvais principe, il courbe de sa main de fer notre front vers la terre, tandis que le ciel nous a créés pour marcher la tête haute et pour contempler les astres.

CHAPITRE VI

EXPLICATION NÉCESSAIRE

En disant que la liberté de la presse remplace, en quelque sorte, les droits politiques, je n'ai point voulu dire qu'elle les remplaçât parfaitement. Comme elle n'est jamais que précaire, là où ces droits n'existent pas, elle ne fait pas tout le bien qu'elle pourrait faire et le bien qu'elle fait est mêlé de beaucoup de maux. C'est ce qui est arrivé en France, à la fin du dix-huitième siècle. Mais dans ce cas, comme dans tous ceux de cette espèce, ce n'est pas à la liberté qu'il faut s'en prendre, c'est à l'absence de la garantie ; il ne faut pas retrancher l'une, mais assurer l'autre. La liberté de la presse ne peut être convenablement limitée que là où la liberté politique existe. Ailleurs, les hommes éclairés sont obligés de s'élever contre toutes les limites, parce que l'arbitraire ne peut rien limiter convenablement.

CHAPITRE VII

DERNIÈRE OBSERVATION

En arrêtant la manifestation de la pensée, vous fermez au talent sa plus belle carrière. Mais vous n'empêcherez pas la nature de donner naissance à des hommes de talent. Il faudra bien que leur activité s'exerce. Qu'arrivera-t-il ? qu'ils se diviseront en deux classes. Les uns, fidèles à leur destination primitive, attaqueront votre autorité. Les autres se précipiteront dans l'égoïsme et feront servir leurs facultés supérieures à l'accumulation de tous les moyens de jouissances, seul dédommagement qui leur soit laissé. Ainsi, l'autorité par son activité merveilleuse, aura fait deux parts des hommes d'esprit. Les uns seront séditieux, les autres fripons. Elle les punira sans doute ; mais elle les punira de son propre crime. Si leur ambition légitime avait trouvé le champ libre pour ses espérances et ses efforts honorables, les uns seraient encore paisibles, les autres encore vertueux. Ils n'ont cherché la route coupable qu'après avoir été repoussés des routes naturelles, qu'ils avaient droit de parcourir. Je dis qu'ils en avaient le droit, car l'illustration, la renommée, la gloire sont le patrimoine de l'espèce humaine. Il n'appartient pas à quelques hommes de les ravir à leurs égaux. Il ne leur est pas permis de flétrir la vie, en la dépouillant de ce qui la rend brillante.

LIVRE VIII

DE LA LIBERTE RELIGIEUSE

CHAPITRE I

POURQUOI LA RELIGION FUT SI SOUVENT ATTAQUÉE PAR LES HOMMES ÉCLAIRÉS

En examinant la compétence de l'autorité sur la religion, nous ne prétendons point contester les avantages des idées religieuses. Plus on aime la liberté, plus on chérit les idées morales, plus l'élévation, le courage, l'indépendance sont un besoin, plus il est nécessaire, pour se reposer des hommes, de se réfugier dans la croyance d'un Dieu.

Si la religion avait toujours été parfaitement libre, elle n'aurait, je le pense, été jamais qu'un objet de respect et d'amour. L'on ne concevrait guère le fanatisme bizarre qui rendrait la religion en elle-même un objet de haine ou de malveillance. Ce recours d'un être malheureux à un être juste, d'un être faible à un être bon, me semble ne devoir exciter, dans ceux-mêmes qui le considèrent comme chimérique, que l'intérêt et la sympathie. Celui qui regarde comme des erreurs toutes les espérances de la religion doit être plus profondément ému que tout autre de ce concert universel de tous les êtres souffrants, de ces demandes de la douleur, s'élançant vers un ciel d'airain de tous les points de la terre pour rester sans réponse et de l'illusion secourable qui prend pour une réponse le bruit confus de tant de prières répétées au loin dans les airs.

Les causes de nos peines sont nombreuses. L'autorité peut nous proscrire, le mensonge nous calomnier. Les liens d'une société toute factice nous blessent. La nature inflexible nous frappe dans ce que nous chérissons. La vieillesse s'avance vers nous, époque sombre et solennelle, où les objets s'obscurcissent et semblent se retirer, où je ne sais quoi de froid et de terne se répand sur tout ce qui nous entoure.

Contre tant de douleurs, nous cherchons partout des consolations et toutes nos consolations durables sont religieuses. Lorsque le monde nous abandonne, nous formons je ne sais quelle alliance au-delà du monde. Lorsque les hommes nous persécutent, nous nous créons je ne sais quel recours par-delà les hommes. Lorsque nous voyons s'évanouir nos chimères les plus chéries, la justice, la liberté, la patrie, nous nous flattons qu'il existe quelque part un être qui nous saura gré d'avoir été fidèles, malgré notre siècle, à la justice, à la liberté, à la patrie. Quand nous regrettons un objet aimé, nous jetons un pont sur l'abîme et le traversons par la pensée. En fin, quand la vie nous échappe, nous nous élançons vers une autre vie. Ainsi la religion est de son essence la compagne fidèle, l'ingénieuse et infatigable amie de l'infortuné.

Ce n'est pas tout. Consolatrice du malheur, la religion est en même temps de toutes nos émotions la plus naturelle. Toutes nos sensations physiques, tous nos sentiments moraux la font renaître dans nos cœurs à notre insu. Tout ce qui nous paraît sans bornes et produit en nous la notion de l'immensité, la vue du ciel, le silence de la nuit, la vaste étendue des mers, tout ce qui nous conduit à l'attendrissement ou à l'enthousiasme, la conscience d'une action vertueuse, d'un généreux sacrifice, d'un danger bravé courageusement, de la douleur d'autrui secourue ou soulagée, tout ce qui soulève au fond de notre âme les éléments primitifs de notre nature, le mépris du vice, la haine de la tyrannie, nourrit le sentiment religieux.

Ce sentiment tient de près à toutes les passions nobles, délicates et profondes. Comme toutes ces passions, il a quelque chose de mystérieux. Car la raison commune ne peut expliquer aucune de ces passions d'une manière satisfaisante. L'amour, cette préférence exclusive pour un objet dont nous avions pu nous passer longtemps et auquel tant d'autres ressemblent, le besoin de la gloire, cette soif d'une célébrité qui doit se prolonger après nous, la jouissance que nous trouvons dans le dévouement, jouissance contraire à l'instinct habituel de notre égoïsme, la mélancolie, cette tristesse sans cause, au fond de laquelle est un plaisir que nous ne saurions analyser, mille autres sensations, qu'on ne peut décrire et qui nous remplissent d'impressions vagues et d'émotions confuses, sont inexplicables par la rigueur du raisonnement. Elles ont toutes de l'affinité avec le sentiment religieux. Toutes ces choses sont favorables au développement de la morale. Elles font sortir l'homme du cercle étroit de ses intérêts, elles rendent à l'âme cette élasticité, cette délicatesse, cette exaltation qu'étouffe l'habitude de la vie commune et des calculs qu'elle nécessite.

L'amour est la plus mélangée de ces passions, parce qu'il a pour but une jouissance déterminée, que ce but est près de nous et qu'il aboutit à l'égoïsme. Le sentiment religieux, pour la raison contraire, est de toutes ces passions la plus pure. Il ne fuit point avec la jeunesse. Il se fortifie quelquefois dans l'âge avancé, comme si le ciel nous l'avait donné pour consoler l'époque la plus dépouillée de notre vie.

Un homme de génie disait que la vue de l'Apollon du Belvédère ou d'un tableau de Raphaël le rendait meilleur. En effet, il y a dans la contemplation du beau en tout genre quelque chose qui nous détache de nous-mêmes en nous faisant sentir que la perfection vaut mieux que nous et qui, par cette conviction, nous inspirant un désintéressement momentané, réveille en nous la puissance du sacrifice, puissance mère de toute vertu. Il y a dans l'émotion, quelle qu'en soit la cause, quelque chose qui fait circuler notre sang plus vite, qui nous procure une sorte de bien-être, qui double le sentiment de notre existence et de nos forces et qui par là nous rend susceptibles d'une générosité, d'un courage, d'une sympathie au-dessus de notre disposition habituelle. L'homme corrompu lui-même est meilleur, lorsqu'il est ému et aussi longtemps qu'il est ému.

Je ne veux point dire que l'absence du sentiment religieux prouve dans tout individu l'absence de morale. Il y a des hommes dont l'esprit est la partie principale et ne peut céder qu'à une évidence complète. Ces hommes sont d'ordinaire livrés à des méditations profondes et préservés de la plupart des tentations corruptrices par les jouissances de l'étude ou l'habitude de la pensée. Ils sont capables par conséquent d'une moralité scrupuleuse. Mais dans la foule des hommes vulgaires, l'absence du sentiment religieux, ne tenant point à de pareilles causes, annonce le plus souvent, je le crois, un cœur aride, un esprit frivole, une âme absorbée dans des intérêts petits et ignobles, une grande stérilité d'imagination. J'excepte le cas où la persécution aurait irrité ces hommes. L'effet de la persécution est de révolter contre ce qu'elle commande ; et il peut arriver alors que des hommes sensibles, mais fiers, indignés d'une religion qu'on leur impose, rejettent sans examen tout ce qui tient à la religion ; mais cette exception qui est de circonstance ne change rien à la thèse générale.

Je n'aurais pas mauvaise opinion d'un homme éclairé, si on me le présentait comme étranger au sentiment religieux. Mais un peuple incapable de ce sentiment me paraîtrait privé d'une faculté précieuse et déshérité par la nature.

Si l'on m'accusait de ne pas définir ici d'une manière assez précise le sentiment religieux, je demanderais comment on définit avec précision cette partie vague et profonde de nos sensations morales, qui, par sa nature même, défie tous les efforts du langage. Comment définirez-vous l'impression d'une nuit profonde, d'une antique forêt, du vent qui gémit à travers des ruines ou sur des tombeaux, de l'océan qui se prolonge au-delà des regards ? Comment définirez-vous l'émotion que vous cause les chants d'Ossian, l'église de Saint-Pierre, la méditation de la mort, l'harmonie des sons ou celles des formes ? Comment définirez-vous la rêverie, ce frémissement intérieur de l'âme, où viennent se rassembler et comme se perdre dans une confusion mystérieuse, toutes les puissances des sens ou de la pensée ? Il y a de la religion au fond de toutes ces choses. Tout ce qui est beau, tout ce qui est intime, tout ce qui est profond est religieux.

Idée d'un Dieu, centre commun où se réunissent, au-dessus de l'action du temps et de la portée du vice toutes les idées de justice, d'amour, de liberté, de pitié, qui, dans ce monde d'un jour composent la dignité de l'espèce humaine, tradition permanente de tout ce qui est beau, grand et bon à travers l'avilissement et l'iniquité des siècles, voix éternelle qui répond à la vertu dans sa langue, quand la langue de tout ce qui l'entoure est celle de la bassesse et du crime, appel du présent à l'avenir, de la terre au ciel, recours solennel de tous les opprimés dans toutes les situations, dernière espérance de la faiblesse qu'on foule aux pieds, de l'innocence qu'on immole, pensée consolante et fière, non, quoi qu'on fasse, l'espèce humaine ne se passera jamais de vous.

Mais d'où vient que la religion, cette alliée constante, cet appui nécessaire, cette lueur unique au milieu des ténèbres qui nous environnent, a, dans tous les siècles, été en butte à des attaques fréquentes et acharnées ? D'où vient que la classe qui s'en est déclarée l'ennemie a presque toujours été la plus éclairée, la plus dépendante et la plus instruite ? C'est qu'on a dénaturé la religion. L'on a poursuivi l'homme dans ce dernier asile, dans ce sanctuaire intime de son existence. La religion s'est transformée entre les mains de l'autorité en institution menaçante. Après avoir créé plupart et les plus poignantes de nos douleurs, le pouvoir a prétendu commander à l'homme jusque dans ses moyens de consolation. La religion dogmatique, puissance hostile et persécutrice, a voulu soumettre à son joug, l'imagination dans ses conjectures et le cœur dans ses besoins. Elle est devenue un fléau plus terrible que ceux qu'elle était destinée à faire oublier.

De là, dans tous les siècles où les hommes ont réclamé leur indépendance morale, cette résistance à la religion qui a paru dirigée contre la plus douce des affections et qui ne l'était en effet que contre la plus oppressive des tyrannies. L'intolérance, en plaçant la force du côté de la foi, a placé le courage à côté du doute. La fureur des croyants a exalté la vanité des incrédules et l'homme est arrivé de la sorte à se faire un mérite de ce que, laissé à lui-même, il aurait regardé comme un malheur. La persécution provoque la résistance. L'autorité menaçant une opinion quelle qu'elle soit, excite à la manifestation de cette opinion tous les esprits qui ont quelque valeur. Il y a dans l'homme un principe de révolte contre toute contrainte intellectuelle. Ce principe peut aller jusqu'à la fureur. Il peut être la cause de beaucoup de crimes. Mais il tient à tout ce qu'il y a de noble au fond de notre âme.

Je me suis senti souvent frappé de tristesse et d'étonnement en lisant le fameux *Système de la nature*. Ce long acharnement d'un vieillard [d'Holbach] à fermer devant lui tout avenir, cette inexplicable soif de la destruction, cette haine aveugle et presque féroce contre une idée douce et consolante, me paraissaient un bizarre délire. Mais je le concevais toutefois en me rappelant les dangers dont l'autorité entourait cet écrivain. De tout temps on a troublé la réflexion des athées. Ils n'ont jamais eu le temps ou la liberté de considérer à loisir leur propre opinion. Elle a toujours été pour eux une propriété qu'on voulait leur ravir. Ils ont songé moins à l'approfondir qu'à la justifier ou à la défendre. Mais laissez-les en paix. Ils jetteront bientôt un triste regard sur le monde qu'ils ont dépeuplé de dieux. Ils s'étonneront eux-mêmes de leur victoire. L'agitation de la lutte, la soif de reconquérir le droit d'examen, toutes ces causes d'exaltation ne les soutiendront plus. Leur imagination, naguère tout occupée du succès, maintenant désœuvrée et comme déserte se retournera sur elle-même. Ils verront l'homme seul sur une terre qui doit l'engloutir. L'univers est sans vie. Des générations passagères, fortuites, isolées, y paraissent, souffrent, meurent. Quelques ambitieux se les disputent, se les arrachent, les froissent, les déchirent. Elles n'ont pas même la consolation d'espérer qu'une fois ces monstres seront jugés, qu'elles verront luire enfin le jour de la réparation et de la vengeance. Nul lien n'existe entre ces générations dont le partage est ici la douleur, plus loin le néant. Toute communication est rompue entre le passé, le présent et l'avenir. Aucune voix ne se prolonge des races qui ne sont plus, aux races vivantes et la voix des races vivantes doit s'abîmer un jour dans le même silence éternel. Qui ne sent que, si l'athéisme n'avait pas rencontré l'intolérance, ce qu'il y a de décourageant dans ce système aurait agi sur l'âme de ses sectateurs de manière à les retenir dans l'indifférence pour tout, dans l'apathie et dans le silence.

Je le répète. Aussi longtemps que l'autorité laissera la religion parfaitement indépendante, nul n'aura intérêt d'attaquer la religion. La pensée même n'en viendra pas. Mais si l'autorité prétend la défendre, si elle veut surtout s'en faire une alliée, l'indépendance intellectuelle ne tardera pas à l'attaquer.

CHAPITRE II

DE L'INTOLÉRANCE CIVILE

Aujourd'hui que le progrès des lumières s'oppose à l'intolérance religieuse proprement dite, c'est-à-dire à celle qui a pour but de forcer les opinions, plusieurs gouvernements se retranchent derrière la nécessité d'une certaine intolérance civile. Rousseau, qui chérit toutes les idées de liberté et qui a fourni des prétextes à toutes les prétentions de la tyrannie, est encore cité en faveur de ce système.

Il y a, dit-il, *une profession de foi purement civile, dont il appartient au souverain de fixer les articles, non pas précisément comme dogme de religion, mais comme sentiment de sociabilité. Sans pouvoir obliger personne à croire ces dogmes, il peut bannir de l'Etat quiconque ne les croit pas. Il peut le bannir non comme impie, mais comme insociable.* Qu'est-ce que l'Etat décidant des sentiments qu'il faut adopter ? Que m'importe que le souverain ne m'oblige pas à croire, s'il me punit de ce que je crois pas ? Que m'importe qu'il ne me frappe pas comme impie, s'il me frappe comme insociable ? Que m'importe que l'autorité s'abstienne des subtilités de la théologie, si elle se perd dans une morale hypothétique, non moins subtile, non moins étrangère à la juridiction naturelle ?

Je ne connais aucun système de servitude qui ait consacré de erreurs plus funestes que l'éternelle métaphysique du *Contrat social.*

L'intolérance civile est aussi dangereuse, plus absurde et surtout plus injuste que l'intolérance religieuse. Elle est aussi dangereuse puisqu'elle a les mêmes résultats sous un autre prétexte. Elle est plus absurde, puisqu'elle n'est pas motivée sur la conviction. Elle est plus injuste, puisque le mal qu'elle cause, n'est pas pour elle un devoir, mais un calcul.

L'intolérance civile emprunte mille formes et se réfugie de poste en poste pour se dérober au raisonnement. Vaincue sur le principe, elle dispute sur l'application. On a vu des hommes persécutés depuis près de trente siècles, dire au gouvernement qui les relevait de leur longue proscription que, s'il était nécessaire qu'il y eût dans un Etat plusieurs religions positives, il ne l'était pas moins d'empêcher que les sectes tolérées ne produisissent, en se subdivisant, de nouvelles sectes. Mais chaque secte tolérée n'est-elle pas elle-même une subdivision d'une secte ancienne ? A quel titre contesterait-elle aux générations futures les droits qu'elle a réclamés contre les générations passées ?

L'on a prétendu, dans un pays qui se vante de la liberté des cultes, qu'aucune des églises reconnues ne pouvait changer ses dogmes, sans le consentement de l'autorité. Mais si par hasard ces dogmes venaient à être rejetés par la majorité de la communauté religieuse, l'autorité pourrait-elle l'astreindre à les professer ? Or en fait d'opinion, les droits de la majorité et ceux de la minorité sont les mêmes.

On conçoit l'intolérance lorsqu'elle impose à tous une seule et même profession de foi. Elle est au moins conséquente. Elle peut croire qu'elle retient les hommes dans le sanctuaire de la vérité. Mais lorsque deux opinions seulement sont permises, comme l'une des deux est nécessairement fausse, autoriser le gouvernement à forcer les individus de l'une et de l'autre à rester attachés à l'opinion de leur secte, ou les sectes à ne jamais changer d'opinion, c'est l'autoriser formellement à prêter son assistance à l'erreur.

CHAPITRE III

DE LA MULTIPLICITÉ DES SECTES

Cette multiplicité des sectes, dont on s'épouvante, est ce qu'il y a pour la religion de plus salutaire. Elle fait que la religion ne cesse pas d'être un sentiment, pour devenir une simple forme, une habitude presque mécanique, qui se combine avec tous les vices et quelquefois avec tous les crimes.

Quand la religion dégénère de la sorte, elle perd toute son influence sur la morale. Elle se loge pour ainsi dire dans un recoin des têtes humaines, où elle reste isolée de tout le reste de l'existence. Nous voyons en Italie la messe précéder le meurtre, la confession le suivre, la pénitence l'absoudre et l'homme, ainsi délivré de remords, méditer des meurtres nouveaux.

Rien n'est plus simple. Pour empêcher la subdivision des sectes, il faut empêcher que l'homme ne réfléchisse sur sa religion, il faut donc empêcher qu'il ne s'en occupe. Il faut la réduire à des symboles que l'on répète, à des pratiques que l'on observe. Tout devient extérieur. Tout doit se faire sans examen, tout se fait bientôt par là même sans intérêt et sans attention. Dans toutes les choses morales, l'examen est la source de la vie ; et la liberté la condition première et indispensable de tout examen.

Je ne sais quels peuples mogols, astreints par leur culte à des prières fréquentes, se sont persuadés que ce qu'il y avait d'agréable aux dieux dans les prières c'était que l'air frappé par le mouvement des lèvres, leur prouvât sans cesse que l'homme s'occupait d'eux.

En conséquence, ces peuples ont inventé de petits moulins à prières qui, agitant l'air d'une certaine façon, entretiennent perpétuellement le mouvement désiré et, pendant que ces moulins tournent, chacun persuadé que les dieux sont satisfaits, vaque sans inquiétude à ses affaires ou à ses plaisirs. La religion, chez plus d'une nation européenne m'a rappelé souvent les petits moulins des peuples mogols.

La multiplication des sectes a pour la morale un avantage qu'on ne paraît pas encore avoir remarqué. Toutes les sectes naissantes tendent à se distinguer de celles dont elles se séparent par une morale plus scrupuleuse ; et souvent aussi la secte qui voit s'élever dans son sein une scission nouvelle, animée d'une émulation recommandable, ne veut pas rester dans ce genre en arrière des novateurs. Il est incontestable que l'apparition du protestantisme réforma les mœurs du clergé catholique. Si l'autorité ne se mêlait point de la religion, les sectes se multiplieraient à l'infini. Chaque congrégation nouvelle chercherait à prouver la bonté de sa doctrine par la pureté de ses mœurs. Chaque congrégation délaissée voudrait se défendre avec les mêmes armes. De là résulterait une heureuse lutte, où l'on placerait le succès dans une moralité plus austère. Les mœurs s'amélioreraient sans effort, par une impulsion naturelle et une honorable rivalité. C'est ce que l'on peut remarquer en Amérique et même en Ecosse, où la tolérance est loin d'être parfaite mais où cependant le presbytérianisme s'est subdivisé en de nombreuses ramifications. Jusqu'à présent, sans doute, la naissance des sectes, loin d'être accompagnée de ces effets salutaires, a presque toujours été marquée par des troubles et par des malheurs. C'est que l'autorité s'en est mêlée. La nature, comme Oromaze, avait mis en toutes choses le principe du bien. L'autorité, comme Arimane, est venue placer à côté le principe du mal.

En s'opposant à la multiplication des sectes, les gouvernements méconnaissent leurs propres intérêts. Quand les sectes sont très nombreuses dans un pays, elles se contiennent mutuellement et dispensent le souverain de transiger avec aucune d'elles pour les contenir. Quand il n'y a qu'une secte dominante, le pouvoir est obligé de recourir à mille moyens pour n'avoir rien à en craindre. Quand il n'y en a que deux ou trois, chacune étant assez nombreuse pour menacer les autres, il faut une surveillance, une répression non interrompue. Singulière politique! Vous voulez, dites-vous, maintenir la paix! Et pour cet effet vous empêchez les opinions de se subdiviser de manière à partager les hommes en petites réunions faibles et imperceptibles et vous constituez trois ou quatre grands corps ennemis que vous mettez en présence et qui, grâce au soin que vous prenez de les conserver nombreux et puissants, sont prêts à s'attaquer au premier signal.

CHAPITRE IV

DU MANTIEN DE LA RELIGION PAR L'AUTORITÉ CONTRE L'ESPRIT D'EXAMEN

De quelque manière que l'autorité intervienne dans ce qui a rapport à la religion, elle fait du mal[1].

Elle fait du mal, lorsqu'elle veut maintenir la religion contre l'esprit d'examen. Car l'autorité ne peut agir sur la conviction. elle n'agit que sur l'intérêt. En n'accordant ses faveurs qu'aux hommes qui professent les opinions consacrées, que gagne-t-elle? d'écarter ceux qui avouent leur pensée, ceux qui par conséquent ont au moins de la franchise. Les autres par un facile mensonge savent éluder ses précautions. Elles atteignent les hommes scrupuleux, elles sont sans force contre ceux qui sont ou deviennent corrompus.

Quels sont d'ailleurs, je le demande aux dépositaires de l'autorité, car c'est toujours en définitive le problème qu'il faut résoudre, quels sont vos moyens pour favoriser une opinion ? Confiez-vous exclusivement à ses sectateurs les fonctions importantes de l'Etat ? Mais les individus repoussés s'irriteront de la préférence. Ferez-vous écrire ou parler pour l'opinion que vous protégez ? D'autres écriront ou parleront dans un sens contraire. Restreindrez-vous la liberté des écrits, des paroles, de l'éloquence, du raisonnement, de l'ironie même et de la déclamation ? Vous voilà dans une carrière nouvelle. Il ne s'agit plus de favoriser ou de convaincre, mais d'étouffer et de punir. Pensez-vous que vos lois pourront saisir toutes les nuances et se graduer en proportion ? Vos mesures répressives seront-elles douces ? On les bravera. Elles ne feront qu'aigrir sans intimider. Seront-elles sévères ? Vous voilà persécuteurs. Une fois sur cette pente glissante et rapide, vous cherchez en vain à vous arrêter.

Mais vos persécutions mêmes, quels succès en espérez-vous ? Aucun roi, que je pense, ne fut entouré de plus de prestige que Louis XIV. L'honneur, la vanité, la mode, la mode toute-puissante, s'étaient placés sous son règne dans l'obéissance. Il prêtait à la religion l'appui du trône, ainsi que celui de son exemple. Il avait de la dignité dans les manières, de la convenance dans les discours. Sa volonté, plutôt constante que brusque, plutôt uniforme que violente et n'ayant jamais l'apparence du caprice, semblait honorer ce qu'elle protégeait. Il attachait le salut de son âme au maintien de la religion, dans ses pratiques les plus rigides et il avait persuadé à ses courtisans que le salut de l'âme du Roi était d'une particulière importance. Cependant, malgré sa sollicitude toujours croissante, l'austérité d'une vieille cour, le souvenir de cinquante années de gloire, le doute se glissa dans les esprits, même avant sa mort. Nous voyons dans les mémoires du temps des lettres interceptées, écrites par des flatteurs assidus de Louis XIV et offensantes également, nous dit Madame de Maintenon, à Dieu et au Roi. Le Roi mourut. L'impulsion philosophique renversa toutes les digues. Le raisonnement se dédommagea de la contrainte qu'il avait impatiemment supportée et le résultat d'une longue compression fut l'incrédulité poussée à l'excès.

CHAPITRE V

DU RÉTABLISSEMENT DE LA RELIGION PAR L'AUTORITÉ

L'autorité ne fait pas moins de mal et n'est pas moins impuissante, lorsqu'au milieu d'un siècle sceptique, elle veut rétablir la religion. La religion doit se rétablir seule par le besoin que l'homme en a; et quand vous l'inquiétez par des considérations étrangères, vous l'empêchez de ressentir toute la force de ce besoin. Vous dites, et je le pense, que la religion est dans la nature : ne couvrez pas sa voix de la vôtre.

L'intervention de l'autorité pour la défense de la religion, quand l'opinion lui est défavorable, a cet inconvénient particulier, que la religion est défendue par des hommes qui n'y croient pas. Les gouvernants sont soumis, comme les gouvernés, à la marche des idées humaines. Lorsque le doute a pénétré dans la partie éclairée d'une nation, il se fait jour dans le gouvernement même. Or, dans tous les temps les opinions ou la vanité sont plus fortes que les intérêts. C'est en vain que les dépositaires de l'autorité disent qu'il est de leur avantage de favoriser la religion. Ils peuvent déployer pour elle leur puissance; mais il ne sauraient s'astreindre à lui témoigner des égards. Ils trouvent quelque puissance à mettre le public dans la confidence de leur arrière pensée. Ils craindraient de paraître convaincus, de peur d'être pris pour des dupes. Si leur première phrase est consacrée à commander la crédulité, la seconde est destinée à reconquérir pour eux les honneurs du doute. Mauvais missionnaires qui veulent se placer audesus de leur propre profession de foi.

Chapitre VI

De l'axiome qu'il faut une religion au peuple

Alors s'établit cet axiome qu'il faut une religion au peuple, axiome qui flatte la vanité de ceux qui le répètent, parce qu'en le répétant, ils se séparent de ce peuple auquel il faut une religion.

Cet axiome est faux par lui-même, en tant qu'il implique que la religion est plus nécessaire aux classes laborieuses de la société qu'aux classes oisives et opulentes. Si la religion est nécessaire, elle l'est également à tous les hommes et à tous les degrés d'instruction. Les crimes des classes pauvres et peu éclairées ont des caractères plus violents, plus terribles, mais plus faciles en même temps à découvrir et à réprimer. La loi les entoure, elle les saisit, elle les comprime aisément, parce que ces crimes la heurtent d'une manière directe. La corruption des classes supérieures se nuance, se diversifie, se dérobe aux lois positives, se joue de leur esprit, en éludant leurs formes, leur oppose d'ailleurs le crédit, l'influence, le pouvoir. Raisonnement bizarre ! Le pauvre ne peut rien, il est environné d'entraves, il est garrotté par des liens de toute espèce, il n'a ni protecteurs ni soutiens. Il peut commettre un crime isolé ; mais tout s'arme contre lui dès qu'il est coupable. Il ne trouve dans ses juges, tirés toujours d'une classe ennemie, aucun ménagement, dans ses relations, impuissantes comme lui, aucune chance d'impunité. Sa conduite n'influe jamais sur le sort général de la société dont il fait partie ; Et c'est contre lui seul que vous voulez la garantie mystérieuse de la religion. Le riche au contraire est jugé par ses pairs, par ses alliés, par des hommes sur qui rejaillissent toujours plus ou moins les peines qu'ils lui infligent. La société lui prodigue ses secours. Toutes les chances matérielles et morales sont pour lui par l'effet seul de la richesse. Il peut influer au loin ; il peut bouleverser ou corrompre ; et c'est cet être puissant et favorisé que vous voulez affranchir du joug qu'il vous semble indispensable de faire peser sur un être faible et désarmé.

Je dis tout ceci dans l'hypothèse ordinaire que la religion est surtout précieuse comme fortifiant les lois pénales. Mais ce n'est pas mon opinion. Je place la religion plus haut. Je ne la considère point comme le supplément de la potence et de la roue. Il y a une morale commune, fondée sur le calcul, sur l'intérêt, sur la sûreté et qui, je le pense, peut à la rigueur se passer de la religion. Elle peut s'en passer dans le riche, parce qu'il réfléchit; dans le pauvre, parce que la loi l'épouvante et que d'ailleurs, ses occupations étant tracées d'avance, l'habitude d'un travail constant produit sur sa vie l'effet de la réflexion. Mais malheur au peuple qui n'a que cette morale commune! C'est pour créer une morale plus élevée que la religion me semble désirable. Je l'invoque, non pour réprimer les crimes grossiers, mais pour anoblir toutes les vertus.

Chapitre VII

De la religion considérée comme utile

Les défenseurs de la religion croient souvent faire merveille en la représentant surtout comme utile. Que diraient-ils, si on leur démontrait qu'ils rendent le plus mauvais service à la religion?

De même qu'en cherchant dans toutes les beautés de la nature un but positif, un usage immédiat, une application à la vie habituelle, on flétrit tout le charme de ce magnifique ensemble, en prêtant sans cesse à la religion une utilité vulgaire, on la met dans la dépendance de cette utilité. Elle n'a plus qu'un rang secondaire, elle ne paraît plus qu'un moyen et par là même elle est dégradée.

L'on a proscrit très justement de la langue française le mot d'utiliser. Je ne sais si je me trompe, mais il me semble que dans tout ce qui tient aux affections de l'âme et aux idées nobles, il faudrait rejeter la chose, comme dans le langage on a rejeté le mot.

Au reste ce besoin d'utilité rapprochée et pour ainsi dire matérielle est peut-être le vice inhérent à l'esprit français. On pourrait appliquer au caractère moral de notre nation, ce que l'on raconte de la paresse physique des Turcs. On dit que le secrétaire d'un ambassadeur de France à Constantinople, se promenant tous les soirs pendant quelque temps dans un jardin, les Turcs voisins de cet ambassadeur le prièrent de pardonner à son secrétaire et de ne plus lui imposer une pénitence aussi rigoureuse. Ils ne concevaient pas que l'on pût marcher pour rien. Nous avons l'air de pas concevoir qu'on puisse croire pour rien. Aussi sommes-nous de tous les peuples celui dont les écrivains ont presque toujours envisagé la religion de la manière la plus imparfaite et la plus étroite.

CHAPITRE VIII

AUTRE EFFET DE L'AXIOME QU'IL FAUT UNE RELIGION AU PEUPLE

L'axiome qu'il faut une religion au peuple est en outre tout ce qu'il y a de plus propre à détruire toute religion. Le peuple est averti par un instinct assez sûr de ce qui se passe sur sa tête. La cause de cet instinct est la même que celle de la pénétration des enfants, des domestiques, de toutes les classes dépendantes. Leur intérêt les éclaire sur la pensée secrète de ceux qui disposent de leur destinée. On compte trop sur la bonhomie du peuple, lorsqu'on espère qu'il croira longtemps ce que ses chefs refusent de croire. Je sais que des gouvernants athées avec des sujets superstitieux paraissent aujourd'hui le beau idéal à certains hommes d'Etat. Mais cette douce chimère ne peut se réaliser. Tout le fruit de leur artifice, c'est que le peuple qui les voit incrédules, se détache de sa religion sans savoir pourquoi. Ce que ces hommes gagnent en prohibant l'examen, c'est d'empêcher le peuple d'être éclairé, mais non d'être impie. Il devient impie par imitation. Il traite la religion de chose niaise et de duperie et chacun la renvoie à ses inférieurs qui de leur côté s'empressent de la repousser encore plus bas. Elle descend ainsi chaque jour plus dégradée. Elle est moins menacée, surtout moins avilie, lorsqu'on l'attaque de toutes parts. Elle peut se réfugier au fond des âmes sensibles.

La vanité ne craint pas de faire preuve de sottise et de déroger en la respectant.

Ce n'est pas tout encore. Quand un gouvernement prête de la sorte sa hautaine assistance à la religion déchue, il exige d'elle une méconnaissance qui complète son abaissement. Ce n'est plus cette puissance divine, descendant du ciel pour étonner et réformer la terre. Esclave timide, humble dépendante, elle se prosterne aux genoux du pouvoir, observe ses gestes, demande ses ordres, flatte qui la méprise et n'enseigne aux nations des vérités éternelles que sous le bon plaisir de l'autorité. Ses ministres bégayent, tremblant au pied de leurs autels asservis, des paroles mutilées. Ils n'osent faire retentir les voûtes antiques des accents du courage et de la conscience. Et loin de parler, comme Bossuet, aux grands de ce monde, au nom d'un Dieu qui juge les rois, ils cherchent avec terreur, dans les regards dédaigneux d'un maître, comment ils doivent parler de leur Dieu.

Chapitre IX

De la tolérance quand l'autorité s'en mêle

Qui le croirait? L'autorité fait du mal, même lorsqu'elle veut soumettre à sa juridiction les principes de la tolérance. Elle impose à la tolérance des formes positives, fixes, qui sont contraires à sa nature. La tolérance n'est autre chose que la liberté de tous les cultes présents et futurs. L'empereur Joseph II voulut établir la tolérance; et libéral dans ses vues, il commença par faire dresser un vaste catalogue de toutes les opinions religieuses professées par ses sujets. Je ne sais combien furent enregistrées pour être admises au bénéfice de sa protection. Qu'arriva-t-il? Un culte que l'on avait oublié vint à se montrer tout à coup et Joseph II, prince tolérant, lui dit qu'il était venu trop tard. Les déistes de Bohême furent persécutés vu leur date et le monarque philosophe se mit à la fois en hostilité contre le Brabant qui réclamait la domination exclusive du catholicisme et contre les malheureux Bohémiens qui demandaient la liberté de leur opinion. Cette tolérance limitée renferme une singulière erreur. L'imagination seule peut satisfaire aux besoins de l'imagination. Quand, dans un empire, vous auriez toléré vingt religions, vous n'auriez rien fait encore pour les sectateurs de la vingt-et-unième. Les gouvernements qui s'imaginent laisser aux gouvernés une latitude convenable, en leur permettant de choisir entre un nombre fixe de croyances religieuses, ressemblent à ce Français, qui, arrivé dans une ville d'Allemagne, dont les habitants voulaient apprendre l'italien, leur enseignait le basque et le bas-breton.

CHAPITRE X

DE LA PERSÉCUTION CONTRE UNE CROYANCE RELIGIEUSE

L'autorité fait du mal enfin, lorsqu'elle proscrit une religion, parce qu'elle la croit dangereuse ; et le mal ne serait pas moindre, quand le jugement de l'autorité sur cette religion serait fondé. Qu'elle punisse les actions coupables qu'une religion fait commettre, non comme actions religieuses mais comme actions coupables, elle parviendra facilement à les réprimer. Si elle les attaquait comme religieuses, elle en ferait un devoir aux fanatiques et si elle voulait remonter jusqu'à l'opinion qui en est la source, elle s'engagerait dans un labyrinthe de persécutions, de vexations et d'iniquités qui n'auraient plus de termes. Le seul moyen d'affaiblir une opinion, c'est d'établir le libre examen. Or, qui dit examen libre, dit éloignement de toute espèce d'autorité, absence de toute intervention collective. L'examen est essentiellement individuel.

Pour que la persécution, qui naturellement révolte les esprits et les rattache à la croyance persécutée, parvienne au contraire à détruire cette croyance, il faut dépraver les âmes et l'on ne porte pas seulement atteinte à la religion qu'on veut détruire, mais à tout sentiment de morale et de vertu. Pour persuader à un homme de mépriser ou d'abandonner un de ses semblables, malheureux à cause d'une opinion, c'est-à-dire injustement, pour l'engager à quitter aujourd'hui la doctrine qu'il professait hier, parce que tout à coup elle est menacée, il faut étouffer en lui toute justice et toute fierté. Borner, comme on l'a fait parmi nous, les mesures de rigueur aux ministres d'une religion, c'est tracer une limite illusoire. Ces mesures atteignent bientôt tous ceux qui partagent la même doctrine et elles atteignent ensuite tous ceux qui plaignent le malheur des opprimés. *Qu'on ne me dise pas,* disait M. de Clermont-Tonnerre en 1791, et l'événement a doublement justifié sa prédiction, *qu'on ne me dise pas qu'en poursuivant à outrance les prêtres qu'on appelle réfractaires, on éteindra toute opposition. J'espère le contraire et je l'espère par estime pour la nation française. Car toute nation qui cède à la force en matière de conscience est une nation tellement vile, tellement corrompue, qu'on n'en peut rien espérer ni en raison, ni en liberté.*

La superstition n'est funeste que lorsqu'on la protège ou qu'on la menace. Ne l'irritez pas par des injustices; ôtez-lui seulement tout moyen de nuire par des actions. Elle deviendra d'abord une passion innocente et s'éteindra bientôt, faute de pouvoir intéresser par ses souffrances ou commander par l'alliance de l'autorité. Refuser sa pitié, refuser ses secours à des hommes persécutés, parce qu'ils le sont pour ce qui nous paraît une erreur, le renversement de tous les principes, c'est se livrer au sentiment d'une présomption et d'un fanatisme inexcusables. Ces hommes défendent leurs droits. Erreur ou vérité, la pensée de l'homme est sa propriété la plus sacrée. Erreur ou vérité, les tyrans sont également coupables lorsqu'ils l'attaquent. Celui qui proscrit au nom de la philosophie la superstition spéculative, celui qui proscrit au nom de Dieu la raison indépendante, méritent également l'exécration des hommes de bien. Qu'il me soit permis de citer encore en finissant M. de Clermont-Tonnerre. On ne l'accusera pas de principes exagérés. Bien qu'ami de la liberté, ou peut-être parce qu'il était ami de la liberté, il fut presque toujours repoussé des deux partis dans l'Assemblée constituante. Il est mort victime de sa modération. Son opinion, je pense, paraîtra de quelque poids. *La religion et l'Etat,* disait-il, *sont deux choses parfaitement distinctes, parfaitement séparées, dont la réunion ne peut que dénaturer l'une et l'autre. L'homme a des relations avec son créateur. Il se fait ou il reçoit telles ou telles idées sur ces relations. On appelle ce système d'idées religion. La religion de chacun est donc l'opinion que chacun a de ses relations avec Dieu. L'opinion de chaque homme étant libre, il peut prendre ou ne pas prendre telle religion* [...] *L'opinion de la minorité ne peut jamais être assujettie à celle de la majorité. Aucune opinion ne peut donc être commandée par le pacte social. Ce qui est vrai de la religion l'est aussi du culte. Le culte est la profession que chacun fait avec ceux qui ont une même opinion religieuse. Les formes du culte sont le rite convenu entre ceux qui professent la même religion. Les actes du culte sont le devoir rigoureux de l'homme qui a l'opinion religieuse qui les prescrit. Ainsi, le culte, les actes du culte participent de la nature et de la liberté de l'opinion dont ils sont la suite nécessaire. Donc, ce qui est vrai de l'opinion l'est aussi du culte et de ses actes. La religion est de tous les temps, de tous les lieux, de tous les gouvernements. Son sanctuaire est dans la conscience de l'homme et la conscience est la seule faculté que l'homme ne puisse jamais sacrifier à une convention sociale. La religion se refuse à toute association, à tout rapport de suprématie ou de soumission avec le gouvernement politique* [...] *Le corps social ne doit commander aucun culte. Il n'en doit rejeter aucun, à moins que ce culte ne trouble l'ordre public.*

LIVRE IX

DES GARANTIES JUDICIAIRES

CHAPITRE I

DE L'INDÉPENDANCE DES TRIBUNAUX

Nous avons placé parmi les droits individuels la certitude de ne pas être traité arbitrairement, comme si l'on avait excédé les bornes de ces droits, c'est-à-dire la garantie de n'être arrêté, détenu, jugé que d'après les lois et suivant les formes. Nous sommes obligé en conséquence de parler ici du pouvoir judiciaire. Nous croyons d'autant moins sortir, en en parlant, des limites de cet ouvrage que les conditions indispensables pour rendre le pouvoir judiciaire la sauvegarde des citoyens sont les mêmes sous toutes les formes de gouvernements.

La première condition, c'est que le pouvoir judiciaire soit indépendant; cette assertion n'a pas besoin de preuves. Un peuple chez lequel l'autorité peut influer sur les jugements, diriger ou forcer l'opinion des juges, employer contre ceux qu'elle veut perdre les apparences de la justice, se cacher derrière le voile des lois pour frapper ses victimes de leur glaive, un tel peuple est dans une situation plus malheureuse, plus contraire au but et aux principes de l'état social que la horde sauvage des bords de l'Ohio ou que l'Arabe du désert. Pour rendre le pouvoir judiciaire indépendant, il n'existe qu'un moyen, c'est de rendre ses membres inamovibles. L'élection périodique par le peuple, la nomination pour un temps par le pouvoir exécutif, la possibilité de révocation à moins d'un jugement, portent d'égales atteintes à l'indépendance du pouvoir judiciaire.

On s'est élevé fortement contre la vénalité des charges. C'était un abus; mais cet abus avait un avantage, que l'ordre judiciaire qui a existé pendant la Révolution nous a fait souvent regretter, c'était l'indépendance et l'inamovibilité des juges.

Pendant seize années, les tribunaux, les juges, les jugements, rien n'a été libre. Les divers partis se sont emparés tour à tour des instruments et des formes de la loi. Le courage des guerriers les plus intrépides eût à peine suffi à nos magistrats, pour prononcer leurs arrêts dans leur conscience; et tel est même l'affreux empire des troubles civils que le courage qui fait braver la mort dans une bataille est plus facile que la profession publique d'une opinion libre, au milieu des menaces des factieux. Un juge amovible ou révocable est bien plus dangereux qu'un juge qui a acheté son emploi. Avoir acheté sa place est une chose bien moins corruptrice que d'avoir toujours à redouter de la perdre.

C'est à tort que l'on craint l'esprit de corps dans le pouvoir judiciaire. L'esprit de corps n'est à redouter que lorsque l'institution des jurés n'existe pas et que des lois multipliées, et dont, par cela même, une partie est nécessairement tombée en désuétude, fournissent aux juges des moyens d'envelopper et de proscrire tous les citoyens.

Dans tout autre cas, l'esprit de corps est une des meilleures garanties que les juges ne se laisseront pas dominer par les autres pouvoirs de l'État.

Les anciens Parlements de France nous ont légué, j'en conviens des souvenirs fâcheux. Mais la faute en était beaucoup moins à leur organisation qu'à une foule de causes qui n'existent plus. Les Parlements ont bien moins mérité la haine publique en prévariquant dans leurs fonctions que parce qu'ils étaient les organes de lois exécrables.

Les condamnations à jamais infâmes des Calas, des Sirven, des Labarre, tenaient à l'esprit d'intolérance dont notre législation et toute notre organisation sociale étaient imprégnées. S'il n'avait point existé de religion dominante, des juges farouches n'auraient pas immolé Calas ni proscrit Sirven; et l'infortuné Labarre n'eût pas péri sur la roue, à 17 ans pour avoir insulté les symboles du culte privilégié.

Les Parlements persécutaient les écrivains courageux, parce que des lois vexatoires prodiguaient à l'exercice de nos droits les plus légitimes des arrêts de mort. Jusqu'à la fin du XVIIIe siècle, en 1767 les Edits condamnaient à des peines capitales *les auteurs d'écrits propres à émouvoir les esprits.* Si aucune loi vague n'avait attenté à la liberté de la presse, nos Parlements n'auraient pu poursuivre des hommes qui n'auraient pu être accusés.

Avec tous leurs vices, par leur inamovibilité seule, les Parlements ont été conduits sans cesse à lutter contre le pouvoir, à réclamer contre l'accroissement des impôts, contre les arrestations illégales, contre les lettres de cachet.

Je suppose d'ailleurs l'existence de formes sévères contre les juges qui excéderaient leurs pouvoirs ou qui s'écarteraient des lois. Je suppose qu'aucun jugement n'est sans appel, parce que l'homme doit toujours avoir un recours assuré contre l'injustice et contre l'erreur.

Mais ces précautions sagement prises, que le pouvoir judiciaire soit dans une indépendance parfaite. Que l'autorité exécutive n'exerce sur lui aucune influence même indirecte. Que jamais, dans ses actes ni dans ses discours publics, elle ne se permette un murmure contre la base des associations, la sauvegarde des citoyens, la liberté des tribunaux. Rien n'est plus propre à dépraver l'opinion que ces déclamations perpétuelles, répétées parmi nous dans tous les sens et à toutes les époques, contre des hommes qui devaient être respectés, s'ils jugeaient dans leur conscience, punis, s'ils prévariquaient dans leurs jugements.

J'ai supposé de plus toujours existante l'institution des jurés. Je ne connais pas de garantie judiciaire sans cette institution. Malheur au peuple qui se laisse abuser par des objections astucieuses. Les jurés, dit-on, se plaisent à absoudre les coupables. Mais ils ont intérêt comme citoyens et propriétaires, à la punition des criminels. Ils craignent de devenir victimes de leur sévérité. La faute alors en est au gouvernement, au défaut de police, aux agents chargés de poursuivre les ennemis de la sûreté publique. Si vous adoptez une fois que l'arbitraire soit un moyen convenable pour arrêter la multiplicité des forfaits, vous intéresserez le gouvernement à ce que les forfaits se multiplient. Il sera négligent dans sa surveillance pour vous forcer à lui donner des pouvoirs illimités.

CHAPITRE II

DE L'ABRÉVIATION DES FORMES

Ceci me conduit à examiner un raisonnement qui sert de prétexte à la plupart des atteintes portées aux formes de la justice, raisonnement d'autant plus dangereux qu'aux yeux des hommes superficiels, il revêt ces atteintes d'une apparence régulière et des dehors de la légitimité.

Lorsque les crimes se multiplient ou que l'Etat semble menacé de quelques périls, on nous dit qu'il faut abréger les formes dont la lenteur compromettrait la sûreté publique. L'on supprime les procédures, l'on accélère les jugements, l'on établit des tribunaux extraordinaires, l'on retranche en tout ou en partie les garanties judiciaires.

Cette manière de procéder m'a frappé toujours comme reposant sur une singulière pétition de principes. C'est déclarer convaincus d'avance des hommes qui ne sont encore qu'accusés. Les formes sont une sauvegarde ; l'abréviation des formes est la diminution ou la perte de cette sauvegarde. L'abréviation des formes est donc une peine. Soumettre un accusé à cette peine, c'est le punir avant de le juger. Que si vous le punissez, c'est donc que son crime est prouvé d'avance. Si son crime est prouvé, à quoi bon un tribunal, quel qu'il soit, pour décider de son sort ? Si son crime n'est pas prouvé, de quel droit placez-vous cet accusé dans une classe particulière et proscrite et le privez-vous, sur un simple soupçon, du bénéfice commun à tous les membres de l'état social ? Cette absurdité n'est pas la seule. Les formes sont nécessaires ou sont inutiles à la conviction ; car la conviction, je le pense, est le seul but des procédures. Si les formes sont inutiles, pourquoi les conservez-vous dans les procès ordinaires ? Si elles sont nécessaires, comment les retranchez-vous dans les procès les plus importants ? Quoi ! Lorsqu'il s'agit d'une faute légère et que l'accusé n'est menacé ni dans sa vie, ni dans son honneur, l'on instruit sa cause de la manière la plus solennelle ! l'on observe toutes les formes, l'on accumule les précautions, pour constater les faits et ne pas frapper l'innocence ! mais lorsqu'il est question de quelque forfait épouvantable et par conséquent de l'infamie et de la mort, l'on supprime d'un mot toutes les précautions tutélaires ! l'on ferme le code des lois, l'on abrège les formalités ! comme si l'on pensait que plus une accusation est grave, plus il est superflu de l'examiner.

Ce sont des brigands, dites-vous, des assassins, des conspirateurs auxquels seuls vous enlevez le bénéfice des formes. Mais avant de les reconnaître pour tels, il faut constater les faits ; or, que sont les formes sinon les meilleurs moyens de constater les faits ? S'il en existe de meilleurs et de plus courts, qu'on les prenne, mais qu'on les prenne alors pour toutes les causes. Car pourquoi y en aurait-il une classe sur laquelle on observerait des lenteurs superflues, ou bien une autre qu'on déciderait avec une précipitation dangereuse. Le dilemme est clair : si la précipitation n'est pas dangereuse, les lenteurs sont superflues ; si les lenteurs ne sont pas superflues, la précipitation est dangereuse. Ne dirait-on pas qu'on peut distinguer à des signes extérieurs infaillibles avant le jugement, avant l'instruction, les hommes innocents et les hommes coupables, ceux qui doivent jouir de la prérogative des formes et ceux qui doivent en être privés ? Mais alors le pouvoir judiciaire, de quelque espèce qu'il soit, serait inutile. C'est parce que ces signes n'existent pas, que les formes sont nécessaires ; c'est parce que les formes ont paru l'unique moyen de discerner l'innocent du coupable que tous les peuples libres et humains en ont réclamé l'institution. Quelque imparfaites que soient les formes, elles ont une faculté protectrice qu'on ne leur ravit qu'en les détruisant. Elles sont les ennemies nées, les adversaires inflexibles de la tyrannie populaire ou autre. Aussi longtemps que les formes subsistent, les tribunaux opposent au despotisme une résistance plus ou moins généreuse, mais qui sert toujours à le contenir. Sous Charles Ier, les tribunaux anglais acquittèrent, malgré les menaces de la Cour, plusieurs amis de la liberté. Sous Cromwell, bien que dominés par le

Protecteur, ils renvoyèrent souvent absous des citoyens accusés de royalisme. Sous Jacques II, Jefferis fut obligé de fouler aux pieds toutes les formes et de violer l'indépendance des juges mêmes de sa création, pour assurer les nombreux supplices des victime de sa fureur. En Prusse, l'on a vu les tribunaux défendre contre les soupçons du successeur de Frédéric II, la tradition de la liberté intellectuelle et religieuse. Il y a dans les formes quelque chose d'imposant et de précis qui force les juges à se respecter et à suivre une marche équitable et régulière. L'affreuse loi, qui, sous Robespierre, déclara les preuves superflues et supprima les défenseurs est un hommage rendu aux formes. Elle démontre que les formes modifiées, mutilées, torturées en tout sens par le génie des factions, gênaient encore des hommes choisis soigneusement entre tout le peuple français comme les plus affranchis de tout scrupule de la conscience et de tout respect pour l'opinion.

Les observations précédentes s'appliquent avec une double force à ces juridictions dont les noms seuls sont devenus odieux et terribles, à ces Conseils ou Commissions militaires, qui, chose étrange, pendant toute la durée d'une révolution entreprise pour la liberté, ont fait trembler tous les citoyens.

Nos neveux ne croiront pas, s'ils ont quelque idée de liberté, qu'il fut un temps, où des hommes, nourris sous la tente et ignorants de la vie civile, interrogeaient des prévenus qu'ils étaient incapables de comprendre, condamnaient sans appel des citoyens qu'ils n'avaient pas le droit de juger. Nos neveux ne croiront pas, s'ils ne sont le plus avili des peuples, qu'on ait fait comparaître devant des tribunaux militaires, des législateurs, des écrivains, des accusés de délits politiques, donnant ainsi par une dérision féroce pour juge à l'opinion et à la pensée, le courage sans lumière et la soumission sans jugement. Ils ne croiront pas qu'on ait imposé à des guerriers, revenant de la victoire, couverts de lauriers que rien n'avait flétris, l'horrible devoir de se transformer en sbires, de poursuivre, de saisir, de fusiller des concitoyens peut-être coupables, mais dont les noms, comme les crimes, leur étaient encore inconnus. Non, tel fut jamais, s'écrieront-ils, le prix des exploits, la pompe triomphale. Non, ce n'est pas ainsi que les libérateurs de la France reparaissaient dans leur patrie et saluaient le sol natal.

Le prétexte de cette subversion de la justice, c'est que la nature du tribunal est déterminée par la nature du crime. Ainsi, l'embauchage, l'espionnage, les provocations à l'indiscipline, l'asile ou l'assistance donnés à la désertion, et par une extension naturelle, les conspirations que l'on présume avoir ou préparé quelque intelligence ou quelque point d'appui dans l'armée, sont regardés souvent comme ressortant de la juridiction militaire. Mais ce prétexte est absurde, comme nous l'avons dit, puisque c'est encore travestir en crime l'accusation, traiter le prévenu comme un condamné, supposer la conviction avant l'examen et faire précéder la sentence par un châtiment.

CHAPITRE III

DES PEINES

Les coupables ne perdent pas tous leurs droits. La société n'est point investie, même sur eux, d'une autorité illimitée. Elle leur doit de ne leur infliger que des peines proportionnées à leurs délits. Elle leur doit de ne leur faire subir de souffrances que celles qui ont été déterminées par des lois antérieures. Elle a encore un autre devoir, celui de n'établir contre les coupables que des châtiments qui ne puissent ni révolter ni corrompre les innocents qui en sont les témoins.

Ce dernier devoir rend inadmissible tout raffinement dans les supplices. On paraissait, vers la fin du dernier siècle avoir senti cette vérité. On ne recherchait plus avec art comment prolonger le plus possible, en présence de plusieurs milliers de spectateurs, l'agonie convulsive d'un de leurs semblables. On ne savourait plus la préméditation de la cruauté. On avait découvert que ces barbaries, inutiles pour la victime, pervertissaient les témoins de ses tourments et que pour punir un seul criminel, on dépravait une nation tout entière.

Il y a quelques années que subitement la proposition fut faite, par des hommes sans mission, de revenir à ces épouvantables usages. Toute la partie saine du public en frémit d'horreur. L'autorité recula devant cette flatterie féroce ; et si l'on ne daigna pas répondre à ces hommes, ils ne durent qu'au mépris qu'ils inspiraient de n'être repoussés que par le silence.

La peine de mort, même réduite à la simple privation de la vie, a été l'objet des réclamations de plusieurs philosophes estimables. Leurs raisonnements ne m'ont point convaincu que cette peine ne fut jamais admissible et je n'avais pas besoin de leurs raisonnements, pour penser qu'on ne devait l'étendre qu'à un très petit nombre de crimes.

La peine de mort a ce grand avantage que peu d'hommes se vouent à des fonctions odieuses et avilissantes. Il vaut mieux que ces agents déplorables d'une sévérité nécessaire, rejetés avec horreur par la société, se consacrent à l'affreux emploi d'exécuter quelques criminels, que si une multitude se condamnait à veiller sur les coupables et à se rendre l'instrument perpétuel de leur malheur prolongé. Causer de sang-froid la douleur de ses semblables est toujours une action qui pervertit, quelque justement que cette douleur puisse être infligée par les lois.

Cette considération me porte à rejeter la détention perpétuelle. Elle corrompt les geôliers comme les détenus. Elle accoutume les prévenus à une férocité capricieuse. Elle est inséparable de beaucoup d'arbitraire. Elle peut couvrir de son voile une foule de cruautés.

La condamnation aux travaux publics, si recommandée par la plupart de nos politiques modernes, m'a paru toujours entraîner des inconvénients de tous les genres.

Il ne m'est, en premier lieu, nullement prouvé, que la société ait sur les individus qui troublent l'ordre public d'autre droit que celui de leur enlever toute possibilité de nuire. La mort est comprise dans ce droit, mais nullement le travail. Un homme peut mériter de perdre l'usage ou la possession de ses facultés, mais il ne peut les aliéner que volontairement. Si vous admettez qu'il puisse être contraint de les aliéner, vous retombez en entier dans le système de l'esclavage.

Imposer le travail comme une peine est de plus d'un exemple dangereux. Dans nos associations actuelles, la grande majorité de l'espèce humaine est obligée à l'excès du travail. Quoi de plus imprudent, de plus impolitique, de plus insultant, que de lui présenter le travail comme le châtiment du crime ?

Si le travail des condamnés est véritablement une peine, s'il est différent de celui auquel sont soumises les classes innocentes et laborieuses de la société, s'il est, en un mot, au-dessus des forces humaines, il devient un supplice de mort plus lent, plus douloureux que tout autre. Entre le captif autrichien, qui, demi-nu et le corps à moitié dans l'eau, traîne des vaisseaux sur le Danube, et le malheureux qui périt sur l'échafaud, je ne vois que la différence du temps, qui est en faveur du dernier. Joseph II et Catherine II parlaient toujours de l'abolition de la peine de mort au nom de l'humanité, tandis qu'ils infligeaient des peines non moins mortelles, mais plus longues et plus rigoureuses.

Si au contraire la condamnation aux travaux publics n'est pas une mort raffinée, c'est une cause de dépravation révoltante et contagieuse. Dans quelques pays de l'Allemagne, les condamnés à cette peine, traités avec douceur, s'accoutument à leur destinée, se complaisent dans leur opprobre et, ne travaillant dans leur servitude pas plus qu'ils ne feraient en liberté, ils offrent aux spectateurs le tableau de la gaîté dans la dégradation, du bonheur dans l'avilissement, de la sécurité dans la honte ; ce qui doit produire dans l'âme du pauvre, dont l'innocence ne sert qu'à lui imposer une existence non moins laborieuse et plus précaire, des idées de comparaison qui le découragent ou l'égarent.

Enfin ce bruit des chaînes, ces habits de forçats, tous ces signes de crime et de châtiment exposés sans cesse et publiquement à nos regards sont, pour les hommes qui portent en eux quelque sentiment de la dignité humaine, une peine plus habituelle et plus douloureuse que pour les coupables. La société n'a pas le droit de nous entourer d'une éternelle commémoration de perversité et d'ignominie.

L'établissement de colonies, où l'on transporte les criminels, est peut-être de toutes les mesures de rigueur la plus conforme à la justice, aux intérêts de la société, à ceux des individus qu'elle se voit forcée d'éloigner.

La plupart de nos fautes sont occasionnées par une sorte de désaccord entre nous et les institutions sociales. Nous arrivons à la jeunesse, souvent avant de connaître et presque toujours avant de concevoir ces institutions compliquées. Elles nous entourent de barrières que nous franchissons quelquefois sans nous en apercevoir. Alors s'établit entre nous et nos alentours une opposition qui s'accroît par l'impression même qu'elle produit. Cette opposition se fait remarquer dans presque toutes les classes de la société. Dans les classes supérieures, depuis le misanthrope qui s'isole jusqu'à l'ambitieux et au conquérant, dans les classes inférieures, depuis l'homme qui s'étourdit par l'ivresse, jusqu'à celui qui commet des attentats, tous sont des hommes en opposition avec les institutions sociales. Cette opposition se développe avec plus de violence là où se trouve le moins de lumières. Elle s'affaiblit à mesure qu'on avance en âge, que l'énergie des passions s'affaisse, que l'on n'évalue la vie que ce qu'elle vaut et que le besoin de l'indépendance devient moins impérieux que le besoin du repos. Mais, lorsqu'avant d'arriver à cette période de résignation, l'on a commis quelque faute irréparable, le souvenir de cette faute, le regret, le remord, le sentiment que l'on est jugé trop sévèrement, et que ce jugement est néanmoins sans appel, toutes ces impressions entretiennent celui qu'elles poursuivent dans une inquiétude, dans une irritation, source de fautes nouvelles et plus irréparables encore.

Si maintenant, l'on arrachait tout à coup les hommes qui se trouvent dans cette situation funeste, à la pression d'institutions désobéies et au froissement de relations à jamais viciées, si de leur vie antérieure il ne leur restait que le souvenir de ce qu'ils ont souffert et l'expérience qu'ils ont acquise, combien ne suivraient pas une route opposée ! avec quel empressement, rendus tout à coup comme par miracle à la sécurité, à l'harmonie, à la possession de l'ordre et de la morale, ils préféreraient ces jouissances aux tentations momentanées qui les avaient égarés ! L'expérience a prouvé ce que nous affirmons. Des hommes déportés à Botany-Bay pour des actions criminelles ont recommencé la vie sociale et, ne se croyant plus en guerre avec la société, en sont redevenus des membres paisibles et estimables.

Mais s'il est juste et utile de séparer ainsi les coupables de leurs alentours, qui ne pourraient que les blesser et les pervertir, nous rendons l'établissement de colonies de cette nature absurde et barbare, lorsque nous poursuivons d'une haine implacable des hommes qui ne doivent plus exister pour nous, lorsque, sous un nouvel hémisphère, nous prolongeons pour eux les châtiments et la honte, lorsque nous entretenons avec eux des relations de malveillance et d'ignominie et paraissons réclamer, comme un droit de la métropole, celui de les entourer dans leur lointain asile de causes de douleur, d'avilissement et de corruption.

Est-il nécessaire d'ajouter que rien de ce qu'on vient de lire ne s'applique à la déportation dans les colonies sinon comme peine. Toute déportation arbitraire est le renversement de tous les principes et la violation de tous les droits.

Une question qui tient de près à celle des peines, c'est l'extradition. Cette question serait facile à résoudre, s'il n'existait que des gouvernements justes. Il n'y aurait d'interdit que les actions coupables. Il n'y aurait de peines prononcées que contre les véritables délits. Rien alors ne serait plus naturel, qu'une coalition entre tous les hommes, contre ce qui les menace tous. Mais aussi longtemps qu'il existera des délits factices, aussi longtemps surtout que des opinions seront regardées comme des crimes, l'extradition sera l'arme des tyrans et la proscription de quiconque aura le courage de leur résister. Tel est l'inconvénient des institutions vicieuses qu'elles nous forcent de donner un asile au crime, pour ôter le pouvoir de poursuivre la vertu. C'est un malheur que d'offrir à des coupables la chance de l'impunité, mais c'en est un moins grand que de livrer l'homme de bien à la vengeance de l'oppresseur.

CHAPITRE IV

DU DROIT DE FAIRE GRÂCE

Toute législation qui n'admet pas le droit de faire grâce ou de commuer les peines prive les accusés et même les coupables d'un droit qui leur appartient légitimement.

Un inconvénient inséparable des lois générales, c'est que ces lois ne peuvent s'appliquer à plusieurs actions avec une justice égale.

Plus une loi est générale, plus elle s'éloigne des actions particulières sur lesquelles néanmoins elle est destinée à prononcer. Une loi ne peut être parfaitement juste que pour une seule circonstance. Dès qu'elle s'applique à deux circonstances que distingue la différence la plus légère, elle est plus ou moins injuste dans l'un des deux cas.

Les faits se nuancent à l'infini. Les lois ne les peuvent suivre dans toutes leurs modifications. Le droit de faire grâce ou d'adoucir la peine est nécessaire pour suppléer à l'inflexibilité de la loi. Ce droit en réalité n'est autre chose que celui de prendre en considération les circonstances d'une action pour décider si la loi lui est applicable.

On a opposé au droit de faire grâce un de ces dilemmes tranchants qui semblent simplifier les questions, parce qu'ils les faussent. Si la loi est juste, a-t-on dit, nul ne doit avoir la puissance d'en empêcher l'exécution. Si la loi est injuste, il faut la changer. Une condition seulement serait requise pour que ce raisonnement ne fût pas absurde, ce serait qu'il y eût une loi pour chaque fait.

La question intentionnelle remplace en partie le droit de faire grâce. Mais elle n'y supplée qu'imparfaitement. Lorsque vous appelez d'ailleurs des jurés à prononcer sur autre chose que sur des faits, vous dénaturez la fonction de juré. Lorsque vous appelez des juges à faire autre chose que lire le texte de la loi écrite, vous dénaturez la fonction de juge.

Le tribunal de cassation, parmi nous, exerce indirectement le droit de faire grâce. Lorsqu'une loi se trouve littéralement mais trop rigoureusement appliquée à un coupable, ce tribunal cherche dans les procédures, quelque vice de forme qui l'autorise à casser le jugement. Mais un bien qui naît d'un abus est toujours un mal sous d'autres rapports. D'ailleurs, si les procédures sont parfaitement régulières, le tribunal de cassation se voit forcé de livrer le condamné à une peine qu'il ne mérite pas moralement et qu'il eût été juste de mitiger. Ce cas est rare à la vérité, vu la complication des formalités prescrites ; mais ce n'est là qu'un vice de plus.

Une seule difficulté s'élève relativement au droit de faire grâce. Si vous confiez ce droit aux dépositaires du pouvoir exécutif, ils considéreront cette attribution comme accidentelle et secondaire. Ils s'en acquitteront avec négligence. Le temps leur manquera pour se livrer à l'examen de toutes les circonstances qui devraient motiver leur décision. Les peines alors n'étant infligées d'après aucune règle précise, l'avantage principal des lois positives disparaît, tous les coupables se flatteront d'être favorisés par le hasard ou par le caprice. Ce système deviendra une loterie de mort, où mille incidents incalculables confondront arbitrairement toutes les chances de salut et de destruction.

L'on préviendrait cet inconvénient en faisant de ce droit l'attribution d'un pouvoir particulier. Les hommes qui en seraient revêtus, l'exerceraient alors avec la réflexion et la gravité qu'il exige.

Mais un autre inconvénient se présenterait. Un pouvoir particulier ou une section quelconque du pouvoir judiciaire, investie du droit de grâce, se ferait naturellement des règles pour l'exercer. L'exercice du droit de grâce deviendrait par là même un jugement. L'on n'y trouverait plus l'espèce de vague et de latitude morale qui en constitue essentiellement la justice et l'utilité.

Il n'entre pas dans l'objet de nos recherches de décider auquel de ces deux inconvénients il faut se résigner. C'est une question qui doit peut-être être résolue différemment suivant les circonstances de chaque pays. Ce qu'il y a de sûr, c'est que ni l'un ni l'autre de ces inconvénients n'est assez grand pour l'emporter sur la nécessité de confier à une autorité quelconque le droit de faire grâce.

LIVRE X

DE L'ACTION DE L'AUTORITE SOCIALE SUR LA PROPRIETE

CHAPITRE I

OBJET DE CE LIVRE

Nous nous sommes interdit dans cet ouvrage toute recherche sur la constitution des Etats et l'organisation de leurs pouvoirs politiques. Nous ne pouvons néanmoins nous dispenser de traiter du rang que la propriété doit occuper dans les gouvernements; puisque nous avons à déterminer quels doivent être les rapports des gouvemements avec la propriété, nous sommes donc forcés de présenter quelques idées qui tiennent aux premiers principes des associations humaines. Mais ces idées, s'appliquant également à toutes les formes d'institutions, ne nous entraîneront nullement dans les discussions que nous voulons éviter.

L'on sera peut-être étonné de ce que nous réfutons avec quelques détails des opinions qui paraissent aujourd'hui généralement abandonnées. Mais notre but n'est point d'écrire simplement sur les opinions qui peuvent avoir la faveur du jour, nous attaquons les opinions fausses à mesure que nous les trouvons sur notre route.

Nous savons d'ailleurs avec quelle rapidité les hommes, surtout en France, passent d'une opinion à une autre. Telle erreur à laquelle, à telle époque, on dédaigne de répondre parce qu'on la croit sans partisans, peut au premier événement se montrer appuyée sur des raisonnements que l'on regardait comme à jamais repoussés.

Ajoutez qu'il y a parmi nous un assez grand nombre d'écrivains toujours au service du système dominant. Nous les avons vus passer déjà de la démagogie la plus effrénée à l'exagération contraire. Rien ne serait moins étonnant de leur part qu'une nouvelle apostasie. Ce sont de vrais lansquenets, sauf la bravoure. Les désaveux ne leur coûtent rien. Les absurdités ne les arrêtent pas, parce que les opinions ne sont pour eux qu'un calcul. Ils cherchent partout une force, dont ils réduisent les volontés en principes. Leur zèle est d'autant plus actif et infatigable, qu'il se passe de leur conviction.

CHAPITRE II

DIVISION NATURELLE DES HABITANTS D'UN MÊME TERRITOIRE EN DEUX CLASSES

Aucun peuple n'a considéré comme membres de l'association tous les individus résidant, de quelque manière que ce fût, sur son territoire. Il n'est pas ici question des distinctions arbitraires, qui, chez les anciens, séparaient les esclaves des hommes libres et qui, chez les modernes, séparent les nobles des roturiers. La démocratie la plus absolue établit deux classes; dans l'une sont relégués les étrangers et ceux qui n'ont pas atteint l'âge prescrit par la loi pour exercer les droits de cité. L'autre est composée des hommes parvenus à cet âge et nés dans le pays. Ces derniers seuls sont membres de l'association politique. Il existe donc un principe d'après lequel, entre des individus rassemblés sur un territoire, il en est qui sont citoyens et il en est qui ne le sont pas.

Ce principe est évidemment que, pour être membre d'une association, il faut avoir un certain degré de lumières et un intérêt commun avec les autres membres de cette association. Les hommes au-dessous de l'âge légal ne sont pas sensés posséder ce degré de lumières. Les étrangers ne sont pas sensés se diriger par cet intérêt. La preuve en est que les premiers, en arrivant à l'âge déterminé par la loi, deviennent membres de l'association politique et que les seconds le deviennent par leur résidence, leurs propriétés ou leurs relations. L'on présume que ces choses donnent aux uns les lumières aux autres l'intérêt requis.

Mais ce principe a besoin d'une extension ultérieure. Dans nos associations actuelles, la naissance dans le pays et la maturité de l'âge ne suffisent point pour conférer aux hommes les qualités propres à l'exercice des droits de cité. Ceux que l'indigence retient dans une éternelle dépendance et qu'elle condamne dès leur enfance à des travaux journaliers ne sont ni plus éclairés que les enfants sur les affaires publiques ni plus intéressés que des étrangers à une prospérité nationale, dont ils ne connaissent pas les éléments et dont ils ne partagent qu'indirectement les avantages.

Je ne veux faire aucun tort à la classe laborieuse. Cette classe n'a pas moins de patriotisme que les autres classes. Elle est prête souvent aux sacrifices les plus héroïques et son dévouement est d'autant plus admirable qu'il n'est récompensé ni par la fortune, ni par la gloire. Mais autre est, je le pense, le patriotisme qui donne le courage de mourir pour son pays, autre est celui qui rend capable de bien connaître ses intérêts. Il faut donc une condition de plus que la naissance sur le territoire et l'âge prescrit par la loi. Cette condition, c'est le loisir indispensable à l'acquisition des lumières, à la rectitude du jugement. La propriété seule assure ce loisir. La propriété seule rend les hommes capables de l'exercice des droits politiques. Les propriétaires seuls peuvent être citoyens. Que si l'on objecte l'égalité naturelle, l'on raisonne dans une hypothèse inapplicable à l'état actuel des sociétés. Si de ce que les hommes sont égaux en droits, l'on prétend que les propriétaires ne devraient pas en avoir de plus étendus que les non-propriétaires, il faut en conclure que tous doivent être propriétaires ou que personne ne devrait l'être. Car assurément le droit de propriété établit entre ceux qui le possèdent et ceux qui en sont privés une inégalité bien plus grande que tous les droits politiques. Or, si l'on transige sur cette inégalité si décisive, il faut se prêter à toutes les transactions ultérieures indispensables pour consolider cette transaction première. Le principe seul peut être douteux. Une fois admis, il entraîne toutes ses conséquences. La propriété est-elle nécessaire au bonheur et au perfectionnement de l'état social? Si nous adoptons l'affirmative, l'on ne pourra s'étonner de nous voir admettre ses résultats évidents.

CHAPITRE III

DE LA PROPRIÉTÉ

Plusieurs de ceux qui ont défendu la propriété par des raisonnements abstraits me semblent être tombés dans une erreur grave. Ils ont présenté la propriété comme quelque chose de mystérieux, d'antérieur à la société, d'indépendant d'elle. Rejeter ces hypothèses, c'est servir la propriété. Dans tout ce qui ne tient pas à la superstition, le mystère est nuisible. La propriété n'est point antérieure à la société; car sans l'association, qui lui donne une garantie, elle ne serait que le droit du premier occupant, en d'autres mots, le droit de la force, c'est-à-dire un droit qui n'en est pas un. La propriété n'est point indépendante de la société, car un état social, à la vérité très misérable, peut être conçu sans propriété, tandis qu'on ne peut imaginer de propriété sans état social. La propriété existe de par la société. La société a trouvé que le meilleur moyen de faire jouir ses membres des biens communs à tous ou disputés par tous avant son institution, était d'en concéder une partie à chacun ou de maintenir chacun dans la partie qu'il se trouvait occuper, en lui en garantissant la jouissance avec les changements que cette jouissance pourrait éprouver soit par les chances multipliées du hasard, soit par les degrés inégaux de l'industrie. La propriété n'est autre chose qu'une convention sociale. Mais de ce que nous la reconnaissons pour telle, il ne s'ensuit pas que nous l'envisagions comme moins sacrée, moins inviolable, moins nécessaire que les écrivains qui adoptent un autre système. Quelques philosophes ont considéré son établissement comme un mal, son abolition comme possible. Mais ils ont eu recours, pour appuyer leurs théories, à une foule de suppositions dont quelques-unes peuvent ne se réaliser jamais et dont les moins chimériques sont reléguées à une époque qu'il ne nous est pas même permis de prévoir. Non seulement ils ont pris pour base un accroissement de lumières auquel l'homme arrivera peut-être mais sur lequel il serait absurde de fonder nos institutions présentes; mais ils ont établi comme démontrée une diminution du travail actuellement requis pour la subsistance de l'espèce humaine, telle que cette diminution dépasse toute invention même soupçonnée. Certainement chacune de nos découvertes en mécanique qui remplace par des instruments et des machines la force physique de l'homme, est une conquête par la pensée; et d'après les lois de la nature, ces conquêtes devenant plus faciles à mesure qu'elles se multiplient, doivent se succéder avec une vitesse accélérée. Mais il y a loin encore de ce que nous avons fait et même de ce que nous pouvons imaginer en ce genre à une exemption totale de travail manuel. Néanmoins, cette exemption serait indispensable pour rendre possible l'abolition de la propriété, à moins qu'on ne voulût, comme quelques-uns de ces écrivains le demandent, répartir ce travail également entre tous les membres de l'association. Mais cette répartition, si elle n'était pas une rêverie absurde, irait contre son but même, enlèverait à la pensée le loisir qui doit la rendre forte et profonde, à l'industrie la persévérance qui la porte à la perfection, à toutes les classes les avantages de l'habitude, de la suite, de l'unité du but et de la centralisation des forces. Sans propriété, l'espèce humaine existerait stationnaire et dans le degré le plus brut et le plus sauvage de son existence. Chacun, chargé de pourvoir seul à tous les besoins, partagerait ses forces pour y subvenir et courbé sous le poids de ces soins multipliés n'avancerait jamais d'un pas. L'abolition de la propriété serait destructive de la division du travail, base du perfectionnement de tous les arts et de toutes les sciences. La faculté progressive, espoir favori des écrivains que je combats, périrait faute de temps et d'indépendance; et l'égalité grossière et forcée qu'ils nous recommandent mettrait un obstacle invincible à l'établissement graduel de l'égalité véritable, celle du bonheur et des lumières.

Chapitre IV

Du rang que la propriété doit occuper dans les institutions politiques

La question étant ainsi résolue, la propriété étant nécessaire au perfectionnement et à la prospérité de l'état social, il en résulte qu'il faut l'entourer de toutes les sauvegardes et la puissance est pour elle la seule sauvegarde suffisante. Il ne faut pas en faire une cause éternelle de luttes et de forfaits. Mieux vaudrait la détruire comme d'extravagants raisonneurs le veulent que la tolérer comme un abus en la traitant avec défaveur. Ces raisonneurs du moins présentent un système qu'ils croient compatible avec état social, tel qu'ils le conçoivent. Mais que dire de ces ennemis cachés de la propriété, qui, l'admettant sans lui donner d'influence semblent ne l'instituer que pour la livrer désarmée aux passions quelle soulève ? Que penser de Mably qui la peint comme un fléau, puis nous exhorte à la respecter ? C'est léguer à la société un germe indestructible de discorde. Il faut que la propriété règne ou qu'elle soit anéantie. Si vous mettez le pouvoir d'un côté et la propriété de l'autre, cette dernière est bientôt en guerre avec la législation. La considération se sépare de l'autorité. L'opinion lutte contre le gouvernement.

L'on peut dire que l'état actuel de la société, mêlant et confondant de mille manières les propriétaires et les non-propriétaires donne à une partie des seconds les mêmes intérêts et les mêmes moyens qu'aux premiers ; que l'homme qui travaille n'a pas moins que l'homme qui possède, besoin de repos et de sécurité ; que les propriétaires ne sont de droit et de fait que les distributeurs des richesses communes entre tous les individus et qu'il est de l'avantage de tous que l'ordre et la paix favorisent le développement de toutes les facultés et de tous les moyens individuels.

Ces raisonnements ont le vice de prouver trop. S'ils étaient concluants, il n'existerait plus aucun motif de refuser aux étrangers les droits politiques. Les relations commerciales de l'Europe font qu'il est de l'intérêt de la grande majorité européenne, que la tranquillité et le bonheur règnent dans tous les pays. Le bouleversement d'un empire, quel qu'il soit, est aussi funeste aux étrangers, qui par leurs spéculations pécuniaires ont lié leur fortune à cet empire, que ce bouleversement peut l'être à ses propres habitants, si l'on en excepte les propriétaires. Les faits le démontrent. Au milieu des guerres les plus cruelles, les négociants d'un pays font sans cesse des vœux et quelquefois des efforts pour que la nation ennemie ne soit pas détruite. Néanmoins, une considération si vague ne paraîtra pas suffisante, que je pense, pour accorder aux étrangers les droits politiques.

Sans doute, si vous supposez que les non-propriétaires examineront toujours avec calme tous les côtés de la question, leur intérêt réfléchi sera de respecter la propriété et de devenir propriétaires ; mais si vous admettez l'hypothèse plus probable qu'ils seront souvent déterminés par leur intérêt le plus apparent et le plus immédiat, ce dernier intérêt les portera, sinon à détruire la propriété, du moins à en diminuer l'influence.

De plus, en admettant la supposition la plus favorable, le premier intérêt des non-propriétaires étant de devenir propriétaires, si l'organisation de la propriété met quelque obstacle à ce qu'ils y parviennent ou si seulement ils s'imaginent qu'elle y met obstacle, leur mouvement naturel sera d'en modifier l'organisation. Or, l'organisation de la propriété est une chose qu'on ne trouble guère sans blesser sa nature et sans ébranler tout le corps social. Nous verrons plus loin à combien de vexations l'idée de forcer la dissémination des propriétés a donné naissance. Enfin, ces raisonnements ne portent jamais que sur une très petite classe de non-propriétaires. L'immense majorité sera toujours privée du loisir, condition indispensable pour l'acquisition des lumières. La garantie civile, la liberté individuelle, la liberté d'opinion, la protection sociale, en un mot, est due aux non-propriétaires, parce que toute association les doit même à l'étranger qu'elle reçoit dans son sein ; mais les droits politiques ne sont pas une protection ; ils sont une puissance. L'association ne la doit confier qu'à ses membres ; en investir les non-propriétaires, ce n'est pas leur donner un bouclier, mais une arme offensive.

Le but nécessaire des non-propriétaires est d'arriver à la propriété. Tous les moyens que vous leur donnerez, ils les emploieront dans ce but. Si à la liberté de facultés et d'industrie que vous leur devez, vous joignez les droits politiques que vous ne leur devez pas, ces droits, dans les mains du plus grand nombre serviront infailliblement à envahir la propriété. Ils y marcheront par cette route irrégulière et factice, au lieu de suivre la route naturelle, le travail ; ce sera pour eux une cause de corruption, pour l'Etat une source de désordre. On a fort bien observé que lorsque des non-proprirétaires ont des droits politiques, de trois choses il en arrive une : ou ils ne reçoivent d'impulsion que d'eux-mêmes, et alors ils détruisent la société ; ou ils reçoivent celle de l'homme ou des hommes en pouvoir, et ils sont des instruments de tyrannies, c'est ce qui a lieu dans les temps ordinaires ; ou ils reçoivent celle des aspirants au pouvoir, et ils sont les instruments de faction. C'est ce qui a lieu dans les grandes crises politiques.

Il existe toujours deux classes dans un pays, ceux qui veulent conserver et ceux qui veulent acquérir. Les premiers n'ont besoin que de la garantie, les seconds, avant d'avoir besoin de la garantie, ont besoin de la force. La liberté et la justice sont les seuls moyens de bonheur pour les premiers. Par la justice, ils conservent ce qu'ils possèdent, par la liberté ils en jouissent. Mais l'injustice et la tyrannie peuvent être souvent pour les seconds des moyens de succès. Ils envahissent par l'injustice, ils défendent leurs envahissements par la tyrannie. Machiavel établit qu'il vaut mieux confier la garde de la liberté à ceux qui veulent acquérir qu'à ceux qui veulent conserver. Mais il ne parle pas de la propriété ; il parle de la puissance et d'une puissance oppressive, comme celle des patriciens à Rome et des nobles à Venise. C'est ne dire autre chose sinon qu'il vaut mieux confier la garde de la liberté à ceux qui souffrent de la tyrannie qu'à ceux qui en jouissent.

Dans les pays qui ont des formes représentatives ou républicaines, il importe surtout que les assemblées, quelle que soit d'ailleurs leur organisation ultérieure, soient composées de propriétaires. Un individu par un mérite éclatant peut captiver la foule. Mais les corps ont besoin, pour se concilier la confiance populaire, d'avoir des intérêts évidemment conformes à leurs devoirs. Une nation présume toujours que des hommes réunis sont guidés par leur intérêt. Elle se croit sûre que l'amour de l'ordre, de la justice et de la conservation aura la majorité parmi des propriétaires. Ils ne sont donc pas utiles seulement par les qualités qui leur sont propres, ils le sont encore par les qualités qu'on leur attribue, par les intérêts qu'on leur suppose et par les préventions favorables qu'ils inspirent. Placez des non-propriétaires à la tête de l'État, quelque bien intentionnés qu'ils soient, l'inquiétude des propriétaires entravera toutes leurs mesures. Les lois les plus sages seront soupçonnées, par conséquent désobéies, tandis que l'organisation opposée conciliera l'assentiment populaire, même à un gouvernement défectueux à quelques égards.

Durant la Révolution française, les propriétaires ont concouru avec les non-propriétaires à faire des lois absurdes et spoliatrices. C'est que les propriétaires avaient peur des non-propriétaires revêtus du pouvoir. Ils voulaient se faire pardonner leur propriété. La crainte de perdre ce qu'on a rend tout aussi pusillanime ou aussi furieux que l'espoir d'acquérir ce qu'on n'a pas. Mais ces fautes ou ces crimes des propriétaires furent une suite de l'influence des non-propriétaires.

CHAPITRE V

DES EXEMPLES TIRÉS DE L'ANTIQUITÉ

Il faut écarter de ce sujet tous les exemples tirés de l'Antiquité. Nous consacrerons un autre livre de cet ouvrage à développer les différences sans nombre qui nous distinguent des anciens. Disons seulement ici que, dans les petits États de l'Antiquité, la propriété n'était nullement la même chose que ce qu'elle est parmi nous. Le partage des terres conquises rendait ou pouvait rendre tous les individus propriétaires. De nos jours les conquêtes agrandissent les États mais ne donnent point aux citoyens des terres nouvelles. Tous les travaux mécaniques, qui enlèvent tout loisir à ceux qui s'y livrent, se faisaient par des esclaves. L'esclavage est aboli. Les riches apaisaient les indigents en les nourrissant par leurs largesses. Notre système financier ne permet plus de distributions d'argent ni de blé. La place publique contenait le peuple entier, que gouvernait l'éloquence, puissance qui n'existe plus dans nos immenses associations. Les discussions donnaient au peuple des idées générales sur la politique, lors même qu'elles le dirigeaient mal dans telle occasion particulière. Ainsi dispensés du travail manuel par les esclaves, nourris souvent gratuitement par les riches, ou ce qui revenait au même par l'Etat, mis au fait de l'administration par les orateurs, les non-propriétaires pouvaient donner presque tout leur temps aux affaires publiques. Ils contractaient l'habitude de s'en occuper et cette habitude les y rendait moins impropres.

Maintenant les affaires privées, les soins imposés à chacun pour sa subsistance, prennent, sinon tout le temps du pauvre, du moins la plus grande partie de son temps. Les affaires publiques ne sont qu'un accessoire. L'imprimerie a remplacé les délibérations populaires. Mais les classes inférieures ont peu le temps de lire. Ce qu'elles lisent sans choix, elles l'adoptent sans examen. Aucune opinion ne se débat devant elles. La leur se forme donc au hasard.

Les non-propriétaires pouvaient en conséquence, dans les républiques de l'Antiquité, exercer les droits politiques avec moins d'inconvénients qu'ils ne le pourraient dans nos Etats modernes; et toutefois, si l'on examine la chose avec attention, l'on se convaincra que leur influence a été funeste à ces républiques mêmes. Athènes souffrit beaucoup de n'avoir pas fondé son gouvernement sur la propriété. Ses législateurs eurent toujours à combattre l'ascendant des non-propriétaires. La plupart de ses écrivains, de ses philosophes et même de ses poètes ont une forte tendance vers l'oligarchie. C'est qu'ils cherchaient dans le pouvoir du petit nombre la garantie qu'ils auraient dû placer dans la propriété seule. Les institutions lacédémoniennes n'avaient pas la propriété pour base; mais ces institutions bizarres avaient dénaturé la propriété, comme elles avaient anéanti la liberté personnelle et imposé silence à toutes les affections. Elles reposaient d'ailleurs sur la plus horrible servitude. Les ilotes et les messéniens étaient les véritables non-propriétaires de la Laconie et pour eux la perte des droits politiques était comprise dans celle des droits naturels. Les ennemis de la propriété nous allèguent avec emphase la pauvreté de quelques citoyens illustres de l'ancienne Rome. Mais ces citoyens illustres, malgré leur indigence, étaient des propriétaires. Cincinnatus avait la propriété du champ qu'il labourait. Si les hommes sans propriété avaient à Rome l'apparence des droits politiques, ils payaient cher cet honneur stérile, expirant de misère, jetés dans des cachots, pouvant légalement être mis en pièces par les patriciens, leurs créanciers.

Tel sera toujours le sort de cette classe lorsqu'elle possédera des droits qu'elle ne peut exercer sans mettre en péril la chose publique. Les propriétaires alarmés recourront aux moyens les plus violents pour briser, entre les mains de leurs adversaires, l'arme menaçante qu'une imprudente constitution leur aura confiée. La peur en politique est de toutes les passions la plus hostile. Les propriétaires seront oppresseurs pour n'être pas opprimés. La propriété ne sera jamais sans puissance. Si vous lui refusez une influence légale, elle s'emparera bientôt d'une influence arbitraire et corruptrice.

CHAPITRE VI

DE L'ESPRIT PROPRIÉTAIRE

Une observation est indispensable pour prévenir une confusion d'idées. Mettre le pouvoir dans la propriété n'est point la même chose que mettre la propriété dans le pouvoir. Les richesses n'ont d'influence, ne commandent de considération, qu'en tant qu'elles ne sont pas acquises subitement. Plus d'une fois, pendant la Révolution, nos gouvernants, entendant louer et regretter sans cesse le gouvernement des propriétaires, ont eu la tentation de devenir propriétaires pour se rendre plus dignes d'être gouvernants. Mais lors même qu'ils se seraient investis d'un jour à l'autre de propriétés considérables, par une volonté qu'ils auraient appelée loi, le peuple aurait pensé que ce que la loi avait conféré, la loi pouvait le reprendre ; et la propriété, au lieu de protéger l'institution, aurait eu continuellement besoin d'être protégée par elle. De nouveaux propriétaires, assis sur leurs conquêtes, conservent l'esprit conquérant. On ne prend pas l'esprit propriétaire aussi lestement qu'on prend la propriété. Durant la guerre des paysans de la Souabe contre leurs seigneurs, les premiers revêtaient quelquefois les armes de leurs maîtres qu'ils avaient vaincus. Qu'en arrivait-il? Que l'on voyait sous les armures chevaleresques non moins d'insolence et plus de grossièreté.

Si la classe opulente inspire de la confiance, c'est que le point de départ des membres de cette classe est plus avantageux, leur esprit plus libre, leur intelligence plus préparée aux lumières, leur éducation plus soignée. Mais en enrichissant tout à coup des hommes au milieu de leur carrière, vous ne leur donnez aucun de ces avantages. Leur soudaine richesse n'a pas un effet rétroactif.

Il en est de même des salaires considérables attachés aux places. Ils ne remplacent point la propriété. Lorsqu'ils sont disproportionnés à la fortune antérieure des hommes qui les reçoivent, ils ne forment point une classe riche. Ils donnent à des individus de nouveaux besoins et des habitudes qui les corrompent; et loin de les rendre indépendants et calmes, ils les rendent dépendants et agités. En richesse, comme en autre chose, rien ne supplée au temps.

CHAPITRE VII

QUE LA PROPRIÉTÉ TERRITORIALE RÉUNIT SEULE TOUS LES AVANTAGES DE LA PROPRIÉTÉ

Plusieurs écrivains, qui reconnaissent la nécessité de confier exclusivement aux propriétaires les droits politiques, ne considèrent pas la propriété foncière comme la seule propriété véritable. Les économistes, comme on sait, et dans ce nombre M. Turgot, avaient un système directement opposé. Le territoire, disaient-ils, est le principal élément qui constitue l'état social. C'est de la propriété ou de la non-propriété du territoire qu'émane la seule distinction positive et légale entre les hommes. Les non-propriétaires ne pouvant résider dans un pays que de l'aveu des propriétaires qui leur accordent, en échange de leur travail ou de leurs capitaux, un asile qu'ils pourraient leur refuser, ne sont pas membres d'une association où leur résidence n'est pas un droit. Mais ce raisonnement, quelque rigoureux qu'il soit en apparence, me paraît peu propre à fonder une institution pratique. Je n'aime pas que l'on raisonne d'après une hypothèse que repousse la réalité et rien ne me semble moins capable de réconcilier les non-propriétaires fonciers avec le sacrifice nécessaire des droits de cité que de les représenter comme des vagabonds sans asile, que peut expulser à sa fantaisie un homme qui n'a sur eux de prééminence que de s'être le premier emparé du sol. Je crois d'ailleurs inutile de recourir à des suppositions aussi forcées. Des raisonnements d'un autre genre, plus applicables et moins abstraits, nous conduiront au même but.

L'on a distingué deux espèces de propriétés différentes de la propriété territoriale. L'une est la propriété industrielle. On a nommé l'autre intellectuelle et morale.

Parlons d'abord de la propriété industrielle.

Elle manque de plusieurs des avantages de la propriété foncière et ces avantages sont précisément ceux dont se compose l'esprit préservateur nécessaire aux associations politiques.

La propriété foncière influe sur le caractère et la destinée de l'homme par la nature même des soins qu'elle exige. Le cultivateur se livre à des occupations constantes et progressives. Il contracte ainsi la régularité dans ses habitudes. Le hasard qui est une grande source d'immoralité, parce qu'il bouleverse tous les calculs et par conséquent ceux de la morale, n'est jamais de rien dans la vie de l'agriculteur. Toute interruption lui est nuisible. Toute imprudence lui est une perte assurée. Ses succès sont lents. Il ne les peut acheter que par le travail. Il ne peut les hâter ni les accroître par d'heureuses témérités. Il est dans la dépendance de la nature et dans l'indépendance des hommes. Toutes ces choses lui donnent une disposition calme, un sentiment de sécurité, un esprit d'ordre qui l'attache à la vocation à laquelle il doit son repos autant que sa subsistance.

La propriété industrielle n'influe sur l'homme que par le gain positif qu'elle lui procure ou lui promet. Elle met dans sa vie moins de régularité. Elle est plus factice et moins immuable que la propriété foncière. Les opérations du commerçant se composent souvent de transactions fortuites, ses succès sont plus rapides, mais le hasard y entre pour beaucoup. La propriété industrielle n'a pas pour élément nécessaire cette progression lente et sûre qui donne à l'homme l'habitude et bientôt le besoin de l'uniformité. La propriété industrielle ne le rend pas indépendant des autres hommes; elle le place au contraire dans leur dépendance. La vanité, ce germe fécond d'agitations politiques est sans cesse blessé en lui. Elle ne l'est presque jamais dans l'agriculteur. Ce dernier calcule en paix l'ordre des saisons, la nature du sol, le caractère du climat. Les éléments des calculs du commerçant sont les caprices, les passions, l'orgueil, le luxe de ses semblables. Une ferme est une patrie en diminutif. L'on y naît, l'on y est élevé, l'on y grandit avec les arbres qui l'entourent. La propriété industrielle exclut ces sources de sensations douces. Les objets de spéculation s'accumulent, s'entassent; mais tout en eux est stationnaire. Rien ne porte l'empreinte d'un développement naturel. Rien ne parle à l'imagination, rien aux souvenirs, rien à la partie morale de l'homme. On dit : le champ de mes ancêtres, la cabane de mes pères. On n'a jamais dit l'atelier ou le comptoir de mes pères. Les améliorations à la propriété territoriale ne se peuvent séparer du sol qui les reçoit et dont elles deviennent partie. La propriété industrielle n'est pas susceptible d'amélioration, mais d'accroissement et cet accroissement peut se transporter à volonté. Le propriétaire foncier ne gagne que d'une manière indirecte à ce que perdent ses concurrents. Jamais il n'est en son pouvoir de contribuer à leur perte. Le laboureur ne peut par ses spéculations porter atteinte à la récolte voisine. Le propriétaire industriel gagne directement à ce que les autres perdent. Souvent, il dépend de lui d'ajouter à leurs pertes et dans beaucoup de circonstances, c'est sa spéculation la plus habile, son avantage le plus assuré. Sous le rapport des facultés intellectuelles, l'agriculteur a sur l'artisan une grande supériorité. L'agriculture exige une suite d'observations, d'expériences qui forment et développent le jugement. De là dans les paysans ce sens juste et droit qui nous étonne. Les professions industrielles se bornent pour la plupart, par la division du travail, à des opérations mécaniques. La propriété foncière enchaîne l'homme au pays qu'il habite, entoure les déplacements d'obstacles, crée le patriotisme par l'intérêt. L'industrie rend indifférent tous les pays, facilite les déplacements, sépare l'intérêt d'avec le patriotisme. Cet avantage de la propriété foncière, ce désavantage de la propriété industrielle, sous le rapport politique, augmente en raison de ce que la valeur de la propriété diminue. Un artisan ne perd presque rien à se déplacer; un petit propriétaire foncier se ruine en s'expatriant. Or, c'est surtout par les classes inférieures des propriétaires qu'il faut juger les effets des différentes espèces de propriété, puisque ces classes forment le grand nombre.

Indépendamment de cette prééminence morale de la propriété foncière, elle est favorable à l'ordre public par la situation même dans laquelle elle place ses possesseurs. Les artisans entassés dans les villes sont à la merci des factieux. Les agriculteurs, dispersés dans les campagnes sont presque impossibles à réunir et par conséquent à soulever. Les propriétaires industriels, a-t-on dit, doivent être beaucoup plus attachés à l'ordre, à la stabilité, à la paix publique, que les propriétaires fonciers, parce qu'ils perdent beaucoup plus aux bouleversements. Brûlez la récolte d'un agriculteur, le champ lui reste; il ne perd qu'une année de revenu. Pillez le magasin d'un marchand, sa fortune est anéantie. Mais la perte ne se compose pas uniquement du dommage instantané qu'éprouve le propriétaire. Il faut considérer la dégradation que subit la propriété. Or un magasin pillé peut en 24 heures se trouver rempli de richesses pareilles à celles qu'on avait enlevées. Mais une ferme brûlée, un sol appauvri faute de culture, ne peuvent se rétablir que par une longue suite de travaux et de soins. Cela devient plus frappant encore, lorsqu'il s'agit des propriétaires pauvres. Des factieux pourraient en un jour dédommager tous les artisans d'une ville, fût-ce même en leur abandonnant les dépouilles des riches, mais la nature seule peut dédommager avec sa lenteur accoutumée les cultivateurs d'un canton. Ces vérités ont été senties par Aristote. Il a fait ressortir avec beaucoup de force, les caractères distinctifs des classes agricoles et des classes mercantiles; et il a décidé sans hésitation en faveur des premières. Sans doute, la propriété industrielle a ses avantages. L'industrie et le commerce ont créé pour la liberté un nouveau moyen de défense, le crédit. La propriété foncière garantit la stabilité des institutions; la propriété industrielle assure l'indépendance des individus. Aussi le refus des droits politiques à ces capitalistes, à ces commerçants, dont l'activité et l'opulence doublent la prospérité du pays qu'ils habitent, ce refus, disons-nous, s'il était absolu, serait une injustice et de plus une imprudence. Ce serait faire ce dont nous avons prouvé le danger plus haut; ce serait mettre la richesse en opposition avec le pouvoir.

Mais si l'on réfléchit, l'on apercevra facilement que l'exclusion ne frappe nullement ceux des propriétaires industriels qu'il serait fâcheux d'exclure. Quoi pour eux de plus facile que d'acquérir une propriété territoriale qui les rendent citoyens? S'ils s'y refusent, j'augurerai mal de leur attachement à leur patrie ou plutôt de leur gouvernement. Car c'est toujours la faute du gouvernement quand les hommes n'aiment pas le sol natal. Ceux des propriétaires industriels qui ne pourront pas acquérir de propriété territoriale seront des hommes voués par une nécessité que vos institutions ne vaincront jamais à des occupations mécaniques, des hommes par conséquent privés de tout moyen de s'instruire et pouvant, avec les intentions les plus pures, faire porter à l'Etat la peine de leurs inévitables erreurs. Ces hommes, il faut les protéger, les respecter, les garantir de toute vexation de la part du riche, écarter toutes les entraves qui pèsent sur leurs travaux, aplanir autant que possible leur laborieuse carrière, mais non les transporter dans une sphère nouvelle où leur destinée ne les appelle pas, où leur concours est inutile, où leurs passions seraient menaçantes et où leur présence seule deviendrait pour les autres classes une cause funeste d'inquiétudes, de défiance et par là même de précautions hostiles et d'iniquités.

La propriété qu'on a nommée intellectuelle a été défendue d'une manière assez ingénieuse. Un homme distingué dans une profession libérale, a-t-on dit, un jurisconsulte par exemple, n'est pas attaché moins fortement au pays qu'il habite que le propriétaire territorial. Il est plus facile à ce dernier d'aliéner son patrimoine, qu'il ne le serait au premier de déplacer sa réputation. Sa fortune est dans la confiance qu'il inspire. Cette confiance tient à plusieurs années de travail, d'intelligence, d'habileté, aux services qu'il a rendus, à l'habitude qu'on a contractée de recourir à lui dans des circonstances difficiles, aux connaissances locales que sa longue expérience a rassemblées. L'expatriation le priverait de ces avantages. Il serait ruiné par cela seul qu'il se présenterait inconnu sur une terre étrangère.

Mais cette propriété qu'on nomme intellectuelle ne réside que dans l'opinion. S'il est permis à tous de se l'attribuer, tous la réclameront sans doute; car les droits politiques deviendront non seulement un avantage social, mais une attestation de talent et se les refuser alors serait un acte rare de désintéressement à la fois et de modestie. Si c'est l'opinion des autres qui doit conférer cette propriété intellectuelle, l'opinion des autres ne se manifeste que par le succès et par la fortune qui en est le résultat nécessaire. Alors il en sera des hommes distingués dans les professions libérales comme des capitalistes opulents. Rien de plus facile pour eux que l'acquisition de la propriété territoriale exigée.

Mais il y a des considérations d'une plus haute importance à faire valoir. Les professions libérales demandent plus qu'aucune autre peut-être, pour que leur influence ne soit pas funeste dans les discussions politiques, d'être réunies à la propriété foncière. Ces professions si recommandables à tant de titres ne comptent pas toujours au nombre de leurs avantages celui de mettre dans les idées cette justesse pratique nécessaire pour prononcer sur les intérêts positifs des hommes. L'on a vu, dans notre Révolution, des littérateurs, des mathématiciens, des chimistes, se livrer aux opinions les plus exagérées, non que sous d'autres rapports ils ne fussent éclairés ou estimables; mais ils avaient vécu loin des hommes. Les uns s'étaient accoutumés à se livrer à leur imagination, les autres à ne tenir compte que de l'évidence rigoureuse, les troisièmes à voir la nature, dans la reproduction des êtres, faire l'avance de la destruction. Ils étaient arrivés par des chemins dissemblables au même résultat, celui de dédaigner les considérations tirées des faits, de mépriser le monde réel et sensible et de raisonner sur l'état social en enthousiastes, sur les passions en géomètres, sur les douleurs humaines en physiciens.

Si ces erreurs ont été le partage d'hommes supérieurs, quels ne seront pas les égarements des candidats subalternes, des prétendants malheureux? Combien n'est-il pas urgent de mettre un frein aux amours-propres blessés, aux vanités aigries, à toutes ces causes d'amertume, d'agitation, de mécontentement, contre une société dans laquelle on se trouve déplacé, de haine contre des hommes qui paraissent d'injustes appréciateurs! Tous les travaux intellectuels sont honorables sans doute; tous doivent être respectés. Notre premier attribut, notre faculté distinctive, c'est la pensée. Quiconque en fait usage a droit à notre estime, même indépendamment du succès. Quiconque l'outrage ou la repousse, abdique le nom d'homme et se place en dehors de l'espèce humaine. Cependant, chaque science donne à l'esprit de celui qui la cultive une direction exclusive, qui devient dangereuse dans les affaires politiques, à moins qu'elle ne soit contrebalancée. Or, le contrepoids ne peut se trouver que dans la propriété foncière. Elle seule établit entre les hommes des liens uniformes. Elle les met en garde contre le sacrifice imprudent du bonheur et de la tranquillité des autres, en enveloppant dans ce sacrifice leur propre bien-être, en les obligeant à calculer pour eux-mêmes. Elle les fait descendre du haut des théories chimériques et des exagérations inapplicables, en établissant entre eux et le reste des membres de l'association des relations nombreuses et compliquées et des intérêts communs.

Et qu'on ne croie pas cette précaution utile seulement pour le maintien de l'ordre. Elle ne l'est pas moins pour celui de la liberté. Par une réunion bizarre, les sciences qui, dans les agitations politiques, disposent quelquefois les hommes à des idées de liberté impossibles, les rendent d'autrefois indifférents et serviles sous le despotisme. Les savants proprement dits sont rarement froissés par le pouvoir même injuste. Il ne hait que la pensée. Il aime assez les sciences comme moyens pour les gouvernants et les beaux-arts comme distractions pour les gouvernés. Ainsi la route que suivent les hommes dont les études n'ont aucun rapport avec les intérêts actifs de la vie humaine, les garantissent des vexations d'une autorité qui ne voit jamais en eux des rivaux. Ils s'indignent souvent trop peu des abus de pouvoir qui ne pèsent que sur d'autres classes.

CHAPITRE VIII

DE LA PROPRIÉTÉ DANS LES FONDS PUBLICS

La situation présente des grands Etats de l'Europe a créé de nos jours une nouvelle espèce de propriété, celle des fonds publics. Cette propriété n'attache point son possesseur au sol, comme la propriété foncière. Elle n'exige ni travail assidu, ni spéculations difficiles, comme la propriété industrielle. Elle ne suppose point des talents distingués, comme la propriété que nous avons nommée intellectuelle.

Le créancier de l'Etat n'est intéressé à la propriété de son pays que comme tout créancier l'est à la richesse de son débiteur. Pourvu que ce dernier le paye, il est satisfait ; et les négociations qui ont pour but d'assurer son payement, lui semblent toujours suffisamment bonnes, quelque dispendieuses qu'elles puissent être. La faculté qu'il a continuellement d'aliéner sa créance le rend indifférent à la chance probable mais éloignée de la ruine nationale. Il n'y a pas un coin de terre, pas une manufacture, pas une source de production dont il ne contemple l'appauvrissement avec insouciance, aussi longtemps qu'il y a d'autres ressources qui subviennent à l'acquittement de ses revenus et qui soutiennent dans l'opinion la valeur vénale de son capital.

Quelques écrivains ont considéré l'établissement d'une dette publique comme une cause de prospérité. Parmi les sophismes dont ils ont étayé cette opinion bizarre, ils ont fait surtout valoir une considération bien propre à séduire les gouvernements. Ils ont dit que les créanciers d'un Etat étaient les appuis naturels de l'autorité et, qu'associés à ses destinées, ils devaient la défendre de toutes leurs forces, comme la garantie unique des capitaux qui leur étaient dus. Cela serait vrai, dans tous les cas, qu'un moyen de durée, favorable également aux plus vicieuses et aux meilleures des institutions me paraîtrait avoir autant d'inconvénients pour le moins que d'avantages. Mais il faut ajouter qu'une classe d'hommes qui ne tient au gouvernement que par le désir de voir ses créances assurées est toujours prête à s'en détacher, dès qu'elle est inquiétée dans ses espérances. Or, est-ce un bien dans un empire que l'existence d'un ordre d'individus qui ne considèrent le gouvernement que sous un rapport purement pécuniaire et qui le soutenant malgré ses abus, lorsqu'il les paye, s'en déclarent les ennemis acharnés s'il cesse un instant de les payer ?

Sans doute la mauvaise foi de l'administration et son inexactitude à remplir ses engagements, impliquent un oubli de la justice qui doit s'étendre à bien d'autres choses. Les gouvernements libres se sont toujours distingués par une loyauté rigoureuse. L'Angleterre n'a jamais fait éprouver la moindre crainte, le moindre retard aux créanciers de son immense dette. L'Amérique, depuis que son indépendance est consolidée, observe scrupuleusement les mêmes principes de fidélité. La Hollande a mérité les mêmes éloges aussi longtemps qu'elle a existé. Il n'en est pas ainsi des Etats soumis à des autorités arbitraires. C'est que les gouvernements libres sont les seuls qui ne puissent, dans aucune circonstance, séparer leurs intérêts d'avec leurs devoirs. Sous ce rapport les propriétaires des créances nationales doivent désirer comme tous les autres citoyens que la liberté s'établisse et se maintienne.

Mais j'aimerais mieux, je l'avoue, qu'ils fussent animés par des motifs plus nobles. Il pourrait arriver que le despotisme, éclairé sur le danger de mécontenter ses créanciers, mît tous ses soins à les satisfaire et qu'il y réussît, pour un temps plus ou moins long, en écrasant le peuple par des contributions excessives. Dans ce cas les propriétaires de la dette publique, isolés du reste de la nation, demeureraient fidèles à un pouvoir qui ne serait juste que pour eux. La propriété dans les fonds publics est d'une nature essentiellement égoïste et solitaire et qui devient facilement hostile parce qu'elle n'existe qu'aux dépens des autres. Par un effet remarquable de l'organisation compliquée des sociétés modernes, tandis que l'intérêt naturel de toute nation est que les impôts soient réduits à la somme la moins élevée qu'il est possible, la création d'une dette publique fait que l'intérêt d'une partie de chaque nation est l'accroissement des impôts.

Nous pourrions rassembler beaucoup d'autres objections encore contre une théorie, qui, dans le fait, comme bien d'autres théories, n'est autre chose qu'une excuse, sous la forme d'un précepte. Mais en regardant l'existence d'une dette publique comme moralement et politiquement fâcheuse, nous l'envisageons en même temps dans la situation actuelle des sociétés, comme un mal inévitable pour les grands Etats. Ceux qui subviennent habituellement aux dépenses nationales par des impôts sont presque toujours forcés d'anticiper et leurs anticipations forment une dette. Ils sont de plus, à la première circonstance extraordinaire, obligés d'emprunter. Quant à ceux qui ont adopté le système des emprunts, préférablement à celui des impôts et qui n'établissent de contributions que pour faire face aux intérêts de leurs emprunts tel est à peu près de nos jours le système de l'Angleterre une dette publique est inséparable de leur existence. Ainsi, recommander aux Etats modernes de renoncer aux ressources que le crédit leur offre serait une vaine tentative. Mais par cela même, que la dette publique crée une propriété d'espèce nouvelle et dont les effets sont très différents de ceux des autres genres de propriété et surtout de ceux de la propriété foncière, il faut donner à la propriété foncière d'autant plus d'importance pour contrebalancer les mauvais effets de cette nouvelle espèce de propriété.

C'est ce qu'a fait habilement la constitution anglaise. Les propriétaires d'une dette de près de quinze milliards ont moins d'influence politique que les propriétaires d'un sol, dont tous les revenus ne suffiraient pas pour acquitter les intérêts de cette dette ; et c'est ce qui explique comment elle n'a pas perverti l'esprit public britannique. La représentation nationale, fondée en majeure partie sur la propriété territoriale a maintenu cet esprit public dans son intégrité. Admirable effet de la liberté bien organisée ! L'opinion créée par les rentiers de l'Etat en France a concouru au renversement de la monarchie française, parce qu'il n'existait, dans la monarchie française, aucun autre centre légal et durable d'opinion. Celle des créanciers de l'Etat en Angleterre s'est identifiée avec l'esprit national, parce que l'organisation politique, y prenant pour base la propriété du sol, pour moyen d'action les droits du peuple, pour limite les plus importants des droits individuels, a su rendre ainsi salutaires les éléments mêmes qui, par leur tendance naturelle, paraissent les plus dangereux.

Chapitre IX

De la quotité de propriété que la société a droit d'exiger

Malgré mon désir d'écarter les détails, je suis forcé d'ajouter quelques mots sur la quotité de propriété qui doit être exigée.

Une propriété peut être tellement restreinte que celui qui la possède ne soit propriétaire qu'en apparence. Quiconque n'a pas, dit l'écrivain que j'ai cité ci-dessus, en revenu territorial, la somme suffisante pour exister pendant l'année, sans être tenu de travailler pour autrui, n'est pas entièrement propriétaire. Il se retrouve, quant à la portion de propriété qui lui manque, dans la classe des salariés. Les propriétaires sont maîtres de son existence, car ils peuvent lui refuser le travail. Celui qui possède le revenu nécessaire pour exister indépendamment de toute volonté étrangère peut donc seul exercer les droits politiques. Une condition de propriété inférieure est illusoire. Une condition de propriété plus élevée est injuste. Une fois le nécessaire assuré, l'indépendance est toute relative. Elle est en raison du caractère ou du désintéressement. Les avantages de la propriété foncière viennent plus de sa nature, que de sa quotité.

Les économistes ont eu l'idée d'attacher tellement à la terre les droits politiques, que les propriétaires du sol eussent un nombre de voix plus ou moins grand suivant l'étendue de leurs possessions. Cette idée dénaturerait la propriété. Elle en ferait bientôt une oligarchie, qui deviendrait chaque jour plus resserrée, car la tendance des grandes propriétés est d'engloutir les petites. Le minimum de propriété foncière qui doit impliquer les droits de cité étant une fois déterminé, les grands propriétaires ne doivent avoir sur les autres aucune supériorité légale. La division des pouvoirs s'applique en quelque sorte au gouvernement des propriétaires, comme à toutes les formes de gouvernement; et de même que dans toutes les constitutions libres, on cherche à revêtir les autorités subordonnées de la faculté et de l'intérêt de s'opposer aux empiétements de l'autorité supérieure, il faut donner aux petits propriétaires l'intérêt et la faculté de mettre obstacle à l'aristocratie des grands. Cela se fait naturellement, si tous les propriétaires jouissant d'une indépendance véritable ont des droits égaux.

CHAPITRE X

QUE LES PROPRIÉTAIRES N'ONT PAS INTÉRÊT D'ABUSER DE LA PUISSANCE CONTRE LES NON-PROPRIÉTAIRES

Craindrait-on que les propriétaires, investis seuls des pouvoirs politiques, ne les fissent peser sur la classe dépouillée ? La nature de la propriété suffit pour dissiper cette crainte. Depuis la naissance du commerce, les propriétaires ne forment plus une classe distincte, séparée du reste des hommes par des prérogatives durables. Les membres de cette classe se renouvellent sans cesse. Les uns en sortent, d'autres y pénètrent. Si la propriété était stationnaire, si elle demeurait à jamais dans les mêmes mains, elle serait une institution très abusive. Elle ferait deux parts de l'espèce humaine. L'une serait tout, l'autre rien. Mais telle n'est pas son essence. Elle tend en dépit de ceux qui la possèdent à un déplacement continuel. Ce qu'il faut seulement éviter avec soin, comme nous le dirons tout à l'heure, c'est tout ce qui pourrait arrêter ce déplacement salutaire.

Si les lois favorisent l'accumulation de la propriété, si elles la rendent inaliénable dans de certaines familles ou dans de certaines classes, le gouvernement des propriétaires devient tyrannique. C'est la circulation de la propriété qui garantit la justice de l'institution. Cette circulation est dans la nature des choses. Il suffit de ne pas l'entraver.

D'ailleurs, dans l'état actuel de la civilisation, l'intérêt des propriétaires n'est point séparé de celui des classes industrielles ou salariées. Un très grand nombre de propriétaires appartient à l'une ou à l'autre de ces classes. Ce qui les blesse retombe sur les propriétaires eux-mêmes.

Il résulte de ces deux raisons que les propriétaires s'abstiendront toujours de lois vexatoires. Ces lois, fussent-elles dirigées uniquement contre les non-propriétaires, menaceraient doublement leurs propres auteurs.

Chez quelques peuples anciens, à Rome, par exemple, le gouvernement des propriétaires a été fort abusif. Cela tient à une circonstance que l'on n'a pas remarquée. Chez les anciens les pauvres étaient toujours endettés envers les riches, parce que ces derniers n'employaient au travail que leurs esclaves. Chez les modernes ce sont d'ordinaire les riches qui sont endettés envers les pauvres. Dans le premier cas, les riches demandaient aux pauvres ce que ceux-ci n'avaient point c'est-à-dire de l'argent et cette demande, exigeant pour être satisfaite des violences et le plus souvent ne l'étant pas, malgré ces violences, il y avait un germe de haine et d'opposition continuelle entre ces deux classes. Dans les sociétés actuelles, les riches demandent aux pauvres ce dont ceux-ci peuvent toujours disposer, c'est-à-dire du travail, et il en résulte un beaucoup plus grand accord mutuel entre les uns et les autres.

Lors même qu'on me prouverait qu'il existe encore aujourd'hui quelques abus dans le gouvernement des propriétaires, je n'abandonnerais pas mon opinion. Je m'engagerais à démontrer que ces abus, vestiges de siècles moins éclairés, nuisent chaque jour plus aux propriétaires eux-mêmes. J'espérerais donc le redressement de ces abus des seuls progrès des lumières et de l'expérience et je verrais beaucoup moins inconvénients à les supporter momentanément qu'à donner aux non-propriétaires des droits politiques, c'est-à-dire du pouvoir. Lorsqu'une fois on est convaincu que la propriété est indispensable à la prospérité de l'état social, il faut, nous l'avons déjà dit, la garantir de toute manière et son seul moyen suffisant de garantie est l'autorité des propriétaires. Il faut vouloir les institutions qu'on établit et toute institution qui admet la propriété, en donnant du pouvoir aux non-propriétaires, n'est plus qu'une institution suicide.

Ce serait à tort que les classes commerçantes ou industrielles craindraient l'administration des propriétaires du sol. Ce ne sont point eux qui ont fait des lois désastreuses pour le commerce ou l'industrie. Ces lois ont eu pour cause ou l'ignorance universelle des premiers principes de l'économie politique, ignorance commune alors à toutes les classes, ou la violence farouche des non-propriétaires, ou les calculs personnels et les intérêts momentanés des commerçants. Ces derniers surtout ont été funestes. Les monopoles, les prohibitions, les privilèges qui, fournissant à l'industrie particulière des moyens disproportionnés et détruisant la concurrence, sont funestes à l'industrie générale, toutes ces inventions sont mercantiles. Le commerce vit de liberté ; mais le commerçant peut s'enrichir par les entraves dont il entoure ses compétiteurs. Accoutumé qu'il est à spéculer sur tout, il est disposé souvent à spéculer sur les lois mêmes. Si vous ne le contenez, il fera des lois pour favoriser ses entreprises, au lieu de se contenter d'assurer à ses entreprises la sauvegarde de la loi.

Autant, dit le sage commentateur d'Adam Smith [Garnier], *autant l'influence des manufacturiers, des marchands et des capitalistes sur la législation se manifeste par des vues étroites, par des règlements compliqués et par des gênes oppressives, autant le règne des propriétaires se fera reconnaître à la rectitude des intentions, à la simplicité des moyens et à la marche libre et facile de tous les genres de circulation.*

Pour l'intérêt même du commerce, il est donc utile que la puissance législative soit confiée aux propriétaires du sol, dont l'activité est moins inquiète et dont les calculs sont moins mobiles.

Nous disons tout ceci dans l'hypothèse d'une association sans castes privilégiées. Les castes de ce genre étant un moyen de conserver et de plus un moyen d'acquérir, corrompent la propriété. Si les propriétaires possèdent des prérogatives abusives, ils seront ennemis de la liberté et de la justice, non comme propriétaires, mais comme privilégiés. S'ils ne sont pas privilégiés, ils en seront les soutiens les plus fidèles.

Chapitre XI

Des privilèges héréditaires comparés à la propriété

L'on a comparé les privilèges héréditaires à la propriété. Les ennemis de la propriété ont adopté cette comparaison avec empressement. Les privilèges étant devenus une chose odieuse, ils ont voulu faire retomber sur la propriété cette défaveur. Les amis des privilèges ont adopté ce rapprochement par un motif contraire. La propriété étant une chose indispensable, ils ont espéré donner aux privilèges l'excuse d'une nécessité démontrée. Cette comparaison ne serait exacte que si la propriété ne passait pas de main en main. Alors seulement elle ressemblerait aux privilèges. Mais alors aussi, comme nous l'avons dit plus haut, elle serait l'usurpation la plus oppressive. Si elle est l'intérêt constant de la majorité des générations, c'est parce que tous peuvent y prétendre et sont assurés d'y arriver par le travail. Mais les privilèges héréditaires ne sont et ne peuvent devenir jamais que l'intérêt du petit nombre. Ils excluent tout ce qui ne fait pas partie de la caste favorisée ; ils pèsent, non seulement sur le présent, mais sur l'avenir et dépouillent les générations futures. La propriété réveille l'émulation ; les privilèges la repoussent et la découragent. La propriété tient à toutes les relations, à tous les états ; les privilèges s'isolent. La propriété se communique et en se communiquant s'améliore. Les privilèges s'entourent de retranchements et perdent leurs avantages par la communication. Plus il y a de propriétaires dans un pays, plus la propriété est respectée, plus le peuple est dans l'aisance. Plus il y a de privilégiés, plus les privilèges sont avilis et plus néanmoins le peuple est opprimé. Car c'est sur lui que toutes les exemptions des privilégiés retombent. Il est difficile, même en étendant le plus possible, la sphère de nos conjectures, de concevoir un état social tolérable sans propriété. L'Amérique nous présente un gouvernement sage et paisible sans institutions privilégiées. Les privilèges et la société sont toujours en guerre. L'une établit une règle, les autres une exception. Si la propriété a quelquefois des inconvénients, ils viennent des privilèges, qui, suivant leurs combinaisons diverses, rendent l'acquisition de la propriété souvent impossible et toujours difficile à la classe non privilégiée. Les substitutions, le droit d'aînesse, tous les règlements qui rendent la propriété stationnaire et vexatoire tiennent de la nature des privilèges et en sont émanés.

De ce que plusieurs des hommes qui de nos jours avaient aboli les privilèges héréditaires ont ébranlé la propriété, il n'en faut pas conclure que ces choses soient intimement unies. Dans toutes les questions, il existe un point où les insensés et les sages se séparent. Ceux-ci s'arrêtent après le renversement des préjugés qu'il importait de détruire. Les autres veulent étendre l'action destructive sur ce qu'il est utile de conserver.

Quand on supposerait la propriété une convention de la même espèce que les privilèges héréditaires, il faudrait encore dans les pays où ces privilèges sont décrédités, séparer ces deux idées. Rien ne nuit plus aux choses utiles que de s'appuyer sur des choses abusives. Les unes et les autres s'écroulent ensemble. Il en est des privilèges et de la propriété comme de la superstition et de la morale. La superstition peut fournir à la morale un secours factice, mais il arrive alors que la superstition perdant sa puissance, la morale elle-même est ébranlée.

Les privilèges et les proscriptions sont des erreurs sociales du même genre. C'est de même soustraire des citoyens à la loi, soit par l'arbitraire de la peine, soit par l'arbitraire de la faveur.

L'on cite fréquemment Montesquieu en faveur des privilèges. Mais Montesquieu examine plutôt qu'il ne juge les lois. Il en explique les motifs. Il assigne les causes sans justifier les intentions. Il écrivait d'ailleurs sous un gouvernement doux en réalité, mais arbitraire de sa nature. Or, sous un gouvernement pareil, les privilèges peuvent être utiles. Là où les droits ont disparu, les privilèges sont une défense. Malgré leurs inconvénients, ils valent mieux que l'absence de tout pouvoir intermédiaire. Pour se passer des privilèges, il faut qu'une constitution soit excellente. Sous le despotisme, l'égalité devient un fléau.

Chapitre XII

Observation nécessaire

Ce qui s'est passé de nos jours en France, relativement aux castes privilégiées, m'oblige à mettre ici quelques explications de mon opinion à cet égard. Je ne voudrais pas être confondu avec des hommes qui, dans l'abolition des abus, n'ont cherché qu'un moyen de satisfaire leur haine et leur vanité longtemps blessée.

La destruction des privilèges héréditaires en France était une suite inévitable des progrès de la civilisation. Depuis que la noblesse avait cessé d'être féodale, elle était devenue une décoration brillante mais sans but précis, agréable à ses possesseurs, humiliante pour ceux qui ne la possédaient pas, mais sans moyens réels et surtout sans force. Ses avantages se composaient plutôt d'exclusions pour la classe roturière, que des prérogatives pour la classe préférée. Les nobles obtenaient des faveurs abusives, ils n'étaient revêtus d'aucun pouvoir légal. Ils ne composaient point un corps intermédiaire qui maintînt le peuple dans l'ordre et qui réprimât l'autorité. Ils formaient une corporation presque imaginaire, qui, pour tout ce qui n'était pas souvenir et préjugé, dépendait du gouvernement. L'hérédité d'Angleterre ne confère point à ses membres une puissance contestée, arbitraire et vexatoire, mais une autorité déterminée et des fonctions constitutionnelles. Ses prérogatives étant d'une nature légale et créées pour un but précis sont moins blessantes pour ceux qui n'en jouissent pas et donnent plus de force à ceux qui en jouissent. Cette hérédité, par conséquent, est moins exposée à être attaquée, en même temps qu'elle est plus susceptible d'être défendue. Mais la noblesse en France invitait toutes les vanités à l'attaquer et n'armait presque aucun intérêt pour sa défense. Elle n'avait point de base, point de place fixe dans le corps social. Rien ne garantissait sa durée. Tout au contraire conspirait sa perte, jusqu'aux lumières et à la supériorité individuelle de ses propres membres. Aussi a-t-elle été détruite presque sans secousse. Elle s'est évanouie comme une ombre, parce qu'elle n'était que le souvenir indéfinissable d'un système à demi détruit. Son abolition ne peut donc être l'objet d'une censure méritée. Mais tout ce que les chefs de notre Révolution ont ajouté à cette mesure était injuste et insensé.

Une cause que l'on n'a pas suffisamment remarquée a contribué, si je ne me trompe, à mêler à des principes sages des moyens odieux et déraisonnables. Parmi les différences qui nous distinguent des anciens, nous pouvons placer l'origine des privilèges héréditaires.

Chez les peuples de l'Antiquité, civilisés par des colonies sans être conquis par elles, l'inégalité des rangs n'avait eu d'origine qu'une supériorité, soit physique soit morale. On sent que je ne parle pas des esclaves qui doivent être comptés pour rien dans le système social des anciens. Chez eux les privilégiés étaient une classe de compatriotes, parvenus à la richesse ou à la considération, parce que leurs ancêtres avaient bien mérité de la société naissante, en lui enseignant soit les premiers principes du gouvernement, soit les cérémonies de la religion, soit les découvertes nécessaires aux besoins de la vie et les éléments de la civilisation. Chez les modernes au contraire, l'inégalité des rangs a eu pour principe la conquête. Les peuples policés de l'Empire romain ont été partagés comme de vils troupeaux entre des agresseurs féroces. Les institutions européennes ont porté durant des siècles l'empreinte de la force militaire. Domptés par le fer, les vaincus ont, par le fer aussi, été maintenus dans la servitude. Leurs maîtres n'ont pas daigné déguiser par d'ingénieuses fables ou rendre respectables, par des prétentions bien ou mal fondées à une sagesse supérieure, l'origine de leur puissance. Les deux races se sont perpétuées, sans autre relation pendant longtemps que l'asservissement d'un côté, de l'autre l'oppression. Tout, depuis le IVe jusqu'au XVe siècle, a retracé à l'Europe civilisée mais envahie, le fléau qu'elle avait reçu du Nord. La supériorité des peuples antiques tient peut-être à cette cause. Ils marchaient exempts de toute domination sur une terre que n'avait jamais foulée le pied superbe d'un vainqueur. Les modernes ont erré sur un sol conquis, race abâtardie et dépossédée.

De cette différence entre les anciens et nous est résultée une opposition frappante dans le système des amis de la liberté à ces deux époques. Malgré les inconvénients des privilèges héréditaires, même chez les anciens, presque tous les publicistes de l'Antiquité veulent que le pouvoir soit concentré dans les mains des classes supérieures. Aristote fait de cette condition une partie essentielle d'une démocratie bien constituée. Au contraire, depuis la renaissance des lumières, les partisans de la liberté politique n'ont jamais cru son établissement possible, sans la destruction des castes prédominantes. Machiavel ne voit que des victimes indispensables à sacrifier là où Aristote aperçoit des guides. C'est que ceux qui depuis le XVe siècle jusqu'à nos jours se sont élevés, auront écrit en faveur de l'égalité, ont agi ou parlé comme les descendants des opprimés, contre les descendants des oppresseurs. En proscrivant non seulement les privilèges héréditaires, mais les possesseurs de ces privilèges, ils ont eux-mêmes à leur insu été dominés par des préjugés héréditaires. A la fondation de la République en France, l'on a eu pour but, comme dans les Républiques d'Italie, plutôt de repousser des conquérants que de donner des droits égaux à des citoyens. En parcourant les lois portées contre les nobles en Italie, à Florence surtout, on croit lire les lois de la Convention. On a peint ces nobles dans le XVIIIe siècle, comme les barons du XVe. Les hommes haineux ont habilement mêlé toutes les époques pour rallumer et entretenir les haines. Comme on remontait jadis aux Francs et aux Goths pour opprimer, ils remontaient aux Francs et aux Goths pour trouver des prétextes d'oppression en sens inverse. Une vanité puérile cherchait autrefois des titres d'honneur dans les archives et dans les chroniques. Une vanité plus âpre et plus vindicative a puisé des actes d'accusation dans les chroniques et dans les archives. Un peu de réflexion doit pourtant nous convaincre que des privilèges abusifs par leur nature peuvent être pour leurs possesseurs des moyens de loisirs, de perfectionnement et de lumières. Une grande indépendance de fortune est en général une garantie contre plusieurs genres de bassesses et de vices. La certitude de se voir respecté est un préservatif contre cette vanité ombrageuse et inquiète qui partout aperçoit l'insulte ou suppose le dédain, passion implacable qui se venge par le mal qu'elle fait, de la douleur qu'elle éprouve. L'usage des formes douces et l'habitude des nuances ingénieuses donnent à l'âme une susceptibilité délicate, à l'esprit une rapide flexibilité.

Il fallait profiter de ces qualités précieuses. Il fallait entourer l'esprit chevaleresque de barrières qu'il ne pût franchir, mais ne pas l'exclure de la carrière que la nature rend commune à tous. De la sorte se serait formée cette classe d'hommes que les législateurs anciens regardaient comme destinée par la nature au gouvernement. Elle se serait composée de la partie éclairée du tiers et de la partie éclairée de la noblesse.

Malheur aux hommes qui ont empêché cet amalgame aussi facile que nécessaire. Ils n'ont voulu ni tenir compte des époques, ni distinguer les nuances, ni rassurer les appréhensions, ni pardonner aux vanités passagères, ni laisser de vains murmures s'éteindre, de folles menaces s'évaporer. Ils ont enregistré les engagements de l'amour-propre. En traitant tous les nobles comme des ennemis de la liberté, ils ont fait à la liberté des ennemis sans nombre. L'on a relevé la noblesse par une distinction nouvelle, la persécution, et forte de ce privilège, elle a combattu avec avantage les institutions prétendues libres, au nom desquelles on l'opprimait. Elle a trouvé dans la proscription des motifs légitimes de résistance et des moyens infaillibles d'intéresser à sa cause. Accompagner d'injustices l'abolition des abus, ce n'est pas mettre à leur retour plus d'obstacles, c'est leur ménager l'espoir qu'ils reviendront avec la justice.

CHAPITRE XIII

DU MEILLEUR MOYEN DE DONNER AUX PROPRIÉTAIRES UNE GRANDE INFLUENCE POLITIQUE

Le moyen le plus sûr et le plus doux de donner aux propriétaires une grande influence politique a déjà été indiqué par Aristote : *Combiner tellement vos institutions et vos lois,* dit-il, *que les emplois ne puissent être l'objet d'un calcul intéressé. Sans cela la multitude, qui d'ailleurs est peu affectée de l'exclusion des honneurs, parce qu'elle aime à vaquer à ses affaires, enviera les honneurs et le profit. Toutes les précautions sont d'accord, si les magistratures ne tentent pas l'avidité. Les pauvres préféreront des occupations lucratives à des fonctions difficiles et gratuites. Les riches occuperont les magistratures, parce qu'ils n'auront pas besoin d'indemnités.*

Ces principes sans doute ne sont pas applicables à tous les emplois dans les Etats modernes, parce qu'il en est qui exigent une fortune au-dessus de toute fortune particulière. Mais rien n'empêche de les appliquer aux fonctions législatives, qui n'augmentent que légèrement la dépense habituelle de ceux qui en sont revêtus.

Il en était ainsi à Carthage. Toutes les magistratures nommées par le peuple étaient exercées sans indemnités. Les autres fonctions étaient salariées. Il en est de même en Angleterre. Je me crois fort quand je tire mes preuves de cette demeure de la liberté. L'on s'élève beaucoup parmi nous contre la corruption des communes. Comparer ce que, même dans des circonstances difficiles, cette corruption a fait pour la couronne et ce qu'ont fait ailleurs d'autres assemblées largement payées pour mille tyrans successifs.

Dans une constitution libre, où les non-propriétaires ne possèdent pas les droits politiques, c'est une contradiction outrageante que de repousser le peuple de la représentation, comme si le riche seul devait le représenter, et de lui faire payer ses représentants, comme si ses représentants étaient pauvres.

Je n'aime pas les fortes conditions de propriété, j'en ai dit ailleurs la raison. L'indépendance est toute relative. Aussitôt qu'un homme a le nécessaire, il ne lui faut que de l'élévation d'âme pour se passer du superflu. Cependant il est désirable que les fonctions législatives soient en général occupées par des hommes opulents. Or, en les déclarant gratuites, on place la puissance dans la classe aisée, sans refuser une chance équitable à toutes les exceptions légitimes.

Lorsque des émoluments considérables sont attachés aux fonctions législatives, ces émoluments deviennent l'objet principal. La médiocrité, l'ineptie et la bassesse n'aperçoivent dans ces devoirs augustes, qu'une misérable spéculation de fortune, dont le succès leur est garanti par le silence et la servilité. La corruption qui est le produit de vues ambitieuses est bien moins funeste que celle qui résulte de calculs ignobles. L'ambition est compatible avec mille qualités généreuses, la probité, le courage, le désintéressement, l'indépendance. L'avarice n'est compatible avec aucune de ces qualités. L'on ne peut écarter les hommes ambitieux des emplois publics, écartons-en du moins les hommes avides. Par là nous diminuerons considérablement le nombre des concurrents et ceux que nous éloignerons seront précisément les moins estimables.

Payer les représentants du peuple, ce n'est pas leur donner un intérêt à bien remplir leurs fonctions, c'est les intéresser à les exercer longtemps.

Deux conditions sont nécessaires pour que les fonctions représentatives puissent être gratuites. La première c'est qu'elles soient importantes. Personne ne voudrait exercer gratuitement des fonctions puériles par leur insignifiance ou qui seraient honteuses, si elles cessaient d'être puériles. Mais aussi, dans une pareille constitution, mieux vaudrait qu'il n'y eût point de fonctions législatives.

La seconde condition, c'est que la réélection soit possible indéfiniment. L'impossibilité de la réélection dans un gouvernement représentatif est sous tous les rapports une grande erreur. La chance d'une réélection non interrompue offre seule au mérite une récompense digne de lui et forme chez un peuple une masse de noms imposants et respectés. Loin de tout peuple libre, et ces préjugés honteux qui exigent des distinctions de naissance, pour arriver aux emplois et les posséder exclusivement, et ces lois prohibitives qui défendent au peuple de réélire ceux qui n'ont pas perdu sa confiance. L'influence des individus ne se détruit point par des institutions jalouses. Ce qui à chaque époque subsiste librement de cette influence est toujours nécessaire. L'influence des individus diminue d'elle-même par la dissémination des lumières. N'y mêlons pas nos lois envieuses. Les individus perdent naturellement leur suprématie, lorsqu'un plus grand nombre s'élève à la même hauteur. Ne dépossédons pas le talent par des exclusions arbitraires. Autant il y a dans les assemblées d'hommes qui ne peuvent pas être réélus, autant il y aura d'homme faibles, qui voudront ou se concilier la faveur du pouvoir, pour retrouver des dédommagements, ou se faire du moins le plus petit nombre d'ennemis possible, pour vivre en paix dans leur retraite. Si vous mettez obstacle à la réélection indéfinie, vous frustrez le génie et le courage de ce qui leur est dû. Vous préparez à la lâcheté et à l'ineptie un asile commode et sûr. Vous placez sur la même ligne l'homme qui a bravé tous les dangers et celui qui a courbé sous le joug une tête avilie. La réélection favorise les calculs de la morale. Ces calculs seuls ont un succès durable, mais pour l'obtenir, ils ont besoin du temps. Les hommes intègres, intrépides, expérimentés dans les affaires ne sont pas tellement nombreux, qu'on doive repousser ceux qui ont déjà mérité l'estime générale. Les talents nouveaux parviendront aussi. La tendance du peuple est à les accueillir, ne lui imposez à cet égard aucune contrainte. Ne l'obligez pas, à chaque renouvellement, à choisir de nouveaux venus qui auront leur fortune à faire, en fait d'amour-propre, et qui voudront conquérir la célébrité. Rien ne coûte plus cher à une nation que les réputations à créer. Voyez l'Amérique. Les suffrages du peuple n'ont cessé d'y entourer les fondateurs de la liberté. Voyez l'Angleterre, des noms illustrés par des réélections non interrompues y sont devenus en quelque sorte une propriété populaire. Heureuses les nations qui présentent de pareils exemples et qui savent estimer longtemps !

CHAPITRE XIV

DE L'ACTION DU GOUVERNEMENT SUR LA PROPRIÉTÉ

Le lecteur a pu remarquer que, parmi les considérations que nous avons alléguées pour déterminer le rang éminent que doit occuper la propriété dans nos associations politiques, aucune n'a été puisée dans la nature métaphysique de la propriété même. Nous ne l'avons considérée que comme une convention sociale.

Mais on a vu que cette opinion ne nous empêchait pas d'envisager la propriété comme une chose que la société doit entourer de tous les remparts. Notre axiome est toujours qu'il vaudrait mieux ne pas établir la propriété qu'en faire un sujet de lutte et de déchirements et que ce danger ne peut être évité qu'en lui donnant inviolabilité d'une part et puissance de l'autre.

Des considérations du même genre nous guideront dans nos efforts pour déterminer les limites de la juridiction sociale sur la propriété.

La propriété, en sa qualité de convention sociale, est de la compétence et sous la juridiction de la société. La société possède sur elle des droits, qu'elle n'a point sur la liberté, la vie et les opinions de ses membres.

Mais la propriété se lie intimement à d'autres parties de l'existence humaine, dont les unes ne sont pas du tout soumises à la juridiction collective et dont les autres ne sont soumises à cette juridiction que d'une manière limitée. La société doit en conséquence restreindre sa juridiction sur la propriété, parce qu'elle ne pourrait l'exercer dans toute son étendue, sans porter atteinte à des objets qui ne lui sont pas subordonnés. Il ne faut jamais que l'autorité sociale, pour agir sur la propriété, gêne des droits qui sont inviolables. La société doit restreindre encore sa juridiction sur la propriété pour ne pas donner aux individus l'intérêt d'éluder ses lois. Cet intérêt est fâcheux pour la morale, premièrement en ce qu'il entraîne l'habitude de l'hypocrisie et de la fraude, et en second lieu parce qu'il nécessite des encouragements pour la délation. Nous avons traité ce sujet plus haut. Mais comme cette remarque s'applique à presque tous les objets sur lesquels l'autorité veut agir, il est impossible qu'elle ne se reproduise pas fréquemment dans nos recherches.

CHAPITRE XV

DES LOIS QUI FAVORISENT L'ACCUMULATION DE LA PROPRIÉTÉ DANS LES MÊMES MAINS

Les lois sur la propriété peuvent être de deux espèces. Elles peuvent avoir pour but d'en favoriser l'accumulation et de la perpétuer dans les mêmes mains, dans les mêmes familles ou dans des classes particulières. Telle est l'origine des domaines déclarés inaliénables, de l'exemption des impôts pour certaines castes, des substitutions, du droit d'aînesse, enfin, de toutes les coutumes féodales et nobiliaires.

Ce système de législation pris dans toute son étendue et dans la rigueur qu'il avait autrefois dans toute l'Europe, ôte à la propriété son vrai caractère et son plus grand avantage. Il en fait un privilège. Il déshérite la classe qui se trouve n'être pas propriétaire. Il transforme le hasard d'un moment, hasard que le moment d'après aurait réparé, en une injustice permanente. Si le pays est commerçant et industrieux, ce système de propriété le mine, parce qu'il force les individus par l'industrie et par le commerce à chercher un asile et des propriétés dans une contrée plus hospitalière. Si le pays est purement agricole, ce système y introduit le despotisme le plus oppressif. Une oligarchie terrible se forme. Les paysans sont réduits à la condition de serfs. Les propriétaires eux-mêmes se corrompent par l'abus dont ils profitent. Ils prennent un esprit farouche et presque sauvage. Ils ont besoin pour se maintenir, d'écarter toute lumière, de repousser toute amélioration dans le sort du pauvre, de s'opposer à la formation de cette classe intermédiaire, qui réunissant les avantages de l'éducation à l'absence des préjugés que l'état de privilégié entraîne, est chez tous les peuples, dépositaire des idées justes, des connaissances utiles, des opinions désintéressées et des espérances de l'humanité.

Il y a de nos jours peu de pays où ce système subsiste en entier. Mais presque partout, on en trouve des vestiges, qui ne sont pas sans inconvénients. Les lois de ce genre, lorsqu'elles ne sont que partielles, ont même un nouveau désavantage. La classe à laquelle l'acquisition de certaines propriétés est interdite s'irrite de cette exclusion, qui d'ailleurs est toujours accompagnée d'autres distinctions humiliantes. Car un abus ne va jamais seul. Elle profite de ce qu'elle possède pour réclamer les droits qu'on lui refuse. Elle encourage dans tous les non-propriétaires le mécontentement et des opinions exagérées. Elle prépare des troubles, des luttes, des révolutions dont tout le monde ensuite est victime.

Dans les pays où ces lois oppressives subsistent encore dans toute leur rigueur, l'on a prétendu, comme on le fait toujours dans les cas pareils, que les classes qu'elles opprimaient en reconnaissaient les avantages. L'on a dit que l'esclavage de la glèbe, suite naturelle de ce système de propriété, était un bonheur pour les paysans et l'on a cité des exemples. Des seigneurs qu'on pourrait soupçonner d'hypocrisie et qu'il faut tout au moins accuser d'imprévoyance ont offert à leurs vassaux de les affranchir; c'est-à-dire ils ont proposé à des hommes abrutis par l'ignorance, sans industrie, sans facultés, sans idées, de prendre tout à coup l'activité qui n'est l'attribut que des hommes libres, de renoncer aux secours que le despotisme leur accorde pour un temps et avec parcimonie mais que l'habitude leur fait préférer aux ressources qu'ils trouvent en eux-mêmes, dc quitter leurs champs et leurs cabanes, pour aller librement avec leurs pères infirmes et leurs enfants en bas âge chercher une subsistance qu'ils n'avaient nul moyen de se procurer. Ces vassaux ont préféré les chaînes sous le poids desquelles ils étaient courbés depuis leur naissance, l'on a cru pouvoir en conclure que l'état de serf était doux. Mais que prouve une pareille expérience? Ce que nous savions, que pour donner la liberté à des hommes, il ne faut pas les avoir dégradés par l'esclavage au-dessous de la condition humaine. Alors sans doute la liberté n'est qu'un présent illusoire et funeste, comme le jour devient douloureux pour celui dont la vue est affaiblie par les ténèbres d'un cachot. Cette vérité s'applique à tous les genres de servitude. Des hommes qui n'ont jamais connu les avantages de la liberté ont beau recevoir le joug avec enthousiasme : récusez leur honteux et trompeur témoignage. Ils n'ont pas le droit de déposer dans une si sainte cause. Écoutez sur la liberté ceux qui sont anoblis par ses bienfaits. Ce sont eux seuls qu'il faut entendre. Eux seuls doivent être consultés.

Tous les gouvernements au reste travaillent aujourd'hui d'une manière digne d'éloges à faire disparaître les dernières traces de cette législation barbare. Un prince surtout, qui semble avoir porté sur le trône l'amour de l'humanité et de la justice et qui met sa gloire non pas à faire reculer son peuple vers la barbarie, mais à le préparer à la liberté par l'instruction, Alexandre Ier encourage dans ses immenses Etats l'affranchissement des serfs et la dissémination des propriétés.

Il en est de l'inaliénabilité des biens comme de toutes les choses humaines. Elle avait un motif raisonnable, à l'époque où elle a pris naissance : mais l'institution a survécu à l'utilité.

Lorsqu'il n'y avait point de justice publique et que la force était la seule garantie contre la spoliation, cette force ne se trouvant que dans des propriétés considérables, qui fournissaient de nombreux vassaux prêts à défendre leur maître, l'inaliénabilité des propriétés était un moyen de sûreté. Aujourd'hui que l'état social est tout autre, cette inaliénabilité est un mal pour l'agriculture et c'est un mal inutile. Le possesseur de propriétés très considérables néglige inévitablement une grande partie de ses domaines. Il ne faut pour s'en convaincre, dit Smith (*Richesse des nations,* Livre III, ch. II), « que comparer les grandes terres qui sont restées sans interruption dans la même famille, depuis le temps de l'anarchie féodale, avec les possessions des petits propriétaires qui les environnent ». Il en est des propriétés comme des Etats. Leur petitesse excessive les prive des moyens d'amélioration les plus efficaces. Leur excessive étendue les expose à être administrées avec légèreté, précipitation et négligence.

Celui qui veut vendre, prouve qu'il n'a pas les moyens ou la volonté d'améliorer. Celui qui veut acheter, prouve qu'il a cette volonté et ces moyens. Les substitutions et tous les genres d'inaliénabilité forcent les uns à conserver ce qui leur est à charge, en empêchant les autres d'acquérir ce qui leur serait avantageux. C'est une double perte pour la société, car l'amélioration des propriétés est une richesse nationale.

Nous devons observer en finissant cet article, que l'ordre des idées nous a forcé à intervertir l'ordre des faits. Ce n'est point par des lois prohibitives de la dissémination des propriétés que l'oligarchie féodale s'établit, c'est par la conquête et c'est alors cette oligarchie, qui, pour se perpétuer, a recours à ces lois prohibitives. Ainsi l'on aurait tort de redouter un résultat semblable du gouvernement des propriétaires. Ce gouvernement, lorsqu'il repose sur les principes que nous avons établis plus haut, reste fidèle à ces principes, parce que les propriétaires n'ont aucun intérêt à substituer à la jouissance légitime que leur assure une propriété qu'ils sont certains de conserver, s'ils le veulent, des entraves qui n'ajouteraient rien à leur jouissance, et qui gêneraient leur volonté. Nulle part le gouvernement des propriétaires n'a produit le gouvernement féodal; c'est le gouvernement féodal qui a corrompu le gouvernement propriétaire.

Chapitre XVI

Des lois qui forcent la dissémination des propriétés

Les lois peuvent avoir une tendance opposée et se proposer pour but la plus grande dissémination possible des propriétés. Tel est le motif avoué des lois agraires, du partage des terres, de l'interdiction des testaments et de cette foule de règlements destinés à empêcher qu'on ne parvienne à se jouer de ces lois.

Cette action de l'autorité, celle surtout qui porte sur la faculté de tester car les lois agraires sont suffisamment décréditées paraît d'abord plus légitime et plus conforme aux principes de l'égalité que l'action contraire. Mais elle est superflue. Elle veut forcer ce qui se ferait naturellement. La propriété tend à se diviser. Si l'autorité la laisse à elle-même, elle ne sera pas plutôt acquise, que vous la verrez se disséminer. La preuve en est dans les lois multipliées qui sont nécessaires sous tous les gouvernements aristocratiques, pour la maintenir dans les mêmes familles. L'accumulation des propriétés est toujours une suite des institutions.

De là résulte que le moyen le plus simple et le plus sûr pour favoriser la dissémination des propriétés serait l'abolition de toutes les lois qui la contrarient.

Mais comme les gouvernements ne se contentent jamais d'actions négatives, ils ont pour la plupart été beaucoup plus loin. Ils ont non seulement abrogé des institutions vicieuses, mais combattu par des règlements positifs l'effet des habitudes, des souvenirs et des préjugés qui pouvaient survivre à ces institutions.

Il est arrivé ce qui naturellement doit arriver, lorsque l'autorité restreint arbitrairement la liberté des hommes. Les lois sur cette matière ont été éludées. Il a fallu d'autres lois pour réprimer ces infractions. De là des entraves innombrables à la mutation, à la disposition, à la transmission des propriétés.

Ces entraves ont entraîné de nouveaux inconvénients. Les hommes se sont accusés mutuellement de les avoir violées.

L'avidité a trouvé des armes dans ce qui était destiné à réprimer l'avidité.

L'on a érigé dans notre Révolution une foule de précautions de circonstance en principes éternels. Les législateurs qui s'imaginaient avoir les vues les plus profondes et les idées les plus étendues ont toujours fixé leurs regards sur la possibilité d'une petite minorité réfractaire; et ils ont pesé, pour l'atteindre, sur la totalité des Français. Législateurs aveugles qui faisaient des lois, non pour leurs concitoyens, mais contre leurs ennemis! Législateurs insensés, sous l'empire desquels la loi n'était plus l'asile de tous, mais une arme offensive contre quelques-uns!

L'on attaque sans cesse la liberté par des raisonnements qui ne s'appliquent qu'à la contrainte. Ainsi, l'on a de nos jours employé contre la libre transmission des propriétés, des arguments qui étaient valables que contre les restrictions mises à cette transmission par des lois anciennes. L'on a confondu la faculté de tester et le droit d'aînesse, tandis que le droit d'aînesse est au contraire l'envahissement et la destruction de la faculté de tester.

Je ne m'arrêterai point à réfuter sur cette matière d'autres sophismes tirés d'une métaphysique obscure et abstraite. L'on a argué de l'anéantissement qu'entraîne la mort; l'on a prétendu qu'il était absurde de laisser à l'homme disposer des biens qui n'étaient plus à lui et de prêter une existence fictive à sa volonté, lorsqu'il avait cessé d'exister. Ces raisonnements pèchent par leur base. Ils pourraient s'appliquer à toutes les transactions des hommes; car si leur volonté doit n'avoir plus d'effet, dès que leur vie s'éteint, les dettes à long terme, les baux, toutes les opérations qui ne doivent s'accomplir qu'à des époques déterminées et lointaines, cesseraient de droit par la mort.

La question des testaments fournit un exemple frappant, ce me semble, du bien que produirait quelquefois sans gêne et sans effort l'absence de l'intervention de l'autorité sur un objet, tandis que ce bien n'est obtenu que d'une manière imparfaite, factice et gênée par deux lois contradictoires.

Les législateurs de plusieurs peuples libres, considérant d'une part la dissémination des propriétés comme favorable à la liberté et de l'autre la puissance paternelle comme nécessaire à la morale, ont fait en conséquence des lois pour mettre obstacle à l'accumulation des propriétés et ils ont essayé mille institutions pour fortifier la puissance paternelle. Or, ces lois et ces institutions se sont combattues réciproquement et leur double but a été manqué. Les propriétés n'ont pas subi la dissémination qui était dans la volonté législative, parce que les pères, jaloux de la prérogative qu'on leur disputait, ont appelé à leur aide toutes les fraudes qui pouvaient favoriser, ou leurs affections particulières, ou ce penchant naturel à l'homme d'éluder les règlements qui le blessent. La puissance paternelle n'en a pas été moins affaiblie, parce que les fils, fiers des droits égaux que la loi leur donnait, ont regardé comme des artifices coupables les tentatives des pères pour leur dérober en partie la jouissance de ces droits.

Si le législateur s'était abstenu de tout commandement à cet égard, la puissance paternelle aurait trouvé dans la liberté de tester, un appui solide; et la dissémination des propriétés aurait eu, dans l'équité paternelle, qui ne rencontre, quoi qu'on en dise, que peu d'exceptions, une garantie bien plus assurée que dans toutes les précautions des lois positives. Mais les gouvernements, lorsqu'ils pensent qu'il est de leur devoir, comme de leur gloire, de se proposer sur tous les objets un but utile, font des lois partielles qui se contrarient, se neutralisent et n'ont d'autre effet que la vexation.

Les restrictions mises à la libre disposition des propriétés, après la mort des propriétaires, ont l'inconvénient que nous avons relevé dans tant d'autres lois, celui d'inviter à la fraude, de n'exister que pour se voir éludées, de nécessiter l'inquisition, la défiance et la délation. Mais elles ont cet inconvénient de plus que les vices qu'elles entraînent pénètrent jusque dans les familles. Ce ne sont plus uniquement les citoyens, mais les parents qui sont armés les uns contre les autres. Vous empoisonnez les relations non seulement de la société, mais de la nature; les pères n'en sont pas moins injustes, mais ils sont de mauvaise foi. Les enfants autorisés à l'ingratitude se croient autorisés de même à une sorte d'inspection sur les actions de leurs pères. Le sanctuaire domestique, qui devrait être l'asile du calme et des affections paisibles, devient le théâtre honteux d'une lutte intestine entre l'indépendance filiale qui s'appuie des lois, pour exercer une surveillance injurieuse, et à la morale, ont fait en conséquence des lois pour mettre obstacle à l'accumulation des propriétés et ils ont essayé mille institutions pour fortifier la puissance paternelle. Or, ces lois et ces institutions se sont combattues réciproquement et leur double but a été manqué. Les propriétés n'ont pas subi la dissémination qui était dans la volonté législative, parce que les pères, jaloux de la prérogative qu'on leur disputait, ont appelé à leur aide toutes les fraudes qui pouvaient favoriser, ou leurs affections particulières, ou ce penchant naturel à l'homme d'éluder les règlements qui le blessent. La puissance paternelle n'en a pas été moins affaiblie, parce que les fils, fiers des droits égaux que la loi leur donnait, ont regardé comme des artifices coupables les tentatives des pères pour leur dérober en partie la jouissance de ces droits.

Si le législateur s'était abstenu de tout commandement à cet égard, la puissance paternelle aurait trouvé dans la liberté de tester, un appui solide ; et la dissémination des propriétés aurait eu, dans l'équité paternelle, qui ne rencontre, quoi qu'on en dise, que peu d'exceptions, une garantie bien plus assurée que dans toutes les précautions des lois positives. Mais les gouvernements, lorsqu'ils pensent qu'il est de leur devoir, comme de leur gloire, de se proposer sur tous les objets un but utile, font des lois partielles qui se contrarient, se neutralisent et n'ont d'autre effet que la vexation.

Les restrictions mises à la libre disposition des propriétés, après la mort des propriétaires, ont l'inconvénient que nous avons relevé dans tant d'autres lois, celui d'inviter à la fraude, de n'exister que pour se voir éludées, de nécessiter l'inquisition, la défiance et la délation. Mais elles ont cet inconvénient de plus que les vices qu'elles entraînent pénètrent jusque dans les familles. Ce ne sont plus uniquement les citoyens, mais les parents qui sont armés les uns contre les autres. Vous empoisonnez les relations non seulement de la société, mais de la nature ; les pères n'en sont pas moins injustes, mais ils sont de mauvaise foi. Les enfants autorisés à l'ingratitude se croient autorisés de même à une sorte d'inspection sur les actions de leurs pères. Le sanctuaire domestique, qui devrait être l'asile du calme et des affections paisibles, devient le théâtre honteux d'une lutte intestine entre l'indépendance filiale qui s'appuie des lois, pour exercer une surveillance injurieuse, et trompant. Pour obtenir les faveurs de la richesse, il faut la servir. Celle-ci doit l'emporter.

C'est à tort d'ailleurs que l'on imagine que le pauvre gagne à ce qui est ainsi enlevé au riche. Celui qui n'a pas, dépendra toujours, quoi qu'on fasse, de celui qui a. Si vous inquiétez le riche, il se livrera moins à ses goûts, à ses spéculations, à ses fantaisies ; il retirera, le plus possible sa propriété de la circulation et le pauvre s'en ressentira.

LIVRE XI

DE L'IMPOT

CHAPITRE I

OBJET DE CE LIVRE

La nature de cet ouvrage ne comporte pas des recherches approfondies sur la théorie des impôts, ni sur le meilleur genre de contributions qu'on puisse établir. Ces recherches nous entraîneraient dans des détails qui ne conviennent qu'à des traités consacrés uniquement à cette matière. Notre seul but doit être de déterminer quels sont à cet égard les droits respectifs des gouvernants et des gouvernés.

CHAPITRE II

PREMIER DROIT DES GOUVERNÉS RELATIVEMENT AUX IMPÔTS

L'autorité, ayant à pourvoir à la défense intérieure et à la sûreté extérieure de l'Etat, a le droit de demander aux individus le sacrifice d'une portion de leur propriété, pour subvenir aux dépenses que l'accomplissement de ces devoirs nécessite.

Les gouvernés ont droit de leur côté d'exiger de l'autorité, que la somme des impôts n'excède pas ce qui est nécessaire au but qu'elle doit atteindre. Cette condition ne peut être remplie que par une organisation politique qui mette des bornes aux demandes et, de la sorte, à la prodigalité et à l'avidité des gouvernants. On trouve des vestiges de cette organisation dans les institutions des monarchies les moins limitées, comme la plupart des principautés de l'Allemagne ou les Etats héréditaires de la maison d'Autriche; et le principe en est solennellement reconnu par la constitution française.

Les détails de cette organisation ne sont pas de notre ressort. Une seule observation nous semble ne devoir pas être omise.

Le droit de consentir les impôts peut être considéré sous deux points de vue, comme limite au pouvoir et comme moyen d'économie. L'on a dit mille fois qu'un gouvernement ne pouvant faire la guerre, ni même exister dans l'intérieur, si l'on ne subvenait à ses dépenses nécessaires, le refus des impôts était dans la main du peuple ou de ses représentants une arme efficace et qu'en l'employant avec courage, ils pouvaient forcer le gouvernement, non seulement à rester en paix avec ses voisins, mais encore à respecter la liberté des gouvernés. L'on oublie en raisonnant ainsi, que ce qui paraît au premier coup d'œil décisif dans la théorie, est souvent d'une pratique impossible. Lorsqu'un gouvernement a commencé une guerre, fût-elle injuste, lui disputer les moyens de la soutenir ne serait pas le punir seul, mais punir la nation innocente de ses fautes. Il en est de même du refus des impôts pour malversations ou vexations intérieures. Le gouvernement se permet des actes arbitraires. Le corps législatif croit le désarmer en ne votant aucune contribution. Mais en supposant, ce qui est difficile, que dans cette crise extrême, tout se passe constitutionnellement, sur qui retombera cette lutte? Le pouvoir exécutif trouvera des ressources momentanées dans son influence, dans les fonds mis antérieurement à sa disposition, dans les avances de ceux qui, jouissant de ses faveurs ou même de ses injustices, ne voudront pas qu'il soit renversé et de ceux encore qui, croyant à son triomphe, spéculeront sur ses besoins du moment. Les premières victimes seront les employés subalternes, les entrepreneurs de toutes les dénominations, les créanciers de l'Etat et par contrecoup les créanciers de tous les individus de ces différentes classes. Avant que le gouvernement succombe ou cède, toutes les fortunes particulières seront bouleversées. Il en résultera contre la représentation nationale, une haine universelle. Le gouvernement l'accusera de toutes les privations personnelles des citoyens. Ces derniers n'examineront point le motif de sa résistance et sans se livrer au milieu de leurs souffrances à des questions de droit et de théorie, ils lui reprocheront leurs besoins et leurs malheurs.

Le droit de refuser les impôts n'est donc point à lui seul une garantie suffisante pour réprimer les excès du pouvoir exécutif. On peut considérer ce droit comme un moyen d'administration pour améliorer la nature des impôts ou comme un moyen d'économie pour en diminuer la masse. Mais il faut bien d'autres prérogatives pour que les assemblées représentatives puissent protéger la liberté. Une nation peut avoir de prétendus représentants investis de ce droit illusoire et gémir en même temps dans l'esclavage le plus complet. Si le corps chargé de cette fonction ne jouit pas d'une grande considération et d'une grande indépendance, il deviendra l'agent du pouvoir exécutif et son assentiment ne sera qu'une formule vaine et illusoire. Pour que la liberté de voter les impôts soit autre chose qu'une frivole cérémonie, il faut que la liberté politique existe dans son entier, comme il faut dans le corps humain, que toutes les parties soient saines et bien constituées pour que les fonctions d'une seule se fassent régulièrement et complètement.

Chapitre III

Second droit des gouvernés relativement aux impôts

Un second droit des gouvernés, relativement aux impôts, c'est que leur nature et la manière de les percevoir soient le moins onéreuses qu'il est possible pour les contribuables, ne tendent ni à les vexer ni à les corrompre et ne donnent pas lieu, par des frais inutiles, à la création de nouveaux impôts.

Il résulte de ce droit que les gouvernés ont celui d'exiger que les impôts pèsent également sur tous, proportionnellement à leur fortune, qu'ils ne laissent rien d'incertain ni d'arbitraire dans la quotité et dans le mode de la perception, qu'ils ne frappent de stérilité aucune propriété, aucune industrie, qu'ils n'occasionnent que les frais de levée indispensables, enfin qu'il y ait dans leur assiette une certaine stabilité.

L'établissement d'un nouvel impôt produit toujours un ébranlement qui se communique des branches imposées à celles mêmes qui ne le sont pas. Beaucoup de bras et de capitaux refluent vers ces dernières pour échapper à la contribution qui frappe les autres. Le gain des unes diminue par l'impôt; le gain des secondes par la concurrence. L'équilibre ne se rétablit que lentement. Le changement quel qu'il soit est donc fâcheux pour un temps donné.

C'est en appliquant ces règles aux diverses espèces de contributions, qu'on pourra juger de celles qui sont admissibles et de celles qui ne le sont pas.

Il n'est pas de notre sujet de les examiner toutes. Nous choisirons seulement quelques exemples, pour donner une idée de la manière de raisonner qui nous paraît la meilleure.

CHAPITRE IV

DE DIVERSES ESPÈCES D'IMPÔTS

Des hommes éclairés du siècle dernier ont recommandé l'impôt sur la terre comme le plus naturel, le plus simple et le plus juste. Ils ont voulu même en faire l'impôt unique. Imposer la terre est en effet une idée fort séduisante, qui se présente d'elle-même et qui paraît reposer sur une vérité incontestable. La terre est la source la plus évidente et la plus durable des richesses; pourquoi chercher des voies indirectes, artificielles et compliquées au lieu d'aller droit à cette source?

Si cette doctrine n'a pas été mise en pratique, c'est bien moins parce qu'on a cru remarquer des vices dans l'impôt territorial, que parce qu'on a senti, que même en le portant au taux le plus élevé, on ne pourrait en tirer les sommes que l'on voulait arracher aux peuples. On a combiné d'autres contributions avec celle-là; mais dans la plupart des pays de l'Europe, elle n'a pas cessé d'être la plus considérable de toutes et en quelque façon la base du système financier.

De la sorte en rejetant le principe, on n'en a point rejeté, comme on l'aurait dû, toutes les conséquences et pour concilier la contradiction de cette conduite, on a eu recours à une théorie dont le résultat était à peu près le même que celui des apologistes de l'impôt territorial. Ceux-ci prétendaient qu'en définitif tous les impôts retombaient sur la terre ; quelques-uns de leurs adversaires ont prétendu qu'en définitif tous étaient payés par le consommateur. Et comme les premiers affirmant que les impôts traversaient, pour ainsi dire, le consommateur pour arriver à la terre, en concluaient qu'il fallait dès l'origine leur épargner ce détour et les faire peser sur le sol ; les seconds imaginant que, par une marche inverse, les impôts assis sur la terre remontaient aux consommateurs, ont pensé qu'il était inutile de charger la terre d'un fardeau qu'elle ne supportait pas en réalité.

Si nous appliquons à l'impôt territorial les règles que nous avons établies, nous serons conduits à des conclusions très différentes.

Il est faux d'un côté que tous les impôts sur les consommations retombent sur la terre. L'impôt sur la poste aux lettres n'est certainement pas supporté par les propriétaires du sol, en leur qualité de propriétaires. Un possesseur de terres qui ne prend ni thé, ni tabac, ne paye aucune partie des impôts mis sur ces denrées au moment de leur introduction, de leur transport ou de leur vente. Les impôts sur les consommations ne pèsent en rien sur les classes qui ne produisent, ni ne consomment la chose imposée.

Il est également faux que l'impôt sur la terre influe sur le prix de la denrée et retombe sur le consommateur qui l'achète. Ce qui détermine le prix d'une denrée, ce n'est pas toujours ce qu'elle coûte à produire, c'est la demande qu'on en fait. Lorsqu'il y a plus de demandes que de productions, la denrée hausse de prix. Elle baisse lorsqu'il y a plus de productions que de demandes. Or l'impôt sur la terre, quand il diminue la production, ruine le producteur et quand il ne la diminue pas, il n'augmente en rien la demande. En voici la preuve.

Lorsqu'un impôt porte sur les terres, il arrive de deux choses l'une; ou il enlève la totalité du produit net, c'est-à-dire que la production de la denrée coûte plus que sa vente ne rapporte; alors la culture est nécessairement abandonnée; mais le producteur qui abandonne la culture ne profite point de la disproportion que cet abandon peut entraîner entre la quantité des demandes et celle de la denrée qu'il ne produit plus; ou l'impôt n'enlève pas la totalité du produit net, c'est-à-dire que la vente de la denrée rapporte encore après l'impôt plus que sa production ne coûte; alors le propriétaire continue à cultiver; mais dans ce cas la quantité de la production étant après l'impôt aussi abondante qu'elle l'était auparavant, la proportion entre la production et la demande reste la même et le prix n'en saurait hausser.

L'impôt territorial pèse en conséquence, quoi qu'on en ait pu dire et continue toujours à peser sur le propriétaire foncier. Le consommateur n'en paye aucune partie, à moins que, par l'effet de l'appauvrissement graduel du cultivateur, les produits de la terre ne diminuent au point d'occasionner la disette; mais cette calamité ne peut être un élément de calcul dans un système de contributions.

L'impôt territorial, tel qu'il existe dans beaucoup de pays, n'est donc point conforme à la première règle que nous avons énoncée. Il ne pèse pas également sur tous, mais particulièrement sur une classe.

En second lieu, cet impôt, quelle que soit sa quotité, frappe toujours de stérilité une portion quelconque des terres d'un pays.

Il y a des terres qui à raison du sol ou de la situation ne rapportent rien et par conséquent restent sans culture. Il y en a qui ne rapportent que le plus petit produit imaginable au-dessus de rien. Cette progression continue en s'élevant jusqu'aux terres qui donnent le produit le plus considérable possible. Figurez-vous cette progression comme une série de nombre depuis 1 jusqu'à 100, en supposant 1 représentant une quantité de produit tellement petite qu'elle soit indivisible. L'impôt territorial enlève une portion du produit de chacune de ces terres. En admettant qu'il soit aussi bas qu'on peut le concevoir, il ne sera pas au-dessous de 1. Par conséquent, toutes les terres qui ne rapportent que 1 et qui sans l'impôt auraient été cultivées, sont mises par l'impôt au rang des terres non productives et rentrent dans la classe des terres qu'on laisse incultes. Si l'impôt s'élève à 2, toutes les terres qui ne rapportent que 2 éprouvent le même sort et ainsi de suite. De manière que, si l'impôt s'élevait à 50, toutes les terres du produit de 50 inclusivement resteraient sans culture. Il est donc clair que, lorsque l'impôt hausse, il ôte à la culture une portion de terres proportionnées à sa hausse, et que, lorsqu'il baisse, il lui rend une portion proportionnée à sa baisse. Si l'on répondait que l'impôt sur la terre n'est pas fixe, mais proportionnel, ce ne serait pas résoudre notre objection. L'impôt proportionnel pèse sur le produit brut ; or les frais emportant une partie plus ou moins grande de produit brut, il en résulte toujours que, si vous fixez l'impôt au huitième du produit brut, les terres qui coûtent 9 à cultiver pour produire 10, deviennent stériles par l'impôt ; si vous fixez l'impôt au quart, celles qui coûtent 8 pour produire 10, le deviennent de même et ainsi de suite.

Que l'impôt ait cet effet, cela est prouvé par les précautions mêmes des gouvernements. Les plus éclairés, comme l'Angleterre et la Hollande, ont exempté de tout impôt les terres louées au-dessous d'une certaine valeur. Les plus violents ont déclaré confisqués les terrains laissés incultes par les propriétaires. Mais quel propriétaire laisserait sa terre inculte, s'il avait à gagner en la cultivant ? Aucun, car le riche même l'affermerait ou la céderait au pauvre. Les terrains ne restent incultes que pour une des raisons développées ci-dessus ou parce qu'ils ne sont susceptibles d'aucun produit ou parce que l'impôt enlève le produit dont ils sont susceptibles. Ainsi les gouvernements punissent les particuliers du mal qu'eux-mêmes leur ont fait. Cette loi de confiscation odieuse comme injuste est même absurde comme inutile. Car en quelques mains que le gouvernement transporte les terrains confisqués, si ces terrains rapportent moins que leur culture ne coûte, quelqu'un pourra bien essayer de les cultiver, mais assurément, il ne continuera pas. Sous ce second rapport, l'impôt territorial s'éloigne encore de l'une des conditions nécessaires, pour qu'une contribution soit admissible. Car il rend la propriété stérile entre les mains des individus.

En troisième lieu, le payement de l'impôt foncier repose sur la prévoyance du cultivateur, qui, pour être en état de le payer, doit économiser d'avance d'assez fortes sommes. Or la classe laborieuse n'est point douée de cette prévoyance. Elle ne peut lutter sans cesse contre les tentations du moment. Tel qui chaque jour s'acquitterait en détail et presque à son insu d'une portion de ses contributions, si elle se confondait avec ses consommations habituelles, n'accumulera jamais pendant un certain temps la somme nécessaire pour s'en acquitter en masse. La perception de l'impôt foncier, quoique très simple, n'est donc nullement facile. Les moyens de contrainte qu'il faut employer, la rendent très dispendieuse. Sous ce dernier point de vue, l'impôt territorial est vicieux, en ce qu'il occasionne des frais de levée qu'un autre mode de contributions pourrait épargner.

Je ne conclus point de là, qu'il faille supprimer l'impôt sur les terres. Comme il y a des impôts sur les consommations auxquels les propriétaires de terres peuvent se dérober, il est juste qu'ils supportent une part des contributions publiques, en leur qualité de propriétaires; mais comme les autres classes de la société ne supportent point l'impôt territorial, il ne faut pas que cet impôt excède la proportion qui doit retomber sur les propriétaires de terres. Il n'y a donc aucune justice à faire de l'impôt foncier l'impôt unique ou même l'impôt principal.

Nous venons de dire que l'impôt sur la terre porté à un certain point rend la propriété stérile entre les mains de ses possesseurs. L'impôt sur les patentes frappe de stérilité l'industrie. Il ôte la liberté du travail et c'est un cercle vicieux assez ridicule. On ne peut rien payer si l'on ne travaille et l'autorité défend à des individus le travail auquel ils sont propres, si auparavant ils n'ont payé. L'impôt sur les patentes est donc attentatoire aux droits des individus. Il ne leur enlève pas seulement une portion de leurs bénéfices, il en tarit la source, à moins qu'ils ne possèdent des moyens antérieurs d'y satisfaire, supposition que rien n'autorise.

Cet impôt néanmoins peut être toléré, si on le restreint à des professions qui par elles-mêmes impliquent une certaine aisance antérieure. C'est alors une avance que l'individu fait au gouvernement et dont il se paye par ses propres mains avec les profits de l'industrie; comme le marchand, qui paye les impôts sur la denrée dont il trafique, les comprend ensuite dans le prix de cette denrée et les fait supporter au consommateur. Mais, dirigé sur des métiers auxquels pourrait se consacrer l'indigence, l'impôt sur les patentes est d'une révoltante iniquité.

Les impôts indirects ou portant sur les consommations se confondent avec les jouissances. Le consommateur, qui les paye en achetant ce dont il a besoin ou ce qui lui fait plaisir, ne distingue pas, au milieu du sentiment de la satisfaction qu'il se procure, la répugnance qu'inspire le payement de l'impôt. Il les paye quand cela lui convient. Ces impôts s'accommodent aux temps, aux circonstances, aux facultés, aux goûts de chacun. Ils se divisent de manière à disparaître. Le même poids que nous supportons sans peine, lorsqu'il est réparti sur la totalité de notre corps, deviendrait intolérable, s'il portait sur une seule partie. La répartition des impôts indirects se fait, pour ainsi dire, d'elle-même; car elle se fait par la consommation qui est volontaire. Considérés sous ce point de vue, les impôts indirects ne contrarient en rien les règles que nous avons établies. Mais ils ont trois graves inconvénients. Le premier qu'ils sont susceptibles d'être multipliés jusqu'à l'infini, d'une manière presque imperceptible; le second que leur perception est difficile, vexatoire, souvent corruptrice à plusieurs égards. Le troisième qu'ils créent un crime factice, la contrebande.

Le premier inconvénient trouve son remède dans l'autorité qui vote les impôts. Si vous supposez cette autorité indépendante, elle saura mettre obstacle à leur accroissement inutile. Si vous ne la supposez pas indépendante, quelle que soit la nature de l'impôt, n'espérez pas borner les sacrifices qu'on exigera du peuple. Il sera sans défense sous ce rapport, comme sous tous les autres.

Le second inconvénient est plus difficile à prévenir. Je trouve néanmoins, dans le premier même, une preuve que le second peut être prévenu. Car si l'un des vices des impôts indirects est de pouvoir être accrus sans mesure d'une manière presque imperceptible, il faut que leur perception puisse être tellement organisée qu'ils ne soient pas insupportables. Quant au troisième, je suis disposé moins que personne à l'atténuer. J'ai dit plus d'une fois que les devoirs factices tendaient à porter les hommes à s'affranchir des devoirs réels. Ceux qui transgressent les lois relativement à la contrebande, les transgressent bientôt relativement au vol et au meurtre. Ils ne courent pas plus de danger; et leur conscience se familiarise avec la révolte contre le pouvoir social.

Cependant, si l'on y réfléchit bien, l'on verra que la véritable cause de la contrebande est moins dans les impôts indirects que dans le système prohibitif. Les gouvernements déguisent quelquefois leurs prohibitions sous la forme d'impôts. Ils frappent les marchandises dont ils voudraient empêcher l'entrée de droits disproportionnés avec leur valeur. Si tout système prohibitif était aboli, cette disproportion n'aurait jamais lieu et la contrebande, cet apprentissage du crime, cette école du mensonge et de l'audace, d'autant plus funeste qu'elle s'anoblit en quelque sorte par sa ressemblance avec l'état militaire et par le mérite de l'adresse et du courage, ne trouverait pas dans les profits immenses que cette disproportion lui fait espérer, des encouragements et des tentations irrésistibles.

CHAPITRE V

COMMENT LES IMPÔTS DEVIENNENT CONTRAIRES AUX DROITS DES INDIVIDUS

Les impôts deviennent contraires aux droits des individus, lorsqu'ils autorisent nécessairement des vexations contre les citoyens. Tel est l'Alcavala d'Espagne qui assujettit à des droits la vente de toutes les choses mobilières et immobilières, chaque fois que ces choses passent d'une main à l'autre.

Les impôts deviennent encore contraires aux droits des individus, lorsqu'ils portent sur des objets qu'il est aisé de dérober à la connaissance de l'autorité chargée de la perception.

En dirigeant l'impôt contre des objets d'une soustraction facile, vous nécessitez les visites, les inquisitions. Vous êtes conduit à exiger des citoyens un espionnage et des dénonciations réciproques. Vous récompensez ces actions honteuses et votre impôt retombe dans la classe de ceux qui ne sont pas admissibles, parce que leur perception nuit à la morale.

Il en est de même des impôts tellement élevés qu'ils invitent à la fraude. La possibilité plus ou moins grande de la soustraction d'un objet à la connaissance de l'autorité, se compose et de la facilité matérielle, qui peut résulter de la nature de cet objet, et de l'intérêt qu'on trouve à le soustraire. Lorsque le profit est considérable, il peut se diviser entre plus de mains et la coopération d'un plus grand nombre d'agents de la fraude compense la difficulté physique sur laquelle le fisc aurait pu compter. Lorsque l'objet sur lequel porte l'impôt ne permet pas de l'éluder de cette manière, l'impôt anéantit tôt ou tard la branche de commerce ou l'espèce de transaction sur lequel il pèse. Il faut le rejeter alors comme contraire aux droits de la propriété ou de l'industrie.

Il est évident que les individus ont le droit de limiter leur consommation suivant leurs moyens ou suivant leurs volontés et de s'abstenir des objets qu'ils ne veulent ou qu'ils ne peuvent pas consommer. En conséquence, les impôts indirects deviennent injustes, lorsqu'au lieu de reposer sur la consommation volontaire, on leur donne pour base la consommation forcée. Ce qu'avait d'odieux la gabelle, qu'on a si ridiculement voulu confondre avec l'impôt sur le sel, c'est qu'elle ordonnait aux citoyens de consommer une quantité déterminée de cette denrée. Cette vexation excitait en eux une indignation juste et naturelle contre l'autorité qui leur prescrivait jusqu'aux besoins qu'ils devaient avoir.

Il ne faut jamais pour établir un impôt sur une denrée, interdire à l'industrie ou à la propriété particulière la production de cette denrée, comme on le faisait autrefois dans quelques parties de la France, relativement au sel et comme on le fait dans plusieurs pays de l'Europe relativement au tabac. C'est violer manifestement la propriété. C'est vexer injustement l'industrie. Pour faire observer ces interdictions, l'on a besoin de peines sévères et ces peines sont alors révoltantes à la fois par leur rigueur et par leur iniquité.

Les impôts indirects doivent porter le moins possible sur les denrées de première nécessité, sans quoi tous leurs avantages disparaissent. La consommation de ces denrées n'est pas volontaire. Elle ne se plie plus à la situation et ne se proportionne plus à l'aisance du consommateur.

Il n'est point vrai, comme on l'a dit trop souvent, que les taxes sur les denrées de première nécessité, opérant le renchérissement de ces denrées, produisent la hausse de la main-d'œuvre. Au contraire, plus les denrées nécessaires à la subsistance sont chères, plus le besoin de travailler augmente. La concurrence de ceux qui offrent leur travail passe la proportion de ceux qui font travailler et le travail tombe à plus bas prix, précisément quand il devrait être à un prix plus haut, pour que les travailleurs puissent vivre. Les impôts sur les denrées de première nécessité produisent l'effet des années stériles et de la disette.

Il y a des impôts dont la perception est très facile et qui cependant doivent être rejetés, parce que leur tendance directe est de corrompre et de pervertir les hommes. Aucun impôt, par exemple, ne se paye avec autant de plaisir que les loteries. L'autorité n'a besoin d'aucune force coercitive pour assurer la rentrée de cette contribution. Mais les loteries offrant des moyens de fortune qui ne tiennent point à l'industrie, au travail, à la prudence jettent dans les calculs du peuple le genre de désordre le plus dangereux. La multiplicité des chances fait illusion sur l'improbabilité du succès. La modicité des mises invite à des tentatives réitérées. Le dérangement, les embarras, la ruine, le crime en résultent. Les classes inférieures de la société, victimes des rêves séduisants dont on les enivre attentent à la propriété, qui se trouve à leur portée, se flattant qu'un sort favorable leur permettra de cacher leur faute en la réparant. Aucune considération fiscale ne peut justifier des institutions qui entraînent de pareilles conséquences.

De ce que les individus ont le droit d'exiger que la manière de recueillir les impôts soit le moins onéreuse possible pour les contribuables, il résulte que les gouvernements ne doivent pas adopter à cet égard un mode d'administration essentiellement oppressif et tyrannique. Je veux parler de l'usage d'affermer les contributions. C'est mettre les gouvernés à la merci de quelques individus, qui n'ont pas même autant d'intérêt que le gouvernement à les ménager. C'est créer une classe d'hommes, qui, revêtus de la force des lois et favorisés par l'autorité, dont ils semblent défendre la cause, inventent chaque jour des vexations nouvelles et réclament les mesures les plus sanguinaires. Les fermiers des impôts dans tous les pays sont, pour ainsi dire, les représentants nés de l'injustice et de l'oppression.

CHAPITRE VI

QUE LES IMPÔTS QUI PÈSENT SUR LES CAPITAUX SONT CONTRAIRES AUX DROITS DES INDIVIDUS

De quelque nature que soient les impôts adoptés dans un pays, ils doivent peser sur les revenus et ne jamais entamer les capitaux. C'est-à-dire ils doivent n'enlever qu'une partie de la production annuelle et ne toucher jamais aux valeurs accumulées antérieurement. Ces valeurs sont les seuls moyens de reproduction, les seuls aliments du travail, les seules sources de fécondité.

Ce principe méconnu par tous les gouvernements et par un grand nombre d'écrivains peut se prouver avec évidence.

Si les impôts portent sur les capitaux au lieu de porter uniquement sur les revenus, il en résulte que les capitaux sont diminués chaque année de la somme égale à ce qu'on lève d'impôt. Par là même, la reproduction annuelle est frappée d'une diminution proportionnée à la diminution annuelle des capitaux. Cette diminution de la reproduction, diminuant les revenus et l'impôt restant le même, il y a chaque année une plus grande somme de capitaux enlevée et chaque année par conséquent une moindre somme de revenus reproduite. Cette double progression est toujours croissante.

Supposez un propriétaire de terres qui fait valoir sa propriété. Trois choses lui sont nécessaires, sa terre, son industrie et son capital. S'il n'avait point de terre, son capital et son industrie seraient inutiles. S'il n'avait point d'industrie, son capital et sa terre seraient improductifs. S'il n'avait point de capital, son industrie serait vaine et sa terre stérile, car il ne pourrait fournir aux avances indispensables pour sa production, il n'aurait point d'instruments aratoires, d'engrais, de semences, de bestiaux. Ce sont toutes ces choses qui forment son capital. Quel que soit donc celui de ces trois objets sur lequel vous frappez, vous appauvrissez également le contribuable. Si, au lieu de lui enlever chaque année une portion de son capital, vous lui enleviez une portion de sa terre équivalente à telle somme déterminée, qu'arriverait-il ? que l'année suivante, en lui enlevant la même portion de terre, vous le priveriez d'une partie relativement plus grande de sa propriété et ainsi de suite, jusqu'à ce qu'il se trouvât entièrement dépouillé. La même chose a lieu quand vous imposez ses capitaux. L'effet est moins apparent, mais non moins infaillible.

Le capital est pour tout individu, quelle que soit sa profession, ce qu'est pour un agriculteur sa charrue. Or, si vous preniez à l'agriculteur un sac de blé qu'il vient de recueillir, il se remet au travail et en produit un autre l'année suivante ; mais si vous lui prenez sa charrue, il ne peut plus produire de blé.

Qu'on ne pense pas que l'économie des individus puisse remédier à cet inconvénient, en créant de nouveau des capitaux. En imposant les capitaux, on diminue le revenu des particuliers, car on leur enlève les moyens reproducteurs de ce revenu. Sur quoi veut-on qu'ils économisent ?

Qu'on ne dise pas non plus que les capitaux se reproduisent. Les capitaux ne sont que des valeurs accumulées, prises graduellement sur le revenu. Mais plus ce capital est entamé, plus le revenu diminue, moins l'accumulation peut donc avoir lieu, moins les capitaux peuvent se reproduire.

L'Etat qui impose les capitaux prépare donc la ruine des individus. Il leur enlève graduellement leur propriété. Or la garantie de cette propriété étant l'un des devoirs de l'Etat, il est manifeste que les individus ont le droit de réclamer cette garantie contre un système de contribution dont le résultat serait contraire à ce but.

Chapitre VII

Que l'intérêt de l'Etat relativement aux impôts est d'accord avec les droits des individus

Prouvons maintenant que l'intérêt de l'Etat en fait d'impôts est d'accord avec les droits des individus. Car malheureusement il ne suffit pas d'indiquer ce qui est juste, il faut encore convaincre la puissance que ce qui est juste n'est pas moins utile.

Nous avons démontré l'iniquité de l'impôt territorial, lorsqu'il dépassait le taux nécessaire pour faire supporter aux propriétaires du sol leur part proportionnelle dans le payement des contributions. Le même impôt nuit au gouvernement et par la cherté de sa perception, et par ses mauvais effets sur l'agriculture. Il retient dans la pauvreté la majorité de la classe agricole. Il entretient dans une activité stérile une foule de bras qui ne sont employés qu'à le recueillir. Il absorbe des capitaux qui, ne reproduisant rien, sont enlevés à la richesse particulière et perdus pour la richesse publique. Nos frais de contrainte, nos innombrables garnisaires, la force armée répartie dans les campagnes pour opérer le recouvrement des taxes arriérées doivent nous avoir convaincus de ces vérités. Il a été constaté que la levée de 250 millions par ce mode d'impôts, entraînait 50 millions de frais de contrainte seulement. En conséquence, la nation la plus célèbre par l'habileté de son administration financière, loin de prendre l'impôt foncier pour la base de son revenu, ne le porte tout au plus qu'à la 12e partie de la totalité des impôts.

Nous avons condamné comme attentatoire aux droits sacrés du travail, l'impôt sur les patentes, dirigé sur des métiers que le pauvre pourrait exercer ; et cet impôt, organisé de la sorte, est un des moins faciles à recouvrer et l'un de ceux qui entraînent le plus de non-valeurs, c'est-à-dire le plus de pertes pour le trésor public.

Nous avons dit que les impôts devenaient contraires aux droits des individus quand ils autorisaient des recherches vexatoires ; nous avons cité l'Alcavala d'Espagne, impôt qui assujettit à un droit chaque vente de quelque objet que ce soit, mobilier ou immobilier. Don Ustaritz le considère comme la cause de la décadence des finances espagnoles.

Nous avons rejeté les contributions qui provoquaient à la fraude. Est-il besoin de prouver combien est funeste cette lutte entre le pouvoir et les citoyens? Et ne voit-on pas du premier coup d'œil qu'elle est ruineuse même sous le rapport financier? Nous avons ajouté que, lorsque les impôts anéantissaient par leurs excès une branche de commerce, c'était un attentat contre l'industrie. L'Espagne a été punie d'un attentat pareil. Plusieurs de ses mines du Pérou restent sans être exploitées, parce que la taxe due au Roi absorbe la totalité du produit des propriétaires. C'est un double dommage et pour le fisc et pour les particuliers.

Nous avons réprouvé les loteries, bien que d'une perception facile, parce que leur effet est de corrompre les hommes. Mais les gouvernements eux-mêmes portent la peine de cette corruption. D'abord le mal que les loteries causent à l'industrie, diminue la reproduction et par conséquent la richesse nationale. En second lieu, les crimes qu'elles font commettre à la classe laborieuse sont, en mettant à part toute considération morale et en ne les envisageant que fiscalement, une dépense publique. Troisièmement, les agents subalternes se laissent séduire à l'appât des loteries et c'est aux frais des gouvernements. Il y eut dans une seule année, sous le Directoire, pour douze millions de banqueroutes de percepteurs des impositions et l'on constata que la loterie avait ruiné les deux tiers environ de ces percepteurs. Enfin, la perception d'un pareil impôt, pour être facile, n'en est pas moins chère. Pour que les loteries rapportent, il faut multiplier les tentations; pour multiplier les tentations, il faut multiplier les bureaux. De là de grands frais de recettes. Du temps de M. Necker, les revenus des loteries étaient de 11 500 000. Et les frais de recouvrement de 2 400 000, c'est-à-dire de près de 21 pour cent, de sorte que l'impôt le plus immoral est en même temps le plus coûteux à l'Etat.

Nous avons établi en dernier lieu, que les impôts ne devraient jamais porter que sur les revenus. Quand ils entament les capitaux, les individus sont ruinés d'abord, mais le gouvernement l'est ensuite. La raison en est simple.

Tous les hommes qui ont quelques notions de l'économie politique, savent que les consommations se divisent en deux classes, les productives et les improductives. Les premières sont celles qui créent des valeurs, les secondes celles qui ne créent rien. Une forêt qu'on abat pour construire des vaisseaux ou une ville est aussi bien consommée que celle que dévore un incendie. Mais dans le premier cas, la flotte ou la cité que l'on a construite, remplace avec avantage la forêt qui a disparu; dans le second, il ne reste que des cendres.

Les consommations improductives peuvent être nécessaires. Chaque individu consacre à sa nourriture une portion de son revenu. C'est une consommation improductive, mais indispensable. Un Etat en guerre avec ses voisins consomme une portion de la fortune publique, pour subvenir à la subsistance de ses armées et leur fournir les munitions de guerre requises pour l'attaque ou la défense. Ce n'est point là une consommation inutile, bien que ce soit une consommation improductive. Mais si les consommations improductives sont nécessaires souvent à l'existence ou à la sûreté des individus et des nations, il n'y a cependant que les consommations productives qui puissent ajouter aux richesses des uns et des autres. Ce qui est consommé improductivement est toujours une perte excusable et légitime, quand le besoin l'exige, insensée et sans excuse, quand le besoin ne l'exige pas.

Le numéraire qui s'est introduit entre toutes les productions, comme moyen d'échange, a servi à répandre quelque obscurité sur cette question. Comme le numéraire se consomme sans s'anéantir, on a cru que, de quelque manière qu'il fût employé, la chose revenait au même. On aurait dû penser que le numéraire pouvait être employé à une reproduction ou qu'il pouvait être consommé sans rien produire. Si un gouvernement dépense dix millions à faire marcher une armée en différents sens ou à donner des fêtes magnifiques, des spectacles, des illuminations, des danses, des feux d'artifice, les dix millions ainsi consommés ne sont pas détruits. La nation n'est pas appauvrie de ces dix millions. Mais ces dix millions n'ont rien produit. Il ne reste à l'Etat de cet emploi de capitaux, que les dix millions qu'il possédait primitivement. Si, au contraire, ces dix millions avaient été employés à construire des usines ou des bâtiments propres à un genre quelconque de manufacture ou d'industrie, à améliorer des terres, à reproduire en un mot n'importe quelle denrée, la nation aurait eu d'un côté les dix millions consommés de la sorte et de l'autre les valeurs que ces dix millions auraient produites.

Je voudrais m'étendre davantage sur cet important sujet. Car c'est une opinion désastreuse que celle qui représente tout emploi des capitaux comme indifférent. Cette opinion est favorisée par tous ceux qui profitent des dilapidations des gouvernements et par tous ceux encore qui répètent sur parole des maximes qu'ils n'entendent pas. Sans doute, le numéraire, signe des richesses, ne fait que passer dans tous les cas d'une main à l'autre. Mais lorsqu'il est employé en consommations reproductives, pour une valeur, il y en a deux; lorsque sa consommation est improductive, au lieu de deux valeurs, il n'y en a jamais qu'une. De plus, comme pour être dissipé en consommations improductives, il est arraché à la classe qui l'eût employé productivement, la nation, si elle ne s'appauvrit pas de son numéraire, s'appauvrit de toute la production qui n'a pas eu lieu. Elle conserve le signe, mais elle perd la réalité; et l'exemple de l'Espagne nous apprend assez que la possession du signe n'est rien moins qu'une richesse réelle.

Il est donc certain que le seul moyen de prospérité pour une nation, c'est l'emploi de ses capitaux en consommations productives.

Or les gouvernements, même les plus sages, ne peuvent employer les fonds enlevés aux individus, qu'en consommations improductives. Le payement des salaires dus aux fonctionnaires publics de toutes les dénominations, les dépenses de la police, de la justice, de la guerre, de toutes les administrations, sont des consommations de ce genre. Lorsque l'Etat n'emploie à ces consommations qu'une portion des revenus, les capitaux restant entre les mains des particuliers, servent à la reproduction nécessaire. Mais si l'Etat détourne les capitaux de leur destination, la reproduction diminue et comme il faut alors chaque année, ainsi que nous l'avons démontré plus haut, enlever une portion de capitaux plus considérable, la reproduction finirait par cesser entièrement et l'Etat, aussi bien que les particuliers, se trouverait ruiné.

Comme le dissipateur qui consomme au-delà de son revenu, dit Ganilh dans son *Histoire du revenu public, diminue sa propriété de tout ce dont il a excédé son revenu et ne tarde pas à voir disparaître revenu et propriété, l'Etat qui impose les propriétés et consomme leur produit comme revenu, marche à une décadence certaine et rapide.*

Ainsi donc, en fait d'impôt, comme en toute autre chose, les lois de l'équité sont les meilleures à suivre, dût-on ne les considérer que sous le rapport de l'utilité. L'autorité qui viole la justice, dans l'espoir d'un gain misérable, paye chèrement cette violation, et les droits des individus devraient être respectés par les gouvernements, lors même que ces gouvernements n'auraient que leur propre intérêt en vue.

CHAPITRE VIII

AXIOME INCONTESTABLE

En indiquant, comme nous l'avons fait dans cette section, d'une manière nécessairement très abrégée, quelques-unes des règles relatives aux impôts, nous nous sommes proposé plutôt de suggérer au lecteur des idées qu'il pût étendre, que d'en développer aucune. Ce travail nous eût entraîné fort au-delà des bornes dans lesquelles nous nous sommes renfermé. Un axiome incontestable et qu'aucun sophisme ne peut obscurcir, c'est que tout impôt, de quelque nature qu'il soit, a toujours une influence plus ou moins fâcheuse. Si l'impôt produit quelquefois un bien par son emploi, il produit toujours un mal par sa levée. Il peut être un mal nécessaire. Mais comme tous les maux nécessaires, il faut le rendre le moins grand possible. Plus on laisse de moyens à la disposition de l'industrie des particuliers, plus un Etat prospère. L'impôt, par cela seul qu'il enlève une portion quelconque de ces moyens à cette industrie est infailliblement nuisible. Plus on tire d'argent des peuples, dit M. de Vauban dans la *Dîme royale,* plus on ôte d'argent au commerce. L'argent du royaume le mieux employé est celui qui demeure entre les mains des particuliers, où il n'est jamais inutile ni oisif.

Rousseau qui en finances n'avait aucune lumière a répété après beaucoup d'autres, que dans les pays monarchiques, il fallait *consommer par le luxe du prince l'excès du superflu des sujets, parce qu'il valait mieux que cet excédent fût absorbé par le gouvernement, que dissipé par les particuliers.* On aperçoit dans cette doctrine un mélange absurde de préjugés monarchiques et d'opinions républicaines. Le luxe du prince, loin de décourager celui des individus, lui sert d'encouragement et d'exemple. Il ne faut pas croire qu'en les dépouillant, il les réforme. Il peut les précipiter dans la misère, mais il ne peut les ramener à la simplicité. Seulement la misère des uns se combine avec le luxe des autres et c'est de toutes les combinaisons la plus déplorable.

Des raisonneurs non moins inconséquents ont conclu que, parce que les pays les plus chargés d'impôts, comme l'Angleterre et la Hollande, étaient les plus riches, qu'ils étaient plus riches parce qu'ils payaient plus d'impôts. Ils prenaient l'effet pour la cause. On n'est pas riche parce qu'on paye ; mais on paye parce qu'on est riche.

Tout ce qui excède les besoins réels, dit un écrivain dont on ne contestera pas l'autorité sur cette matière, cesse d'être légitime. Il n'y a d'autre différence entre les usurpations particulières et celles du souverain, si ce n'est que l'injustice des unes tient à des idées simples et que chacun peut aisément distinguer, tandis que les autres, étant liées à des combinaisons dont l'étendue est aussi vaste que compliquée, personne ne peut en juger autrement que par des conjectures.

CHAPITRE IX

INCONVÉNIENT DES IMPÔTS EXCESSIFS

Partout où la constitution de l'Etat ne met pas obstacle à la multiplication arbitraire des impôts, partout où le gouvernement n'est pas arrêté par des barrières insurmontables, dans ses demandes toujours croissantes, quand on ne les conteste jamais, ni la justice, ni la morale, ni la liberté individuelle ne peuvent être respectées. Ni l'autorité qui enlève aux classes laborieuses leur subsistance chèrement acquise, ni ces classes opprimées qui voient cette subsistance arrachée de leurs mains pour enrichir des maîtres avides, ne peuvent rester fidèles aux lois de l'équité dans cette lutte scandaleuse de la faiblesse contre la violence, de la pauvreté contre l'avarice, du besoin contre la spoliation. Tout impôt inutile est un vol que la force qui l'accompagne ne rend pas plus légitime que tout autre attentat de cette nature. C'est un vol d'autant plus odieux qu'il s'exécute avec toutes les solennités de la loi. C'est un vol d'autant plus coupable que c'est le riche qui l'exerce contre l'indigent. C'est un vol d'autant plus lâche, qu'il est commis par l'autorité en armes contre l'individu désarmé. L'autorité elle-même ne tarde pas à en être punie.

Les peuples dans les provinces romaines, dit Hume, étaient si opprimés par les publicains, qu'ils se jetaient avec joie dans les bras des barbares. Heureux que des maîtres grossiers et sans luxe leur présentassent une domination moins avide et moins spoliatrice que les Romains.

Chapitre X

Autre inconvénient des impôts excessifs

L'on se tromperait encore en supposant que l'inconvénient des impôts excessifs se borne à la misère et aux privations du peuple. Il en résulte un mal plus grand, que l'on ne me paraît pas, jusqu'à ce jour, avoir suffisamment remarqué.

La possession d'une très grande fortune inspire aux particuliers des désirs, des caprices, des fantaisies désordonnées qu'ils n'auraient point eues dans une situation plus modique et plus restreinte. Il en est de même des gouvernements. Le superflu de leur opulence les enivre, comme le superflu de leur force, parce que l'opulence est une force et de toutes les forces la plus réelle. De là des places chimériques, des ambitions effrénées, des projets gigantesques, qu'un gouvernement, qui n'aurait possédé que le nécessaire, n'eût jamais conçus. Ainsi le peuple n'est pas misérable, seulement parce qu'il paye au-delà de ses moyens, mais il est misérable encore par l'usage que son gouvernement fait de ce qu'il paye. Ses sacrifices tournent contre lui. Il ne paye plus des impôts pour avoir la paix assurée par un bon système de défense. Il en paye pour avoir la guerre, parce que l'autorité fière de ses immenses trésors invente mille prétextes pour les dépenser glorieusement comme elle dit. Le peuple paye non pour que le bon ordre soit maintenu dans l'intérieur, mais pour qu'une cour insolente enrichie de ses dépouilles trouble au contraire l'ordre public par ses vexations impunies. De la sorte une nation, qui n'a pas de garantie contre l'accroissement des impôts, achète par ses privations les malheurs, les troubles et les dangers. Le père paye pour que son fils saisi dans ses bras soit envoyé à la mort, loin des frontières. Le cultivateur paye pour que ses champs soient dévastés par une meute nourrie de l'argent qu'il a donné. Dans cet état de choses, le gouvernement se corrompt par sa richesse et le peuple par sa pauvreté.

LIVRE XII

DE LA JURIDICTION DE L'AUTORITE SUR L'INDUSTRIE ET SUR LA POPULATION

CHAPITRE I

OBSERVATION PRÉLIMINAIRE

Dans l'énumération, qui se trouve au commencement de cet ouvrage, des droits inaliénables des individus, je n'ai pas placé la liberté d'industrie. Cependant, les philosophes les plus éclairés du siècle dernier ont démontré jusqu'à l'évidence l'injustice des restrictions qu'éprouve cette liberté dans presque tous les pays. Ils ont prouvé de même et tout aussi évidemment à mes yeux, que ces restrictions n'étaient pas moins inutiles et malentendues que contraires à l'équité.

Cette dernière question toutefois paraît encore douteuse à beaucoup de gens. Des volumes seraient nécessaires pour l'éclaircir d'une manière qui leur parût satisfaisante. Les principes de la liberté industrielle reposent sur une multitude de faits et chaque fait qui lui semble contraire exige, pour être replacé sous son vrai point de vue, un examen long et détaillé. La liberté du commerce n'est utile que lorsqu'elle est scrupuleusement respectée. Une seule violation répandant l'incertitude dans tout le système, en détruit tous les bons effets et les gouvernements tirent alors parti de leurs fautes mêmes pour justifier leur intervention. Ils arguent des résultats imparfaits et quelquefois funestes d'une liberté précaire et restreinte contre les résultats toujours salutaires d'une liberté complète et assurée. Je n'ai pas voulu en conséquence, bien que toutes les questions de cette nature soient liées entre elles, mettre sur la même ligne la liberté commerciale et la liberté civile, de peur que les hommes qui différeraient d'opinion sur la première, n'en fussent plus disposés à contester les principes importants qui servent de base au bonheur des associations et à la sûreté des citoyens. Il s'est néanmoins présenté à moi non seulement des considérations morales, qui rentrent dans le sujet de cet ouvrage et qui sous le rapport moral décident la question favorablement pour la liberté, mais encore des observations et des faits qui la décident de même sous le point de vue industriel. Je n'ai pas cru devoir les supprimer. Mais je prie le lecteur de ne pas oublier que ce livre n'est nullement un traité d'économie commerciale et contient simplement des réflexions générales que j'isole à dessein du reste de mes recherches, pour que mes erreurs, si j'en ai commises, ou les dissentiments que mes opinions à cet égard pourraient rencontrer, ne retombent point sur les autres questions que j'ai discutées. Je me serais trompé dans mes assertions sur la liberté de l'industrie et du commerce, que mes principes sur la liberté religieuse, intellectuelle et personnelle n'en seraient point affaiblis.

Chapitre II

De la juridiction légitime de la société sur l'industrie

La société n'ayant d'autres droits sur les individus que de les empêcher de se nuire mutuellement, elle n'a de juridiction sur l'industrie qu'en supposant celle-ci nuisible. Mais l'industrie d'un individu ne peut nuire à ses semblables, aussi longtemps que cet individu n'invoque pas en faveur de son industrie et contre la leur des secours d'une autre nature. La nature de l'industrie est de lutter contre l'industrie rivale, par une concurrence parfaitement libre et par des efforts pour atteindre une supériorité intrinsèque. Tous les moyens d'espèce différente qu'elle tenterait d'employer ne seraient plus de l'industrie mais de l'oppression ou de la fraude. La société aurait le droit et même l'obligation de la réprimer. Mais de ce droit que la société possède, il résulte qu'elle ne possède point celui d'employer contre l'industrie de l'un, en faveur de celle de l'autre, les moyens qu'elle doit également interdire à tous.

Toutes les objections, que nous avons rassemblées dans le livre précédent contre les entraves mises à la jouissance ou à la transmission de la propriété, acquièrent une force double lorsqu'elles s'appliquent à l'industrie. Ces objections sont fondées pour la plupart sur la facilité avec laquelle les lois prohibitives sont éludées et sur la corruption qu'entraînent les occasions présentées aux hommes de désobéir aux lois. Or la nature de l'industrie offre bien plus de moyens de transgressions secrètes et impunies que la nature de la propriété foncière.

CHAPITRE III

QUE L'ACTION DE L'AUTORITÉ SUR L'INDUSTRIE SE DIVISE EN DEUX BRANCHES

L'action de l'autorité sur l'industrie peut se diviser en deux branches; les prohibitions et les encouragements. Les privilèges ne doivent pas être séparés des prohibitions, parce que nécessairement ils les impliquent.

Comme nous voulons ici plutôt donner des exemples que suivre le système industriel dans toutes ses parties, nous prendrons au hasard quelques-unes des prohibitions les plus en vigueur dans la plupart des gouvernements et qui, par conséquent, ont au moins en leur faveur l'opinion de la classe gouvernante. Nous ne dirons rien de celles, dont l'absurdité longtemps contestée est aujourd'hui généralement connue.

Chapitre IV

Des privilèges et prohibitions

Qu'est-ce qu'un privilège en fait d'industrie ? c'est l'emploi de la force du corps social, pour tourner au profit de quelques hommes les avantages que le but de la société est de garantir à tous. C'est ce que faisait l'Angleterre, lorsqu'avant l'union de l'Irlande à ce royaume, elle interdisait aux Irlandais presque tous les genres de commerce étranger. C'est ce qu'elle fait aujourd'hui, lorsqu'elle défend à tous les Anglais de faire aux Indes un commerce indépendant de la compagnie qui s'est emparée de ce vaste monopole. C'est ce que faisaient les bourgeois de Zurich, avant la révolution de la Suisse, en forçant les habitants des campagnes à ne vendre qu'à eux seuls presque toutes leurs denrées et tous les objets qu'ils fabriquaient.

Il y a manifestement injustice en principe. Y a-t-il utilité dans l'application ? Si le privilège est le partage d'un petit nombre, il y a sans doute utilité pour ce petit nombre. Mais cette utilité est du genre de celle qui accompagne toute spoliation. Ce n'est pas celle qu'on se propose ou du moins qu'on avoue se proposer. Y a-t-il utilité nationale ? Non sans doute. Car en premier lieu, c'est la grande majorité de la nation qui est exclue du bénéfice. Il y a donc perte sans compensation pour cette majorité. En second lieu, la branche d'industrie ou de commerce, qui est l'objet du privilège, est exploitée plus négligemment et d'une manière moins économique par des individus dont les gains sont assurés par l'effet seul du monopole, qu'elle ne le serait, si la concurrence obligeait tous les rivaux à se surpasser à l'envi par l'activité et par l'adresse. Ainsi la richesse nationale ne retire pas de cette industrie tout le parti qu'elle en pourrait tirer. Il y a donc perte relative pour la nation tout entière. Enfin les moyens, dont l'autorité doit se servir pour maintenir le privilège et pour repousser de la concurrence les individus non privilégiés, sont inévitablement oppressifs et vexatoires. Il y a donc encore pour la nation tout entière perte de liberté. Voilà trois pertes réelles, que ce genre de prohibition entraîne et le dédommagement de ces pertes n'est réservé qu'à une poignée de privilégiés.

L'excuse banale des privilèges, c'est l'insuffisance des moyens individuels et l'utilité d'encourager des associations qui y suppléent. Mais on s'exagère beaucoup cette insuffisance et l'on ne s'exagère pas moins cette nécessité. Si les moyens individuels sont insuffisants, quelques individus se ruineront peut-être, mais un petit nombre d'exemples éclairera tous les citoyens et quelques malheurs particuliers sont bien préférables à la masse incalculable de malheurs et de corruption publique que les privilèges introduisent. Si l'Etat voulait surveiller les individus dans toutes les opérations par lesquelles ils peuvent se nuire, il arriverait à restreindre la liberté de presque toutes les actions ; et s'érigeant une fois en tuteur des citoyens, il ne tarderait pas à devenir leur tyran. Si les associations sont nécessaires pour une branche d'industrie nécessaire ou de commerce éloigné, les associations se formeront et les individus ne lutteront pas contre elles, mais chercheront à y entrer pour en partager les avantages ; que, si les associations existantes s'y refusent, vous verrez naître de nouvelles associations et l'industrie rivale en sera plus active. Que le gouvernement n'intervienne que pour maintenir et les associations et les individus dans leurs droits respectifs et dans les bornes de la justice ; la liberté se charge du reste et s'en charge avec succès.

On se trompe d'ailleurs, quand on regarde les compagnies de commerce comme une chose avantageuse de sa nature. Toute compagnie puissante, observe un auteur versé dans cette matière, lors même qu'elle ne fait le commerce qu'en concurrence avec les particuliers, les ruine d'abord, en baissant les prix des marchandises ; et quand les particuliers sont ruinés, cette compagnie faisant seule ou presque seule le commerce, ruine la nation en haussant les prix. Ensuite ses gains excessifs portant ses agents à la négligence, elle se ruine elle-même. On voit dans Smith, Livre V, ch. I, par des exemples nombreux et incontestables, que plus les compagnies anglaises ont été exclusives, investies de privilèges importants, riches et puissantes, plus elles ont eu d'inconvénients pendant leur durée et plus elles ont mal fini, tandis que les seules qui aient réussi ou se soient soutenues sont les compagnies bornées à un capital modique, composées d'un petit nombre d'individus, n'employant que peu d'agents, c'est-à-dire se rapprochant le plus possible par leur administration et par leurs moyens de ce que pourraient être des associations particulières. L'abbé Morellet comptait, en 1780, 55 compagnies revêtues de privilèges exclusifs en différents pays de l'Europe et qui, établies depuis 1600, avaient toutes fini par une banqueroute. Il en est des compagnies trop puissantes comme de toutes les forces trop grandes, comme des trop grands Etats, qui commencent par dévorer leurs voisins puis leurs sujets et qui ensuite se détruisent eux-mêmes.

La seule circonstance qui rende une compagnie admissible, c'est lorsque des individus s'associent pour établir à leurs périls et risques une nouvelle branche de commerce avec des peuples lointains et barbares. L'Etat peut alors leur accorder, en dédommagement des dangers qu'ils bravent, un monopole de quelques années. Mais le terme expiré, le monopole doit être supprimé et le commerce redevenir libre.

On peut citer des faits isolés en faveur des privilèges et ces faits paraissent d'autant plus concluants, qu'on ne voit jamais ce qui aurait eu lieu, si ces privilèges n'avaient pas existé. Mais j'affirme en premier lieu, qu'en admettant au nombre des éléments le temps, dont on cherche vainement à se passer, et en ne se livrant pas à une impatience puérile, la liberté finirait toujours par produire sans mélange d'aucun mal le même bien qu'on s'efforce d'arracher par les privilèges au prix de beaucoup de maux; et je déclare secondement que, s'il existait une branche d'industrie qui ne pût être exploitée que par l'introduction des privilèges, les inconvénients en sont tels, pour la moralité et la liberté d'une nation, qu'aucun avantage ne les compense.

Trop d'écrivains avant moi se sont élevés contre les jurandes, les maîtrises, les apprentissages, pour que j'entre à ce sujet dans de longs détails. Ces institutions sont des privilèges de l'espèce la plus inique et la plus absurde; la plus inique, puisque l'on ne permet à l'individu le travail qui le préserve du crime, que sous le bon plaisir d'un autre; la plus absurde, puisque sous le prétexte du perfectionnement des métiers, on met obstacle à la concurrence, le plus sûr motif de perfectionnement. L'intérêt des acheteurs est une bien plus sûre garantie de la bonté des productions que des règlements arbitraires, qui, partant d'une autorité qui confond nécessairement tous les objets, ne distingue point les divers métiers et prescrit un apprentissage aussi long pour les plus aisés que pour les plus difficiles. Il est bizarre d'imaginer que le public est un mauvais juge des ouvriers qu'il emploie et que le gouvernement, qui a tant d'autres affaires, saura mieux quelles précautions il faut prendre pour apprécier leur mérite. Il ne peut que s'en remettre à des hommes qui, formant un corps dans l'État, ont un intérêt différent de la masse du peuple et qui, travaillant d'une part à diminuer le nombre des producteurs et de l'autre à faire hausser le prix des productions, les rendent à la fois plus imparfaites et plus coûteuses. L'expérience a partout prononcé contre l'utilité prétendue de cette manie réglementaire. Les villes d'Angleterre où l'industrie est la plus active, qui ont pris dans un temps très court le plus grand accroissement et où le travail a été porté au plus haut degré de perfection, sont celles qui n'ont point de chartes et où il n'existe aucune corporation.

Une vexation plus révoltante encore, parce qu'elle est plus directe et moins déguisée, c'est la fixation du prix des journées. Cette fixation, dit Smith, est le sacrifice de la majeure partie à la plus petite. Nous ajouterons que c'est le sacrifice de la partie indigente à la partie riche, de la partie laborieuse à la partie oisive, au moins comparativement, de la partie qui est déjà souffrante par les dures lois de la société, à la partie que le sort et les institutions ont favorisée. On ne saurait se représenter sans quelque pitié cette lutte de la misère contre l'avarice, où le pauvre, déjà pressé par ses besoins et ceux de sa famille, n'ayant d'espoir que dans son travail et ne pouvant attendre un instant, sans que sa vie même et la vie des siens ne soit menacée, rencontre le riche, non seulement fort de son opulence et de la faculté qu'il a de réduire son adversaire en lui refusant ce travail, qui est son unique ressource, mais encore armé de lois vexatoires, qui fixent les salaires sans égard aux circonstances, à l'habileté, au zèle de l'ouvrier. Et qu'on ne croie pas cette fixation nécessaire, pour réprimer les prétentions exorbitantes et le renchérissement des bras. La pauvreté est humble dans ses demandes. L'ouvrier n'a-t-il pas derrière lui la faim qui le presse, qui lui laisse à peine un instant pour discuter ses droits et qui ne le dispose que trop à vendre son temps et ses forces au-dessous de leur valeur? La concurrence ne tient-elle pas le prix du travail au taux le plus bas qui soit compatible avec la subsistance physique ? Chez les Athéniens, comme parmi nous, le salaire d'un journalier était équivalent à la nourriture de quatre personnes. Pourquoi des règlements, lorsque la nature des choses fait la loi, sans vexations ni violence ?

La fixation du prix des journées, si funeste à l'individu ne tourne point à l'avantage du public. Entre le public et l'ouvrier s'élève une classe impitoyable, celle des maîtres. Elle paye le moins et demande le plus possible et profite ainsi seule tout à la fois et des besoins de la classe laborieuse et des besoins de la classe aisée. Etrange complication des institutions sociales ! Il existe une cause éternelle d'équilibre entre le prix et la valeur du travail, une cause qui agit sans contrainte, de manière à ce que tous les calculs soient raisonnables et tous les intérêts contents. Cette cause est la concurrence. Mais on la repousse. On met obstacle à la concurrence par des règlements injustes et l'on veut ensuite rétablir l'équilibre par d'autres règlements non moins injustes, qu'il faut maintenir par les châtiments et par la rigueur.

Les gouvernements ressemblent dans presque tout ce qu'ils font aux médecins de Molière. Lorsqu'on leur parle de ce qui a été établi, organisé par la nature, ils répondent sans cesse : *nous avons changé tout cela.*

Les lois contre les productions de l'industrie étrangère ont pour but d'engager ou de contraindre les habitants d'un pays à fabriquer eux-mêmes ce qu'autrement ils achèteraient de l'étranger. Ces lois ne sont donc nécessaires, dans le sens même de l'autorité qui les impose, que lorsque telle production se tirerait du dehors à meilleur marché qu'elle ne se fabrique. Car dans la supposition contraire, l'intérêt personnel suffit à lui seul pour déterminer les individus à manufacturer eux-mêmes ce qui leur coûterait plus cher, s'ils l'achetaient manufacturé. Même à cherté égale, les productions d'un pays ont dans ce pays un grand avantage. *La vente,* dit un écrivain recommandable [Say], *est une espèce de prix que les marchandises gagnent à la course et les marchandises étrangères partent de plus loin.*

Mais est-ce un avantage pour une nation d'établir chez elle des manufactures, qui, pour lui fournir telle somme et telle quantité de productions, absorbent plus de capitaux que l'achat de ces productions n'en exigerait? L'on ne peut adopter l'affirmative, qu'en supposant que, si ces capitaux n'étaient pas employés de la sorte, ils ne seraient pas employés du tout. Or cette supposition est évidemment absurde. Si ces capitaux n'étaient pas employés de la sorte, ils seraient employés d'une autre manière et d'une manière plus avantageuse; c'est-à-dire qu'avec une partie de ces capitaux, on achèterait les productions, que leur totalité est maintenant occupée à produire et que le reste refluerait sur quelque autre branche d'industrie qu'il féconderait. Les gouvernements, en forçant leurs sujets à manufacturer eux-mêmes des objets qu'ils n'auraient pas manufacturés volontairement, les forcent à faire de leurs moyens un emploi désavantageux. Ils diminuent le produit de leurs capitaux et de leur travail; ils diminuent donc leur richesse et par là même la richesse nationale.

On a cité, souvent l'ingénieuse comparaison de Smith à cet égard. Je la cite encore, parce que l'évidence dont il a entouré cette vérité ne paraît guère avoir convaincu les administrateurs des empires. On pourrait, dit-il, faire croître en Ecosse, à l'aide de serres chaudes, de couches, de châssis de verre, de fort bon raisin, dont on pourrait aussi faire de fort bon vin, trente fois plus cher, que celui qu'on achète de l'étranger. Si cela paraît absurde, il l'est également de vouloir faire manufacturer dans un pays ce qui coûterait deux fois, une fois, ou seulement une demi-fois plus, ainsi manufacturé que venant du dehors. L'absurdité semble plus forte, parce que la somme nous frappe davantage; mais le principe est également insensé.

Craindra-t-on que la libre importation des marchandises étrangères ne jette une nation dans la paresse en la dispensant de travailler pour se procurer ce dont elle a besoin? Mais ce qu'elle ne se procure pas par un travail direct, il faut qu'elle l'obtienne par des capitaux et pour acquérir des capitaux, il faut qu'elle travaille. Seulement une liberté complète lui permettra de choisir les genres d'industrie les plus profitables et de s'y perfectionner, en s'y vouant d'une manière plus exclusive. Car la division du travail a les mêmes effets pour l'industrie des nations que pour celle des individus. La prohibition des produits de l'industrie étrangère tend à priver un peuple des avantages de la division du travail. Ce peuple ressemble alors à un particulier qui loin de se consacrer uniquement à une profession qui l'enrichirait, voudrait à lui seul par son propre travail fabriquer ses outils, façonner ses vêtements, préparer sa nourriture, construire sa maison et qui, se partageant ainsi entre mille professions diverses, pour enlever aux ouvriers de chacune le bénéfice qui leur reviendrait, resterait pauvre et misérable au milieu de ses tentatives infructueuses et interrompues.

Chez un peuple encore dans l'enfance de la civilisation, le recours fréquent aux manufactures du dehors peut retarder l'établissement de manufactures intérieures. Mais comme il est très probable que le gouvernement d'un tel peuple sera lui-même fort ignorant, il y a peu de chose à espérer de ses efforts en faveur de l'industrie. Il faut se résigner et attendre. Il est sans exemple qu'une nation qui n'était pas industrieuse ait été portée de force à l'industrie par l'autorité. Il y a une fort bonne raison pour cela. L'autorité qui porte les hommes de force n'importe vers quel but est une autorité arbitraire et vicieuse et ne peut faire aucun bien.

Quant aux nations industrieuses, il suffit de laisser chaque individu parfaitement libre, dans l'usage de ses capitaux et de son travail. Il distinguera mieux qu'aucun gouvernement le meilleur emploi qu'il en peut faire. Si telle industrie est avantageuse, il ne laissera pas les étrangers en recueillir le bénéfice. S'il leur abandonne telle autre industrie, c'est qu'il en a découvert une troisième plus profitable.

Les entraves mises à l'importation des productions étrangères sont impolitiques encore sous un autre rapport. Si vous empêchez les étrangers de vendre à vos sujets, avec quoi voulez-vous qu'ils achètent d'eux ? Plus un peuple est riche, plus la nation qui entretient des relations de commerce avec ce peuple gagne par ces relations. Mais empêcher un peuple de vendre les produits de son industrie, c'est travailler autant qu'on le peut à l'appauvrir. C'est donc travailler autant qu'on le peut à diminuer le bénéfice qu'on retirerait du commerce avec ce peuple.

Mais si les étrangers refusent de recevoir les productions de notre pays, devons-nous, dira-t-on, laisser importer librement les leurs ? Lorsqu'un peuple ferme l'entrée de son territoire à vos marchandises, c'est ou pour les manufacturer lui-même ou pour favoriser quelque autre nation. Dans le premier cas, il arrive de deux choses l'une. Ou il manufacture ces marchandises à meilleur marché, qu'il ne les achèterait de vous, alors la prohibition est indifférente, puisque vos productions auraient toujours le désavantage, ou il les manufacture plus chèrement, alors il paye un prix plus haut pour des productions moins bonnes. Les vôtres, meilleures et moins coûteuses, pénètrent par contrebande. La nation qui a voulu les repousser s'appauvrit parce qu'elle détourne ses capitaux d'emplois profitables pour manufacturer des objets qu'elle ferait mieux d'acheter ailleurs. Elle s'impose des contraintes qui la blessent de mille manières. L'Etat lutte en vain contre la fraude qui déconcerte tous ses efforts. Les individus souffrent des entraves qu'ils rencontrent presque à chaque pas. Les vices d'un pareil système ne tardent pas à se faire sentir; et si vous avez persisté dans celui d'une liberté entière, il est hors de doute que la nation qui s'en était écartée trouve son intérêt à y revenir.

Que si cette nation repousse vos marchandises pour accueillir celle d'un autre peuple, la question est encore presque la même. Ou les productions du peuple favorisé sont meilleures que les vôtres et l'effet serait le même quand il n'y aurait pas de prohibition; ou ces productions sont inférieures et les vôtres l'emporteront tôt ou tard.

La réciprocité a cet inconvénient qu'elle engage les amours-propres et par là perpétue les vexations et les gênes. Il ne suffit plus que celui qui s'est trompé le premier s'éclaire et se corrige. Il faut le concours de deux volontés qui peuvent ne pas se rencontrer dans la succession rapide des événements. Les injustices amènent les injustices; les prohibitions réciproques éternisent les prohibitions.

Il y a peu de questions sur lesquelles les gouvernements déraisonnent autant que sur la réciprocité. Cet argument leur sert constamment à maintenir des lois, dont ils ne peuvent contester les conséquences funestes. Le droit d'aubaine en est une preuve. Parce que nos voisins ont fait une loi qui empêche nos concitoyens de s'établir parmi eux, nous faisons vite une loi pour empêcher nos voisins de s'établir parmi nous. Belle vengeance! Si au contraire nous n'avions pas la sottise d'imiter leur exemple, nous profiterions de leur mauvaise loi ; car nos concitoyens, repoussés de chez eux, nous resteraient avec leurs richesses, et nous profiterions encore de n'avoir pas fait une loi pareille, parce que nos voisins, accueillis par nous, nous apporteraient librement leur industrie et leurs capitaux.

Soyez justes envers les justes. Vous le leur devez. Mais soyez justes encore envers ceux qui sont injustes ; c'est le meilleur moyen de leur faire porter la peine de leur injustice, tout en leur laissant la faculté de la réparer.

Les mêmes motifs qui ont engagé les gouvernements à mettre des entraves à l'importation des produits de l'industrie étrangère les a conduits à défendre l'exportation de l'or et de l'argent monnayé. Comme plusieurs philosophes ont pris les mots, c'est-à-dire les signes des idées, pour les idées, les administrateurs ont pour la plupart pris l'argent, c'est-à-dire le signe des richesses pour les richesses.

Il serait néanmoins aisé de prouver que le numéraire ne s'exporte d'un pays que lorsque cette exportation lui est avantageuse. Il ne s'exporte en effet que lorsqu'il fournit le moyen d'acquérir au-dehors une plus grande valeur en échange que celle que la même quantité de numéraire procurerait au-dedans. Or, il est clair que par cette opération l'on enrichit le pays même dans lequel on fait entrer cette valeur supérieure.

Lorsqu'il y a trop peu de numéraire dans un pays, il est inutile d'en prohiber la sortie. Car le numéraire valant plus dans ce pays que dans aucun autre, les individus ont intérêt à ne pas l'en faire sortir. Lorsqu'au contraire il y a dans un pays plus de numéraire que les besoins du commerce et de la circulation n'en exigent, il est funeste d'en interdire l'exportation. Il en résulte que toutes les marchandises et tous les travaux se payent dans ce pays-là plus cher proportionnellement que partout ailleurs. Alors cet Etat ne peut qu'acheter et jamais vendre. Il peut acheter, parce qu'en achetant il supporte la perte occasionnée par la baisse de valeur de son numéraire. Mais il ne peut pas vendre, parce qu'il ne peut trouver d'acheteurs qui veuillent se résigner à supporter cette perte. De la sorte la surabondance forcée du numéraire nuit essentiellement aux progrès de l'industrie.

En considérant le numéraire sous son point de vue le plus habituel, comme moyen d'échange, son exportation doit demeurer libre. On ne l'exportera pas à perte; et si on l'exporte avantageusement, la masse de la richesse publique s'augmentant du bénéfice de l'individu, la nation entière y gagnera. Mais on peut considérer aussi le numéraire comme objet de fabrication et son exportation sous ce rapport mériterait d'être encouragée.

Chez presque tous les peuples, la fabrication de la monnaie n'étant pas gratuite, l'exportation de cette monnaie est aussi avantageuse à l'Etat qui la frappe que l'exportation de toute autre marchandise manufacturée. Singulière inconséquence des hommes d'Etat financiers! Le commerce de bijouterie est regardé comme lucratif bien qu'il envoie au-dehors de l'or et de l'argent et l'exportation de la monnaie, dont la fabrication rapporte un bénéfice de même nature et qui, par conséquent, n'est autre chose qu'une manufacture nationale, est envisagée comme une calamité. C'est que les gouvernements, il faut le dire, n'ont pas eu, jusqu'à présent les premières idées des questions sur lesquelles ils ont entassé lois sur lois.

Cependant, nous le reconnaissons volontiers, il y a des gouvernements auxquels il convient de prohiber rigoureusement l'exportation du numéraire. Ce sont les gouvernements tellement injustes, tellement arbitraires, que chacun travaille en secret à se dérober à leur joug. Alors sans doute, le numéraire s'exporte, sans qu'il en revienne aucun avantage au pays ainsi gouverné. Il s'exporte à tout prix, il s'exporte à perte, parce que chacun agit comme dans un incendie, jetant au hasard loin de l'embrasement les meubles qu'il veut sauver, sans s'embarrasser du dommage qu'ils reçoivent de leur chute, certain qu'il ne conservera que ce qu'il aura pu soustraire à l'élément dévastateur. Alors sans doute il faut veiller aux frontières pour enlever aux individus leur triste et dernière ressource. Il faut arrêter la sortie du numéraire, comme il faut arrêter l'émigration des personnes, comme il faut violer le secret des lettres, comme il faut, en un mot, porter atteinte à toutes les facultés, à tous les droits, à toutes les libertés de l'homme. Toutes ces facultés, toutes ces libertés, tous ces droits sont, à leur insu et sans intention, en lutte permanente contre l'oppression. Et comme tout dans la nature tend à s'affranchir du despotisme, le despotisme ne peut rien permettre, il ne peut rien laisser de libre dans la nature.

Les gouvernements, qui ont fait des lois prohibitives sur le commerce des grains, en ont fait de deux espèces. Par les unes, ils ont voulu que le commerce de cette denrée se fît directement du producteur au consommateur, sans qu'il pût intervenir entre eux une classe qui achetât les productions du premier pour les revendre au second. De là les règlements contre les accapareurs. Par les autres, ils ont voulu que les productions de l'agriculture ne pussent être exportées. De là les peines sévères attachées dans plusieurs pays à l'exportation des grains.

Le motif des lois de la première espèce était probablement qu'une classe intermédiaire entre le consommateur et le producteur, devant trouver un bénéfice dans le commerce qu'elle entreprenait, tendait à faire hausser le prix de la denrée et que cette classe, pouvant profiter habilement de la difficulté des circonstances, avait la faculté dangereuse de porter cette hausse jusqu'au renchérissement le plus désastreux.

Le motif des lois de la seconde espèce a été la crainte qu'une exportation poussée à l'excès n'entraînât la famine.

Dans les deux cas, l'intention des gouvernements était louable ; mais dans les deux cas, ils ont pris de mauvais moyens et dans les deux cas, ils ont manqué leur but.

Tous les avantages de la division du travail se trouvent dans l'établissement d'une classe intermédiaire de commerçants, placée entre le producteur de grains et le consommateur. Cette classe intermédiaire a plus de capitaux que le producteur. Elle a plus de moyens de former des magasins. S'occupant exclusivement de cette industrie, elle étudie mieux les besoins qu'elle se charge de satisfaire. Elle dispense le fermier de se livrer à des spéculations qui absorbent son temps, détournent ses fonds, l'entraînent au milieu des villes, où il corrompt ses mœurs et dissipe ses épargnes, perte quadruple pour l'agriculture. Les soins que cette classe prend, doivent lui être payés sans doute. Mais ces mêmes soins pris par le fermier lui-même, avec moins de suite et d'habileté, puisqu'ils ne forment pas son industrie principale et, par conséquent, avec plus de frais, doivent aussi lui être payés ; et cet excédent de dépense retombe sur le consommateur, que l'on a cru favoriser. Cette classe intermédiaire qu'on proscrit comme cause de disette et de renchérissement est précisément celle qui met obstacle à ce que le renchérissement ne devienne excessif. Elle achète le blé dans les années trop fécondes, elle empêche par là qu'il ne tombe à trop bas prix, qu'on ne le prodigue, qu'on ne le dissipe. Elle le retire du marché, lorsque sa trop grande affluence, occasionnant une baisse désastreuse pour le producteur, découragerait ce dernier et lui ferait négliger ou borner imprudemment la production de l'année suivante. Quand le besoin se fait sentir, elle remet en vente ce qu'elle avait amassé. De la sorte, elle vient au secours, tantôt du cultivateur, en soutenant à un taux raisonnable la valeur de sa denrée, tantôt du consommateur, en rétablissant l'abondance de cette denrée, au moment où sa valeur vénale passe de certaines bornes.

Elle produit, en un mot, l'effet qu'on espère de magasins publics, formés par l'Etat, avec cette différence que des magasins dirigés et surveillés par des particuliers, qui n'ont aucune autre affaire, ne sont point une source d'abus et de dilapidations, comme tout ce qui est d'administration publique. Elle fait tout ce bien par intérêt personnel sans doute, mais c'est que sous le régime de la liberté, l'intérêt personnel est l'allié le plus éclairé, le plus constant, le plus utile de l'intérêt général.

On parle d'accaparements, de machinations, de ligue entre les accapareurs. Mais qui ne voit que la liberté à elle seule offre le remède à ces maux ? Ce remède c'est la concurrence. Il n'y aura plus d'accaparements, si tout le monde a le droit d'accaparer. Ceux qui garderaient leurs denrées pour en tirer un prix excessif, seraient victimes de leur calcul, non moins absurde alors que coupable, puisque d'autres rétabliraient l'abondance, en se contentant d'un gain plus modéré. Les lois ne parent à rien, parce qu'on les élude ; la concurrence pare à tout, parce que l'intérêt personnel ne peut arrêter la concurrence, quand l'autorité la permet. Mais comme les lois font parler de leurs auteurs, on veut toujours des lois et, comme la concurrence est une chose qui va d'elle-même et dont personne ne fait honneur aux gouvernements, les gouvernements méprisent et méconnaissent les avantages de la concurrence.

S'il y a eu des accaparements, s'il y a eu des monopoles, c'est que le commerce des grains a toujours été frappé de prohibitions, environné de craintes. Il n'a par là même jamais été qu'un commerce suspect, presque toujours un commerce clandestin. Or en fait de commerce tout ce qui est suspect, tout ce qui est clandestin devient vicieux ; tout ce qui est autorisé, tout ce qui est public redevient honnête.

Certes, on n'a guère lieu de s'étonner de ce qu'une industrie, proscrite par l'autorité, flétrie par une opinion erronée et violente, menacée de châtiments sévères par des lois injustes, menacée encore de saccagements et de pillages par une populace trompée, n'ait été jusqu'à ce jour qu'un métier fait à la dérobée par des hommes avides et vils qui, voyant la société armée contre eux, ont fait payer à la société toutes les fois qu'ils l'ont pu, dans des circonstances critiques, la honte et les périls dont elle les entourait. On fermait à tous les négociants attachés à leur sûreté et à leur honneur l'accès d'une industrie naturelle et nécessaire. Comment ne serait-il pas résulté d'une politique aussi mal entendue une prime en faveur des aventuriers et des fripons ? A la première apparence de disette, aux premiers soupçons de l'autorité, les magasins étaient forcés, les grains enlevés et vendus au-dessous de leur valeur, la confiscation, les amendes, la peine de mort prononcée contre les propriétaires. Ne fallait-il pas que les propriétaires se dédommageassent de ces chaînes, en poussant à l'excès tous les profits qu'ils pouvaient arracher par la fraude, au milieu des hostilités perpétuellement exercées contre eux ? Il n'y avait rien d'assuré dans leurs profits légitimes. Ils devaient recourir aux gains illégitimes, comme indemnité. La société devait porter la peine de ses folies et de ses fureurs.

La question de l'exportation des grains est plus délicate encore à traiter que celle des magasins. Rien de plus facile que de tracer un tableau touchant du malheur du pauvre, de la dureté du riche, d'un peuple entier mourant de faim, pendant que d'avides spéculateurs exportent les grains, fruits de ses sueurs et de ses travaux. Il y a un petit inconvénient à cette manière de considérer les choses ; c'est que tout ce que l'on dit sur le danger de la libre exportation, qui n'est que l'un des usages de la propriété, pourrait se dire avec tout autant de force et non moins de fondement contre la propriété elle-même. Certes, les non-propriétaires sont sous tous les rapports à la merci des propriétaires. Si l'on veut supposer que ces derniers ont un intérêt puissant d'accabler, d'opprimer, d'affamer les autres, les peintures les plus pathétiques résulteront abondamment de cette supposition.

Cela est tellement vrai, que les ennemis de la liberté d'exportation ont toujours été forcés de dire en passant quelques injures aux propriétaires. Linguet les appelait des monstres auxquels il fallait arracher leur proie, sans être émus de leurs hurlements et le plus éclairé, le plus vertueux, le plus respectable des défenseurs du système prohibitif [Necker] a fini par comparer les propriétaires et ceux qui parlaient en leur faveur à des crocodiles.

Je voudrais envisager cette matière sous un point de vue qui en écartât toutes les déclamations et pour cela partir d'un principe qui fût adopté par tous les intérêts. Or voici ce principe, si je ne me trompe.

Pour que le blé soit abondant, il faut qu'il y en ait le plus qu'il est possible. Pour qu'il y en ait le plus qu'il est possible, il faut en encourager la production. Tout ce qui encourage la production du blé, favorise l'abondance. Tout ce qui décourage cette production, appelle directement ou indirectement la famine.

Or, si vous vouliez encourager la production d'une manufacture, que feriez-vous? Diminueriez-vous le nombre des acheteurs? Non, sans doute. Vous l'augmenteriez. Le fabricant, sûr de son débit, multiplierait ses productions, autant que cette multiplication serait en son pouvoir. Si vous, au contraire, vous diminuiez le nombre des acheteurs, le fabricant limiterait ses produits. Il ne voudrait pas qu'ils excédassent la quantité dont il pourrait disposer. Il calculerait donc, avec une exactitude scrupuleuse et comme il lui serait beaucoup plus fâcheux d'avoir trop peu d'acheteurs que d'en avoir trop, il réduirait sa manufacture, de manière à ce qu'elle produisît plutôt en deçà qu'au-delà du nécessaire.

Quel est le pays où l'on fabrique le plus de montres? Celui, je pense, d'où les fabricants de montres en exportent le plus. Si vous défendiez l'exportation des montres, croyez-vous qu'il en resterait davantage dans le pays? Non; mais il y en aurait moins de fabriquées.

Il en est des grains, quant à leur production, comme de toute autre chose. L'erreur des apologistes des prohibitions est d'avoir considéré le grain comme objet de consommation seulement, non de production. Ils ont dit : moins on en consommera, plus il en restera. Raisonnement faux, en ce que le grain n'est pas une denrée préexistante. Ils auraient dû voir que plus la consommation serait limitée, plus la production serait restreinte et qu'en conséquence, celle-ci ne tarderait pas à devenir insuffisante pour l'autre.

Car la production des grains diffère en ceci des manufactures ordinaires, qu'elle ne dépend pas uniquement du manufacturier. Elle dépend des saisons. Cependant, le producteur, forcé de limiter ses produits, ne peut calculer que sur les années moyennes. En limitant sa production au strict nécessaire, il en résulte que si la récolte trompe ses calculs, le produit de sa culture ainsi limitée est insuffisant. Le grand nombre des agriculteurs, sans doute, ne limite pas la production de propos délibéré. Mais ceux-là mêmes se découragent par l'idée que leur travail, fût-il favorisé par la nature, peut ne pas leur être utile, que leur denrée peut rester sans acheteurs et leur devenir à charge; et bien qu'ils ne forment pas un plan suivi d'après cette considération, ils en cultivent plus négligemment. En y gagnant moins, ils ont moins de capitaux pour alimenter leur culture et de fait la production diminue.

En empêchant l'exportation du blé, vous ne faites donc pas que le superflu du blé nécessaire à l'approvisionnement d'un pays reste dans ce pays, vous faites que ce superflu ne se produit pas. Or, comme il peut arriver par les intempéries de la nature, que ce superflu devienne nécessaire, vous faites que le nécessaire manque.

Défendre d'exporter, c'est défendre de vendre, au moins au-delà d'une certaine mesure; car, lorsque l'intérieur est pourvu, le superflu de la production reste sans acheteurs. Or, défendre de vendre, c'est défendre de produire; car c'est ôter au producteur le motif qui le fait agir. Défendre d'exporter, c'est par conséquent en d'autres termes défendre de produire; qui croirait que c'est là le moyen qu'on a choisi pour que la production fût toujours abondante?

Je ne saurais quitter ce sujet. Les entraves mises à l'exportation sont une atteinte portée à la propriété. Tout le monde en convient. Or n'est-il pas évident que, si la propriété est moins respectée, quand il s'agit du grain, que lorsqu'il s'agit de toute autre denrée, on aimera mieux avoir en superflu, c'est-à-dire comme objet de vente, toute autre denrée que du grain ?

Que si vous permettez et défendez alternativement et à volonté l'exportation, votre permission ne portant jamais que sur la production existante et pouvant toujours être révoquée, elle ne devient point un motif suffisant pour encourager la production à venir.

Je veux répondre à une objection. J'ai dit ailleurs que le renchérissement des denrées de première nécessité me semblait funeste au peuple, parce que le prix des journées ne haussait pas proportionnellement. L'exportation du blé, dira-t-on, n'opérera-t-elle pas le renchérissement de cette denrée ? Elle empêchera sans doute qu'elle ne tombe à vil prix. Mais si, d'un autre côté, l'exportation prohibée empêche que le grain ne se produise, le renchérissement ne sera-t-il pas bien plus inévitable et plus excessif ?

Croiriez-vous pouvoir forcer la production du grain ? Je veux bien que vous le tentiez. Vous empêcherez les propriétaires d'enlever leurs terres à la culture du blé. Et voici déjà une autre surveillance. Mais les surveillerez-vous aussi dans leur manière de cultiver ? Les obligerez-vous à faire les avances, à donner les façons, à se procurer les engrais nécessaires ? Le tout pour produire une denrée, qui, si elle est abondante, sera pour eux impossible à vendre et coûteuse même à garder. Quand le gouvernement veut faire faire une seule chose d'autorité, il se voit bientôt réduit à tout faire.

Je n'ai pas fait valoir d'autres raisonnements pour la libre exportation, parce qu'ils ont été développés mille fois. Si le blé est cher, on ne l'exportera pas ; car, à prix égal, il vaudra mieux le vendre sur les lieux que l'exporter. On ne l'exportera donc que, lorsqu'il sera bon qu'on l'exporte. Vous pouvez supposer une disette universelle, une famine chez vous, une famine chez vos voisins. Alors il faudra des lois singulières pour un désastre singulier Un tremblement de terre qui déplacerait toutes les propriétés, exigerait un code à part pour un partage nouveau des biens-fonds. On prend des mesures particulières pour la distribution des subsistances dans une ville assiégée. Mais faire une législation habituelle pour une calamité, qui n'a pas lieu naturellement une fois dans deux siècles, c'est faire de la législation une calamité habituelle.

La nature n'est pas prodigue de ses rigueurs. Si l'on comparait le nombre des disettes, qui ont été le résultat d'années véritablement mauvaises, avec celui des disettes occasionnées par les règlements, on se réjouirait du peu de mal qui nous vient de la nature et l'on frémirait du mal qui nous vient des hommes.

J'aurais voulu prendre sur cette question un parti mitoyen. Il y a un certain mérite de modération qu'il est agréable de s'attribuer et qui n'est pas difficile à acquérir, pourvu qu'on ne soit pas de très bonne foi. On se rend témoignage par là qu'on a bien examiné les deux côtés des questions; et l'on donne son hésitation pour une découverte. Au lieu d'avoir raison contre une seule opinion, l'on paraît avoir raison contre toutes les deux. J'aurais donc mieux aimé trouver pour résultat de mes recherches, qu'on pouvait laisser au gouvernement le droit de permettre ou de prohiber l'exportation. Mais en essayant de déterminer les règles d'après lesquelles il devrait agir, j'ai senti que je me replongeais dans le chaos des prohibitions. Comment le gouvernement jugera-t-il, pour chaque province, à une vaste distance, à un grand intervalle, des circonstances qui peuvent changer, avant que la connaissance lui en soit parvenue? Comment réprimera-t-il les fraudes de ses agents? Comment se garantira-t-il du danger de prendre un embarras du moment pour une disette réelle? une difficulté locale pour un désastre universel? Et les ordonnances durables et générales, fondées sur des difficultés instantanées ou partielles produisent le mal qu'on veut prévenir. Les hommes qui recommandent le plus vivement cette législation versatile ne savent comment s'y prendre, quand ils en viennent aux moyens d'exécution.

S'il y a des inconvénients à tout, laissez aller les choses. Au moins les soupçons du peuple et les injustices de l'autorité ne se joindront pas aux calamités de la nature. Sur trois fléaux, vous en aurez deux de moins et vous aurez de plus cet avantage, que vous accoutumerez les hommes à ne pas regarder la violation de la propriété comme une ressource. Ils en chercheront alors et en trouveront d'autres. Si, au contraire, ils aperçoivent celle-là, ils y recourront toujours, parce qu'elle est la plus courte et la plus commode.

Si vous justifiez par l'intérêt public, l'obligation imposée aux propriétaires de vendre en tel lieu, c'est-à-dire de vendre à perte, puisqu'ils pourraient vendre mieux ailleurs, vous arriverez à déterminer le prix de leurs denrées. L'un ne sera pas plus injuste que l'autre et pourra facilement être représenté comme aussi nécessaire.

Je n'admets donc que très peu d'exceptions à l'entière liberté du commerce des grains, comme de tout autre commerce ; et ces exceptions sont purement de circonstance.

La première, c'est la situation d'un petit Etat, sans territoire, obligé de maintenir son indépendance contre des voisins puissants. Ce petit Etat pourrait établir des magasins, pour qu'on ne cherchât pas à le subjuguer en l'affamant et comme l'administration d'un Etat pareil ressemble à celle d'une famille, les abus de ces magasins seraient évités en grande partie.

La seconde exception, c'est une famine soudaine et générale, effet de quelque cause imprévue, naturelle ou politique : j'en ai déjà parlé ci-dessus.

La troisième est à la fois la plus importante et celle à laquelle il est le plus difficile de se résigner. Sa nécessité résulte des préjugés populaires nourris et consacrés par l'habitude enracinée de l'erreur. Il est certain que dans un pays où le commerce des grains n'a jamais été libre, la liberté subite produit une commotion funeste. L'opinion se soulève et par son action aveugle et violente, elle crée les maux qu'elle craint. Il faut donc, j'en conviens, de grands ménagements pour ramener sur ce point les peuples aux principes les plus conformes à la vérité et à la justice. Les secousses sont pernicieuses, dans la route du bien comme dans celle du mal ; mais l'autorité qui ne fait souvent ce bien qu'à regret, ne met pas un grand zèle à prévenir ces secousses et les hommes éclairés, lorsqu'ils parviennent à la dominer par l'ascendant des lumières, croient trop souvent l'engager davantage en l'entraînant dans des mesures précipitées. Ils ne sentent pas que c'est lui fournir de spécieux prétextes pour rétrograder. C'est ce qui est arrivé en France vers le milieu du siècle dernier.

La question du taux de l'intérêt est peut-être celle sur laquelle, depuis quelque temps, on avait le mieux raisonné.

Des hommes, fatigués probablement de voir que l'on s'entendait sur cette question, ont recommencé de nos jours à la considérer sous un rapport théologique. Je ne me sens guère disposé à l'envisager sous ce point de vue. Je dirai toutefois que, même religieusement, la prohibition de tout intérêt est un précepte absurde, parce que c'est un précepte injuste et qu'il est de plus inexécutable. La religion ne trouve point mauvais que le propriétaire d'une terre vive du revenu de sa terre. Comment défendrait-elle au propriétaire d'un capital de vivre du revenu de ce capital ? Ce serait lui commander de mourir de faim.

Que, si vous transformez le précepte en conseil, ce changement n'aura qu'un avantage, c'est qu'on ne croira plus se rendre aussi coupable en désobéissant. Prêter sans intérêt peut être un acte de bienfaisance, comme l'acte de faire l'aumône. Mais ce ne peut jamais être qu'un acte particulier et vous ne sauriez en faire la règle de la conduite habituelle des hommes. Il est utile pour la société que les capitaux soient employés. Il est donc utile que ceux qui ne les emploient pas eux-mêmes les prêtent à d'autres qui les emploient. Mais si les capitaux prêtés ne rapportent aucun revenu, on aimera mieux les enfouir que les prêter, car on évitera les dangers du prêt.

L'autorité n'a que trois choses à faire à cet égard. Elle doit réprimer la fraude, c'est-à-dire empêcher que l'on abuse de la jeunesse, de l'inexpérience ou de l'ignorance, que l'on ne prête à des enfants, à des mineurs, à tous ceux que la loi regarde comme incapables de veiller sur leurs propres intérêts. Il suffit pour cela qu'elle ne reconnaisse pas les engagements que ces sortes de personnes pourraient contracter.

Elle doit en second lieu garantir les conventions légitimes et en assurer l'exécution. Plus l'exécution sera facile et assurée, plus le taux de l'intérêt baissera. Car les prêteurs se font toujours payer les risques qu'ils encourent.

Elle doit enfin déterminer un intérêt légal, pour le cas seulement où le débiteur, le dépositaire, le détenteur d'une somme ne la restituerait pas à l'époque et suivant les conditions convenues. Cet intérêt légal doit être le plus haut qu'il est possible ; car s'il était inférieur au taux ordinaire, le débiteur frauduleux se trouverait jouir du capital retenu contre toute justice, avec plus d'avantage que le débiteur de bonne foi qui l'aurait emprunté du consentement du propriétaire.

Toute intervention ultérieure de l'autorité sur cette matière est inique et manque son but. En limitant l'intérêt on excite l'usure. Il faut aux capitalistes, outre le profit naturel des capitaux qu'ils prêtent, une prime d'assurance contre les lois qu'ils enfreignent. Cette règle de la nature s'est fait respecter dans tous les siècles, malgré tous les règlements. La puissance populaire à Rome, la puissance religieuse chez les chrétiens et les mahométans ont également échoué contre elle.

Je trouve deux erreurs à ce sujet chez deux écrivains également célèbres et recommandables, Adam Smith et M. Necker.

Le taux légal de l'intérêt, dit le premier, ne doit pas être trop élevé, sans quoi la plus grande partie de l'argent qui se prêterait irait à des prodigues, qui seuls consentiraient à le payer aussi cher. De la sorte, les capitaux du pays se trouveraient enlevés aux mains industrieuses, pour être livrés à des hommes qui ne sauraient que les dissiper et les anéantir.

Mais cet auteur oublie que les prodigues, qui dissipent les capitaux qu'ils empruntent, sont rarement en état de les rendre, après qu'ils les ont dissipés et qu'en conséquence la grande majorité des prêteurs préférera toujours à des intérêts excessifs mais précaires, un intérêt plus bas mais assuré. Ils confieront donc en général leurs capitaux à la classe laborieuse et ménagère, qui, n'empruntant que pour se livrer à des spéculations profitables, peut à l'époque fixe remplir ses engagements.

M. Necker approuve aussi que le gouvernement fixe le taux de l'intérêt légal. *Les prêteurs ne sont en général, dit-il, que des propriétaires inactifs. Les emprunteurs, au contraire, ont un but, un mouvement, dont la société profite de quelque manière. Ainsi le gouvernement doit désirer que, dans les contestations sur le prix de l'intérêt, l'avantage leur appartienne.* Mais si l'avantage appartient aux emprunteurs, dans les contestations sur le prix de l'intérêt, les prêteurs se feront payer le désavantage qui sera de leur côté ; et les emprunteurs qu'on a cru servir en porteront la peine. Cela est infaillible et cela ira contre le but que M. Necker veut que le gouvernement se propose. Il le sent lui-même, car il ajoute : *comme les rapports qui déterminent le taux de l'intérêt sont plus puissants que l'autorité, les souverains ne peuvent jamais espérer de le gouverner par des lois impérieuses.* Mais comment l'autorité interviendra-t-elle dans les contestations entre les prêteurs et les emprunteurs, si ce n'est par des lois ? *Les bénéfices de la culture,* continue-t-il, *et ceux de toutes les entreprises qui ne sont pas uniques et privilégiées, ne peuvent supporter la dépense d'un intérêt au-dessus des usages ordinaires et ce n'est point aider l'industrie que de favoriser la licence des prêteurs.* Mais n'est-il pas évident que ceux qui empruntent pour des entreprises agricoles ou industrielles ne seront point tentés de payer un intérêt au-dessus de leurs profits ? Et ceux qui empruntent pour dissiper seront-ils retenus par des lois faciles à éluder ? Pour les premiers les règlements sont superflus ; pour les seconds, ils sont illusoires.

L'intérêt prohibé prend toutes sortes de formes. Il se déguise sous le nom de capital. Vendre plus cher quand on vend à crédit, qu'est-ce autre chose que se faire payer l'intérêt de son argent ?

En exceptant la circonstance dont nous avons parlé ci-dessus, celle d'un capital retenu illégalement par un débiteur, le taux de l'intérêt ne doit point être fixé. Cet intérêt, comme le prix de toutes les marchandises, doit être réglé par la demande. Fixer le taux de l'intérêt, c'est introduire le maximum pour les capitaux et le maximum pour les capitaux a le même effet que pour les denrées. Il fait disparaître celles qui peuvent se placer ailleurs et rend plus chères celles qu'on vend en contravention avec la loi.

Sans doute, il y a dans cette question une partie morale ; mais l'opinion seule peut prononcer sur cette partie morale et elle prononce toujours sagement. Solon ne voulut point fixer à Athènes le taux de l'intérêt. Mais on y regardait comme infâmes ceux qui exigeaient des intérêts immodérés.

Vous craignez l'excès des usures clandestines ; mais ce sont vos prohibitions qui les élèvent à ce taux. Permettez à toutes les transactions d'être publiques. La publicité les modérera.

Chapitre V

De l'effet général des prohibitions

Les prohibitions en fait d'industrie et de commerce, comme toutes les autres prohibitions et plus que toutes les autres, mettent les individus en hostilité avec le gouvernement. Elles forment une pépinière d'hommes qui se préparent à tous les crimes, en s'accoutumant à violer les lois, et une autre pépinière d'hommes qui se familiarisent avec l'infamie, ou vivent du malheur de leurs semblables. Non seulement les prohibitions commerciales créent des délits factices, mais elles invitent à commettre des délits par le profit qu'elles attachent aux succès de la fraude qui parvient à les tromper. C'est un inconvénient qu'elles ont de plus que les autres lois prohibitives. Elles tendent des embûches à la classe indigente, à cette classe déjà entourée de trop de tentations irrésistibles et dont on a dit avec raison que toutes ses actions sont précipitées, parce que le besoin la presse, que sa pauvreté la prive des lumières et que son obscurité l'affranchit de l'opinion.

J'ai dit en commençant que je ne mettais pas la même importance à la liberté d'industrie qu'aux autres genres de liberté. Cependant, les restrictions qu'on y apporte entraînent des lois si cruelles que toutes les autres s'en ressentent. Voyez en Portugal le privilège de la Compagnie des vins occasionner d'abord des émeutes, nécessiter par ces émeutes des supplices barbares, décourager le commerce par le spectacle de ces supplices et porter enfin par une suite de contraintes et de cruautés une foule de propriétaires à arracher eux-mêmes leurs vignes et à détruire dans leur désespoir la source de leurs richesses, pour qu'elles ne servissent plus de prétexte à tous les genres de vexations. Voyez en Angleterre les rigueurs, les violences, les actes arbitraires que traîne à sa suite, pour se maintenir, le privilège exclusif de la Compagnie des Indes. Ouvrez les statuts de cette nation, d'ailleurs humaine et libérale. Vous y verrez la peine de mort prodiguée à des actions qu'il est impossible de considérer comme des crimes. Lors qu'on parcourt l'histoire des établissements anglais dans l'Amérique septentrionale, on voit, pour ainsi dire, chaque privilège suivi de l'émigration des individus non privilégiés. Les colons fuyaient devant les restrictions commerciales, abandonnant les terres qu'ils achevaient à peine de défricher, pour retrouver la liberté dans les bois, et demandant à la nature sauvage une retraite contre les persécutions de l'état social.

Si le système prohibitif n'a pas anéanti toute l'industrie des nations qu'il vexe et qu'il tourmente, c'est, comme le remarque Smith, que l'effort naturel de chaque individu pour améliorer son sort est un principe réparateur, qui remédie à beaucoup d'égards aux mauvais effets de l'administration réglementaire, comme la force vitale lutte souvent avec succès, dans l'organisation physique de l'homme, contre les maladies qui résultent de ses passions, de son intempérance ou de son oisiveté.

Chapitre IV

Des causes qui poussent les gouvernements vers cette fausse route

Il est d'autant plus important que ces vérités se fassent jour dans l'opinion des gouvernements, que chaque classe de propriétaires, de fabricants ou de manufacturiers implore sans cesse l'intervention de l'autorité contre tout ce qui diminue ses profits immédiats, soit par des découvertes utiles, soit par quelque genre d'industrie nouveau ; et il est à craindre que les gouvernants ne prennent l'intérêt de ces classes pour celui de la société ; ces deux intérêts néanmoins sont presque toujours opposés l'un à l'autre.

Les demandes adressées à l'autorité, pour empêcher la concurrence, l'établissement des machines, la facilité des communications, la multiplication des denrées, pourraient se traduire ainsi : permettez-nous de fabriquer ou de vendre seuls tel ou tel objet, afin que nous vous le vendions plus cher. N'est-il pas étrange que de pareilles demandes aient été si fréquemment accueillies ?

Quand les profits baissent, les commerçants sont disposés à se plaindre de la décadence du commerce ; la diminution des profits est cependant l'effet naturel d'une prospérité progressive. Les profits du commerce diminuent, 1° par la concurrence ; 2° par la hausse des salaires, résultat de la concurrence, qui fait renchérir les bras ; 3° par l'augmentation des capitaux versés dans le commerce, augmentation qui fait baisser l'intérêt de ces capitaux. Or ces trois causes de la diminution des profits sont trois signes de prospérité. C'est toutefois alors que les commerçants se plaignent et qu'ils en appellent à l'autorité, pour une intervention extraordinaire ; de sorte que dans le fait, c'est contre la prospérité du commerce que les commerçants invoquent l'intervention de l'autorité.

Lorsque l'esprit commerçant se mêle à l'esprit administrateur et le domine, il est la source de mille erreurs et de mille maux. Rien de plus dangereux que les habitudes et les moyens qu'emploie l'intérêt particulier pour atteindre son but, lorsque ces moyens et ces habitudes sont transportés dans l'administration des affaires publiques, l'intérêt général sans doute n'est que la réunion de tous les intérêts privés ; mais c'est la réunion de tous ces intérêts, par le retranchement de la partie de chacun d'eux, qui blesse les autres. Or c'est précisément cette partie à laquelle chaque intérêt privé attache le plus de prix, parce que c'est celle, qui dans chaque circonstance lui est le plus profitable. Il en résulte que l'intérêt privé qui est très éclairé, quand il raisonne sur ce qui le regarde et sur ce qu'il doit faire, est un très mauvais guide, lorsqu'on veut généraliser ses raisonnements et en faire la base d'un système d'administration. On voit un individu s'enrichissant par un monopole, on ne réfléchit pas qu'il s'enrichit aux dépens de la nation ; et l'on établit des monopoles, comme moyen de richesse pour cette nation même, tandis qu'ils l'appauvrissent et qu'ils la dépouillent. C est que les gouvernements sont d'ordinaire dirigés sur ces objets par des hommes imbus des préjugés mercantiles ; et, par une contradiction singulière, mais dont ils ne s'aperçoivent pas, tout en motivant leurs mesures prohibitives sur l'aveuglement ou la tendance nuisible de l'intérêt particulier, ils introduisent perpétuellement les calculs de l'intérêt particulier, comme règle de leur conduite publique.

Ce que nous disons de l'esprit commerçant ne s'applique pas uniquement à la classe que l'on nomme commerçante pour la distinguer des autres classes. Cet esprit devient celui de tous ceux qui dans la société recueillent, produisent ou accumulent pour vendre. Ainsi les agriculteurs contractent l'esprit commerçant, quand il s'agit de la vente des grains et nous les voyons entraînés dans les mêmes erreurs que les hommes livrés à des spéculations purement mercantiles. Les propriétaires de vignes en France ne demandèrent-ils pas au Conseil du Roi vers l'an 1731 que l'on prohibât la plantation de vignes nouvelles ? Les propriétaires des comtés voisins de Londres ne s'adressèrent-ils pas à la Chambre des Communes, pour qu'on n'ouvrît pas de grandes routes vers les provinces plus éloignées, de peur que le blé de ces provinces, arrivant plus facilement dans la capitale, ne fît baisser le prix du leur ? Si les capitalistes osaient, ils parleraient sur la baisse des intérêts, comme les commerçants sur la baisse des profits. Un capitaliste, qui aurait longtemps prêté son argent à dix pour cent et qui ne pourrait plus le placer qu'à cinq, ne demanderait pas mieux que de dire que le pays qu'il habite se ruine, parce qu'il se trouverait moins opulent dans le pays qu'il habite ; et il solliciterait volontiers l'autorité de prendre des mesures pour que l'intérêt ne baissât pas. Il est cependant incontestable que la baisse de l'intérêt est une preuve de la prospérité d'un pays et la hausse une preuve de sa mauvaise situation financière.

Les prohibitions sont le genre d'arbitraire dont les hommes peuvent se servir les uns contre les autres, en fait d'industrie ; et de même que dans les discordes civiles, ils cherchent à s'emparer de l'arbitraire politique, au lieu de le détruire, dans les intérêts de commerce, ils cherchent à s'emparer de l'arbitraire des règlements. Ils ne réclament presque jamais contre les prohibitions en général, mais s'efforcent de faire tourner les prohibitions à leur profit. Lors de l'établissement des manufactures de soie, sous Henri IV, les manufacturiers en drap demandèrent l'interdiction de ces manufactures. Lors de l'introduction des étoffes de coton, les manufacturiers en soie invoquèrent une loi prohibitive contre les étoffes de coton. Lors de l'invention des toiles peintes, les manufacturiers en étoffes de coton, représentèrent les toiles peintes comme une affreuse calamité. Si l'on avait écouté toutes ces plaintes, la France n'aurait aujourd'hui ni soieries, ni cotonnades ni toiles peintes. Chaque manufacture, comme chaque religion naissante, réclame la liberté. Chaque manufacture, comme chaque religion établie, prêche la persécution.

Ce qu'il y a de plus funeste dans les règlements, c'est que motivés sur une nécessité qui n'existe pas, ils créent quelquefois cette nécessité. Les hommes arrangent leurs calculs et leurs habitudes d'après ces règlements, qui deviennent alors aussi dangereux à révoquer que fâcheux à maintenir.

M. de Montesquieu n'avait, comme l'observe un judicieux écrivain [Garnier], que des notions très superficielles en économie politique. Il faut éviter de le prendre pour guide sur cette matière. Tout ce qu'il expliquait en fait d'institution, il croyait le justifier ; la découverte du motif le rendait indulgent pour l'institution, parce qu'elle le rendait content de lui-même. Il dit en parlant du système des prohibitions en Angleterre, *elles gênent le négociant, mais c'est en faveur du commerce;* il aurait été plus vrai de dire : elles gênent le commerce en faveur de quelques négociants.

CHAPITRE VII

DES ENCOURAGEMENTS

Le système des primes et des encouragements a moins d'inconvénients que celui des privilèges. Il me semble néanmoins dangereux sous plusieurs rapports.

Il est à craindre premièrement, que l'autorité, lorsqu'une fois elle s'est arrogé le droit d'intervenir dans ce qui concerne l'industrie, ne fût-ce que par des encouragements, ne soit poussée bientôt, si ces encouragements ne suffisent pas, à recourir à des mesures de contrainte et de rigueur. L'autorité se résigne rarement à ne pas se venger du peu de succès de ses tentatives. Elle court après son argent comme les joueurs. Mais au lieu que ceux-ci en appellent au hasard, l'autorité souvent en appelle à la force.

L'on peut redouter en second lieu que l'autorité, par des encouragements extraordinaires, ne détourne les capitaux de leur destination naturelle, qui est toujours la plus profitable. Les capitaux se portent d'eux-mêmes vers l'emploi qui offre le plus à gagner. Pour les y attirer, il n'y a pas besoin d'encouragements; pour ceux où il y aurait à perdre, les encouragements seraient funestes. Toute industrie qui ne peut se maintenir indépendamment des secours de l'autorité finit par être ruineuse. Le gouvernement paye alors les individus pour que ceux-ci travaillent à perte; en les payant de la sorte, il paraît les indemniser. Mais comme l'indemnité ne se peut tirer que du produit des impôts, ce sont en définitif les individus qui en supportent le poids. Enfin les encouragements de l'autorité portent une atteinte très grave à la moralité des classes industrielles. La morale se compose de la suite naturelle des causes et des effets. Déranger cette suite c'est nuire à la morale. Tout ce qui introduit le hasard parmi les hommes les corrompt. Tout ce qui n'est pas l'effet direct, nécessaire, habituel d'une cause, tient plus ou moins de la nature du hasard. Ce qui rend le travail la cause la plus efficace de moralité, c'est l'indépendance où l'homme laborieux se trouve des autres hommes et la dépendance où il est de sa propre conduite et de l'ordre, de la suite, de la régularité qu'il met dans sa vie. Telle est la véritable cause de la moralité des classes occupées d'un travail uniforme et de l'immoralité si commune des mendiants et des joueurs. Ces derniers sont de tous les hommes les plus immoraux, parce que ce sont ceux qui, de tous les hommes, comptent le plus sur le hasard.

Les encouragements ou les secours du gouvernement pour l'industrie sont une espèce de jeu. Il est impossible de supposer que l'autorité n'accorde jamais ses secours ou ses encouragements à des hommes qui ne les méritent pas ou n'en accorde jamais dans ce genre fait des encouragements une loterie. Il suffit d'une seule chance pour introduire le hasard dans tous les calculs et, par conséquent, pour les dénaturer. La probabilité de la chance n'y fait rien. Car sur la probabilité, c'est l'imagination qui décide. L'espoir même éloigné, même incertain de l'assistance de l'autorité, jette dans la vie et dans les calculs de l'homme laborieux un élément tout à fait différent du reste de son existence. Sa situation change, ses intérêts se compliquent. Son état devient susceptible une sorte d'agiotage. Ce n'est plus ce commerçant ou ce manufacturier paisible, qui fait dépendre sa prospérité de la sagesse de ses spéculations, de la bonté de ses produits, de l'approbation de ses concitoyens, fondée sur la régularité de sa conduite et sur sa prudence reconnue. C'est un homme dont l'intérêt immédiat, dont le désir pressant est de s'attirer l'attention de l'autorité. La nature des choses avait, pour le bien de l'espèce humaine, mis une barrière presque insurmontable entre la grande masse des nations et les dépositaires du pouvoir. Un petit nombre d'hommes seulement était condamné à s'agiter dans la sphère de la puissance, à spéculer sur la faveur, à s'enrichir par la brigue. Le reste suivait tranquillement sa route, ne demandant au gouvernement que de lui garantir son repos et l'exercice de ses facultés. Mais si l'autorité, peu contente de cette fonction salutaire et se mettant par des libéralités ou des promesses en présence de tous les individus, provoque des espérances et crée des passions qui n'existaient pas, tout alors se trouve déplacé ; par là sans doute se répand dans la classe industrielle une nouvelle activité. Mais c'est une activité vicieuse, une activité qui s'occupe plutôt de l'effet qu'elle produit au-dehors, que de la solidité de ses propres entreprises, qui cherche l'éclat plus que le succès, parce que le succès pour elle, peut résulter d'un éclat même trompeur, une activité enfin qui rend la nation entière téméraire, inquiète, cupide, d'économe et de laborieuse qu'elle aurait été.

Et ne pensez pas qu'en substituant aux encouragements pécuniaires des motifs tirés de la vanité, vous fassiez moins de mal. Les gouvernements ne mettent que trop le charlatanisme au nombre de leurs moyens et il leur est facile de croire que leur seule présence, comme celle du soleil, vivifie toute la nature. En conséquence, ils se montrent, ils parlent, ils sourient et le travail à leur avis doit se tenir honoré pour des siècles. Mais c'est encore sortir les classes laborieuses de leur carrière naturelle. C'est leur donner le besoin du crédit. C'est leur inspirer le désir d'échanger leurs relations commerciales contre des relations de souplesse et de clientèle. Elles prendront les vices des cours sans prendre en même temps l'élégance qui voile du moins ces vices.

Les deux hypothèses les plus favorables au système des encouragements ou des secours de l'autorité sont assurément, l'une, l'établissement d'une branche d'industrie encore inconnue dans un pays et qui exige de fortes avances, l'autre, l'assistance donnée à de certaines classes industrielles ou agricoles, lorsque des calamités imprévues ont considérablement diminué leurs ressources.

Je ne sais cependant, si même dans ces deux cas, à l'exception peut-être de quelques circonstances très rares, pour lesquelles il est impossible de tracer des règles fixes, l'intervention du gouvernement n'est pas plus nuisible qu'avantageuse.

Dans le premier cas, nul doute que la nouvelle branche d'industrie, ainsi protégée, ne s'établisse plutôt et avec plus d'étendue; mais reposant plus sur l'assistance du gouvernement, que sur les calculs des particuliers, elle s'établira moins solidement. Ceux-ci, indemnisés d'avance des pertes qu'ils pourront faire, n'apporteront pas le même zèle et les mêmes soins que s'ils étaient abandonnés à leurs propres forces et s'ils n'avaient de succès à attendre que ceux qu'ils pourraient mériter. Ils se flatteront avec raison que le gouvernement, en quelque sorte engagé par les premiers sacrifices qu'il aura consentis, viendra derechef à leur secours, s'ils échouent, pour ne pas perdre le fruit de ses sacrifices et cette arrière-pensée d'une nature différente de celle qui doit servir d'aiguillon à l'industrie, nuira plus ou moins et toujours d'une manière notable à leur activité et à leurs efforts.

L'on imagine d'ailleurs beaucoup trop facilement, dans les pays habitués aux secours factices de l'autorité, que telle ou telle entreprise est au-dessus des moyens individuels; et c'est une seconde cause de relâchement pour l'industrie particulière. Elle attend que le gouvernement la provoque, parce qu'elle est accoutumée à recevoir l'impulsion première du gouvernement.

A peine en Angleterre une découverte est-elle connue, que des souscriptions nombreuses fournissent aux inventeurs tous les moyens de développement et d'application. Seulement ces souscripteurs apportent plus de scrupules dans l'examen des avantages promis, qu'un gouvernement n'en pourrait apporter, parce que l'intérêt de tous les individus qui entreprennent pour leur compte est de ne pas se laisser tromper, tandis que l'intérêt de la plupart de ceux qui spéculent sur les secours du gouvernement est de tromper le gouvernement. Le travail et le succès sont l'unique ressource des premiers. L'exagération ou la faveur sont pour les seconds une ressource beaucoup plus certaine et surtout plus rapide. Le système des encouragements est encore sous ce rapport un principe d'immoralité.

Il est possible, je ne le nie pas, que l'industrie des individus privée de tout secours étranger, s'arrête quelquefois devant un obstacle. Mais d'abord elle se tournera vers d'autres objets et l'on peut compter en second lieu qu'elle rassemblera ses forces pour revenir tôt ou tard à la charge et surmonter la difficulté. Or, j'affirme que l'inconvénient partiel et momentané de cet ajournement ne sera pas comparable au désavantage général du désordre et de l'irrégularité que toute assistance artificielle introduit dans les idées et dans les calculs.

Des raisonnements à peu près pareils trouvent leur application dans la seconde hypothèse, qui, au premier coup d'œil, paraît encore bien plus légitime et plus favorable. En venant au secours des classes industrielles ou agricoles, dont les ressources ont été diminuées par des calamités imprévues et inévitables, le gouvernement affaiblit d'abord en elles le sentiment qui donne le plus d'énergie et de moralité à l'homme : celui de se devoir tout à soi-même et de n'espérer qu'en ses propres forces. En second lieu, l'espoir de ces secours engage les classes souffrantes à exagérer leurs pertes, à cacher leurs ressources et leur donne de la sorte un intérêt au mensonge. J'accorde que ces secours soient distribués avec prudence et parcimonie. Mais l'effet qui n'en sera pas le même pour l'aisance des individus, en sera le même pour leur moralité. L'autorité ne leur aura pas moins enseigné à compter sur les autres, au lieu de ne compter que sur eux-mêmes. Elle trompera ensuite leurs espérances ; mais leur activité n'en aura pas moins été relâchée. Leur véracité n'en aura pas moins souffert une altération. S'ils n'obtiennent pas les secours du gouvernement, c'est qu'ils n'auront pas su tromper avec une habileté suffisante. Le gouvernement s'expose enfin à se voir trompé par des agents infidèles. Il ne peut suivre dans tous les détails l'exécution des mesures qu'il ordonne et la ruse est toujours plus habile que la surveillance. Frédéric le Grand et

Catherine II avaient adopté pour l'agriculture et l'industrie le système des encouragements. Ils visitaient fréquemment eux-mêmes les provinces qu'ils s'imaginaient avoir secourues. On plaçait alors sur leur passage des hommes bien vêtus et bien nourris, preuves apparentes de l'aisance qui résultait de leurs libéralités, mais rassemblés à cet effet par les distributeurs de leurs grâces, tandis que les véritables habitants de ces contrées gémissaient au fond de leurs cabanes, dans leur ancienne misère, ignorant jusqu'à l'intention des souverains qui se croyaient leurs bienfaiteurs.

Dans les pays qui ont des constitutions libres, la question des encouragements et des secours peut encore être considérée sous un autre point de vue. Est-il salutaire que le gouvernement s'attache certaines classes de gouvernés par des libéralités qui, fussent-elles sages dans leur distribution, ont nécessairement de l'arbitraire dans leur nature ? N'est-il pas à craindre que ces classes séduites par un gain immédiat et positif ne deviennent indifférentes à des violations de la liberté individuelle ou de la justice. On pourrait alors les regarder comme achetées par l'autorité.

Chapitre VIII

De l'équilibre des productions

En lisant plusieurs écrivains, on serait tenté de croire qu'il n'y a rien de plus stupide, de moins éclairé, de plus insouciant que l'intérêt individuel. Ils nous disent gravement tantôt, que si le gouvernement n'encourage pas l'agriculture, tous les bras se tourneront vers les manufactures et que les campagnes resteront en friche, tantôt, que si le gouvernement n'encourage pas les manufactures, tous les bras resteront dans les campagnes, que le produit de la terre sera fort au-dessus des besoins et que le pays languira sans commerce et sans industrie. Comme s'il n'était pas clair d'un côté, que l'agriculture sera toujours en raison des besoins d'un peuple, car il faut que les artisans et les manufacturiers aient de quoi se nourrir, de l'autre, que les manufactures s'élèveront aussitôt que les produits de la terre seront en quantité suffisante, car l'intérêt individuel poussera les hommes à s'appliquer à des travaux plus lucratifs que la multiplication des denrées, dont la quantité réduirait le prix. Les gouvernements ne peuvent rien changer au besoin physique des hommes; la multiplication et le taux des produits, de quelque espèce qu'ils soient, se conforment toujours aux demandes de ces besoins. Il est absurde de croire qu'il ne suffit pas, pour rendre un genre de travail commun, qu'il soit utile à ceux qui s'y livrent. S'il y a plus de bras qu'il n'en faut pour exciter la fertilité du sol, les habitants tourneront naturellement leur activité vers d'autres branches d'industrie. Ils sentiront, sans que le gouvernement les en avertisse, que la concurrence passant une certaine ligne anéantit l'avantage du travail. L'intérêt particulier, sans être encouragé par l'autorité, sera suffisamment excité par sa propre nature à chercher un genre d'occupation plus profitable. Si la nature du terrain rend nécessaire un grand nombre de cultivateurs, les artisans et les manufacturiers ne se multiplieront pas, parce que le premier besoin d'un peuple étant de subsister, un peuple ne néglige jamais sa subsistance. D'ailleurs l'état d'agriculteur étant plus nécessaire, sera par cela même plus lucratif que tout autre. Lorsqu'il n'y a pas de privilège abusif, qui intervertisse l'ordre naturel, l'avantage d'une profession se compose toujours de son utilité absolue et de sa rareté relative. Le véritable encouragement pour tous les genres de travail, c'est le besoin qu'on en a. La liberté seule est suffisante pour les maintenir tous dans une salutaire et exacte proportion.

Les productions tendent toujours à se mettre au niveau des besoins, sans que l'autorité s'en mêle. Quand un genre de production est rare, son prix s'élève. Le prix s'élevant, cette production mieux payée, attire à elle l'industrie et les capitaux. Il en résulte que cette production devient plus commune. Cette production étant plus commune, son prix baisse; et le prix baissant, une partie de l'industrie et des capitaux se tourne d'un autre côté. Alors la production redevenant plus rare, le prix se relève et l'industrie y revient, jusqu'à ce que la production et son prix aient atteint un équilibre parfait.

Ce qui trompe beaucoup d'écrivains, c'est qu'ils sont frappés de la langueur ou du malaise qu'éprouvent sous des gouvernements arbitraires les classes laborieuses de la nation. Ils ne remontent pas à la cause du mal, mais s'imaginent qu'on y pourrait remédier par une action directe de l'autorité en faveur des classes souffrantes. Ainsi, par exemple, pour l'agriculture, lorsque des institutions injustes et oppressives exposent les agriculteurs aux vexations des classes privilégiées, les campagnes sont bientôt en friche, parce qu'elles se dépeuplent. Les classes agricoles accourent le plus qu'elles peuvent dans les villes pour se dérober à la servitude et à l'humiliation. Alors des spéculateurs imbéciles conseillent des encouragements positifs et partiels pour les agriculteurs. Ils ne voient pas que tout se tient dans les sociétés humaines. La dépopulation des campagnes est le résultat d'une mauvaise organisation politique. Des secours à quelques individus, ou tout autre palliatif artificiel et momentané, n'y remédieront pas. Il n'y aurait de ressource que dans la liberté et dans la justice. Pourquoi la prend-on toujours le plus tard qu'on peut?

Il faut, nous dit-on quelquefois, anoblir l'agriculture, la relever, la rendre honorable; car c'est sur elle que repose la prospérité des nations. Des hommes assez éclairés ont développé cette idée. L'un des esprits les plus pénétrants, mais les plus bizarres du siècle dernier, le marquis de Mirabeau, n'a cessé de la répéter. D'autres en ont dit autant des manufactures. Mais l'on n'anoblit que par des distinctions, si tant est que l'on anoblisse par des distinctions faites à la main. Or, si le travail est utile, comme il sera profitable, il sera commun. Quelle distinction voulez-vous accorder à ce qui est commun? Le travail nécessaire est d'ailleurs toujours facile. Or, il ne dépend pas de l'autorité d'influer sur l'opinion de manière à ce qu'elle attache un rare mérite à ce que tout le monde peut faire également bien.

Les seules distinctions vraiment imposantes sont celles qui annoncent du pouvoir, parce qu'elles sont réelles et que le pouvoir qui s'en décore peut agir en mal ou en bien. Les distinctions fondées sur le mérite sont toujours contestées par l'opinion, parce que l'opinion se réserve à elle seule le droit de décider du mérite. Elle est forcée, malgré qu'elle en ait, de reconnaître le pouvoir. Mais le mérite, elle peut le nier. C'est pour cela que le cordon bleu commandait le respect. Il constatait que celui qui le portait était un grand seigneur et l'autorité peut très bien juger que tel homme est un grand seigneur. Le cordon noir au contraire était ridicule. Il déclarait celui qui en était décoré un littérateur, un artiste distingué. Or l'autorité ne peut prononcer sur les littérateurs ou les artistes.

Les distinctions honorifiques pour les agriculteurs, pour les artisans, pour les manufacturiers sont encore plus illusoires. Les cultivateurs, les artisans, les manufacturiers veulent arriver à l'aisance ou à la richesse par le travail et au repos par la garantie. Ils ne vous demandent point de vos distinctions artificielles ou, s'ils y aspirent, c'est que vous avez faussé leur intelligence, c'est que vous avez rempli leur tête d'idées factices. Laissez-les jouir en paix du fruit de leurs peines, de l'égalité des droits, de la liberté d'action qui leur appartiennent; vous les servirez bien mieux en ne leur prodiguant ni faveurs, ni injustices, qu'en les vexant d'un côté et en cherchant de l'autre à les distinguer.

CHAPITRE IX

DERNIER EXEMPLE DES FÂCHEUX EFFETS DE L'INTERVENTION DE L'AUTORITÉ

Je veux finir en prouvant que l'intervention de l'autorité, dans ce qui a rapport à l'industrie, est tellement funeste, qu'elle l'est également, soit qu'elle ordonne une chose, soit qu'elle défende cette même chose. Je choisis pour exemple la division du travail.

La division du travail a d'immenses avantages. Elle facilite la multiplication de tous les produits, elle épargne beaucoup de temps et de force, elle conduit l'homme à une perfection, qu'il lui serait impossible d'atteindre sans elle. Elle donne aux calculs du spéculateur une netteté, une précision, une justesse qui simplifient ses opérations et rendent ses calculs plus assurés. Il est donc certain que l'autorité fait du mal quand elle s'oppose à la division du travail par des lois prohibitives. C'est ce qu'elle a fait, comme nous l'avons expliqué ailleurs, pour le commerce des grains, en interdisant au fermier de vendre son blé en gros à ceux qui voudraient en faire des magasins. Il en est résulté pour ce commerce des difficultés sans nombre et ces difficultés ont amené fréquemment des disettes réelles ou des alarmes imaginaires, aussi fâcheuses que des disettes réelles.

Mais si vous concluez de là que l'autorité, loin de mettre des obstacles ou des bornes à la division du travail, doit la commander, qu'arrivera-t-il ? La division du travail, à côté de ses avantages, à de grands inconvénients. Elle circonscrit et rétrécit par là même les facultés intellectuelles. Elle réduit l'homme au rang de simple machine. Il peut s'y résigner, lorsque son intérêt l'y détermine volontairement. Mais il serait blessé par une action de l'autorité, qui, ne lui paraissant pas conforme à son intérêt, lui semblerait gratuitement vexatoire et dégradante. Rien de plus injuste que d'empêcher l'ouvrier habile qui peut avec succès combiner deux métiers, de les réunir ou de passer à son gré de l'un à l'autre. Il est donc certain que l'autorité fait du mal lorsqu'elle force la division du travail par des règlements. C'est ce qu'elle a fait par les jurandes et les maîtrises, qui condamnent les individus de telle ou telle profession à n'en exercer aucune autre. Nous avons vu partout ces institutions nuire à l'industrie, provoquer des fraudes et retarder même les progrès des métiers dont elles se proposaient de favoriser le perfectionnement.

Que doit donc faire l'autorité ? Ne s'en pas mêler. La division du travail doit se limiter et se maintenir par elle-même. Lorsqu'une division de travail quelconque est avantageuse, elle s'établit naturellement. Quand les hommes repassent de la division du travail à la réunion de deux genres de travaux, c'est que cette réunion leur est plus convenable.

On voit par cet exemple, que l'autorité peut faire du mal, non seulement en agissant dans tel sens, mais encore en agissant dans le sens contraire. Il est des circonstances nombreuses, dans lesquelles elle ne peut faire du bien, qu'en n'agissant pas.

Chapitre X

Résultat des considérations ci-dessus

Je ne donne point, je l'ai dit en commençant les considérations précédentes, comme une démonstration complète que l'autorité ne doit se mêler que le moins de l'industrie. Mille raisonnements et mille faits se pressent autour de moi, tendant tous à répandre sur ce principe une plus grande évidence. Je les repousse, parce que je sens l'impossibilité de les exposer dans une étendue satisfaisante. Chaque fait isolé peut fournir une exception et il faut vérifier le fait, c'est-à-dire se livrer à des recherches locales historiques, géographiques, politiques mêmes, pour montrer ou que l'exception n'est pas fondée, ou qu'elle n'affaiblit pas le principe. Je ne puis dans cet ouvrage entreprendre ce travail. Je crois néanmoins en avoir dit assez pour prouver que l'effet de l'intervention de l'autorité, dans ce qui concerne l'industrie, quelquefois nécessaire peut-être, n'est jamais positivement avantageux. L'on peut s'y résigner comme à un mal inévitable; mais on doit tendre toujours à circonscrire ce mal, dans les limites les plus resserrées.

Mon opinion rencontrera sans doute un grand nombre d'opposants. Je ne l'en croirai pas moins juste. Dans un pays où le gouvernement distribue des secours et des récompenses, beaucoup d'espérances sont éveillées. Avant d'avoir été déçues, elles doivent être mécontentes d'un système qui ne remplace la faveur que par la liberté. La liberté fait un bien, pour ainsi dire négatif, quoique graduel et général. La faveur procure des avantages positifs immédiats et personnels. L'égoïsme et les vues courtes seront toujours contre la liberté et pour la faveur.

Chapitre XI

Des mesures des gouvernements relativement à la population

Si les gouvernements ont voulu influer sur l'industrie, ils ont voulu de même influer sur la population et qui le croirait? ils ont fait des lois coercitives, pour forcer l'homme à satisfaire au plus doux penchant de sa nature.

Ils pensaient avoir un intérêt évident à se mêler de la population. Elle fait leur force la plus réelle. Ils ne savaient pas que par cela même qu'ils dirigeaient sur elle leur autorité, ils ne pouvaient que lui nuire.

Le prétexte ne leur manquait pas. Les affections domestiques sont la meilleure garantie de la morale.

Le célibat favorise le désordre et l'égoïsme. Le mariage inspire à l'homme plus de besoin de stabilité. Que de raisons pour frapper le célibat de rigueur et pour encourager le mariage!

C'est dommage que plusieurs gouvernements en proscrivant le célibat par les lois, réduisissent le mariage à la stérilité par les vexations et par la misère.

Deux sortes de causes peuvent s'opposer à ce que la population augmente et faire qu'elle diminue. Les unes influent immédiatement sur la population. Telles sont les épidémies, les inondations, les tremblements de terre, les émigrations, la guerre enfin, considérée non pas sous son rapport politique, mais dans son effet instantané de moissonner une partie de la population d'un pays. Les autres influent d'une manière médiate. Tels sont les vices des institutions et les vexations des gouvernements. Les premières détruisent les hommes qui existent. Les secondes empêchent de naître les hommes qui naîtraient.

Le marquis de Mirabeau, l'un des esprits les plus originaux du dernier siècle et qui par une combinaison singulière réunissait beaucoup de philanthropie dans les idées à beaucoup de despotisme dans le caractère et un amour très sincère de la liberté avec tous les préjugés de la noblesse et même de la féodalité, le marquis de Mirabeau a prouvé d'une manière évidente, dans *l'Ami des hommes*, que les causes directes n'avaient sur la population qu'un effet instantané. *L'on remarque*, dit-il avec étonnement, *qu'après des temps de troubles ou des calamités, un Etat est tout aussi peuplé qu'il l'était auparavant, tandis que les édifices, les chemins, tout ce qui désigne enfin la prospérité apparente, se ressent visiblement de l'interruption de l'ordre et de la justice.* Les causes indirectes, moins nuisibles en apparence, ont des effets beaucoup plus étendus et plus durables ; c'est qu'elles attaquent la population dans son principe, c'est-à-dire dans les moyens de subsistance. Le paysan laboure, bâtit et se marie sur des champs bouleversés par des tremblements de terre, après une épidémie ou derrière l'armée qui a saccagé ses propriétés, parce qu'il espère que le tremblement de terre ne reviendra pas parce qu'il voit que l'épidémie a cessé, parce que la paix étant faite il se croit sûr que l'armée dévastatrice s'est éloignée pour toujours. Mais il ne laboure, ne bâtit, ne se marie qu'avec inquiétude sous un gouvernement oppresseur, qui lui arrache les moyens de subsistance nécessaires pour nourrir ou élever sa famille.

L'homme se console très vite des calamités qui lui paraissent momentanées. Les morts laissent les vivants plus au large et mettent plus de moyens de subsistance à leur disposition. Ceux-ci multiplient en raison des places vacantes et des ressources qu'ils trouvent pour exister. La nature a mis le remède à côté de tous les maux qui viennent d'elle. Elle a doué l'homme d'une faculté qui paraît de l'insouciance ou de l'imprévoyance et qui dans le fait est de la raison. Il sent que les inconvénients qui naissent de la nature, ne se renouvellent qu'à des époques éloignées l'une de l'autre, tandis que ceux qui naissent du caprice de ses semblables pèsent à chaque instant sur lui.

Les vices des gouvernements donnent de la durée à quelques causes de dépopulation qui, sans ces vices, ne seraient que passagères. Il faut en conséquence considérer ces causes sous un double rapport, comme nuisant à la population d'une manière directe et comme y nuisant encore en tant que multipliées par les erreurs des gouvernements. Par exemple, l'expulsion des Juifs et des Maures n'a contribué à la dépopulation de l'Espagne que parce que cette expulsion résultait d'un système oppressif et persécuteur d'administration ; pour la même raison, les colonies parties de ce pays pour le Nouveau Monde n'ont jamais été remplacées, tandis qu'un Etat libre peut envoyer au-dehors de nombreuses colonies, sans se dépeupler. Dans un Etat libre, tout ce qui occasionne un vide, excite en même temps tous ceux qui restent à le remplir. Le mal direct que cause la guerre se répare facilement. Mais lorsqu'un gouvernement peut à son gré recommencer ou prolonger la guerre, cela suppose, dans ce gouvernement, une autorité despotique, qui est bien un autre fléau que la guerre même et qui, portant sur les moyens de subsistance, empêche la population de s'accroître et de remplir les vides que la guerre a occasionnés.

Il en est de même du célibat. Si ce ne sont pas tels ou tels individus qui se marient et qui peuplent, il y en a d'autres. Mais quand le célibat résulte ou de la misère ou de l'absurdité des institutions, le mal est tout autrement irréparable. Je cite encore le marquis de Mirabeau. Il montre clairement que le célibat des prêtres ne nuit en rien par lui-même à la population. Au contraire, toutes les fois qu'un certain nombre d'individus parvient, en se réunissant, à vivre du produit d'une plus petite étendue de terre qu'il n'en faudrait à la subsistance du même nombre d'individus isolés, cette réunion est favorable à l'accroissement numérique de l'espèce. Les individus qui se réunissent, se resserrent volontairement et laissent plus de place à d'autres. Ce n'est jamais la population qui manque mais la place, c'est-à-dire le terrain et surtout la subsistance. Mais le célibat des prêtres implique un état de choses plus superstitieux, par conséquent une plus mauvaise administration, et voilà les causes qui s'étendent à tout. Ce n'est pas parce que les prêtres ne se marient pas que le pays se dépeuple ; c'est que le gouvernement qui consacre le célibat des prêtres est un gouvernement ignorant. Or un gouvernement ignorant est toujours vexatoire. Il tourmente les hommes qui se marient, leur arrache leurs moyens de subsistance, les jette dans le découragement, les empêche par là de multiplier ou, s'ils multiplient, fait périr leurs enfants de dénuement et de besoin.

L'on attribue à la suppression des ordres célibataires l'état le plus peuplé et le plus florissant des pays protestants. On aurait dû l'attribuer à la diminution des préjugés et à l'accroissement de liberté civile que la Réforme introduisit dans ces contrées.

Ce n'est point parce qu'un certain nombre d'individus se sont mariés, que la population s'est accrue, c'est qu'il y a eu un peu plus de possibilités d'examen, un peu plus de lumières d'abord sur un objet, puis, comme toutes les idées se tiennent, sur tous les autres. De là un régime plus juste, moins d'oppression, moins de pauvreté, plus de subsistance. Ceci nous conduit à regarder comme un calcul bien misérable celui des gouvernements qui, non contents de déclarer le célibat des prêtres purement volontaire, ont voulu contraindre au mariage des hommes qui se croyaient engagés par leur conscience et les serments les plus saints à s'en abstenir; comme si le mariage de quelques religieux eût été un moyen bien efficace de population, comme si la naissance de quelques enfants de plus était préférable aux délicatesses de l'honneur et à la vertu du scrupule, qui, bien ou mal fondé, est toujours une vertu, enfin, comme si l'homme, créature ignoble et souple, n'était jeté sur cette terre que pour obéir et propager.

Lorsque les hommes ont de quoi subsister et faire subsister leurs enfants, la population s'accroît. Lorsque les hommes n'ont pas de quoi subsister et faire subsister leurs enfants, ou ils ne se marient pas et ont moins d'enfants ou, s'ils ont des enfants, la plupart de ces enfants disparaissent en bas âge. La population atteint toujours le niveau de la subsistance. En Amérique, la population double en 20 ou 25 ans. C'est que le travail y est si bien récompensé qu'une nombreuse famille, au lieu d'être une charge, est une source d'opulence et de prospérité. « Une jeune veuve, ayant quatre ou cinq enfants, ne trouverait guère en Europe un second mari, dans les classes moyennes ou inférieures. En Amérique, c'est un parti recherché comme une espèce de fortune. » (Smith, Livre I, chap. VIII.) Les écrivains ont pendant longtemps déraisonné sur la population, de la manière la plus bizarre. Ils ont aperçu des vérités isolées, qu'ils n'ont su ni concilier ni définir clairement et, sur une seule observation inexacte, ils ont voulu construire un système de lois. Les gouvernements qui ne peuvent avoir sur rien que des idées superficielles, parce qu'ils n'ont pas le temps d'observer par eux-mêmes, ont adopté tantôt l'un des systèmes, tantôt l'autre, toujours sur parole, ce qui est un moyen sûr de ne tirer aucun avantage même de la vérité.

L'on a vu que la misère favorisait sous un certain rapport la population. Les mendiants ont beaucoup d'enfants. Mais l'on n'a pas distingué entre deux espèces de misère, celle des classes mendiantes et celle des classes laborieuses. Les gueux qui n'ont absolument rien ont beaucoup d'enfants, dit Montesquieu, Livre XXIII, ch. II. *Il n'en coûte rien au père pour donner son art à ses enfants, qui même sont en naissant des instruments de cet art.* Mais les gens qui ne sont pauvres que parce qu'ils vivent sous un gouvernement dur, ces gens ont peu d'enfants. Ils n'ont pas même leur nourriture, comment pourraient-ils songer à la partager ? S'ils vivent de peu, ce n'est pas parce qu'il leur faut peu de chose, c'est parce qu'ils n'ont pas ce qu'il leur faut. Autant le peu qui est nécessaire aux classes mendiantes favorise leur population, autant le peu que possèdent les classes laborieuses est contraire à la population de ces classes. Les écrivains et les gouvernements ont vu sur le dos des femmes mendiantes ou autour de leurs huttes une foule d'enfants misérables. Ils n'ont pas porté leurs regards à un an au-delà, époque avant laquelle les trois quarts de cette génération malheureuse sont moissonnés par la faim. Ils n'ont envisagé de la sorte que la moitié de la question et c'est pourtant sur cette question ainsi considérée que s'est fondé le système le plus inhumain.

Plus les sujets sont pauvres, a-t-on dit, plus les familles sont nombreuses. *Sophisme,* s'écrie Montesquieu, *qui a toujours perdu et perdra toujours les monarchies.* La population qui vient de la misère a une borne évidente, c'est la mort de cette population qui périt par cette misère même, qui a d'abord paru la favoriser. D'un autre côté, l'on a vu que l'aisance favorisait la population. L'on a cru que le luxe des classes riches était une cause d'aisance pour les classes pauvres. L'on a dit : plus il y aura de luxe dans un Etat, plus l'aisance s'augmentera ; plus il y aura d'aisance, plus nous verrons la population s'accroître. Mais il y avait deux erreurs dans cette manière de raisonner. Premièrement l'aisance que produit le luxe est très douteuse et très factice. Le luxe double les consommations et les rend bientôt disproportionnées avec la population. Ni les riches ni les pauvres ne multiplient : les riches, parce qu'ils craignent les privations qu'entraîne une famille nombreuse ; les pauvres, parce qu'ils sont dans un état de souffrance. En second lieu, l'aisance même réelle ne favorise la population que jusqu'à un certain degré. Elle fait d'un côté que les hommes multiplient davantage, elle fait de l'autre qu'ils consomment plus. Or plus les habitants d'un pays consomment, moins ce pays peut nourrir d'habitants. Pour que ce calcul fût exact, il faudrait pouvoir à la fois ajouter aux moyens de subsistance et empêcher les habitants de les consommer en plus grande quantité. Chose impossible.

Un auteur qui dans ces derniers temps s'est plaisamment trompé sur les principes de la population, c'est le chevalier d'Ivernois dans son *Tableau historique et politique des pertes du peuple français*. Il a évalué à deux millions le nombre d'hommes détruits par la Révolution. Et comme d'après les calculs de Buffon, un mariage devrait produire six enfants pour en amener deux à l'âge d'homme ordinaire en remplacement des père et mère, voilà suivant lui douze millions d'hommes de moins pour la génération future. Il est fâcheux, comme l'observe Garnier, qu'il se soit arrêté en si beau chemin et qu'il n'ait pas poussé à une ou deux générations de plus ce savant calcul, d'après lequel il aurait trouvé, dès la seconde génération, une perte pour la France de 72 millions d'habitants.

Les gouvernements n'ont aucune mesure directe à prendre relativement à la population. Ils doivent respecter le cours naturel des choses. Que les individus soient heureux, c'est-à-dire que chacun soit libre de chercher son bonheur, sans nuire à celui de autres, la population sera suffisante.

Toutes les lois de détail, les prohibitions du célibat, les flétrissures, les peines, les récompenses pour le mariage, tous ces moyens factices n'atteignent jamais leur but et, en tant que gênant la liberté, ils s'en éloignent. Les lois qui forcent au mariage ne forcent pas la population. Comme la loi Papia Poppaea interdisait à ceux qui n'étaient pas mariés de rien recevoir des étrangers, soit par institution d'héritiers, soit par legs et à ceux qui étant marié n'avaient pas d'enfants, de recevoir plus de la moitié de l'héritage ou du legs, les Romains imaginèrent de répudier leurs femmes ou de les faire avorter, après en avoir eu un seul enfant. Ajoutons que la plupart des gouvernements qui font des lois contre le célibat, ressemblent aux lettrés et aux mandarins chinois qui font de longs sermons pour exhorter le peuple à l'agriculture, mais qui laissent croître leurs ongles, pour se préserver du soupçon même d'être agriculteurs.

Ce qui trompe les observateurs superficiels, c'est que nous voyons quelquefois la population fleurir dans certains Etats et qu'en même temps les lois positives y poursuivaient les célibataires. Mais ce n'était point à cause de ces lois positives que la population fleurissait, c'était en raison d'autres circonstances, qui toutes s'expriment par un mot, la liberté. Ce qui le prouve, c'est que dans les mêmes pays, ces circonstances ayant changé, la population a diminué, bien que les lois restassent les mêmes ou devinssent encore plus sévères. Consultez le siècle d'Auguste et les vains efforts de cet empereur. Lorsque les vices des gouvernements ne mettent pas d'obstacle à la population, les lois sont superflues. Lorsqu'ils y mettent obstacle, les lois sont infructueuses. Le principe de la population, c'est l'accroissement des moyens de subsistance. Le principe de l'accroissement des moyens de subsistance, c'est la sûreté et le repos. Le principe de la sûreté et du repos, c'est la justice et la liberté.

LIVRE XIII

DE LA GUERRE

CHAPITRE I

DE LA GUERRE. SOUS QUEL POINT DE VUE LA GUERRE PEUT ÊTRE CONSIDÉRÉE COMME AYANT DES AVANTAGES

Nous ne reproduirons point ici des déclamations mille fois répétées contre la guerre. Plusieurs philosophes, entraînés par l'amour de l'humanité, dans de louables exagérations, n'ont envisagé la guerre que sous ses côtés désavantageux. Nous reconnaissons volontiers ses avantages.

La guerre elle-même n'est pas un mal. Elle est dans la nature de l'homme. Elle favorise le développement de ses plus belles et de ses plus grandes facultés. Elle lui ouvre un trésor de précieuses jouissances. Il lui doit d'être le protecteur des objets chéris de ses affections. Il se place avec délices entre eux et les périls. Il se forme à la grandeur d'âme, à l'adresse, au sang-froid, au courage, au mépris de la mort, sans lequel il ne peut jamais se répondre qu'il ne commettra pas toutes les lâchetés qu'on exigera de lui. La guerre lui enseigne des dévouements héroïques et lui fait contracter des amitiés sublimes. Elle l'unit de liens plus étroits à ses compagnons d'armes. Elle donne un corps à sa patrie, pour qu'il la défende. Elle fait succéder à de nobles entreprises de nobles loisirs. De trop longues époques de paix abâtardissent les peuples et les préparent à la servitude.

Mais tous ces avantages de la guerre tiennent à une condition indispensable. C'est qu'elle soit le résultat naturel de la situation et du caractère des peuples. Quand la guerre n'est le résultat que de l'ambition des gouvernements, de leur avidité, de leur politique et de leurs calculs, la guerre alors ne fait que du mal.

Les peuples belliqueux par caractère sont d'ordinaire des peuples libres, parce que les mêmes qualités qui leur inspirent l'amour de la guerre, les remplissent d'amour pour la liberté. Mais les gouvernements qui sont belliqueux, malgré les peuples, ne sont jamais que des gouvernements oppresseurs.

Il en est de la guerre comme de toutes les choses humaines Elles sont toutes, à leur époque, bonnes et utiles. Déplacées, elles sont toutes funestes. Ainsi lorsque en sens inverse de l'esprit d'un siècle on veut faire de la religion, on fait je ne sais quel mélange de persiflage et d'hypocrisie. Lorsqu'en dépit du caractère paisible des peuples, on veut perpétuer la guerre, elle ne se compose que de vexations et de massacres.

La république romaine, sans commerce, sans lettres, sans arts n'ayant pour occupation intérieure que l'agriculture, ne possédant qu'un territoire trop resserré pour les habitants, entourée de peuples barbares et toujours menacée ou menaçante, suivait sa destinée en se livrant à des entreprises militaires non interrompues; un gouvernement qui de nos jours se laisserait emporter à la fureur des conquêtes, à une soif inextinguible de domination, à des projets d'agrandissement indéfini, et qui croirait imiter la république romaine aurait ceci de particulier et de différent, qu'agissant en opposition avec son peuple et son siècle, il serait forcé d'avoir recours à des moyens tellement extrêmes, à des mesures si vexatoires à des mensonges si scandaleux, à des injustices si multipliées que les vainqueurs dans son empire seraient aussi malheureux que les vaincus. Un peuple ainsi gouverné serait le peuple romain, moins la liberté, moins le mouvement national, qui rend facile tous les sacrifices, moins l'espoir qu'avait chaque individu du partage des terres, moins en un mot toutes les circonstances qui embellissaient aux yeux des Romains ce genre de vie hasardeux et agité.

La situation des peuples modernes les empêche d'être belliqueux par caractère. *Les hasards et les chances de la guerre,* dit un écrivain recommandable [Ganilh], *ne pourront jamais offrir de perspective comparable à celle qui se présente aujourd'hui à l'homme laborieux, dans tous les pays, où le travail obtient le salaire qui lui est dû.* Là nouvelle manière de combattre, le changement des armes, l'artillerie ont dépouillé la vie militaire de ce qu'elle avait de plus attrayant. Il n'y a plus de lutte contre le péril, mais de la fatalité. Le courage moderne n'est plus une passion, mais de l'insouciance. On y goûte plus cette jouissance de volonté, d'élan, de développement forces physiques et des facultés morales, qui faisaient aimer aux héros anciens et aux chevaliers du moyen âge les combats corps à corps. La guerre a perdu ses plus grands charmes. L'époque de amour de la guerre est donc passée. Il ne faut pas nous laisser tromper par nos souvenirs, mais l'envisager sous un nouveau point de vue, le seul véritable de nos jours, comme une nécessité qu'on subit.

Considérée de la sorte, la guerre aujourd'hui n'est plus qu'un fléau. Appliquée à des nations commerçantes, industrieuses, civilisées, placées sur un sol assez étendu pour leurs besoins, avec des relations dont l'interruption devient un désastre, n'ayant aucune prospérité, aucun accroissement d'aisance à espérer des conquêtes, la guerre ébranle sans compensation toutes les garanties sociales; elle met en danger la liberté individuelle par les précautions qu'elle semble autoriser dans l'intérieur; elle introduit dans les formes judiciaires une rapidité destructive de leur sainteté comme de leur but, elle tend à représenter tous les adversaires de l'autorité, tous ceux qu'elle voit avec malveillance, comme des complices de l'ennemi étranger; enfin, troublant toutes les sécurités, elle pèse encore sur toutes les fortunes, par les sacrifices pécuniaires auxquels sont condamnés tous les citoyens. Ses succès mêmes précipitent dans l'épuisement les peuples vainqueurs. Ils n'aboutissent qu'à créer des Etats sans limites, qui, pour être gouvernés, exigent un pouvoir sans frein et qui, après avoir été pendant qu'ils existaient une cause de tyrannie, s'écroulent au milieu des crimes par d'innombrables calamités.

Chapitre II

Des prétextes de guerre

Les gouvernements eux-mêmes ont été forcés depuis quelque temps de reconnaître ces vérités du moins en théorie. Ils ne prétendent plus que les peuples sont là pour fonder au prix de leur sang et de leurs misères la célébrité désastreuse de quelques-uns de leurs chefs. Quelque despotique que fût de nos jours un souverain, il n'oserait guère, je le pense, présenter à ses sujets, comme le dédommagement de leur repos et de leur vie, son illustration personnelle. Le seul Charles XII avait ainsi méconnu son siècle. Mais depuis cette révolution dans les idées, les gouvernements ont inventé tant de prétextes de guerre que la tranquillité des peuples et les droits des individus à cet égard sont loin encore d'être garantis.

Nous n'examinerons que fort en passant ces divers prétextes. L'indépendance nationale, l'honneur national, la nécessité de faire respecter au-dehors notre influence, l'arrondissement de nos frontières, les intérêts commerciaux, que sais-je encore ? Car il est inépuisable ce vocabulaire de l'hypocrisie et de l'injustice.

Que dirait-on d'un individu qui regarderait son indépendance ou son honneur comme compromis, aussi longtemps que d'autres individus posséderaient quelque honneur ou quelque indépendance et qui ne se croirait en sûreté que lorsqu'il serait entouré d'esclaves et de victimes tremblantes ? En mettant à part l'insolence et l'immoralité du calcul, cet individu courrait à sa perte par cela seul que la haine réunirait bientôt contre lui ceux qu'auraient surpris et subjugués momentanément son adresse et son audace. Il en est de même d'un Etat. L'indépendance des nations repose sur l'équité non moins que sur la force. La force, telle qu'il la faut, pour tenir tous les autres peuples dans la sujétion, est une situation contre nature. Un peuple qui place dans une force pareille la garantie de son indépendance ou, pour mieux dire, de son despotisme est plus en danger que le peuple le plus faible. Car toutes les opinions, tous les vœux, toutes les haines le menacent ; et tôt ou tard, ces haines, ces opinions et ces vœux éclatent et l'enveloppent. Il y a sans doute dans ces sentiments quelque chose d'injuste; un peuple n'est jamais coupable des excès que son gouvernement lui fait commettre. C'est ce gouvernement qui l'égare ou plus souvent encore qui le domine sans l'égarer. Mais les nations victimes de sa déplorable obéissance ne lui peuvent tenir compte des sentiments cachés que sa conduite dément. Elles s'en prennent aux instruments des excès de la main qui les dirige. La France entière souffrait de l'ambition de Louis XIV et la détestait; mais l'Europe accusait la France de cette ambition et la Suède a porté la peine du délire de Charles XII.

Quant à l'influence au-dehors, sans examiner si l'étendue excessive de cette influence n'est pas fréquemment pour un peuple plutôt un malheur qu'un avantage, il faut considérer combien est peu stable toute influence impétueuse et désordonnée. L'on ne croit point à sa durée lors même qu'on cède à son ascendant instantané. Tous, à telle époque, à tel moment donné, obéissent peut-être au gouvernement dominateur. Mais nul n'associe ses calculs aux siens. On le regarde comme une calamité passagère. L'on attend que le torrent ait cessé de rouler ses ondes, certain qu'il doit se perdre un jour dans le sable aride et qu'on foulera tôt ou tard à pied sec le sol que son cours avait sillonné.

Que si l'on nous parlait de l'arrondissement des frontières, nous répondrions qu'avec ce prétexte, l'espèce humaine jamais ne pourrait jouir d'un instant de paix. Nul souverain n'a sacrifié que je sache une portion de son territoire pour donner à ses Etats une plus grande régularité géométrique. C'est donc toujours en dehors que les peuples voudraient s'arrondir. Ainsi c'est un système dont la base se détruirait par elle-même. C'est un système dont les éléments se combattraient et dont l'exécution ne reposerait que sur la spoliation des plus faibles, n'aurait d'autre effet que de rendre illégitime la possession des plus forts. Le droit des nations ne serait plus qu'un code d'expropriation et de barbarie; toutes les idées de justice que les lumières de plusieurs siècles avaient introduites dans les relations des sociétés, comme dans celles des individus, en seraient de nouveau repoussées et bannies par ce système. Le genre humain reculerait vers ces temps de dévastations et d'envahissements qui nous semblaient jadis l'opprobre de l'histoire.

L'hypocrisie seule en ferait la différence et cette hypocrisie serait d'autant plus scandaleuse et plus corruptrice que personne n'y croirait. Tous les mots perdraient leur sens. Celui de modération présagerait la violence, celui de justice annoncerait l'iniquité. Il y a un système d'arrondissement pour les frontières qui ressemble, sauf la bonne foi de ceux qui le professent, aux théories idéales sur la perfection des constitutions. On n'atteint jamais cette perfection, mais elle sert à motiver chaque jour quelque bouleversement nouveau.

Que si l'on mettait en avant les intérêts du commerce, croit-on de bonne foi, dirions-nous, servir le commerce, quand on dépeuple un pays de sa jeunesse la plus florissante, quand on arrache les bras les plus nécessaires à l'agriculture, aux manufactures, à l'industrie, quand on élève entre les autres peuples et soi des barrières arrosées de sang? *La guerre coûte plus que ses frais,* a dit un écrivain judicieux [Say] ; *elle coûte tout ce qu'elle empêche de gagner.* Le commerce s'appuie sur la bonne intelligence des nations entre elles; il ne se soutient que par la justice; il repose sur l'égalité, il prospère dans le repos et c'est pour l'intérêt du commerce qu'on entretiendrait une nation dans des guerres non interrompues que l'on appellerait sur sa tête une haine universelle, qu'on marcherait d'injustice en injustice, qu'on ébranlerait chaque jour le crédit par des violences, qu'on ne voudrait point tolérer d'égaux !

L'on avait inventé durant la Révolution française un prétexte de guerre inconnu jusqu'alors, celui de délivrer les peuples du joug de leurs gouvernements, qu'on supposait illégitimes et tyranniques. Avec ce prétexte, l'on a porté la mort et la dévastation chez des hommes dont les uns vivaient tranquilles sous des institutions fautives, mais adoucies par le temps et l'habitude et dont les autres jouissaient depuis plusieurs siècles de tous les bienfaits de la liberté. Epoque à jamais honteuse, où l'on vit un gouvernement perfide graver des mots sacrés sur ses étendards coupables, troubler la paix, violer l'indépendance, détruire la prospérité de ses voisins innocents, en ajoutant au scandale de l'Europe par des protestations mensongères de respect pour les droits des hommes et de zèle pour l'humanité. La pire des conquêtes c'est l'hypocrite, dit Machiavel, comme s'il avait prédit notre histoire. (*Décades.*)

Donner à un peuple la liberté malgré lui, ce n'est que lui donner l'esclavage. Des nations conquises ne peuvent contracter un esprit ni des habitudes libres. Chaque association doit ressaisir elle-même ses droits envahis, si elle est digne de les posséder. Des maîtres ne sauraient imposer la liberté. Pour les nations qui jouissent de la liberté politique, les conquêtes ont encore, par dessus toute autre hypothèse, ceci de plus évidemment insensé, que si ces nations restent fidèles à leurs principes, leurs triomphes ne les conduisent qu'à se dépouiller d'une portion de leurs droits pour les communiquer aux vaincus.

Lorsqu'un peuple de dix millions d'hommes gouvernés par ses représentants ajoute à son territoire une province habitée par un million, il n'y gagne autre chose que de perdre un dixième de sa représentation, car il transporte ce dixième à ses nouveaux concitoyens.

L'on ne peut croire que l'absurdité du système des conquêtes, combiné avec une constitution représentative, eût échappe aux gouvernants républicains de la France. Mais les habitudes anciennes ont sur les hommes un si grand empire, qu'ils agissent en vertu de ces habitudes, lors même qu'ils les ont abjurées solennellement. Peu s'en est fallu qu'à force de victoires et de réunions, la France ne fût, sous le Directoire, représentée en majorité par des étrangers. Chaque succès de plus était pour les Français un représentant français de moins.

CHAPITRE III

EFFET DU SYSTÈME GUERRIER SUR L'ÉTAT INTÉRIEUR DES PEUPLES

Après avoir examiné les plus spécieux prétextes de guerre chez les gouvernements modernes, arrêtons-nous sur un de leurs effets, que l'on n'a pas, ce nous semble, remarqué suffisamment jusqu'ici. Ce système jette dans les sociétés une masse d'hommes dont l'esprit est différent de celui du peuple et dont les habitudes forment un contraste dangereux avec les usages de la vie civile, avec les institutions de la justice, avec le respect pour les droits de tous, avec ces principes de liberté pacifique et régulière qui doivent être également inviolables sous toutes les formes de gouvernement.

On nous a beaucoup parlé depuis seize années, d'armées composées de citoyens. Certes nous ne voulons pas faire injure à ceux qui ont défendu si glorieusement l'indépendance nationale, à ceux qui par tant d'exploits immortels fondèrent la République française. Lorsque des ennemis osent attaquer un peuple sur son territoire, les citoyens deviennent soldats pour les repousser. Ils étaient citoyens, ils étaient les premiers des citoyens, ceux qui ont affranchi notre sol de l'étranger qui le profanait. Mais en traitant une question générale, il faut écarter les souvenirs de gloire, qui nous entourent et nous éblouissent, les sentiments de reconnaissance, qui nous entraînent et nous subjuguent. Dans l'état actuel des associations européennes, le mot de citoyen et celui de soldat implique contradiction. Une armée de citoyens n'est possible que lorsqu'une nation est renfermée presque dans une seule cité. Alors les soldats de cette nation peuvent raisonner l'obéissance. Placés au sein de leur pays natal, entre des gouvernants et des gouvernés qu'ils connaissent, leur intelligence peut entrer pour quelque chose dans leur soumission. Mais un vaste pays, soit monarchique soit républicain, rend cette hypothèse absolument chimérique. Un vaste pays nécessite dans les soldats une subordination mécanique et en fait des agents passifs, irréfléchis et dociles. Aussitôt qu'ils sont déplacés, ils perdent toutes les données antérieures qui pourraient éclairer leur jugement. La grandeur du pays, facilitant à l'autorité qui dispose de la force militaire l'envoi des habitants d'une province dans une autre province éloignée, ces hommes soumis à la discipline qui les isole des indigènes, ne sont pour eux que des étrangers, bien qu'ils soient nominalement leurs compatriotes. Ils ne voient que leurs chefs, ne connaissent qu'eux, n'obéissent qu'à leurs ordres. Citoyens dans le lieu de leur naissance, ils sont des soldats partout ailleurs. Dès qu'une armée se trouve en présence d'inconnus, de quelque manière qu'elle soit organisée, elle n'est qu'une puissance physique, un pur instrument. L'expérience de la Révolution n'a que trop démontré ce que j'affirme. Il importe, nous avait-on dit, que les soldats soient citoyens, pour qu'ils ne tournent jamais leurs armes contre le peuple et nous avons vu de malheureux réquisitionnaires enlevés à la charrue, non seulement concourir au siège de Lyon, ce qui pourrait n'être qu'un acte de guerre civile, mais se rendre les instruments du supplice des Lyonnais, prisonniers et désarmés, ce qui était un acte d'obéissance implicite et de discipline, de cette discipline précisément et de cette obéissance dont on avait cru que les soldats citoyens sauraient toujours se garantir.

Une armée nombreuse, quels que soient ses éléments primitifs, contracte involontairement un esprit de corps. Cet esprit s'empare toujours tôt ou tard des associations qu'un même but réunit. La seule analogie durable des hommes, c'est leur intérêt. Dans tous les pays, dans tous les siècles, une confédération de prêtres a formé dans l'Etat un Etat à part. Dans tous les siècles, dans tous les pays, les hommes longtemps réunis en corps d'armée se sont séparés de la nation. Les soldats mêmes de la liberté, en combattant pour elle, conçoivent pour l'emploi de la force, indépendamment de son but, une sorte de respect et contractent ainsi des mœurs, des idées, des habitudes subversives, à leur insu, de la cause qu'ils défendent. Les mesures qui assurent les triomphes de la guerre préparent la chute des lois. L'esprit militaire est altier, rapide et conquérant. Les lois doivent être calmes, souvent lentes, toujours protectrices. L'esprit militaire déteste le raisonnement comme un commencement d'indiscipline. Toute autorité légitime repose sur les lumières et la conviction. Aussi nous voyons souvent, dans les annales des peuples, la force armée repousser les étrangers loin du territoire; mais nous ne la voyons pas moins souvent livrer sa patrie à ses chefs. Elle porte au plus haut degré la gloire des nations; mais elle met leurs droits au nombre de leurs conquêtes pour les déposer en pompe aux pieds du triomphateur. Nous voyons les légions romaines, composées au moins en partie de citoyens d'une République illustrée par six siècles de victoires, d'hommes nés sous la liberté, entourés des monuments élevés par vingt générations de héros à cette divinité tutélaire, fouler aux pieds la cendre des Cincinnatus et des Camilles et marcher sous l'ordre d'un usurpateur, pour profaner les tombeaux de leurs ancêtres et pour asservir la ville éternelle. Nous voyons les légions anglaises, qui, de leurs propres mains, avaient brisé le trône des rois et versé leur sang pendant vingt années pour établir une république, s'élancer avec Cromwell contre cette république naissante pour imposer au peuple un joug plus honteux que les fers dont leur valeur l'avait délivré.

L'idée de citoyens soldats est singulièrement dangereuse. Lorsqu'on dirige des hommes armés contre des autorités sans armes ou des individus paisibles, on oppose, dit-on, citoyens à citoyens. Le Directoire a fait délibérer des soldats sous leurs drapeaux et quand il leur commandait une opinion politique comme un exercice, il disait que des citoyens soldats, loin d'avoir un droit de moins, avaient un droit de plus que les autres, puisqu'ils avaient combattu pour la patrie. L'esprit militaire s'est ainsi fait jour dans la République. L'on a prétendu que pour la liberté, comme pour les victoires, rien n'était plus convenable que la rapidité des évolutions. L'on a considéré les opinions comme des corps de troupes, à enrôler ou bien à combattre, les assemblées représentatives comme les organes du commandement, leur opposition comme des actes d'indiscipline, les tribunaux comme des camps, les juges comme des guerriers, les accusés comme des ennemis, les jugements comme des batailles. Il n'est donc pas indifférent de créer dans un pays, par un système de guerres prolongées ou renouvelées sans cesse sous divers prétextes, une masse d'hommes imbus exclusivement de l'esprit militaire; le despotisme le plus rigoureux devient inévitable, ne fût-ce que pour contenir ces hommes; et cela seul est un grand mal, qu'il y ait une portion nombreuse du peuple qu'on ne puisse contenir que par le despotisme le plus rigoureux. Mais ces hommes contre lesquels le despotisme est nécessaire, sont en même temps instruments du despotisme contre le reste de la nation. Il est difficile que des soldats dont le premier devoir est l'obéissance au moindre signe, ne se persuadent pas facilement que tous les citoyens sont astreints à ce devoir.

Des précautions de détail ne suffisent pas contre ce danger, le plus terrible qui puisse menacer un peuple. Rome en avait prises de puissantes. Aucune armée ne pouvait s'approcher de la capitale. Aucun soldat sous les armes ne pouvait exercer les droits de citoyen. Mais il est toujours facile à l'autorité de se dérober à ces précautions. L'on donnera vainement au pouvoir législatif la faculté d'éloigner les troupes, de fixer leur nombre, de mettre obstacle à ceux de leurs mouvements, dont l'intention hostile serait manifeste, enfin de les licencier. Ces moyens sont à la fois extrêmes et impuissants. Le pouvoir exécutif doit avoir de droit et a toujours de fait la direction de la force armée. Chargé de veiller à la sûreté publique, il peut faire naître des troubles pour motiver l'arrivée d'un corps de troupes; il peut les faire venir en secret; il peut quand elles sont rassemblées arracher au pouvoir législatif l'apparence du consentement. Toutes les précautions qui exigent de ce pouvoir une délibération postérieure au danger qui le menace tournent dans un cercle vicieux. Le pouvoir législatif n'agit qu'à l'instant où le péril se découvre, c'est-à-dire quand le mal est fait et, quand le mal est fait, le pouvoir législatif ne peut plus agir.

L'esprit militaire, partout où il existe, est plus fort que les lois écrites. C'est l'esprit militaire qu'il faut restreindre. Rien ne le restreint qu'un esprit national tourné vers un autre but. L'esprit national se communique de la nation à l'armée, quelle que soit la composition de cette dernière. Quand cet esprit national n'existe pas, les soldats, bien qu'autrefois citoyens, n'en prennent pas moins l'esprit militaire. Quand cet esprit national existe, l'esprit militaire, même chez les soldats qui ne sont pas citoyens, est réprimé par cet esprit national et la tyrannie même en est adoucie. *Ceux qui corrompirent les républiques grecques,* dit Montesquieu, *ne devinrent pas toujours tyrans. C'est qu'ils s'étaient plus attachés à l'éloquence qu'à l'art militaire.*

Sous quelque point de vue que l'on envisage cette terrible question de la guerre, on doit se convaincre que toute entreprise de ce genre, qui n'a pas un but défensif, est le plus grand attentat qu'un gouvernement puisse commettre, parce qu'il réunit les effets désastreux de tous les attentats des gouvernements. Il met en péril tous les genres de liberté, il blesse tous les intérêts, il foule aux pieds tous les droits, il combine et il autorise tous les modes de tyrannie extérieure et intérieure, il déprave les générations naissantes, il divise le peuple en deux parts, dont l'une méprise l'autre et passe volontiers du mépris à l'injustice, il prépare des destructions futures par les destructions passées, il achète par les malheurs du présent les malheurs de l'avenir.

Ces vérités ne sont pas neuves et je ne les donne point pour telles. Mais les vérités qui paraissent les plus reconnues ont besoin souvent d'être répétées. Car l'autorité dans son dédain superbe les traite sans cesse comme des paradoxes, tout en les appelant des lieux communs. C'est d'ailleurs une chose assez remarquable que, tandis que notre gouvernement dans tous ses discours publics, dans toutes ses communications avec le peuple, professe l'amour de la paix et le désir de donner le repos au monde, des hommes qui prétendent lui être dévoués écrivent chaque jour que, la nation française étant essentiellement belliqueuse, la gloire militaire est la seule digne d'elle et que c'est par l'éclat des armes que la France doit s'illustrer. Ces hommes devraient nous dire comment la gloire militaire s'acquiert autrement que par la guerre et comment le but qu'ils proposent exclusivement au peuple français s'accorde avec le repos de l'univers ? Probablement au reste, ces auteurs eux-mêmes n'y ont jamais pensé. Contents de faire des phrases, tantôt sur un sujet, tantôt sur un autre, suivant la direction du moment, ils s'en remettent avec raison à l'oubli, pour voiler leur inconséquence. J'ai pensé toutefois que cette doctrine, de quelque part qu'elle osât se présenter, méritait d'être repoussée et qu'il était utile de confondre des écrivains qui, lorsqu'ils traitent de l'administration intérieure, recommandent le despotisme, parce qu'ils espèrent n'en être jamais que les instruments et, lorsqu'ils s'occupent des relations des peuples entre eux, ne voient rien de si glorieux que la guerre, comme si du fond de leur cabinet obscur, ils étaient les distributeurs de tous les fléaux qui peuvent peser sur l'humanité.

CHAPITRE IV

DES GARANTIES CONTRE LA MANIE GUERRIÈRE DES GOUVERNEMENTS

Il faudrait maintenant indiquer des garanties contre les guerres injustes ou inutiles que les gouvernements peuvent entreprendre puisque, dans notre état social actuel, ces entreprises, qui sont de grands maux par elles-mêmes conduisent encore à tous les autres maux. Mais des maximes générales seraient insuffisantes et des recherches sur les limites constitutionnelles, qu'on peut assigner à l'autorité, nous entraîneraient au-delà des bornes de cet ouvrage.

Rien n'est plus facile à juger suivant les lumières de la raison que les mesures du gouvernement relativement à la guerre. L'opinion publique à cet égard est toujours suffisamment juste, parce que l'intérêt de chacun et de tous parle hautement dans cette question. Chacun sent que la guerre est une chose funeste ; chacun sent aussi qu'une patience pusillanime, lorsque les étrangers nous blessent ou nous offensent, les invitant à redoubler d'orgueil et d'injustice, amène tôt ou tard la guerre que l'on voulait éviter et que, lorsqu'une fois les hostilités sont commencées, l'on ne peut déposer les armes qu'après avoir acquis pour l'avenir des garanties solides car une paix honteuse n'est qu'une cause de guerres nouvelles avec des chances moins favorables. Mais autant l'opinion publique est infaillible sur cette question, autant il est impossible de rien prescrire ou déterminer d'avance.

Dire qu'il faut s'en tenir à la défensive, c'est ne rien dire. Il est facile aux gouvernements d'insulter ou de menacer tellement leurs voisins, qu'ils les réduisent à les attaquer et, dans ce cas, le coupable n'est pas l'agresseur, mais celui qui, réunissant la perfidie à la violence, a forcé l'autre à l'agression. Ainsi la défensive peut n'être quelquefois qu'une adroite hypocrisie ; et l'offensive devenir une précaution de défense légitime. On peut affirmer que toute guerre que le sentiment national désapprouve est une guerre injuste ; mais aucun moyen n'existe pour constater ce sentiment national. Les gouvernements ont seuls la parole ; ils peuvent s'emparer exclusivement de l'imprimerie et leurs créatures et leurs écrivains parlant au nom d'un peuple silencieux et comprimé, forment un concert d'assentiment factice qui ne permet point à l'opinion réelle de se faire entendre.

Quant aux peuples qui jouissent de la liberté politique, nous trouverions sans doute dans les discussions publiques des assemblées, dans le consentement ou le refus des impôts, dans la responsabilité des ministres, des moyens de réprimer les abus relatifs à la guerre, d'une manière sinon satisfaisante, du moins généralement utile et qui préviendrait les derniers excès. Encore découvrirait-on, par un examen approfondi, que ces garanties sont trop souvent illusoires, qu'il est toujours facile au pouvoir exécutif de commencer une guerre, que le pouvoir législatif est alors forcé de le soutenir contre les étrangers qu'il a provoqués, que si, tout en l'appuyant, il le censure, les ennemis seront encouragés par ce dissentiment entre les pouvoirs, que les armées auront moins d'ardeur dans une guerre désapprouvée par les représentants de la nation que le peuple y concourra moins volontiers par des sacrifices pécuniaires, que le gouvernement se sentant accusé, apportera dans ses opérations moins de décision, de certitude, de rapidité, que les prétentions hostiles se grossiront, que la paix deviendra plus difficile à conclure, par cela seul que la guerre aura été l'objet d'un blâme public. Je ne veux point dire que ces inconvénients soient sans remède. Je crois, au contraire, qu'il serait possible d'en indiquer un, dont on trouve le germe chez plusieurs peuples, bien qu'il n'existe encore complètement chez aucun. Mais nous ne pourrions en traiter ici sans dénaturer en entier cet ouvrage. Nous en avons écarté tout ce qui concerne la liberté politique; et nous nous trouverions entraînés dans des discussions sur tout ce qui a rapport aux constitutions. Car toutes les questions de ce genre se tiennent étroitement. Pour qu'une constitution soit efficace sur un seul point il faut qu'elle soit bonne sur tous les autres.

Vous croyez qu'une assemblée représentative peut arrêter le pouvoir exécutif dans ses entreprises militaires. Mais pour qu'une assemblée représentative impose au pouvoir exécutif, il faut qu'elle tire sa mission d'une source légitime. Il faut qu'elle soit armée de prérogatives et environnée de garanties qui mettent son indépendance hors de tout danger. Si elle est armée de vastes prérogatives, il faut qu'elle soit en même temps contenue dans ses actes et réprimée dans ses excès; car une assemblée qui n'a pas de frein est plus dangereuse que le despote le plus absolu. Ainsi de quelque point du cercle que vous partiez, vous serez obligé de le parcourir tout entier, pour arriver à un résultat satisfaisant.

Je ne ferai sur les constitutions politiques qu'une réflexion, parce que je ne sache pas qu'elle ait été faite. Des écrivains modernes prétendent que les institutions qui limitent et divisent les pouvoirs ne sont que des formes trompeuses que les gouvernements éludent avec adresse. Cela serait vrai, que ces formes auraient encore leur utilité. Les gouvernements étant obligés de les éluder, ont moins de temps pour se livrer à des entreprises étrangères. Ils sont trop occupés au-dedans, pour chercher au-dehors une occupation factice. Les despotes entretiennent leurs sujets dans des guerres lointaines, pour les distraire de l'intérieur. Les peuples qui veulent jouir de quelque repos doivent donner quelque chose à faire au gouvernement dans l'intérieur, pour n'être pas précipités par son désœuvrement et son ambition dans les calamités de la guerre.

Je suis loin de convenir au reste que les institutions préservatrices de la liberté ne soient que de vaines formes. Elles donnent aux citoyens un grand sentiment de leur importance, une grande jouissance dans ce sentiment, un vif intérêt à la prospérité de l'Etat. De la sorte, indépendamment de leurs avantages directs, elles ont celui de créer et d'entretenir un esprit public. Cet esprit public est la seule garantie efficace. Elle a sa base dans l'opinion ; elle pénètre dans les cabinets des ministres ; elle modifie, elle arrête leurs projets à leur insu. Mais remarquez-le bien, cet esprit public tient beaucoup plus à l'organisation de l'autorité qu'à son action. Un gouvernement absolu peut, sous un despote vertueux, être très doux et ne créera point l'esprit public. Un gouvernement limité peut, sous un mauvais prince, être très vexatoire, malgré ses limites et l'esprit public n'en sera pas détruit pour cela. Mais encore une fois, toutes ces choses sont étrangères à notre sujet.

CHAPITRE V

DU MODE DE FORMATION ET D'ENTRETIEN DES ARMÉES

L'aversion des peuples modernes pour les hasards de la guerre, qui ont cessé d'être des plaisirs, rend la question des recrutements très difficile. Lorsque le génie de l'espèce humaine était belliqueux, les hommes couraient aux combats. Il faut les y traîner aujourd'hui.

Les droits de l'autorité relativement aux recrutements sont très nécessaires à fixer. Si elle est investie à cet égard d'une puissance illimitée, c'est comme si elle en avait une illimitée sur tous les objets.

Qu'importe qu'elle ne puisse pas arrêter les citoyens dans l'intérieur et les retenir indéfiniment dans les cachots, si elle peut les envoyer, eux ou leurs enfants, périr sur des plages lointaines, si elle fait planer cette menace sur les têtes les plus chéries et porte à son gré le désespoir dans toutes les familles, par l'exercice d'un droit prétendu.

Il y a deux modes de recrutement, qui se subdivisent encore mais à l'un ou l'autre desquels on peut rapporter toutes les différentes manières adoptées dans tous les pays.

L'un consiste à imposer à tous les citoyens d'un âge déterminé le devoir de porter les armes pendant un certain nombre d'années, l'autre est le recrutement libre et volontaire.

Les inconvénients du premier mode ne peuvent être contestés.

A de certaines époques de la vie humaine, les interruptions à l'exercice des facultés intellectuelles ou industrielles ne se réparent pas. Les habitudes hasardeuses, insouciantes et grossières de l'état guerrier, la rupture soudaine de toutes les relations domestiques une dépendance mécanique pour des devoirs minutieux, quand l'ennemi n'est pas en présence, une indépendance complète sous les rapports des mœurs, à l'âge où les passions sont dans leur fermentation la plus active, ce ne sont pas là des choses indifférentes pour la morale ou pour les lumières. Condamner à l'habitation des camps ou des casernes les jeunes rejetons de la classe aisée, dans laquelle résident, en définitif, l'instruction, la délicatesse, la justesse des idées, et cette tradition de douceur, de noblesse et d'élégance qui seule nous distingue des barbares, c'est faire à la nation tout entière un mal que ne compensent ni de vains succès, ni la terreur qu'elle inspire et qui n'est pour elle d'aucun avantage. Vouer au métier de soldat le fils du commerçant, de l'artiste, du magistrat, le jeune homme qui se consacre aux lettres, aux sciences, à l'exercice de quelque industrie difficile et compliquée, c'est lui dérober tout le fruit de son éducation antérieure. Cette éducation même se ressentira d'avance de la perspective d'une interruption inévitable. Le zèle des parents se découragera. L'imagination du jeune homme sera frappée en bien ou en mal de la destinée qui l'attend. De quelque manière que son imagination en soit frappée, son application ne pourra qu'en souffrir. S'il s'enivre des rêves brillants de la gloire militaire, il dédaignera des études paisibles, des occupations sédentaires, un travail d'attention contraire à ses goûts et à la mobilité de ses facultés naissantes. S'il se voit avec douleur arraché à ses foyers, s'il calcule combien le sacrifice de plusieurs années apportera de retard à ses progrès, il désespérera de lui-même. Il ne voudra pas se consumer en efforts, dont une main de fer lui déroberait le fruit. Il se dira que, puisque son pays lui dispute le temps nécessaire à l'acquisition de ses connaissances, au perfectionnement de l'art qu'il cultive ou de l'industrie qu'il a embrassée, il est inutile de lutter contre la force; il se résignera paresseusement à sa destinée.

Que si, transformant de quelque manière l'obligation de porter les armes en un impôt sur le riche, vous la restreignez en réalité à la classe laborieuse et indigente, sans doute, bien que cette inégalité semble avoir quelque chose de plus révoltant, elle sera moins funeste dans ses résultats, que l'égalité prétendue qui pèserait sur toutes les classes. Un manœuvre, un journalier souffrent moins de l'interruption de leurs occupations habituelles que des hommes voués à des professions qui exigent de l'expérience, de l'assiduité, de l'observation et de la pensée. En arrachant le fils d'un agriculteur à sa charrue, vous ne le mettez pas hors d'état de reprendre à son retour sa première vocation. Mais d'autres inconvénients se présentent qui ne sont pas d'une moindre importance. Vous verrez les pères punis pour les fautes de leurs enfants, l'intérêt des enfants séparé par conséquent de celui des pères, les familles réduites ou à se réunir pour résister à la loi, ou à se diviser pour qu'une partie contraigne l'autre à l'obéissance, l'amour paternel traite comme un crime, la tendresse filiale qui ne veut pas abandonner un père dans la vieillesse et l'isolement, transformée en révolte et frappée avec rigueur, l'espionnage et la délation, ces éternelles ressources de l'autorité, lorsqu'elle a créé des délits factices, encouragées et récompensées, des devoirs odieux imposés aux magistrats subalternes, des hommes lâchés comme des dogues féroces, dans les cités et dans les campagnes, pour poursuivre et pour enchaîner des fugitifs innocents aux yeux de la morale et de la rature. Et que sera-ce, si toutes ces vexations n'ont pas lieu, pour une défense légitime, mais pour l'envahissement et la dévastation de régions éloignées, dont la possession n'ajoute rien à la prospérité nationale, à moins qu'on appelle prospérité nationale le vain renom de quelques hommes et leur funeste célébrité.

Les raisonnements qu'on allègue en faveur des institutions qui forcent tous les citoyens au métier des armes, ressemblent à quelques égards à ceux des ennemis de la propriété, qui, sous le prétexte d'une égalité sauvage, veulent répartir le travail manuel indistinctement entre tous les hommes, ne réfléchissant pas que le travail réparti de la sorte non seulement serait moins utile qu'il serait mal exécuté, mais que de plus il mettrait obstacle à toute suite, à toute occupation exclusive, à tous les bons effets de l'habitude et de la centralisation des forces et par là même à tout progrès, à tout perfectionnement. De même la vie militaire, s'emparant successivement de toutes les générations, pendant leur années, précipiterait infailliblement un peuple dans l'abrutissement et dans l'ignorance.

Le seul inconvénient du second mode, je veux dire du recrutement libre et volontaire, c'est la possibilité de son insuffisance.

Je crois cette insuffisance fort exagérée. Les obstacles que l'autorité rencontre pour le recrutement sont toujours en raison de l'inutilité de la guerre. Dès qu'il s'agit d'une guerre légitime, ces obstacles diminuent. L'opinion parle, l'intérêt de tous se fait entendre Tous sont entraînés par cet intérêt et cette opinion. Chacun s'anime, chacun se présente pour marcher au combat, en connaissance de cause. Le mouvement national existe. L'autorité n'a pas besoin de le créer par des ordres et par des menaces. Elle n'a qu'à le diriger.

On peut l'affirmer sans crainte. Si les gouvernements n'entreprenaient que des guerres justes, si dans l'intérieur ils prenaient aussi la justice pour règle de leur conduite, ils rencontreraient bien peu d'obstacles à la composition des armées. Nous ne leur disputons point, dans l'état actuel de l'Europe, le droit d'entretenir des forces militaires toujours sur pied, même en temps de paix et celui d'imposer aux citoyens de certains devoirs pour la formation et le maintien de ces forces militaires. Mais combien, dans l'hypothèse que l'autorité n'entreprendrait que des guerres légitimes, c'est-à-dire motivées sur la nécessité de la défense, bien que les circonstances pussent les rendre offensives, combien dans cette hypothèse, disons-nous, la force militaire indispensable serait moins nombreuse et les devoirs des citoyens plus faciles à remplir ! Ne soyez pas alors défiants de leur zèle. Ils ne sont pas lents à courir aux armes pour leur patrie, quand ils en ont une. Ils s'élancent pour le maintien de leur indépendance au-dehors, lorsqu'au-dedans ils possèdent la sécurité. Quand ils restent immobiles, quand il faut les contraindre, c'est qu'ils n'ont rien à perdre, et à qui la faute ?

L'on objectera peut-être que ce mouvement unanime ne peut avoir lieu dans un grand empire, que les hommes ne courent à la défense de leurs frontières que lorsque ces frontières sont très voisines de leurs foyers et qu'une guerre qui serait occasionnée par l'entrée d'un ennemi dans une province éloignée ne produirait au centre ou à l'extrémité opposée ni indignation, ni zèle pour la repousser. Cette assertion d'abord est beaucoup moins incontestable qu'on ne le pense. Supposez un grand peuple libre, heureux de sa liberté, attaché par le sentiment de son bonheur à l'autorité qui le gouverne, il contractera des idées plus étendues et plus généreuses que ceux qui fondent leur pouvoir sur l'avilissement de l'espèce humaine n'aiment à le croire. De même que les hommes accoutumés à la liberté voient dans l'oppression d'un seul citoyen, quelque étranger qu'il leur puisse être, un attentat punissable contre tous les membres de l'état social, de même un peuple qui a une patrie voit dans l'envahissement d'une portion de son territoire une insulte faite à cette patrie tout entière. La jouissance de la liberté crée un sentiment d'orgueil national tellement délicat, tellement susceptible que l'autorité a plus souvent à le restreindre qu'à l'exciter. Cette vérité sans doute a des bornes. Mais il en résulte seulement que les empires aussi doivent en avoir. Lorsqu'un pays est tellement étendu qu'aucun lien national ne peut exister entre ses différentes provinces, je ne conçois guère le raisonnement qui justifierait cette étendue excessive.

Un peuple ne refuse de se défendre contre un ennemi qui le menace ou de contribuer dans une proportion suffisante à l'établissement nécessaire à la sûreté du pays qu'il habite, que lorsque son gouvernement, par ses injustices, l'a détaché de ses intérêts ou lorsque l'ambition forcenée de ce gouvernement, voulant établir partout aux dépens de ses sujets, une domination tyrannique, exige des efforts et des sacrifices que ne réclament ni la sûreté ni la prospérité de ce peuple. Ce gouvernement est alors réduit à traîner au combat ses esclaves chargés de fers.

C'est assez néanmoins que le recrutement volontaire puisse être supposé insuffisant, pour qu'on doive indiquer le remède à cette insuffisance L'on a dit que si un gouvernement n'était pas assez bon pour inspirer à ses sujets le désir de le défendre, il devait porter la peine de ses vices. Cela est vrai. Mais aucun gouvernement ne s'y résignera. Il est inutile de poser des principes dont la nature fait qu'ils ne sont jamais observés.

Dans le cas où le recrutement volontaire est insuffisant, il faut bien accorder au gouvernement le droit de recourir au recrutement forcé. Quand on ne lui accorderait pas ce droit, il le prendrait. Mais pour combiner ce droit avec quelque liberté, quelque sécurité individuelle, il faut en revenir à la liberté politique. Car, ainsi que nous l'avons dit en commençant, si le droit du recrutement forcé n'est pas strictement limité, il n'y a plus de bornes au despotisme. Tout nous ramène donc malgré nous à la liberté politique par toutes les routes.

Il faut que les représentants de la nation déterminent comment, en quel nombre, à quelles conditions, pour quel but, les citoyens pourront être contraints à marcher à la défense de leur pays. Il ne faut pas que cette détermination de la représentation nationale soit permanente, mais qu'elle ait lieu toutes les fois que les circonstances l'exigent et qu'elle cesse de droit, quand les circonstances ont changé. Et ceci nous force à répéter ce que nous avons dit plus haut de l'ensemble des prérogatives à accorder aux assemblées représentatives, pour qu'elles atteignent ce but. Car si elles sont faibles et dépendantes, elles voteront tout ce que voudra le pouvoir exécutif.

LIVRE XIV

DE L'ACTION DE L'AUTORITE SUR LES LUMIERES

CHAPITRE I

QUESTIONS À TRAITER DANS CE LIVRE

Les rapports de l'autorité avec les lumières sont d'une nature plus difficile et plus délicate encore à déterminer que ceux qui ne concernent que les actions, la propriété ou l'industrie, choses extérieures et matérielles. Si l'homme tend à l'indépendance dans l'exercice de toutes ses facultés, il en éprouve surtout le besoin dans l'exercice de la pensée. Plus il réfléchit, plus il s'aperçoit que toutes ses pensées se tiennent, qu'elles forment une chaîne indissoluble, qu'il est impossible d'en briser ou d'en soustraire arbitrairement un seul anneau. La religion peut dominer la pensée, parce qu'elle devient la pensée même. Mais l'autorité ne le peut pas. Ces deux choses n'ont entre elles aucun point de contact réel.

Les matérialistes ont reproduit souvent contre la doctrine de l'esprit pur une objection qui n'a perdu sa force que depuis qu'une philosophie moins téméraire nous a fait reconnaître l'impuissance où nous sommes de rien concevoir sur ce que nous appelons matière et sur ce que nous nommons esprit. L'esprit pur, disaient-ils, ne peut agir sur la matière, on peut dire, avec plus de raison et sans se perdre dans une métaphysique subtile, qu'en fait de gouvernement, la matière ne peut agir sur l'esprit. Or l'autorité, comme autorité, n'a jamais que de la matière à son service. Lorsqu'elle veut employer le raisonnement, elle change de nature et le soumet à la pensée, au lieu de la dominer. Elle cherche à la convaincre, donc elle la reconnaît pour son juge. Aussi voyons-nous toujours qu'après quelques tentatives de ce genre, elle s'aperçoit qu'elle n'est plus dans sa sphère, qu'elle s'est dépouillée de ses armes habituelles et lorsqu'elle veut les reprendre, la lutte entre elle et la pensée recommence.

Pour attribuer à l'autorité la direction des lumières, il faut supposer ou que les hommes ne peuvent arriver par leurs propres forces à la découverte des vérités dont la connaissance leur est salutaire ou qu'il y a de certaines vérités dont la découverte serait dangereuse et, par conséquent, de certaines erreurs qu'il est utile de maintenir. Dans la première hypothèse, l'on charge l'autorité de détruire l'erreur, dans la seconde de la protéger.

Ceci nous ramène à un sujet que nous avons traité ci-dessus. Les moyens de l'autorité pour maintenir l'erreur consistent en grande partie en restrictions imposées à la manifestation de la pensée. Nous ne reviendrons point sur cette matière que nous croyons avoir suffisamment éclaircie. Mais le principe même de l'utilité des erreurs nous paraît mériter quelque examen. Ce problème souvent agité n'a pas encore été, ce nous semble, considéré comme il devait l'être. Considéré de la sorte, peu de mots suffiront pour le résoudre et nous prouverons par ce peu de mots que les partisans de ce système n'ont pas eux-mêmes bien approfondi leur propre opinion.

CHAPITRE II

DE L'UTILITÉ QU'ON ATTRIBUE AUX ERREURS

Nul doute que la conséquence apparente d'une erreur ne puisse être très utile, c'est-à-dire que l'effet qui semble devoir en résulter naturellement peut paraître très avantageux. Mais la difficulté véritable, c'est que rien ne garantit que l'effet moral d'une erreur sera tel qu'on le suppose ou qu'on le désire. Les partisans des erreurs utiles tombent dans une méprise que nous avons relevée ailleurs. Ils ne font entrer dans leurs calculs que le but et ne songent point à l'effet des moyens employés pour y arriver. Ils ne considèrent telle erreur que comme établie isolément; ils oublient le danger de donner à l'homme l'habitude de l'erreur. La raison est une faculté qui se perfectionne ou se détériore. En imposant à l'homme une erreur, vous détériorez en lui cette faculté. Vous brisez la chaîne de ses idées. Qui vous garantit que cette chaîne ne se brisera pas de nouveau, quand il s'agira d'appliquer l'erreur que vous lui aurez inculquée? S'il était accordé à l'homme d'intervertir une seule fois l'ordre des saisons, quelque avantage qu'il pût retirer de ce privilège dans une circonstance particulière, il n'en éprouverait pas moins un désavantage incalculable, en ce qu'il ne pourrait plus dans la suite se reposer sur la succession uniforme et l'invariable régularité qui sert de base à ses travaux. Il en est de la nature morale comme de la nature physique. Toute erreur fausse l'esprit; car pour y pénétrer, il faut qu'elle l'empêche de marcher suivant sa destination, du principe à la conséquence. Qui vous assure que cette opération ne se répétera pas sans cesse? Qui peut tracer la route que doit suivre un esprit sorti de celle de la raison? Une erreur est une impulsion dont la direction est incalculable; en donnant cette impulsion et par l'opération même qu'il vous a fallu faire pour la donner, vous vous êtes mis hors d'état de la conduire. Vous avez donc à craindre ce qui paraît le moins en résulter. C'est par une pétition de principe que vous dites : telle erreur est favorable à la morale; non, car pour que cette erreur fût réellement favorable à la morale, il faudrait que l'homme qui a raisonné faux pour adopter cette erreur, raisonnât juste en partant de ce point donné et rien n'est moins sûr. Un esprit que vous avez accoutumé à raisonner faux dans telle occasion, où l'imperfection de sa logique vous paraissait commode et se prêtait à vos vues, raisonnera faux dans telle autre occasion, où le vice de son raisonnement contrariera vos intentions. Tel homme adopte sur la nature d'un être suprême des idées absurdes : il l'imagine incompréhensible, vindicatif, jaloux, capricieux, que sais-je? Si néanmoins il partait de ces données pour raisonner bien désormais, elles pourraient malgré leur peu de raison, régler encore utilement sa conduite. Il se dirait : cet être tout-puissant, souvent bizarre, quelquefois cruel veut cependant le maintien des sociétés humaines et dans notre incertitude sur ses volontés particulières, le plus sûr moyen de lui plaire est la justice, qui satisfait son vœu général. Mais au lieu de raisonner de la sorte, cet esprit suffisamment égaré pour adopter un premier principe absurde, ira probablement de suppositions en suppositions, de mystères en mystères, d'absurdités en absurdités, jusqu'à se forger une morale toute contraire à celle qu'on avait cru mettre sous la sauvegarde de la religion. Il n'est donc pas utile de tromper les hommes, lors même que l'on tire de cet artifice un avantage momentané. Le général qui enseigne à ses troupes que la foudre qui gronde est un présage de la victoire, s'expose à voir ses soldats prendre la fuite, si quelque imposteur plus habile leur persuade que ce bruit terrible est un signe de la colère des dieux. C'est ainsi que ces animaux énormes, que des peuples barbares plaçaient en tête de leurs armées, pour les diriger sur leurs ennemis, reculaient tout à coup frappés d'épouvantes ou saisis de fureur et, méconnaissant la voix de leurs maîtres, écrasaient ou dispersaient les bataillons mêmes qui attendaient d'eux leur salut et leur triomphe. Mais voici bien une autre difficulté. Les erreurs que vous appelez utiles, nécessitent une série d'idées différentes de l'enchaînement auquel nous destinait la nature. Que le hasard nous découvre quelque vérité, cette série factice est rompue. Que ferez-vous alors ? La rétablirez-vous par la force ? Vous voilà reportés aux lois prohibitives, dont nous avons ailleurs démontré l'impuissance et le danger. Ce serait d'ailleurs en vous une grande inconséquence. Vous avez posé en principe que l'homme n'est pas susceptible d'être gouverné par la vérité et que l'erreur en assujettissant l'esprit dispense des moyens de force et bientôt après vous emploieriez ces moyens à l'appui de l'erreur même, dont l'avantage devait être de les rendre superflus. Pour maintenir l'ordre public, vous recourez à ce que vous appelez des illusions et vous êtes en admiration de cette ressource bien plus douce, dites-vous, et non moins efficace que les lois pénales. Mais on révoque en doute vos illusions tutélaires. Vous ne pouvez les défendre par des idées d'une nature semblable : la sanction elle-même est attaquée. Appellerez-vous les lois à votre secours? Cette rigueur que vous vous vantiez naguère de ne pas employer en faveur de la tranquillité publique, l'invoquerez-vous à l'aide des erreurs que vous croyez nécessaires à cette tranquillité. Autant aurait valu, ce me semble, vous dispenser de ce long détour et ne sévir que contre le crime, ce qui vous aurait épargné l'odieux de persécuter la pensée. Votre tâche aurait été plus facile, car la pensée vous échappera mille fois plus que n'auraient fait les actions. Enfin une objection se présente contre l'utilité des erreurs, objection déjà rapportée dans cet ouvrage et que pour cette cause nous nous contenterons d'indiquer. La défaveur qui frappe une erreur découverte retombe sur la vérité qu'on avait associée à cette erreur, par un zèle aveugle et un calcul maladroit. *Des hommes bien intentionnés,* dit Bentham, *pensent qu'on ne doit ôter à la morale aucun de ses appuis, lors même qu'il porte à faux* [...] *Mais quand un esprit dépravé a triomphé d'un faux argument, il croit avoir triomphé de la morale même.* Les erreurs sont toujours funestes et par l'effet qu'elles produisent sur l'esprit même et par les moyens indispensables en définitif pour assurer leur durée. Les erreurs qui vous paraissent les plus salutaires ne sont que des fléaux déguisés. Vous désirez le maintien d'un gouvernement. Vous écartez les vérités opposées aux principes sur lesquels ce gouvernement repose. Vous encouragez les erreurs contraires à ces vérités. Mais un gouvernement peut être renversé par mille causes que vous ne prévoyez pas. Alors, plus les erreurs que vous aurez encouragées auront jeté des racines profondes, plus les vérités que vous aurez repoussées seront ignorées. Moins les hommes seront préparés à ce qu'il faudra mettre à la place de ce qui n'existe plus, plus il y aura dans le renversement et dans ses suites de violence, de malheurs et de désordre.

Nous l'affirmons avec confiance : toutes les fois que l'on croit remarquer qu'il y a eu abus de lumières, c'est qu'il y avait manque de lumières. Toutes les fois que l'on accuse la vérité d'avoir fait du mal, ce mal n'a pas été l'effet de la vérité mais de l'erreur. Dire que la vérité peut être dangereuse, c'est proférer une terrible accusation contre la providence, qui a mis au rang des besoins de l'homme la recherche de la vérité. Dans cette hypothèse, la providence a tracé à l'espèce humaine une route qu'elle est condamnée à suivre par une impulsion irrésistible et cette route aboutit à un abîme.

La vérité d'ailleurs est une et l'erreur est innombrable. Quels sont vos moyens pour choisir dans la foule des erreurs? L'erreur est à la vérité ce que le machiavélisme est à la morale. Si vous abandonnez la morale, pour vous jeter dans les ruses du machiavélisme, vous n'êtes jamais sûr d'avoir entre ces ruses choisi la meilleure. Si vous renoncez à la recherche de la vérité, vous n'êtes jamais certain d'avoir choisi l'erreur la plus utile.

La vérité n'est pas seulement bonne à connaître, mais bonne à chercher. Lors même qu'on se trompe dans cette recherche, on est plus heureux qu'en y renonçant. L'idée de la vérité est du repos pour l'esprit, comme l'idée de la morale est du repos pour le cœur.

CHAPITRE III

DE L'AUTORITÉ EMPLOYÉE EN FAVEUR DE LA VÉRITÉ

Eh bien, dira-t-on, puisque l'erreur est toujours funeste, l'autorité doit en préserver les hommes et les conduire à la vérité. Mais quels sont les moyens de l'autorité pour la découvrir? Nous avons prouvé au commencement de cet ouvrage que les gouvernants n'étaient pas moins sujets à l'erreur que les gouvernés. D'ailleurs les objections que nous avons alléguées contre les erreurs prétendues utiles, s'appliquent avec une force presque égale aux vérités que l'autorité voudrait inculquer et faire admettre sur parole. L'appui du pouvoir assuré même à la vérité se transforme en une cause d'erreur. Le soutien naturel de la vérité c'est l'évidence. La route naturelle vers la vérité, c'est le raisonnement, la comparaison, l'examen. Persuader à l'homme que l'évidence, ou ce qui lui paraît l'évidence, n'est pas le seul motif qui doive le déterminer dans ses opinions, que le raisonnement n'est pas la seule route qu'il doive suivre, c'est fausser ses facultés intellectuelles. C'est établir une relation factice entre l'opinion qu'on lui présente et l'instrument avec lequel il doit la juger. Ce n'est plus d'après la valeur intrinsèque de l'opinion qu'il prononce, mais d'après des considérations étrangères et son intelligence est pervertie, dès qu'elle suit cette direction. Supposez infaillible le pouvoir qui s'arroge le droit d'annoncer la vérité, il n'en emploie pas moins des moyens qui ne sont pas homogènes, il n'en dénature pas moins et la vérité qu'il proclame et l'intelligence à laquelle il ordonne sa propre renonciation. M. de Montesquieu dit avec raison, qu'un homme condamné à mort par les lois qu'il a consenties est politiquement plus libre que celui qui vit tranquille sous des lois instituées sans le concours de sa volonté. L'on peut dire avec la même justesse que l'adoption d'une erreur d'après nous-mêmes, et parce qu'elle nous paraît la vérité, est une opération plus favorable au perfectionnement de notre esprit que l'adoption d'une vérité sur la parole d'une autorité quelconque. Dans le premier cas, nous nous formons à l'examen. Si cet examen dans telle circonstance particulière ne nous conduit pas à des résultats heureux, nous sommes toutefois sur la route. En persévérant dans notre investigation scrupuleuse et indépendante, nous arriverons tôt ou tard. Mais dans la seconde supposition, nous ne sommes plus que le jouet de l'autorité devant laquelle nous avons courbé notre propre jugement. Non seulement dans la suite nous adopterons des erreurs, si l'autorité qui domine se trompe ou trouve utile de nous tromper, mais nous ne saurons pas même tirer des vérités, que cette autorité nous aura révélées, les conséquences qui doivent en résulter. L'abnégation de notre intelligence nous aura rendus des êtres misérablement passifs. Le ressort de notre esprit se trouvera brisé. Ce qui nous restera de force ne servira qu'à nous égarer. Un écrivain doué d'une pénétration remarquable [Godwin] observe à ce sujet, qu'un miracle opéré pour démontrer une vérité ne produirait point de conviction réelle dans les spectateurs, mais détériorerait leur jugement. Car il n'existe entre une vérité et un miracle aucune liaison naturelle. Un miracle n'est point la démonstration d'une assertion. C'est une preuve de force. Requérir par un miracle l'assentiment à une opinion, c'est exiger que l'on accorde à la force ce que l'on ne doit accorder qu'à l'évidence, c'est renverser l'ordre des idées et vouloir qu'un effet soit produit par ce qui ne saurait être sa cause.

Nous avons observé ailleurs que la morale ne se composait que de l'enchaînement des causes et des effets. De même la connaissance de la vérité ne se compose que de l'enchaînement des principes et des conséquences. Toutes les fois que vous interrompez cet enchaînement, vous détruisez soit la morale, soit la vérité.

Tout ce qui est imposé par l'autorité à l'opinion ne peut être utile et devient nuisible, la vérité comme l'erreur. La vérité n'est pas alors nuisible comme vérité ; elle est nuisible comme n'ayant pas pénétré dans l'esprit humain par la route naturelle.

Mais il y a une classe, dont les opinions ne peuvent être que des préjugés, une classe, qui, n'ayant pas de temps de réfléchir, ne peut apprendre que ce qu'on lui enseigne, une classe qui doit croire ce qu'on lui affirme, une classe enfin, qui, ne pouvant se livrer à l'examen, n'a nul intérêt à l'indépendance intellectuelle. On voudra peut-être que le gouvernement, en laissant à la partie éclairée de l'association toute liberté, dirige l'opinion de la partie ignorante. Mais un gouvernement qui s'arrogera ce droit exclusif, prétendra nécessairement faire respecter ce privilège. Il ne voudra pas que des individus, quels qu'ils soient, agissent dans un sens différent du sien. J'accorde que dans les premiers moments, il couvre cette volonté de formes douces et tolérantes. Dès lors néanmoins il en résultera quelque entrave. Ces entraves iront toujours en croissant. Une religion professée par l'autorité entraîne la persécution plus ou moins déguisée de toutes les autres. Il en est de même des opinions en tout genre. De la préférence pour une opinion à la défaveur pour l'opinion contraire, l'intervalle est impossible à ne pas franchir.

Ce premier désavantage est la cause d'un second. Les hommes éclairés ne tardent pas à se séparer d'une autorité qui les blesse. Cela est dans la nature de l'esprit humain, surtout lorsqu'il est fortifié par la méditation et cultivé par l'étude. L'action de l'autorité, même la mieux intentionnée, a quelque chose de rude et de grossier et froisse mille fibres délicates qui souffrent et se révoltent.

Il est donc à craindre que si l'on attribue au gouvernement le droit de diriger, fût-ce vers la vérité, l'opinion des classes ignorantes, en séparant cette direction de toute action sur la classe éclairée, cette classe, qui sent que l'opinion est de son domaine, ne se mette en lutte contre le gouvernement. Mille maux alors en résultent. La haine d'une autorité qui intervient dans ce qui n'est pas de son ressort peut tellement s'accroître que, lorsqu'elle agit en faveur des lumières, les amis des lumières se rangent du côté des préjugés. Nous avons vu ce spectacle bizarre à quelques époques de notre Révolution. Un gouvernement fondé sur les principes les plus évidents et professant les opinions les plus saines mais qui, par la nature des moyens qu'il emploierait, aurait aliéné la classe cultivée, deviendrait infailliblement ou le gouvernement le plus avili, ou le gouvernement le plus oppresseur. Souvent même il réunirait ces deux choses qui semblent s'exclure.

La Révolution française avait été dirigée contre des erreurs de tout genre; c'est-à-dire elle avait eu pour but d'enlever à ces erreurs l'appui de l'autorité. Les chefs de cette révolution voulurent aller plus loin. Ils voulurent faire servir l'autorité même à la destruction de ces erreurs. Aussitôt le mouvement national s'arrêta. L'opinion s'étonna de l'impulsion étrangère qu'on voulait lui imprimer et recula devant ses alliés nouveaux. Un instinct délicat et rapide l'avertit que la cause avait changé, bien que l'étendard fût le même et elle abandonna l'étendard. Qu'avait en effet voulu cette masse d'hommes éclairés et d'un sens droit, qui, durant la dernière moitié du dix-huitième siècle, avait soutenu les philosophes contre la cour et le clergé? L'indépendance de l'opinion, la liberté de la pensée. Mais aussitôt que le pouvoir se mettait du côté des philosophes et s'exerçait en sa faveur, l'opinion n'était plus indépendante, la pensée n'était plus libre.

Il faut distinguer l'influence de la classe éclairée, comme éclairée et celle d'une partie de cette classe, comme revêtue de l'autorité. Personne ne désire plus que moi l'influence des lumières; mais c'est précisément parce que je la désire, que je la préfère à tout moyen d'une autre espèce et que je ne veux pas qu'on la dénature. C'est pour conserver dans toute sa force l'empire de la classe éclairée que je répugne à la subordonner à une petite portion d'elle-même, moins désintéressée nécessairement et probablement moins éclairée que le reste. L'action libre, graduelle et paisible de tous serait retardée et souvent même arrêtée par ce privilège accordé à quelques-uns.

CHAPITRE IV

DE LA PROTECTION DES LUMIÈRES PAR L'AUTORITÉ

Vous réduirez-vous à demander que l'autorité favorise de tout son pouvoir l'accroissement indéfini des lumières? Mais en chargeant l'autorité de cette fonction, vous êtes-vous bien assurés que vous ne lui imposez pas un devoir en sens inverse de son intérêt? Il faut distinguer entre les sciences proprement dites et les lumières dans le sens le plus étendu de cette expression. Nous avons dit et nous croyons avoir démontré que les sciences gagnaient toujours au progrès des lumières et qu'elles perdaient à leur décadence. Mais le matériel des sciences est néanmoins susceptible de s'isoler à beaucoup d'égard des intérêts les plus chers au bonheur et à la dignité de l'espèce humaine. Les mathématiques ou la physique entre les mains de d'Alembert, de Condorcet, de Biot ou de Cabanis sont des moyens de perfectionnement pour l'esprit, pour la raison et par là même pour la morale. Mais ces sciences peuvent aussi être séparées du grand but de la pensée; elles deviennent alors une espèce d'industrie d'un genre plus difficile et d'une utilité plus étendue que l'industrie du commun des hommes, mais non moins étrangère à ce que l'on entend particulièrement par philosophie. Tous les gouvernements ont intérêt à encourager les sciences circonscrites de la sorte et en conséquence presque tous les encouragent. Ils font avec elles un marché, en vertu duquel elles s'engagent à ne pas sortir de la sphère convenue. Un auteur célèbre a dit ingénieusement que l'autorité cherchait à diviser les facultés de l'homme, comme elle divise les citoyens entre eux, pour les tenir plus facilement dans la servitude. Mais il n'en est pas ainsi des lumières. Un marché pareil est contre leur nature. L'intérêt personnel des dépositaires de l'autorité n'est donc point de les protéger franchement et le plus possible.

L'intérêt des gouvernants, comme gouvernants, c'est que les gouvernés possèdent un degré de lumières qui les rende des agents habiles, mais qui ne diminue point leur docilité, qui ne nuise point au pouvoir et qui ne l'inquiète en rien. Le pouvoir, sous quelque forme qu'il existe, quelque légitime, quelque modéré que vous le supposiez est impatient de la surveillance. Or, plus les nations sont éclairées, plus la surveillance est redoutable. L'accroissement des facultés intellectuelles dans les gouvernés est la création d'une puissance rivale de celle des gouvernants. La conscience de chaque individu de la classe cultivée constitue un tribunal inflexible, qui juge les actes de l'autorité. Les gouvernants, comme gouvernants, n'ont donc pas intérêt à un progrès indéfini des lumières mais à un progrès relatif et limité.

Comme individus, il est plus évident encore que leur intérêt immédiat n'est pas sous le rapport des lumières le même que celui des gouvernés. Il serait trop niais de nous arrêter à démontrer qu'il est plus agréable aux dépositaires du pouvoir, quelque bien intentionnés qu'ils soient, aux ministres, quelque purs qu'ils veuillent être, d'être entourés d'hommes moins éclairés qu'eux et dont ils commandent facilement l'admiration et l'obéissance. Il en résulte que, lors même que le but ostensible de l'autorité serait d'encourager les lumières, son désir secret serait encore de les tenir dans la dépendance et pour cela de les limiter. Mais ce désir n'existerait pas dans les possesseurs de la puissance, que les objets de sa protection seraient enclins à le supposer. De là je ne sais quelle contrainte, obstacle éternel à tout mouvement libre, à toute logique sévère, à toute recherche exacte, à tout raisonnement impartial. La protection de l'autorité nuit aux lumières lors même que l'autorité sincère et désintéressée dans ses vues, repousse toute arrière-pensée et toute idée de domination. Comparez les progrès de la littérature française et de la littérature allemande à Berlin sous Frédéric II. Nul souverain fut de meilleure foi que Frédéric dans son zèle pour le développement de l'esprit humain. Il invita son académie à démontrer que jamais l'erreur ne pouvait être utile. La littérature de son pays lui paraissant encore dans l'enfance, il prodigua ses faveurs à tous les lettrés français qui se rendirent auprès de lui. Il les combla de distinctions, de richesses ; il leur accorda cette familiarité des grands qui jette, dit-on, presque tous les hommes dans une ivresse si douce. Cependant les écrits français publiés à sa cour ne furent jamais que des productions subalternes et superficielles. Le génie de Frédéric ne pouvait effacer le caractère indélébile de l'autorité. Ses protégés répétaient, il est vrai, des idées philosophiques, parce que ces idées étaient le mot d'ordre; mais les vérités mêmes sont stériles, quand elles sont commandées. Ils écrivaient des choses hardies, mais ils les écrivaient d'une main tremblante, incertains sur les résultats qu'il était prudent d'en tirer et se retournant sans cesse avec inquiétude pour consulter le pouvoir. Voltaire fit une courte apparition dans ce cercle littéraire, réchauffé par la protection royale; mais comme Voltaire n'était pas une créature de la protection, comme il était lui-même une puissance, les deux potentats ne purent vivre ensemble et Voltaire laissa bientôt le monarque protéger à son aise ses humbles littérateurs.

Les lettrés allemands dédaignés par Frédéric n'avaient aucune part à ses encouragements ou à ses faveurs. Ils ne travaillaient que pour le public et pour eux-mêmes. C'est à leurs écrits néanmoins que l'Allemagne doit le haut degré de lumières auquel elle est parvenue; et c'est à l'oubli du pouvoir que leurs écrits doivent leur mérite. S'il fallait choisir entre la persécution et la protection, la persécution vaudrait mieux pour les lumières.

Il y a dans les moyens que la nature a donnés à l'homme un ressort qui réagit entre la main qui l'opprime, mais qui se détend ou se fausse, lorsque cette main plus adroite est parvenue à s'en emparer. C'est avec la terreur d'être accusé de sorcellerie par l'autorité que Roger Bacon devançait son siècle. C'est sous le joug de l'Inquisition que Galilée découvrait le mouvement de la terre. C'est loin de sa patrie, d'où la tyrannie l'avait banni, que Locke analysait les facultés de l'homme. L'on conclut trop souvent, de ce qu'une cause a produit un effet, que différemment employée, elle produirait l'effet contraire. Les gouvernements ont quelquefois réussi à suspendre pour un temps la marche de l'intelligence humaine. Mais on en inférerait à tort qu'ils réussissent à l'encourager. L'ignorance peut à leur voix se prolonger sur la terre. Les lumières ne brillent qu'à la voix de la liberté.

CHAPITRE V

DES ENCOURAGEMENTS POUR LA MORALE

Il y a dans les encouragements pour la morale, de la part de l'autorité, les mêmes inconvénients que dans la protection qu'elle accorde aux lumières. Il y a même un autre danger. Ces encouragements ont l'effet d'ajouter un motif d'intérêt aux motifs naturels qui portent l'homme à la vertu. Quelques philosophes ont, d'après ce principe, redouté jusqu'à l'intervention de la toute-puissance divine pour punir ou récompenser, comme portant atteinte au désintéressement. Cependant chacun réunissant dans l'idée de Dieu toutes les perfections, il est sûr au moins que les décisions de la providence toujours infaillibles ne seront jamais en opposition avec la justice qui doit diriger les actions des hommes. Mais il n'en est pas de même des gouvernements exposés à l'erreur, susceptibles de préventions, capables d'injustice. Vous ne subordonnez pas la moralité de l'homme seulement à un être plus puissant que lui, ce qui est déjà un inconvénient. Vous la subordonnez à des êtres semblables à lui et qui peuvent valoir moins que lui. Par là vous le familiarisez avec l'idée de faire plier devant leur puissance, sans autre calcul que l'intérêt, ce qui lui paraît son devoir. La protection de l'autorité, dût-elle n'être jamais accordée qu'à la vertu, je croirais encore que la vertu se trouverait mieux d'être indépendante. Mais la protection de l'autorité pouvant être accordée au vice qui la trompe, ou qui la sert, il faut repousser, ce me semble, une intervention qui, dans son principe, nuit à la pureté de nos sentiments et dans son application peut manquer souvent l'avantage particulier qu'on lui attribue.

Il est d'ailleurs beaucoup moins nécessaire qu'on ne pense que l'autorité encourage les hommes à la morale, à la bienveillance, à la bonté, d'une manière légale. Pourvu que la société empêche ses membres de se nuire, ils trouveront assez de motifs pour se servir mutuellement. Un intérêt personnel positif engage les hommes à se rendre des services réciproques, pour en obtenir à leur tour, tandis qu'il n'y a qu'un intérêt négatif qui les engage à s'abstenir des actions nuisibles. Leur activité, qui est un de leurs penchants naturels, les porte à se faire du bien l'un à l'autre; mais cette même activité peut aussi les porter à se faire du mal. Chacun n'a que deux moyens d'engager ses semblables à concourir à ce qu'il désire, la force et la persuasion. Il faut qu'il les contraigne ou qu'il les amène à son but en gagnant leur bienveillance. Si les lois interceptent la première route, les individus prendront infailliblement la seconde. S'ils perdent tout espoir de succès par la violence, ils voudront arriver à ce succès en méritant la reconnaissance et l'affection. L'autorité n'a qu'une chose à faire c'est que les hommes ne se nuisent pas. S'ils ne se nuisent pas, ils se serviront.

CHAPITRE VI

DE L'ACTION DU GOUVERNEMENT SUR L'ÉDUCATION

L'éducation peut être considérée sous deux points de vue. On peut la regarder en premier lieu comme un moyen de transmettre à la génération naissante les connaissances de tout genre conquises par les générations antérieures. Sous ce rapport, elle est en entier de la compétence du gouvernement. La conservation et l'accroissement de toute connaissance est un bien positif. Le gouvernement doit nous en garantir la jouissance.

Mais on peut voir aussi dans l'éducation le moyen de s'emparer de l'opinion des hommes, pour les façonner à l'adoption d'une certaine quantité d'idées soit religieuses, soit morales, soit philosophiques, soit politiques; et c'est surtout comme menant à ce but que les écrivains de tous les siècles lui prodiguent leurs éloges.

Nous pourrions d'abord, sans révoquer en doute les faits qui servent de base à cette théorie, nier que ces faits fussent applicables à nos sociétés actuelles. L'empire de l'éducation, dans la toute-puissance qu'on lui attribue et en admettant cette toute-puissance comme démontrée chez les anciens, serait encore parmi nous plutôt une réminiscence qu'un fait existant. L'on méconnaît les temps, les nations et les époques;

et l'on applique aux modernes ce qui n'était praticable qu'à une ère différente de l'esprit humain.

Parmi des peuples qui, comme le dit Condorcet, n'avaient aucune notion de la liberté personnelle et où les hommes n'étaient que des machines dont la loi réglait les ressorts et dirigeait les mouvements, l'action de l'autorité pouvait influer plus efficacement sur l'éducation, parce que cette action uniforme et constante n'était combattue par rien. Mais aujourd'hui la société entière se soulèverait contre la pression de l'autorité; et l'indépendance individuelle, que les hommes ont reconquise, réagirait avec force sur l'éducation des enfants. La seconde éducation, celle du monde et des circonstances, déferait bien vite l'ouvrage de la première.

Il serait possible de plus que nous prissions pour des faits historiques les romans de quelques philosophes imbus des mêmes préjugés que ceux qui de nos jours ont adopté leurs principes; et alors ce système au lieu d'avoir été du moins autrefois une vérité pratique ne serait qu'une erreur perpétuelle d'âge en âge.

Où voyons-nous en effet cette puissance merveilleuse de l'éducation? Est-ce à Athènes? Mais l'éducation publique consacrée par l'autorité y était renfermée dans les écoles subalternes qui se bornaient à la simple instruction. Il y avait d'ailleurs liberté complète d'enseignement. Est-ce à Lacédémone? L'esprit uniforme et monacal des Spartiates tenait à un ensemble d'institutions dont l'éducation ne faisait qu'une partie et cet ensemble, je le pense, ne serait ni facile, ni désirable à renouveler parmi nous. Est-ce en Crète? Mais les Crétois étaient le peuple le plus féroce, le plus inquiet, le plus corrompu de la Grèce. On sépare les institutions de leurs effets et on les admire d'après ce qu'elles étaient destinées à produire, sans prendre en considération ce qu'elles ont produit en réalité.

On nous cite les Perses et les Egyptiens. Mais nous les connaissons très imparfaitement. Les écrivains grecs ont fait de la Perse et de l'Egypte le théâtre de leurs spéculations comme Tacite de la Germanie. Ils ont mis en action chez des peuples lointains ce qu'ils auraient désiré voir établi dans leur patrie. Leurs mémoires sur les institutions égyptiennes et persanes sont quelquefois démontrés faux par la seule impossibilité manifeste des faits qu'ils contiennent et presque toujours rendus très douteux par des contradictions inconciliables. Ce que nous savons d'une manière certaine, c'est que les Perses et les Egyptiens étaient gouvernés despotiquement et que la lâcheté, la corruption, l'avilissement, suites éternelles du despotisme, étaient le partage de ces nations misérables. Nos philosophes en conviennent dans les pages mêmes où ils les proposent pour exemple, relativement à l'éducation. Bizarre faiblesse de l'esprit humain, qui, n'apercevant les objets qu'en détail, se laisse tellement dominer par une idée favorite que les effets les plus décisifs ne l'éclairent pas sur l'impuissance des causes, dont il lui convient de proclamer le pouvoir. La plupart des preuves historiques ressemblent à celles que M. de Montesquieu allègue en faveur de la gymnastique. L'exercice de la lutte fit gagner aux Thébains la bataille de Leuctres. Mais sur qui gagnèrent-ils cette bataille? Sur les Lacédémoniens qui s'exerçaient à la gymnastique depuis 400 ans.

Le système qui met l'éducation dans la main du gouvernement repose sur deux ou trois pétitions de principe.

L'on suppose d'abord que le gouvernement sera tel qu'on le désire. L'on voit toujours en lui un allié, sans réfléchir que souvent il peut devenir un ennemi. L'on ne sent pas que les sacrifices que l'on impose aux individus peuvent ne pas tourner au profit de l'institution que l'on croit parfaite, mais au profit d'une institution quelconque.

Cette considération est d'un poids égal pour les partisans de toutes les opinions. Vous regardez comme le bien suprême le gouvernement absolu, l'ordre qu'il maintient, la paix que, selon vous, il prouve. Mais si l'autorité s'arroge le droit de s'emparer de l'éducation, elle ne se l'arrogera pas seulement dans le calme du despotisme, mais au milieu de la violence et des fureurs des factions. Alors le résultat sera tout différent de ce que vous espérez. L'éducation soumise à l'autorité, n'inspirera plus aux générations naissantes ces habitudes paisibles, ces principes d'obéissance, ce respect pour la religion, cette soumission aux puissances visibles et invisibles que vous considérez comme la base du bonheur et du repos social. Les factions feront servir l'éducation, devenue leur instrument, à répandre dans l'âme de la jeunesse des opinions exagérées, des maximes farouches, des axiomes impitoyables, le mépris des idées religieuses, qui leur paraîtront des doctrines ennemies, l'amour du sang, la haine de la pitié. N'est-ce pas ce qu'aurait fait le gouvernement révolutionnaire, s'il avait duré plus longtemps? Et le gouvernement révolutionnaire était pourtant un gouvernement.

Ce raisonnement n'aura pas moins de force, si nous l'adressons à des amis d'une liberté sage et modérée. Vous voulez, leur dirons-nous, que dans une république l'autorité domine l'éducation, pour former les citoyens dès l'âge le plus tendre à la connaissance et au maintien de leurs droits, pour leur apprendre à braver le despotisme, à résister au pouvoir injuste, à défendre l'innocence contre l'oppression. Mais le despotisme emploiera l'éducation à courber sous le joug ses esclaves dociles, à briser dans les cœurs tout sentiment noble et courageux, à bouleverser toute notion de justice, à jeter de l'obscurité sur les vérités les plus évidentes, à repousser dans les ténèbres ou à flétrir par le ridicule tout ce qui a rapport aux droits les plus sacrés, les plus inviolables de l'espèce humaine. N'est-ce pas ce que feraient aujourd'hui, s'ils étaient revêtus de quelque pouvoir, ces ennemis ardents de toute lumière, ces destructeurs de toute philosophie, ces calomniateurs de toute idée noble, qui, trouvant la carrière du crime déjà parcourue, s'en dédommagent au moins amplement dans celle de la bassesse?

On croirait que le Directoire avait été destiné à nous donner des mémorables leçons sur tous les objets de cette nature. Nous l'avons vu pendant quatre ans, voulant diriger l'éducation, tourmentant les instituteurs, les réprimandant, les déplaçant, les avilissant aux yeux de leurs élèves, les soumettant à l'inquisition de ses agents les plus subalternes et des hommes les moins éclairés, entravant l'instruction particulière et troublant l'instruction publique par une action perpétuelle et puérile. Le Directoire n'était-il pas un gouvernement? Je voudrais connaître la garantie mystérieuse que l'on a reçue, que l'avenir ne ressemblera jamais au passé.

Dans toutes ces hypothèses, ce que l'on désire que le gouvernement fasse en bien, le gouvernement peut le faire en mal. Ainsi les espérances peuvent être déçues et l'autorité que l'on étend à l'infini, d'après des suppositions gratuites, peut marcher en sens inverse du but pour lequel on l'a créée.

L'éducation qui vient du gouvernement, doit se borner à l'instruction seule. L'autorité peut multiplier les canaux, les moyens de l'instruction, mais elle ne doit pas la diriger. Qu'elle assure aux citoyens des moyens égaux, qu'elle procure aux professions diverses l'enseignement des connaissances positives qui en facilitent l'exercice, qu'elle fraye aux individus une route libre pour arriver à toutes les vérités de fait constatées et pour parvenir au point où leur intelligence peut s'élancer spontanément à des découvertes nouvelles, qu'elle rassemble pour l'usage de tous les esprits investigateurs les monuments de toutes les opinions, les inventions de tous les siècles, les découvertes de toutes les méthodes qu'elle organise enfin l'instruction de manière à ce que chacun puisse y consacrer le temps qui convient à son intérêt ou à son désir et se perfectionner dans le métier, l'art ou la science auxquels ses goûts ou sa destinée l'appellent. Qu'elle ne nomme point les instituteurs ; qu'elle ne leur accorde qu'un traitement, qui, leur assurant le nécessaire, leur rende pourtant désirable l'affluence des élèves, qu'elle pourvoie à leurs besoins, lorsque l'âge ou les infirmités auront mis un terme à leur carrière active ; qu'elle ne puisse point les destituer, sans des causes graves et sans le concours d'hommes indépendants d'elle.

Les instituteurs soumis au gouvernement seront à la fois négligents et serviles. Leur servilité leur fera pardonner leur négligence. Soumis à l'opinion seule, ils seraient à la fois actifs et indépendants.

En dirigeant l'éducation, le gouvernement s'arroge le droit et s'impose la tâche de maintenir un corps de doctrine. Ce mot seul indique les moyens dont il est obligé de se servir. En admettant qu'il choisisse d'abord les plus doux, il est certain du moins qu'il ne permettra d'enseigner dans ses écoles, que les opinions qu'il préfère. Il y aura donc rivalité entre l'éducation publique et l'éducation particulière. L'éducation publique sera salariée ; il y aura donc des opinions investies d'un privilège. Mais si ce privilège ne suffit pas pour faire dominer les opinions favorisées, croyez-vous que l'autorité jalouse de sa nature ne recourra pas à d'autres moyens ? Ne voyez-vous pas pour dernier résultat la persécution plus ou moins déguisée, mais compagne constante de toute action superflue de l'autorité ?

Nous voyons les gouvernements, qui paraissent ne gêner en rien l'éducation particulière, favoriser néanmoins toujours les établissements qu'ils ont fondés, en exigeant de tous les candidats aux places relatives à l'éducation publique une sorte d'apprentissage dans ces établissements. Ainsi le talent qui a suivi la route indépendante et qui, par un travail solitaire, a réuni peut-être autant de connaissances et probablement plus d'originalité qu'il ne l'aurait fait dans la routine des classes, trouve sa carrière naturelle, celle où il peut se communiquer et se reproduire, fermée tout à coup devant lui.

Ce n'est pas que, toutes choses égales, je ne préfère l'éducation publique à l'éducation privée. La première fait faire à la génération qui s'élève un noviciat de la vie humaine, plus utile que toutes les leçons de pure théorie, qui ne suppléent jamais qu'imparfaitement à la réalité et à l'expérience. L'éducation publique est salutaire surtout dans les pays libres. Les hommes rassemblés, à quelque âge que ce soit et surtout dans la jeunesse, contractent par un effet naturel de leurs relations réciproques un sentiment de justice et des habitudes d'égalité, qui les préparent à devenir des citoyens courageux et des ennemis de l'arbitraire. On a vu, sous le despotisme même, des écoles dépendantes de l'autorité reproduire en dépit d'elle des germes de liberté qu'elle s'efforçait en vain d'étouffer.

Mais je pense que cet avantage peut être obtenu sans contrainte. Ce qui est bon n'a jamais besoin de privilèges et les privilèges dénaturent toujours ce qui est bon. Il importe d'ailleurs que, si le système d'éducation que le gouvernement favorise est ou paraît être vicieux à quelques individus, ils puissent chercher un asile dans l'éducation particulière ou dans des instituts sans rapports avec le gouvernement. La société doit respecter les droits individuels et dans ces droits sont compris les droits des pères sur leurs enfants. Si son action les blesse, une résistance s'élèvera qui rendra l'autorité tyrannique et qui corrompra les individus en les obligeant à l'éluder. On objectera peut-être à ce respect que nous exigeons du gouvernement pour les droits des pères, que les classes inférieures du peuple, réduites par leur misère à tirer parti de leurs enfants, dès que ceux-ci sont capables de les seconder dans leurs travaux, ne les feront point instruire dans les connaissances les plus nécessaires, l'instruction fût-elle même gratuite, si le gouvernement n'est autorisé à les y contraindre. Mais cette objection repose sur l'hypothèse d'une telle misère dans le peuple, qu'avec cette misère rien ne peut exister de bon. Ce qu'il faut c'est que cette misère n'existe pas. Dès que le peuple jouira de l'aisance qui lui est due, loin de retenir ses enfants dans l'ignorance, il s'empressera de leur donner de l'instruction. Il y mettra de la vanité. Il en sentira l'intérêt. Le penchant le plus naturel aux pères est d'élever leurs enfants au-dessus de leur état. C'est ce que nous voyons en Angleterre et ce que nous avons vu en France pendant la Révolution. Durant cette époque, bien qu'elle fût agitée et que le peuple eût beaucoup à souffrir de son gouvernement, cependant par cela seul qu'il acquit plus d'aisance, l'instruction fit des progrès étonnants dans cette classe. Partout l'instruction du peuple est en proportion de son aisance.

Nous avons dit au commencement de ce chapitre que les Athéniens n'avaient soumis à l'inspection des magistrats que les écoles subalternes. Celles de philosophie restèrent toujours dans l'indépendance la plus absolue et ce peuple éclairé nous a transmis à ce sujet un mémorable exemple. Le démagogue Sophocle ayant proposé de subordonner à l'autorité du Sénat l'enseignement des philosophes, tous ces hommes qui, malgré leurs erreurs nombreuses, doivent à jamais servir de modèles, et comme amour de la vérité, et comme respect pour la tolérance, se démirent de leurs fonctions. Le peuple réuni les déclara solennellement affranchis de toute inspection du magistrat et condamna leur absurde adversaire à une amende de cinq talents.

Mais, dira-t-on, s'il s'élevait un établissement d'éducation reposant sur des principes contraires à la morale, vous disputeriez au gouvernement le droit de réprimer cet abus. On oublie que, pour qu'un établissement d'éducation se forme et subsiste, il faut des élèves, que, pour qu'il y ait des élèves, il faut que leurs parents les y placent et qu'en mettant à part, ce qui néanmoins n'est nullement raisonnable, la moralité des parents, il ne sera jamais de leur intérêt de laisser égarer le jugement et pervertir le cœur de ceux avec lesquels ils ont, pour toute la durée de leur vie, les relations les plus importantes et les plus intimes. La pratique de l'injustice et de la perversité peut être utile momentanément et dans une circonstance particulière. Mais la théorie ne peut jamais avoir aucun avantage. La théorie ne sera jamais professée que par des fous que repoussera incontinent l'opinion générale, sans que le gouvernement s'en mêle. Il n'aura jamais besoin de supprimer les établissements d'éducation où l'on donnerait des leçons de vice et de crime, parce qu'il n'y aura jamais d'établissements semblables et que s'il y en avait, ils ne seraient guère dangereux, parce que les instituteurs resteraient seuls. Mais au défaut d'objections plausibles, on s'appuie de suppositions absurdes et ce calcul n'est pas sans adresse. Car il y a du danger à laisser les suppositions sans réponse et il paraît y avoir en quelque sorte de la niaiserie à les réfuter.

J'espère beaucoup plus, pour le perfectionnement de l'espèce humaine, des établissements particuliers d'éducation que de l'instruction publique la mieux organisée par l'autorité.

Qui peut limiter le développement de la passion des lumières dans un pays de liberté ? Vous supposez aux gouvernements l'amour des lumières. Sans examiner ici, jusqu'à quel point cette tendance est leur intérêt, nous vous demanderons seulement pourquoi vous supposez moins le même amour dans les individus cultivés, dans les esprits éclairés, dans les âmes généreuses. Partout où l'autorité ne pèse pas sur les hommes, partout où elle ne corrompt pas la richesse, en conspirant avec elle contre la justice, les lettres, l'étude, les sciences, l'agrandissement et l'exercice des facultés intellectuelles seront les jouissances favorites des classes opulentes des sociétés. Voyez en Angleterre comme elles agissent, se coalisent, s'empressent de toutes parts. Contemplez ces musées, ces bibliothèques, ces associations indépendantes de savants voués uniquement à la recherche de la vérité, ces voyageurs bravant tous les dangers pour faire avancer d'un pas les connaissances humaines.

En éducation comme en tout, que le gouvernement veille et qu'il préserve ; mais qu'il reste neutre. Qu'il écarte les obstacles, qu'il aplanisse les chemins. L'on peut s'en remettre aux individus pour y marcher avec succès.

Chapitre VII

Des devoirs des gouvernements vis-à-vis des lumières

Les devoirs des gouvernements vis-à-vis des lumières sont simples et faciles. Mais ils sont d'une tout autre nature que la direction que trop souvent ils s'attribuent. Chaque génération ajoute aux moyens, soit physiques, soit moraux de l'espèce humaine. Tantôt ce sont des méthodes découvertes, d'autres fois des machines inventées, tantôt des signes perfectionnés, tantôt des faits éclaircis. Toutes ces choses sont en quelque sorte des facultés nouvelles acquises à l'homme. Elles sont bonnes à conserver indépendamment du but accidentel pour lequel elles peuvent être employées. Toutes les faculté de l'homme sans doute, tant celles que la nature lui a données que celles que le temps lui découvre ou que l'industrie invente ont des inconvénients aussi bien que des avantages. Mais les inconvénients d'aucune faculté ne sont dans la faculté même ; ils sont dans l'usage qu'on en fait. Aussi longtemps par conséquent que le gouvernement ne s'applique qu'à conserver les moyens, les découvertes, les facultés nouvelles conquises par l'homme, sans leur donner un but, sans en diriger l'usage, il remplit une fonction salutaire ; son action n'est ni équivoque, ni compliquée Il ne fait que du bien et un bien sans mélange et sans danger.

LIVRE XV

RESULTAT DES RECHERCHES PRECEDENTES RELATIVEMENT A L'ACTION DE L'AUTORITE

CHAPITRE I

RÉSULTAT DES RECHERCHES PRÉCÉDENTES

Nous avons parcouru presque tous les objets sur lesquels l'autorité, sortant des bornes du strict nécessaire, peut agir sous le prétexte de l'utilité. Nous avons trouvé que, sur tous ces objets, si l'homme avait été abandonné à lui-même, il en serait résulté moins de mal et plus de bien. *Quand les modérateurs des empires seront dans les bons principes,* dit Mirabeau, *ils n'auront que deux affaires, celle de maintenir la paix extérieure par un bon système de défense et celle de conserver l'ordre intérieur par une administration exacte, impartiale, inflexible de la justice. Tout le reste sera laissé à l'industrie particulière dont l'irrésistible influence opérant une plus grande somme de jouissances pour chaque citoyen, produirait infailliblement une masse plus considérable de bonheur public. Nul souverain, nul ministre ne peut connaître les affaires d'un millier d'hommes seulement et chaque individu voit en général très bien les siennes propres.*

Les gouvernants se sont créé des devoirs pour étendre leurs droits. Agents officieux du peuple, ils attentent sans cesse à sa liberté, c'est-à-dire aux moyens de bonheur que lui a donnés la nature et ils le font sous le prétexte de le rendre heureux. Ils veulent diriger les lumières, ce n'est que l'expérience qui les amène. Ils veulent prévenir les délits, ce n'est que le spectacle du châtiment qui les réprime avec certitude et sans arbitraire. Ils veulent encourager l'industrie, ce n'est que l'intérêt particulier qui lui donne de l'activité. Ils veulent établir des institutions, l'habitude seule les forme. Les gouvernements doivent veiller à ce que rien n'entrave le développement de nos facultés diverses, mais non se permettre d'y porter la main. Que diraient les habitants d'une maison, si des sentinelles qu'ils auraient placées aux portes pour repousser toute intrusion étrangère et pour apaiser tout désordre intérieur, s'arrogeaient le droit de les diriger dans leurs actions et de leur prescrire un genre de vie, sous prétexte de prévenir ces intrusions et ces désordres, ou sous celui, plus absurde encore, que leur genre de vie serait plus doux par ces changements? Les gouvernants sont ces sentinelles, placées par les individus, qui s'associent précisément pour que rien ne trouble leurs repos, ou ne gêne leur activité. S'ils vont plus loin, ils deviennent eux-mêmes une cause de trouble et de gêne.

L'emploi des lois pénales devient alors l'abus le plus coupable du droit de punir. Au lieu d'étendre ce droit terrible, il faudrait travailler à le restreindre. Au lieu de multiplier le nombre des délits, il faudrait le diminuer. Ce n'est pas un crime dans l'homme de méconnaître son propre intérêt en supposant qu'il le méconnaisse; ce n'est pas un crime dans l'homme de vouloir se diriger d'après ses propres lumières, lors même que l'autorité les trouve imparfaites. Mais c'en est un dans l'autorité de punir les individus parce qu'ils n'adoptent pas comme leur intérêt ce qui paraît tel à d'autres hommes ou qu'ils ne soumettent pas leurs lumières à des lumières dont, après tout, chacun d'eux est juge en dernier ressort. Subordonner à la volonté générale les volontés individuelles, sans une nécessité absolue, c'est mettre gratuitement des obstacles à tous nos progrès. L'intérêt particulier est toujours plus éclairé sur ce qui le concerne que le pouvoir collectif. Son défaut c'est de sacrifier à son but, sans ménagement et sans scrupule tout ce qui le contrarie. On a donc besoin de le réprimer et nullement de le conduire.

Augmenter la force de l'autorité collective n'est jamais que donner plus de pouvoir à quelques individus. Si la méchanceté des hommes est un argument contre la liberté, elle en est un plus fort encore contre la puissance. Car le despotisme n'est autre chose que la liberté d'un seul ou de quelques-uns contre tous. Burke dit que la liberté est une puissance : on peut dire de même que la puissance est une liberté.

CHAPITRE II

DE TROIS IDÉES PERNICIEUSES

Trois idées sont particulièrement dangereuses, lorsqu'elles s'emparent de l'esprit des gouvernants; ce sont les idées d'uniformité, les idées de stabilité et le désir inconsidéré d'améliorations prématurées.

CHAPITRE III

DES IDÉES D'UNIFORMITÉ

M. de Montesquieu, qui, dans son admirable ouvrage, avait presque tout aperçu, condamne dans un court chapitre les idées d'uniformité mais en peu de mots, sans développements et plutôt de manière à diriger l'attention du lecteur sur ce sujet qu'à le traiter et l'approfondir lui-même.

Il y a, dit-il, *de certaines idées d'uniformité, qui saisissent quelquefois les grands esprits car elles ont touché Charlemagne, mais qui frappent infailliblement les petits. Ils y trouvent un genre de perfection qu'ils reconnaissent, parce qu'il est impossible de ne pas les découvrir : les mêmes poids dans la police, les mêmes mesures dans le commerce, les mêmes lois dans l'Etat, la même religion dans toutes ses parties. Mais cela est-il toujours à propos sans exception ? Le mal de changer est-il toujours moins grand que celui de souffrir ? Et la grandeur du génie ne consisterait-elle pas à savoir dans quel cas il faut l'uniformité et dans quel cas il faut des différences ?*

Si l'auteur de l'*Esprit des lois* avait voulu s'appuyer de l'histoire, il aurait facilement démontré qu'une uniformité absolue est dans plusieurs circonstances contraire à la nature et des hommes et des choses.

Il est évident que des portions différentes du même peuple, placées dans des situations, élevées dans des coutumes, habitant des lieux dissemblables, ne peuvent être ramenées à des formes, à des usages, à des pratiques, à des lois absolument pareilles, sans une violence, qui leur coûte beaucoup plus qu'elle ne leur vaut. Le petit avantage d'offrir une surface unie sur laquelle l'œil superbe du pouvoir se promène en liberté, sans rencontrer aucune inégalité qui le blesse ou borne sa vue, n'est qu'une chétive compensation pour le sacrifice d'une foule de sentiments, de souvenirs, de convenances locales, dont se compose le bonheur individuel, c'est-à-dire le seul bonheur véritable. Le hasard qui soumet au même gouvernement diverses peuplades n'altère en rien la disposition ultérieure de chaque membre de ces peuplades. La série d'idées, dont leur être moral s'est formé graduellement et dès leur enfance, ne peut être modifiée par un arrangement purement nominal, purement extérieur, indépendant de leur volonté la plupart du temps et qui n'a rien de commun avec leurs habitudes, source intime et réelle de leurs peines et de leurs plaisirs.

C'est en immolant tout à des idées exagérées d'uniformité, qu'on a rendu les grands Etats un fléau pour l'espèce humaine. En renonçant à cette perfection idéale, on conserverait dans les grands pays beaucoup des avantages des petits Etats et on les combinerait avec les avantages qui résultent d'une plus grande étendue.

Pour la morale, la justice, le repos, un certain genre de bonheur et toutes les affections naturelles, les petits États sont préférables aux grands. Pour la sûreté extérieure, qui est la garantie du bonheur privé, pour l'indépendance nationale, sans laquelle un Etat est le jouet et la victime de ses voisins, pour les lumières qui sont la plus forte barrière contre l'oppression, les grands Etats ont sur les petits d'immenses avantages. Les combinaisons y étant beaucoup plus variées ajoutent beaucoup à l'expérience de chaque jour. Les préjugés s'usent plus vite. Tel abus, qui se réforme tout à coup et presque de lui-même dans un grand empire, se fût maintenu éternellement dans un pays resserré dans des limites étroites.

C'est parce que l'Empire romain avait conquis les trois quarts du monde, que l'esclavage a été détruit. Si cet empire eût été divisé en une multitude d'Etats indépendants, aucun n'aurait donné l'exemple de l'abolition de l'esclavage, parce que chacun eût été frappé de l'avantage immédiat qui en serait résulté pour ses voisins à son détriment. Il y a des actes de justice qui, ne pouvant se faire que simultanément, ne se font jamais, parce que, s'ils se faisaient partiellement, les plus généreux seraient momentanément victimes de leur générosité.

Mais en reconnaissant ces avantages des grands Etats, l'on ne peut méconnaître leurs inconvénients multipliés et terribles. Leur étendue oblige à donner aux ressorts du gouvernement une activité et une force qu'il est difficile de contenir et qui dégénère en despotisme. Les lois partent d'un lieu tellement éloigné de ceux où elles doivent s'appliquer, que des erreurs graves et fréquentes sont l'effet inévitable de cet éloignement. Les injustices partielles ne pénètrent jamais jusqu'au centre du gouvernement. Placé dans la capitale, il prend l'opinion de ses alentours ou tout au plus du lieu de sa résidence pour celle de tout l'empire. Une circonstance locale ou momentanée devient de la sorte le motif d'une loi générale et les habitants des provinces les plus reculées sont tout à coup surpris par des innovations inattendues, des rigueurs non méritées, des règlements vexatoires, subversifs de toutes les bases de leurs calculs et de toutes les sauvegardes de leurs intérêts, parce qu'à deux cents lieues des hommes, qui leur sont entièrement étrangers, ont cru pressentir quelques mouvements, deviner quelques besoins ou apercevoir quelques dangers.

Je ne sais même, si pour la gloire, ce noble mobile des actions humaines, les grands pays ne sont pas funestes. On dédaigne, de nos jours, les petits Etats, comme des théâtres trop resserrés. Mais une association trop nombreuse met à la distinction personnelle un obstacle presque insurmontable. Pour conquérir l'admiration de ses concitoyens, il faut soulever la masse du peuple. Plus le pays est vaste, plus la masse est lourde. Aussi voyons-nous dans les empires trop étendus, qu'un petit Etat se forme au centre. Ce petit Etat est la capitale. Là vont s'agiter toutes les ambitions. Le reste est immobile, inerte et décoloré.

L'on parerait à la plupart de ces inconvénients en abjurant ou du moins en restreignant à très peu d'objets les idées d'uniformité. Le gouvernement d'un grand pays devrait toujours tenir beaucoup de la nature du fédéralisme. Les règles à cet égard sont fort simples; elles partent toutes du principe qui fait la base de cet ouvrage. La direction des affaires de tous appartient à tous, c'est-à-dire au gouvernement que tous ont institué. Ce qui n'intéresse qu'une fraction, doit être décidé par cette fraction. Ce qui n'a de rapport qu'avec l'individu, ne doit être soumis qu'à l'individu. On ne saurait trop répéter que la volonté générale n'est pas plus respectable que la volonté particulière, lorsqu'elle sort de sa sphère. Supposez une nation de vingt millions d'individu répartis dans un nombre quelconque de communes. Dans chaque commune, chaque individu aura des intérêts qui ne regarderont que lui et qui par conséquent ne devront pas être soumis à la juridiction de la commune. Il en aura d'autres qui intéresseront, ainsi que lui, tous les habitants de la commune et ces derniers intérêts seront de la compétence communale. Ces communes, à leur tour, auront des intérêts qui ne regarderont que leur intérieur et d'autres intérêts qui regarderont l'association. On sent que je saute les intermédiaires. Les premiers seront du ressort purement communal, les seconds du ressort de la législation générale. L'uniformité n'est admissible que pour ces derniers.

Remarquez que sous le nom d'intérêts, je comprends les habitudes. Rien de plus absurde que de prétendre faire violence aux habitudes, sous le prétexte de mieux diriger les hommes dans le sens de leurs intérêts. Le premier de leurs intérêts est d'être heureux et les habitudes forment une partie essentielle du bonheur.

Si les gouvernements observaient ces règles, les grands Etats seraient avantageux sous plusieurs rapports et cesseraient d'être un mal sous plusieurs autres. La capitale ne serait plus un centre unique, destructif de tout autre centre, elle deviendrait un lien entre les centres divers. Le patriotisme renaîtrait, le patriotisme qui ne peut exister que par l'attachement aux intérêts, aux mœurs, aux coutumes de localité. Comme la nature de l'homme lutte obstinément, bien que presque toujours sans succès, contre les erreurs non moins obstinées de l'autorité, l'on voit ce genre de patriotisme, le seul véritable, se ranimer comme de ses cendres, dès que la main du pouvoir suspend un instant son action. Les magistrats des plus petites communes se complaisent à les embellir ; les habitants trouvent une jouissance à tout ce qui leur donne l'apparence même trompeuse d'être constitués en corps et réunis par des liens particuliers. On sent que, s'ils n'étaient arrêtés dans le développement de cette inclination innocente, il se formerait bientôt en eux une sorte d'honneur communal, pour ainsi dire, d'honneur de ville, d'honneur de province et ce sentiment serait singulièrement favorable à la morale. Il serait encore singulièrement favorable à l'amour de la métropole même, qui paraîtrait la protectrice et la divinité tutélaire de toutes les petites patries qui vivraient à l'abri de sa puissance, au lieu qu'elle en est aujourd'hui l'adversaire implacable et l'ennemie toujours menaçante. Chose bizarre que ceux qui se disaient les amis ardents de la liberté aient travaillé toujours avec acharnement à détruire le principe naturel du patriotisme, pour lui substituer une passion factice pour un être abstrait, pour une idée générale, dépouillée de tout ce qui frappe l'imagination et de tout ce qui parle aux souvenirs ! Chose bizarre que pour bâtir un édifice, ils aient commencé par broyer et réduire en poudre tous les matériaux qu'ils devaient employer. Peu s'en est fallu qu'ils ne désignassent par des chiffres les différentes parties de l'empire qu'ils prétendaient régénérer, comme ils ont désigné par des chiffres les légions destinées à le défendre, tant ils semblaient craindre qu'aucune idée morale ne pût se rattacher à ce qu'ils instituaient et déranger l'uniformité qui leur paraissait si belle et si désirable ! Mais cette bizarrerie s'explique, quand on réfléchit que ces hommes étaient enivrés de pouvoir. Les intérêts et les souvenirs locaux contiennent un principe de résistance que l'autorité ne souffre qu'à regret et qu'elle s'empresse de déraciner. Elle a meilleur marché des individus. Elle roule sur eux sans effort son poids énorme, comme sur le sable ; mais aussi ces individus, se détachant du sein de leur naissance, sans point de contact avec le passé, ne vivant que dans un présent rapide et jetés comme des atomes sur une plaine monotone, se désintéressant d'une patrie qu'ils n'aperçoivent nulle part et dont l'ensemble leur devient indifférent, parce que leur affection ne peut se reposer sur aucune de ses parties. Dans ces grands empires où les intérêts, les coutumes, les habitudes de localité, traités avec mépris, sont constamment sacrifiés à ce que l'on appelle des considérations générales, *le patriotisme,* ainsi que le dit M. de Paw, *serait un être de raison, quand même ces Etats ne seraient pas gouvernés d'une manière si despotique qu'on n'y connaît d'autre intérêt que celui du despote même.*

CHAPITRE IV

APPLICATION DE CE PRINCIPE À LA COMPOSITION DES ASSEMBLÉES REPRÉSENTATIVES

La manie de niveler un pays par des institutions uniformes, la haine des intérêts de localité, le désir de les faire disparaître, ont conduit de nos jours à un singulier système sur la composition des assemblées représentatives. Montesquieu semble avoir pressenti ce système et l'avoir voulu réfuter d'avance. *L'on connaît beaucoup mieux, dit-il, les besoins de sa ville que ceux des autres villes; et on juge mieux de la capacité de ses voisins que de celle de ses autres compatriotes. Il ne faut donc pas que les membres du corps législatif soient tirés en général du corps de la nation; mais il convient que dans chaque lieu principal, les habitants se choisissent un représentant.* On a dit dans ces derniers temps précisément le contraire. Quand un peuple nombreux et disséminé sur un vaste territoire, a-t-on affirmé, nomme ses mandataires sans intermédiaire, cette opération l'oblige à se diviser en sections. Ces sections sont placées à des distances qui ne leur permettent ni communication, ni accord réciproque. Il en résulte des choix sectionnaires. Il faut chercher l'unité des élections dans l'unité du pouvoir électoral. « Les choix doivent partir non d'en bas où ils se feront toujours nécessairement mal, mais d'en haut où ils se feront nécessairement bien. » Il faut placer le corps électoral « non point à la base mais au sommet de l'établissement » politique. Un corps ainsi placé peut seul bien connaître l'objet ou le but général de toute législation. Ces raisonnements reposent sur une idée très exagérée de l'intérêt général, du but général, de la législation générale, de toutes les choses auxquelles cette épithète s'applique ; mais qu'est-ce que l'intérêt général, sinon la transaction qui s'opère entre tous les intérêts particuliers ? Qu'est-ce que la représentation générale, sinon la représentation de tous les intérêts partiels qui doivent transiger sur les objets qui leur sont communs ? L'intérêt général est distinct sans doute des intérêts particuliers. Mais il ne leur est point contraire. On parle toujours comme s'il gagnait à ce qu'ils perdent. Il n'est que le résultat de ces intérêts combinés. Il ne diffère d'eux que comme un corps diffère de ses éléments. Les intérêts individuels sont ce qui intéresse le plus les individus. Les intérêts sectionnaires, pour me servir de l'expression inventée pour les flétrir, sont ce qui intéresse le plus les sections. Or ce sont les individus, ce sont les sections qui composent le corps politique. Ce sont par conséquent les intérêts de ces individus et de ces sections qui doivent être protégés. Si on les protège tous, l'on retranchera par cela même de chacun ce qu'il contiendra de nuisible aux autres et de là seulement peut résulter le véritable intérêt public. Cet intérêt public n'est autre chose que les intérêts individuels mis hors d'état de se nuire réciproquement. Le principe sur lequel repose le besoin d'unité du corps électoral est donc complètement erroné. Cent députés nommés par cent sections d'un Etat apportent dans le sein de l'assemblée les intérêts particuliers, les préventions locales de leurs commettants. Cette base leur est utile. Forcés de délibérer ensemble, ils s'aperçoivent bientôt des sacrifices respectifs qui sont indispensables. Ils s'efforcent de diminuer le plus possible l'étendue de ces sacrifices et c'est l'un des grands avantages de ce mode de nomination. La nécessité finit toujours par les réunir dans une transaction commune et plus les choix ont été sectionnaires, plus la représentation atteint son but général. Si vous renversez la gradation naturelle, si vous placez le corps électoral au sommet de l'édifice, ceux qu'il nomme se trouvent appelés à prononcer sur un intérêt public, dont ils ne connaissent pas les éléments. Vous les chargez de transiger pour les parties dont ils ignorent ou dont ils dédaignent les intérêts et les besoins réciproques. Je veux que le représentant d'une section de l'Etat soit l'organe de cette section, qu'il n'abandonne aucun de ses droits réels ou imaginaires, qu'après les avoir défendus, qu'il soit partial pour la section dont il est le mandataire, parce que, si chacun est partial pour ses commettants, la partialité de chacun réunie aura tous les avantages de l'impartialité de tous. Les assemblées, quelque sectionnaire que puisse être leur composition, n'ont que trop de penchant à contracter un esprit de corps, qui les isole de la nation. Placés dans la capitale, loin de la portion du peuple qui les a nommés, les représentants perdent de vue les usages, les besoins, la manière d'être des représentés. Ils se livrent à des idées générales de nivellement, de symétrie, d'uniformité, à des changements en masse, à des refontes universelles qui portent au loin le bouleversement, le désordre et l'incertitude. C'est cette disposition qu'il faut combattre ; car il y a tel souvenir, telle habitude, telle loi partielle sur laquelle reposent le bonheur et la paix d'une province. Les assemblées nationales sont dédaigneuses et prodigues de ces choses. Que sera-ce, si ces organes de la volonté publique n'ont de rapport qu'avec un corps placé au sommet de l'édifice social ? Plus un Etat est grand, plus un corps électoral unique est inadmissible. Plus l'autorité centrale a de force, plus il est nécessaire que les choix partent d'en bas et non pas d'en haut. Vous aurez sans cela des corporations délibérant dans le vague et concluant de leur indifférence pour les intérêts particuliers à leur dévouement pour l'intérêt général.

Chapitre V

Addition au chapitre précédent

Je me suis laissé entraîner à l'examen d'une question qui, je l'avoue, a pour moi beaucoup d'attrait et bien qu'elle sorte sous quelques rapports des limites précises de cet ouvrage, je ne puis m'empêcher d'ajouter ici quelques réflexions encore sur les inconvénients de la nomination des assemblées représentatives par un corps unique et sur les avantages du système contraire.

Quelque défaveur que l'on jette sur la brigue, sur les efforts pour captiver une multitude mobile et passionnée, ces choses sont cent fois moins corruptrices que les tentatives détournées dont on a besoin pour se concilier un petit nombre d'hommes en pouvoir. *La brigue,* dit Montesquieu, *est dangereuse dans un sénat, elle est dangereuse dans un corps de nobles : elle ne l'est pas dans le peuple, dont la nature est d'agir par passion. Le malheur d'une république, c'est lorsqu'il n'y a point de brigues.* Rien de ce qui est vil ne plaît au peuple assemblé. Mais les individus puissants ne sont que trop portés à jouir de l'humilité des prières et de la bassesse des adulations. Ce que l'on fait pour entraîner une réunion nombreuse doit paraître au grand jour et la pudeur modère les actions publiques. Mais lorsqu'on rampe devant quelques hommes que l'on implore isolément, on se prosterne dans les ténèbres et la servilité n'a plus de bornes. Si l'élection par le peuple entraîne quelquefois à des séductions coupables, le plus souvent elle commande des moyens honorables et utiles, la bonté, la bienfaisance, la justice et la protection. Lorsque l'élection dépend d'un corps, une autre route est tracée. Ce n'est point vers la demeure de l'habitant des campagnes, mais vers le palais du corps électoral que les candidats tournent leurs pas. Ils sont dépendants non du peuple, mais de la puissance et si la dépendance envers des inférieurs fait des citoyens, la dépendance envers des supérieurs forme des esclaves. Triste éducation pour les mandataires du peuple que celle qui leur impose un apprentissage de dissimulation et d'hypocrisie, qui les condamne aux supplications humiliantes, aux salutations obséquieuses, à l'adresse, aux génuflexions, à la flatterie, pour les préparer sans doute à l'inflexibilité et au courage qui doit arrêter l'arbitraire et plaider la cause du faible contre le fort. Il y a des époques où l'on craint tout ce qui ressemble à quelque énergie, où l'on vante sans cesse la douceur, la souplesse, les talents occultes, les vertus privées. Alors on imagine les modes d'élection les plus propres à récompenser ces dons précieux. Mais ce sont des époques d'abâtardissement. Que la douceur et la souplesse obtiennent la faveur des cours, que les talents occultes se fassent connaître; que les vertus privées trouvent leur salaire dans le bonheur domestique. Aux hommes qui commandent l'attention, qui attirent le respect, qui ont acquis des droits à l'estime, à la confiance, à la reconnaissance du peuple, appartiennent les choix de ce peuple. Et ces hommes plus énergiques seront aussi plus modérés. On se figure toujours la médiocrité comme paisible. Elle n'est paisible que lorsqu'elle est enchaînée. Quand le hasard l'a revêtue de la force, elle est mille fois plus incalculable dans sa marche, plus envieuse, plus obstinée, plus désordonnée, plus convulsive que le talent même lorsque la passion l'égare. Les lumières calment les passions, adoucissent l'égoïsme, rassurent la vanité.

L'un des plus grands avantages du gouvernement représentatif est d'établir des relations fréquentes entre les diverses classes de la société. L'élection sectionnaire nécessite de la part des classes puissantes des ménagements soutenus envers les classes inférieures. Elle force la richesse à dissimuler son arrogance, le pouvoir à modérer son action en plaçant dans les suffrages du peuple une récompense pour la justice et pour la bonté, un châtiment contre l'oppression. Cet avantage disparaît, quand vous confiez les élections au choix d'un grand corps électoral.

L'on objectera peut-être, qu'en accordant les droits politiques aux propriétaires seuls, je diminue cet avantage du système représentatif. Mais dans l'état actuel des sociétés, il n'y a pas entre les petits propriétaires et les non-propriétaires une ligne de démarcation, telle que le riche puisse se concilier les premiers en opprimant les seconds. Les non-propriétaires, les artisans dans les bourgs et les villages, les journaliers dans les hameaux sont tous parents des petits propriétaires. Ils feraient cause commune contre l'oppresseur. Il sera donc nécessaire de les ménager tous, pour obtenir le suffrage de ceux qui auront le droit de voter. Il ne faut pas renoncer légèrement à ce moyen journalier de bonheur et d'harmonie, ni dédaigner ce motif de bienfaisance qui peut n'être d'abord qu'un calcul, mais qui devient bientôt une vertu d'habitude.

L'on se plaint de ce que les richesses se concentrent dans la capitale et de ce que les campagnes sont épuisées par le tribut continuel qu'elles y portent et qui ne leur revient jamais. L'élection populaire repousse les propriétaires vers les propriétés dont ils s'éloignent. Lorsqu'ils n'ont que faire des suffrages du peuple, leur calcul se borne à retirer de leur propriété le produit le plus élevé possible. L'élection populaire leur suggère un calcul plus noble et bien plus utile à ceux qui vivent sous leur dépendance. Sans l'élection populaire, ils n'ont besoin que de crédit et ce besoin les rassemble autour de l'autorité centrale ; l'élection par le peuple leur donne le besoin de la popularité et, les reportant vers sa source, fixe la racine de leur existence politique dans leurs possessions. On a vanté quelquefois les bienfaits de la féodalité, qui retenait le seigneur au milieu de ses vassaux et répartissait également l'opulence entre toutes les parties du territoire. L'élection populaire a le même effet désirable, sans entraîner les mêmes abus. L'on parle sans cesse d'encourager l'agriculture et d'honorer le travail. L'on essaye des primes que distribue le caprice, des décorations que l'opinion conteste. Il serait plus simple de donner de l'importance aux classes agricoles. Mais cette importance ne se crée point par des décrets ou des édits. La base en doit être placée dans l'intérêt de toutes les espérances à la reconnaître, de toutes les ambitions à la ménager. En substituant aux moyens factices, qu'ils essayent et qu'ils varient, le respect pour les principes de la liberté, les gouvernements atteindraient plus vite et plus sûrement le but qu'ils doivent se proposer. En laissant jouir les hommes des droits qui leur appartiennent, ils se trouveraient dispensés de recourir à des ressources incertaines, à des inventions recherchées qui n'ont aucun effet durable, parce que leur stabilité dépend, non de la nature des choses, mais du système de quelques individus. Enfin l'élection sectionnaire et par le peuple peut seule investir la représentation nationale d'une force véritable et lui donner dans l'opinion des racines profondes. Vous ne surmonterez jamais, vous ne ferez jamais taire le sentiment qui nous crie que l'homme que nous n'avons pas nommé n'est pas notre représentant. Lui-même, s'il est poursuivi par la calomnie, s'il est menacé par le pouvoir, saura-t-il à qui recourir contre leurs attaques ? À qui dira-t-il : J'ai rempli fidèlement la mission que vous m'avez confiée, je suis persécuté pour vous avoir protégés ? Où trouvera-t-il une voix qui reconnaisse la sienne et qui lui réponde ? Quelle fraction du peuple se croira solidaire de son courage et de son danger ? La nation entière ? Mais la nation entière n'est rien. Une nation disséminée sur un territoire immense peut-elle manifester une opinion, éprouver une impulsion spontanée ? C'est en parlant toujours de la nation entière, c'est en anéantissant toutes les fractions, c'est en interceptant toute communication entre elles et leurs défenseurs, c'est en ne reconnaissant leurs mandataires que comme les représentants d'un être abstrait, qui n'a jamais d'existence positive, c'est ainsi que le despotisme devient inexpugnable dans son repaire. Lorsque les assemblées qui s'intitulent représentatives ne sont pas nommées par le peuple, elles sont sans force contre le pouvoir exécutif. Si elles lui opposent quelque résistance, où sont vos titres, leur dit-il ? Quelle est votre mission ? Comment seriez-vous les représentants du peuple ? Le peuple vous a-t-il nommé ? Si l'opinion désapprouve quelque loi ou s'élève contre quelque acte arbitraire, quelles sont, s'écrie alors le gouvernement, ces réclamations séditieuses ? La représentation nationale n'a-t-elle pas discuté, délibéré, consenti ? Ou bien n'a-t-elle pas sanctionné par son silence ? Les organes légitimes de la nation peuvent seuls exprimer sa volonté souveraine. Le pouvoir exécutif est à l'abri de tout blâme, car les délégués du peuple applaudissent. Ainsi l'on se joue tour à tour de la nation malheureuse et de ses mandataires supposés. Ainsi le simulacre de la représentation ne sert jamais de barrières, mais sert d'apologie à tous les excès. L'on se tromperait et c'est une observation de M. Necker, l'on se tromperait si l'on croyait que la part qu'on donne au peuple dans l'élection des législateurs n'a pour but que d'assurer davantage la convenance des choix. 650 hommes tirés au sort dans la classe opulente et cultivée qui fournit en Angleterre des membres à la Chambre des communes, formeraient, je le pense, un corps aussi éclairé que celui qui résulte aujourd'hui des élections britanniques. Mais tous les avantages que nous venons de décrire disparaîtraient. Plus de ménagement pour les inférieurs, plus de titres sacrés à opposer au pouvoir, enfin plus de ce mouvement salutaire qui répand la vie, la force et la santé dans toutes les parties du corps politique. Les citoyens ne s'intéressent à leurs institutions que lorsqu'ils sont appelés à y concourir par leurs suffrages. Or cet intérêt est indispensable pour former un esprit public, cette puissance sans laquelle nulle liberté n'est durable, cette garantie contre tous les périls que dans certains pays on invoque toujours, sans la créer jamais. C'est l'esprit public, résultat de l'élection populaire, qui a soutenu la Grande-Bretagne, au milieu de la guerre la plus dispendieuse et la plus acharnée. C'est par l'élection populaire que, sous des ministres ombrageux, la liberté de la presse a survécu à toutes les crises. Sans l'élection populaire, les citoyens d'un pays n'ont jamais ce sentiment de leur importance, qui leur présente la gloire et la liberté de leur pays comme la portion la plus précieuse de leur patrimoine individuel. L'on a, je le sais, conçu parmi nous dans ces derniers temps beaucoup de préventions contre les élections populaires. Néanmoins, jusqu'à nos jours, toutes les expériences déposaient en leur faveur. Le peuple d'Athènes, libre dans ses choix, n'a jamais, dit Xénophon, qu'on ne soupçonnera pas de trop d'attachement pour une démocratie orageuse, demandé pour des hommes indignes de les remplir, les emplois qui pouvaient intéresser son salut et sa gloire. Tite-Live nous montre le résultat des comices de Rome prouvant toujours que l'esprit du peuple était différent, lorsqu'il réclamait le droit de posséder les dignités de la République et lorsque, le combat fini, la victoire remportée il prononçait dans le calme, d'après sa conscience et sa raison. Malgré les efforts des tribuns, malgré l'intérêt de sa classe, ses choix se dirigeaient constamment vers les plus vertueux et les plus illustres. Depuis 1688, les élections d'Angleterre n'ont porté dans la Chambre des communes que des propriétaires éclairés. L'on aurait peine à citer un homme distingué par ses talents politiques, que cette élection n'ait pas honoré, s'il l'a briguée. La paix profonde de l'Amérique, la fermeté modérée qu'elle a déployée dans des circonstances difficiles, les discours et les actes de Jefferson, le choix d'un tel homme par les représentants élus par le peuple, forment en faveur de son suffrage une démonstration que rien ne peut affaiblir, puisqu'on ne peut l'attribuer à des relations infidèles et exagérées. Si dans l'histoire de dix années qui viennent de s'écouler, quelques faits paraissent défavorables à l'élection populaire, des causes particulières l'expliquent. D'abord l'élection populaire n'a jamais existé réellement parmi nous. Dès l'introduction de la représentation dans nos institutions politiques, on a redouté l'intervention du peuple; on a créé des assemblées électorales et les assemblées électorales ont dénaturé les effets de l'élection. Les gouvernements populaires seraient le triomphe de la médiocrité, sans une sorte d'électricité morale, dont la nature a doué les hommes, comme pour assurer la domination du génie. Plus les assemblées sont nombreuses, plus cette électricité est puissante et comme, lorsqu'il est question d'élire, il est utile qu'elle dirige les choix, les assemblées chargées de la nomination des représentants du peuple doivent être aussi nombreuses que cela est compatible avec le bon ordre. En Angleterre, les candidats du haut d'une tribune, au milieu d'une place publique ou d'une plaine couverte de peuple, haranguent les électeurs qui les environnent. Dans nos assemblées électorales le nombre était resserré, les formes sévères, un silence rigoureux était prescrit, aucune question ne se présentait qui pût remuer les âmes et subjuguer momentanément l'ambition individuelle ou l'égoïsme de localité. Or les hommes vulgaires ne sont justes que lorsqu'ils sont entraînés, ils sont entraînés que lorsque, réunis en foule, ils agissent et réagissent presque tumultueusement les uns sur les autres. L'on n'attire les regards de plusieurs milliers de citoyens que par une grande opulence ou par une réputation étendue. Quelques relations domestiques accaparent une majorité dans une réunion de 2 ou 300. Pour être nommé par le peuple, il faut avoir des partisans placés au-delà de ses alentours et par conséquent des avantages positifs. Pour être choisi par quelques électeurs, il suffit de n'avoir point d'ennemis : l'avantage est tout entier pour les qualités négatives et la chance est même contre le talent. La représentation nationale en France a, sur beaucoup d'objets, été souvent moins avancée que l'opinion. Je ne parle pas des questions de parti, sur lesquelles, au milieu des commotions civiles, les lumières n'influent pas. Je parle des objets d'économie politique. C'est que nos assemblées électorales, avec les entraves qu'elles apportaient à toute influence personnelle et les facilités qu'elles prêtaient à la calomnie, faisaient des élections une loterie, dont les lots devaient fréquemment tomber sur des hommes médiocres ou inconnus. Sous ce premier rapport l'élection populaire ne peut être jugée en France, car elle n'y a point existé. En second lieu, pour que l'élection soit populaire, il faut qu'elle soit essentiellement libre, or elle ne l'a été à aucune époque durant la Révolution. Qui ne sent que les premiers essais d'une institution peuvent être accompagnés de troubles étrangers à l'institution même ? Le renversement de ce qui a existé, les passions qui s'agitent en sens opposés, toutes ces choses sont d'ordinaire contemporaines des grands changements politiques, chez les peuples avancés dans la civilisation, mais ne tiennent en rien aux principes ou à la nature de ce qu'on veut établir. Prononcer contre l'élection populaire d'après les événements de la Révolution française, c'est juger les assemblées nationales par le parlement de Cromwell ou la royauté par le règne de Charles VI en démence. Enfin durant l'empire de nos assemblées, aucune constitution n'avait assigné de véritables limites au pouvoir législatif. Or, lorsque le pouvoir législatif n'a point de limites, lorsque les représentants de la nation se croient investis d'une souveraineté sans bornes, lorsqu'il n'existe de contrepoids à leurs décrets ni dans le pouvoir exécutif, ni dans le pouvoir judiciaire, la tyrannie des élus du peuple est aussi désastreuse que toute autre tyrannie, quelque dénomination qu'elle porte. La souveraineté du peuple, absolue, illimitée avait été transportée par la nation, ou du moins en son nom, comme c'est l'ordinaire, par ceux qui la dominaient à des assemblées représentatives. Ces assemblées ont exercé l'arbitraire le plus inouï. Cela devait être. Nous l'avons assez démontré plus haut. La constitution qui la première a mis un terme à cette période de despotisme et de délire, ne limitait pas encore suffisamment le pouvoir législatif. Elle n'établissait contre ses excès aucun contrepoids. Elle ne consacrait ni l'indispensable veto du pouvoir exécutif, ni la possibilité non moins indispensable de la dissolution des assemblées représentatives. Elle ne garantissait pas même, comme certaines constitutions américaines, les droits les plus sacrés des individus contre les empiétements des législateurs.

Doit-on s'étonner si le pouvoir législatif a continué à faire du mal. L'on s'en est pris à l'élection populaire. C'était une méprise profonde. Il n'en fallait point accuser le mode de nomination des législateurs despotes, mais la nature de leur autorité ; la faute n'en était pas aux choix faits par les représentés, mais aux pouvoirs sans frein des représentants. Le mal n'aurait pas été moins grand quand les mandataires de la nation se seraient nommés eux-mêmes ou quand ils auraient été nommés par une corporation constituée quelconque. Ce mal tenait à ce que leur volonté décorée du nom de loi n'était contrebalancée, réprimée, arrêtée par rien. Lorsque l'autorité législative s'étend à tout, elle ne peut faire que du mal, de quelque manière qu'elle soit nommée. Si vous la restreignez aux objets de sa compétence, si elle n'est appelée à prononcer que sur les peines applicables pour l'avenir aux délits, sur la portion de propriété particulière qui doit être consacrée au service public, sur les moyens de défense à diriger contre les ennemis extérieurs, si, loin de pouvoir attenter à la liberté, elle n'a de force que pour la garantir et la protéger, ne craignez pas de remettre au peuple le choix des dépositaires de cette autorité tutélaire; elle ne fera que du bien. Mais pour qu'elle en fasse, elle doit émaner de sa véritable source; les représentants de la nation, fiers de leur mission nationale, ne doivent placer leur espoir et trouver leur récompense que dans le suffrage de leurs commettants. Je terminerai cette digression par deux considérations d'autant plus importantes qu'elles intéressent autant la puissance que la liberté. La nomination des assemblées représentatives par un corps électoral crée une autorité qui n'est celle ni du gouvernement ni du peuple. Et si cette autorité contracte un esprit de haine contre le gouvernement, c'est en vain qu'il est entouré de l'affection publique, c'est en vain qu'il la mérite. Le peuple qui n'a pas le droit d'élire eut rien changer à la composition des assemblées qui parlent en son nom Le gouvernement aurait vainement le droit de les dissoudre. La dissolution n'est rien sans l'élection populaire car ne n'est plus au vœu du peuple que l'on a recours. Si le corps électoral est d'accord avec le gouvernement, la nation contemplera, sans être admise à se faire entendre, l'éloignement de ses mandataires les plus fidèles, des véritables représentants de sa volonté. Si le corps électoral est ennemi du gouvernement, c'est en vain que le peuple entourera ce dernier de son amour et de sa confiance; le gouvernement et le peuple verront réélire, sans qu'aucune opposition soit constitutionnellement légitime, des mandataires factieux, que l'unanime désaveu de leurs commettants ne pourra dépouiller du nom de leurs députés. Une époque remarquable dans les annales du Parlement britannique fait ressortir l'importance de cette considération. En 1783, le roi d'Angleterre renvoya ses ministres. Le parlement presque tout entier était de leur parti. Le peuple anglais était d'une opinion différente. Le roi en ayant appelé au peuple par la dissolution de la Chambre des communes, une immense majorité vint appuyer le ministère nouveau. Supposez maintenant l'élection populaire, remplacée par l'autorité d'un corps électoral, si la majorité de ce corps eût penché pour un parti, qui n'avait ni l'assentiment des gouvernants, ni celui des gouvernés, ce parti eût conservé la direction des affaires, malgré la volonté nationale unanimement manifestée. Tant il est vrai que ce n'est point en portant atteinte aux droits du peuple, que l'on augmente la force réelle et légitime du gouvernement et qu'il est impossible d'inventer une organisation stable, en s'écartant des principes sur lesquels repose la liberté. Que si l'on prétendait qu'avec un peu d'adresse ou beaucoup de force, le gouvernement dominera toujours le corps électoral, je répondrais que d'abord c'est une terrible hypothèse que celle d'une assemblée représentative n'étant que l'instrument d'un seul ou de quelques hommes. Mieux vaudrait mille fois n'avoir point d'assemblées. L'oppression n'est jamais si terrible au nom d'un seul que lorsqu'elle emprunte les apparences de la liberté. Un homme n'oserait jamais vouloir par lui-même ce qu'il ordonne à ses agents de vouloir, lorsque ces agents se disent les organes d'une autorité indépendante. Songez au Sénat de Tibère, songez au Parlement d'Henri VIII. Mais je dirai ensuite qu'un instrument désordonné peut réagir contre la main qui l'emploie. Un gouvernement qui se sert d'une assemblée qu'il domine, court toujours le risque de voir cette assemblée se retourner soudain contre lui. Les corporations les plus asservies sont en même temps les plus furieuses, lorsqu'un événement imprévu vient briser leurs fers. Elles veulent expier l'opprobre de leur longue servitude. Les mêmes sénateurs qui avaient voté des fêtes publiques pour célébrer la mort d'Agrippine et féliciter Néron du meurtre de sa mère, le condamnèrent à être battu de verges et précipité dans le Tibre.

L'on veut, je le sais, effrayer les esprits par des peintures exagérées du tumulte des élections populaires. Témoin plus d'une fois des désordres apparents qui accompagnent en Angleterre les choix contestés, j'ai vu combien les descriptions qu'on en fait sont infidèles. J'ai vu sans doute des élections mêlées de clameurs, de rixes, de disputes violentes, d'injures souvent grossières, de tout ce qui caractérise la classe que des occupations mécaniques privent de toute culture élégante et de toute occupation recherchée. Mais l'élection n'en portait pas moins sur des hommes distingués par leurs talents ou par leur fortune. Et cette opération finie, tout rentrait dans la règle accoutumée. Les artisans, les ouvriers, naguère obstinés et turbulents redevenaient laborieux, dociles, respectueux même. Satisfaits d'avoir exercé leurs droits, ils se pliaient d'autant plus facilement aux supériorités et aux conventions sociales, qu'ils avaient la conscience, en agissant de la sorte, qu'ils n'obéissaient qu'au calcul indépendant d'un intérêt éclairé. Le lendemain d'une élection, il ne restait plus la moindre trace de l'agitation de la veille. Le peuple avait repris ses travaux; mais il s'était convaincu de son importance politique et l'esprit public avait reçu l'ébranlement salutaire nécessaire pour le ranimer. Il en est des élections comme de presque tout ce qui tient à l'ordre public. C'est à force de précautions vexatoires qu'on les cause ou qu'on les accroît. En France, nos spectacles, nos fêtes sont hérissées de gardes et de baïonnettes. On croirait que trois citoyens français ne peuvent se rencontrer sans avoir besoin de deux soldats pour les séparer. En Angleterre, vingt mille hommes se rassemblent. Pas un soldat ne paraît au milieu d'eux. La sûreté de chacun est confiée à la raison et à l'intérêt de chacun; et cette multitude, se sentant dépositaire et de l'ordre public et de sa sûreté particulière, veille avec scrupule sur ce dépôt. J'irai plus loin. Tout ce que l'on invente sur les élections de l'Angleterre serait démontré que je ne changerais pas d'opinion. Je me dirais que, pour que le sentiment de la liberté pénètre jusque dans l'âme du peuple, il faut peut-être que la liberté revête quelquefois des formes à sa portée, des formes populaires, orageuses et bruyantes. J'aime mieux que quelques accidents imprévus en résultent que, si par l'absence de ces formes, la nation devenait indifférente et découragée. Lorsque la nation se désintéresse de ses droits, le pouvoir s'affranchit de ses limites. Alors il entreprend des guerres insensées, alors il se permet des vexations illégales. Et, si vous m'objectez quelques malheurs individuels, quelques hommes périssant étouffés par la foule ou dans une rixe inopinée, je vous demanderai, s'ils ne périssent pas ceux qu'on déporte au loin sur des plages lointaines, ceux qu'un vain caprice envoie au-delà des mers, pour des expéditions meurtrières, ceux qu'on entasse dans les cachots. Si ces choses ne peuvent être empêchées que par une représentation librement élue, tout homme qui réfléchit courra volontiers le risque très improbable d'un hasard funeste, pour obtenir cette unique sauvegarde contre les soupçons de la tyrannie et le délire de l'ambition.

CHAPITRE VI

DES IDÉES DE STABILITÉ

Il en est des idées de stabilité comme de celles d'uniformité. Elles sont la source des plus grandes et des plus fâcheuses erreurs.

Nul doute qu'un certain degré de stabilité dans les institutions ne soit désirable. Il y a des avantages qui ne se développent que par la durée. Le besoin de l'habitude est naturel à l'homme, comme celui de la liberté. Or, là où il n'y a point de stabilité, les habitudes ne peuvent naître. Un homme qui vivrait 50 ans dans une auberge, qu'il se croirait destiné toujours à quitter le lendemain, ne contracterait que l'habitude de n'en pas avoir. L'idée de l'avenir est un élément de l'habitude, non moins nécessaire que le passé. Une nation, qui, consacrant perpétuellement toutes ses forces à des tentatives d'améliorations politiques, négligerait toutes les améliorations individuelles, morales et philosophiques, qui ne s'obtiennent que par le repos, sacrifierait le but aux moyens. Mais de cela même que les institutions sont des moyens, elles doivent par leur nature se modifier suivant les temps.

Par une méprise assez commune, lorsqu'une institution ou une loi ne produit plus le bien qu'elle produisait jadis, on croit que pour lui rendre son utilité première, il faut la rétablir dans ce qu'on appelle son ancienne pureté. Mais lorsqu'une institution est utile, c'est qu'elle est d'accord avec les idées et les lumières contemporaines. Lorsqu'elle dégénère ou tombe en désuétude, c'est que cet accord n'existe plus. Alors son utilité cesse. Plus vous la rétablissez dans sa pureté primitive, plus vous la rendez disproportionnée avec le reste de ce qui existe.

Le vague des mots nous trompe toujours. L'on a dit souvent que le gouvernement devait être conservateur, mais on n'a pas dit ce qu'il devait conserver. On n'a pas senti qu'il ne devait être conservateur que des garanties de la liberté, de l'indépendance des facultés individuelles et pour cela de la sûreté physique des individus. Il en est résulté que les gouvernements ont cru ou qu'ils ont feint de croire qu'ils devaient employer l'autorité qui leur était confiée, à conserver une certaine masse d'opinions et d'usages, tantôt telle qu'ils la trouvaient établie, tantôt telle qu'on leur racontait qu'elle avait jadis existé. La marche de l'autorité a de la sorte été presque habituellement en sens inverse de la nature et de la destination de l'espèce humaine. L'espèce humaine étant progressive, tout ce qui s'oppose à cette progression est dangereux, soit que l'opposition produise son effet, soit qu'elle ne le produise pas.

Quand l'opposition est efficace, il y a stagnation dans les facultés, dégradation, préjugés, ignorance, erreur et par conséquent crime et souffrance.

Si au contraire le principe stationnaire n'est pas décidément le plus fort, il y a lutte, violence, convulsions, calamités.

L'on a peur de bouleversements et l'on a raison ; mais on se jette dans l'autre extrême, dans des idées de stabilité exagérées et ces idées, en contrariant la marche des choses, occasionnent une réaction qui produit les bouleversements. Le meilleur moyen de les éviter, c'est de se prêter aux changements insensibles qui sont inévitables dans la nature morale, comme dans la nature physique.

L'idée exagérée de la stabilité vient du désir de gouverner les hommes par les préjugés. On veut leur inspirer pour ce qui est ancien une admiration sur parole. J'estime beaucoup ce qui est ancien et je l'ai dit plus d'une fois dans ce livre. J'estime ce qui est ancien, parce que tous les intérêts s'y sont associés. Toutes les fois qu'une institution a duré longtemps, à moins qu'elle n'ait toujours été maintenue par la violence, il y a eu transaction entre cette institution et les intérêts qui avaient à coexister avec elle. Mais cette transaction même a modifié l'institution. Cette modification est précisément ce qui la rend utile et applicable. S'opposer à cette modification, sous prétexte de conserver l'institution plus intacte, c'est ôter à ce qui est ancien son caractère le plus utile, son avantage le plus précieux. On ne conçoit pas les raisonnements de certains écrivains à cet égard. *Lorsqu'il est impossible à une loi ancienne d'atteindre son but,* dit l'un d'entre eux [Ferrand], *c'est un indice sûr* [...] *que l'ordre moral contredit trop évidemment cette loi et, dans ce cas, ce n'est pas la loi, mais les mœurs qu'il faut changer.* Qui n'aurait cru que cet auteur allait dire qu'il fallait changer la loi ? D'ailleurs comment change-t-on les mœurs ?

La Révolution française a rempli beaucoup d'hommes sages et tous les hommes tranquilles d'un grand respect et d'un grand amour pour la stabilité. Les chefs de cette révolution avaient commencé par déclarer qu'il fallait tout détruire, tout changer, tout recréer. Leurs successeurs ne s'étaient pas crus moins autorisés à procéder à des destructions et des reconstructions arbitraires. Cette opération renouvelée sans cesse a dû porter une nation malheureuse et fatiguée à désirer par-dessus tout la durée d'un Etat quelconque. De là cette admiration pour certains peuples, qui semblent n'avoir eu pour but que d'imposer à l'avenir des institutions éternelles et de mettre obstacle à tout changement. Cette admiration n'a pas toujours été réfléchie. Les historiens ont quelquefois su gré à ces peuples de leurs intentions sans examiner s'ils avaient réussi.

Rien de plus plaisant sous ce rapport qu'un article sur la Chine, par un écrivain que j'ai déjà cité [Ferrand]. Après avoir reconnu qu'il ne s'est guère passé un siècle, sans que cet empire ait subi des guerres civiles, des invasions, des démembrements et des conquêtes et, après avoir avoué que ces crises terribles exterminaient chaque fois des générations entières, *honneur,* s'écrie-t-il, *aux sages législateurs, aux profonds moralistes* [...] *qui ont écarté de la Chine toute nouveauté dangereuse !* Et qu'aurait produit de plus fâcheux une nouveauté ? Il est vrai qu'il ajoute que ces législateurs ont eu plus en vue les principes que les individus. C'est ainsi que Robespierre disait : périssent les colonies, plutôt qu'un principe !

Les hommes sont enclins à l'enthousiasme ou à s'enivrer de certains mots. Pourvu qu'ils répètent ces mots, peu leur importe la chose. Deux ans d'une servitude horrible et sanglante n'empêchaient pas les Français de dater leurs actes de l'an quatrième de la liberté. Une révolution, un changement de dynastie et deux cent mille hommes égorgés tous les cent ans ne découragent pas les panégyristes de la Chine de vanter la stabilité de cet empire. Cette stabilité n'existe pas pour les gouvernés, puisque les gouvernés sont périodiquement massacrés en grand nombre, à l'avènement de chaque usurpateur qui fonde sa dynastie. Cette stabilité n'existe pas non plus pour les gouvernants, puisque le trône est rarement le partage de la même famille pendant plusieurs générations. Mais cette stabilité existe pour les institutions et c'est là ce que nos publicistes admirent. On dirait que la stabilité des institutions est le but unique indépendamment du bonheur des hommes et que l'espèce humaine ici-bas n'est qu'un moyen pour la stabilité des institutions.

CHAPITRE VII

DES AMÉLIORATIONS PRÉMATURÉES

Si l'autorité fait du mal, lorsqu'elle arrête la marche naturelle de l'espèce humaine et que, dirigée par de fausses idées de stabilité, elle s'oppose aux changements insensibles qu'introduit graduellement dans les institutions la progression des idées, elle ne fait pas un mal moins grand, lorsqu'elle empiète sur les droits du temps et se livre à des projets inconsidérés d'améliorations ou de réformes.

Nous aurons à traiter avec détail de cette matière, lorsque nous parlerons des révolutions, qui ne sont d'ordinaire, dans les intentions, ou du moins dans le langage de leurs auteurs, que de vastes réformes et des améliorations générales. Ici, nous n'avons à considérer que les tentatives des gouvernements réguliers et stables, tentatives moins hasardeuses que les révolutions populaires, mais qui néanmoins ont été plus d'une fois suffisamment pernicieuses.

Quand l'autorité dit à l'opinion, comme Séide à Mahomet, *j'ai devancé ton ordre,* l'opinion lui répond, comme Mahomet à Séide, *il eût fallu l'attendre,* et quand l'autorité refuse de l'attendre, l'opinion se venge infailliblement.

Le XVIIIe siècle est fertile en exemples de ce genre :

Le hasard porte un homme de génie au ministère du Portugal. Il trouve ce pays plongé dans l'ignorance et courbé sous le joug du sacerdoce. Il ne calcule point que, pour briser ce joug et pour dissiper cette nuit profonde, il faut avoir un point d'appui dans la disposition nationale. Par une erreur commune aux possesseurs du pouvoir, il cherche ce point d'appui dans l'autorité. Il croit qu'en frappant le rocher, il en fera jaillir une source. Mais sa précipitation imprudente révolte contre lui le peu d'esprits indépendants dignes de le seconder. Ils se mettent en opposition contre une autorité vexatoire dont les moyens injustes rendent le but au moins douteux. L'influence des prêtres s'accroît de la persécution même dont ils sont victimes. Le marquis de Pombal veut en vain tourner contre eux des armes puissantes entre leurs mains. La censure, destinée à réprouver les ouvrages favorables aux Jésuites est elle-même frappée de réprobation. La noblesse se soulève. Les prisons se remplissent. D'affreux supplices portent partout la consternation. Le ministre devient l'objet de l'horreur de toutes les classes. Après vingt ans d'une administration tyrannique, la mort du roi lui ravit son protecteur; il échappe avec peine à l'échafaud et la nation bénit le moment où un gouvernement apathique et superstitieux remplace le gouvernement qui s'intitulait réformateur.

En Autriche, Joseph II succède à Marie-Thérèse. Il voit avec douleur combien les lumières de ses sujets sont inférieures à celles de tous les peuples circonvoisins.

Impatient de faire disparaître une disproportion qui le blesse, il appelle à son aide tous les moyens que lui fournit sa puissance. Il ne néglige pas même ceux que lui promet la liberté. Il consacre celle de la presse. Il excite les écrivains à dévoiler tous les abus et croit les seconder merveilleusement en leur prêtant l'appui de la force. Qu'arrive-t-il de cette alliance contre nature? Que des moines obscures et des nobles ignorants luttent avec avantage contre les projets du philosophe, parce que le philosophe était empereur. Son autorité s'épuise en efforts redoublés. La résistance le rend cruel. Son administration devient odieuse par des sévérités excessives et des spoliations iniques. Les regrets qui accompagnent de bonnes intentions stériles, la douleur d'être méconnu, peut-être aussi les chagrins d'une vanité blessée font descendre Joseph dans la tombe. Ses dernières paroles sont un aveu de son impuissance et de son malheur; et depuis la fin de son règne, nous voyons chaque jour surgir et se relever quelques-uns des abus qu'il croyait avoir détruits.

De tous les souverains qui se sont arrogé la fonction difficile d'accélérer la marche de leurs peuples vers la civilisation, ceux de la Russie sont certainement les plus excusables. L'on ne peut nier, qu'à dater de Pierre Ier, les monarques de ce vaste empire n'aient été beaucoup plus éclairés que leurs sujets. A l'exception de quelques bizarreries inséparables de tout système arrangé spontanément dans la tête des hommes puissants, les réformes projetées et exécutées par les autocrates de la Russie étaient incontestablement des améliorations véritables. Mais les grands ne les adoptèrent que par calcul ou imitation, sans avoir pu se convaincre par eux-mêmes de leur mérite intrinsèque et, regardant la philosophie et les lumières, ainsi que le luxe et les arts comme des parures nécessaires à une nation qui voulait devenir européenne, le peuple ne se soumit à ces changements que par la contrainte, après des persécutions sans mesure. Aucune des idées saines, aperçues par l'autorité, ne prit racine. Aucune des institutions qu'elle commanda ne devint une habitude. La morale souffrit de l'abolition d'usages antiques qui de tout temps lui avaient servi de base. Les lumières ne firent que peu de progrès, parce que leurs progrès dépendent d'une série d'idées qui n'a de puissance que lorsqu'elle est complète et qui ne peut être introduite par une autorité absolue. Les efforts de Pierre Ier en faveur de la raison restèrent sans fruit, parce qu'ils étaient vicieux en principe. La raison n'est plus elle-même, lorsqu'elle manque de liberté. L'on trouve en Russie des formes françaises à la Cour et chez les nobles, des formes prussiennes dans le militaire, des formes anglaises dans la marine; mais la masse de la nation, dans ses opinions, dans ses coutumes, dans son esprit, jusque dans ses vêtements est encore une nation asiatique.

Ce n'est que depuis le commencement du règne d'Alexandre que la Russie a quelques chances de s'éclairer. Ce jeune prince ne cherche point à réformer le peuple, mais à modérer le gouvernement. Ce n'est point la pensée qu'il dirige, mais l'autorité qu'il restreint. Or la pensée se fortifie de tout le superflu qu'on enlève à l'autorité. Pour qu'un peuple fasse des progrès, il suffit que le pouvoir ne les entrave pas. L'avancement est dans la nature de l'homme. Le gouvernement qui le laisse libre, le favorise assez. Puisse Alexandre persévérer dans cette conduite prudente à la fois et généreuse et se garantir également de la défiance qui veut interrompre et de l'impatience qui veut devancer.

Que si l'on attribuait le mauvais succès de tant de réformes et d'innovations essayées vainement par l'autorité à la nature des gouvernements qui présidaient à ces tentatives, si l'on affirmait que reposant sur des bases abusives et craignant toujours d'ébranler ces bases, ils ne pouvaient faire un bien durable, parce qu'ils ne pouvaient vouloir le bien que partiellement, si l'on pensait que des gouvernements plus exempts d'erreurs et qui ne se seraient imposé de ménagements pour aucun abus auraient marché d'un pas plus ferme, détruit sans obstacle tout ce qu'il était nécessaire de détruire, établi sans peine tout ce qu'il était désirable d'établir, l'expérience viendrait bientôt renverser cette supposition chimérique.

Sans doute les gouvernements que nous avons cités pour exemple se trouvaient dans une situation particulièrement difficile. Entraînés par l'esprit du siècle, ils aspiraient à l'honneur de la philosophie, mais ils n'osaient renoncer franchement à l'appui des préjugés. Ils avouaient quelques-uns des droits les plus évidents de l'espèce humaine, mais ils croyaient de leur dignité de représenter cet aveu comme une grâce. Tout le mal qu'ils ne faisaient pas, ils pensaient se devoir de se réserver la faculté de le faire, non qu'ils en usassent, il faut leur rendre justice, mais en abjurant pour l'ordinaire la pratique du despotisme, ils en conservaient la théorie comme une de leurs pompes dont ils aimaient à se décorer. Ils sentaient bien néanmoins que la sécurité seule pouvait mériter la reconnaissance et par des phrases conditionnelles et des préambules pleins de restrictions, ils s'efforçaient de produire la sécurité sans donner la garantie. Ce double travail destructif de lui-même a contribué pour beaucoup, je veux le croire, à leurs fautes et à leurs revers. Mais n'avons-nous pas vu parmi nous durant les premières années de la Révolution, une autorité libre de toute intention contradictoire se trouver d'abord délaissée, bientôt attaquée par l'opinion, uniquement pour l'avoir devancée, pour avoir exécuté précipitamment des améliorations que cette opinion même avait longtemps semblé réclamer? C'est que l'autorité avait pris pour une volonté générale et durable des velléités encore incertaines et des lumières encore partielles.

Mais, dira-t-on, comment connaître avec précision l'état de l'opinion publique? On ne peut compter les suffrages. Ce n'est qu'après que telle mesure a été prise que l'opposition se manifeste. Il est alors souvent trop tard pour reculer. Dire qu'il ne faut pas devancer l'opinion, c'est donc ne rien dire.

Je réponds en premier lieu que si vous laissez à l'opinion la faculté de s'exprimer, vous la connaîtrez facilement. Ne la provoquez pas, ne l'excitez pas par des espérances, en lui indiquant le sens dans lequel vous désirez qu'elle se prononce, car alors pour complaire à la puissance, la flatterie prendra la forme de l'opinion. Placez un monarque irréligieux à la tête d'un peuple dévot, les plus souples de ses courtisans seront précisément les plus incrédules. Aussitôt que le pouvoir se déclare pour un système, autour de lui se rassemble une phalange qui abonde d'autant plus dans l'opinion préférée qu'elle-même n'a point d'opinion; et le pouvoir prend facilement cet accord de ses alentours dociles pour le sentiment universel. Mais si l'autorité reste neutre et laisse parler, les opinions se combattent et de leur choc naît la lumière. Le jugement national se forme et la vérité réunit bientôt un tel assentiment, qu'il n'est plus possible de le méconnaître.

En second lieu, l'opinion tend à modifier graduellement les lois et les institutions qui la contrarient. Laissez-lui faire ce travail. Il a le double avantage d'adoucir l'exécution des lois défectueuses encore existantes et d'en préparer l'abrogation.

Quand vous voulez détruire une institution qui vous semble abusive, permettez qu'on s'en affranchisse, permettez et n'obligez pas. En permettant, vous appelez à votre aide toutes les lumières. En obligeant, vous armeriez contre vous beaucoup d'intérêt.

Je serai plus clair en me servant d'un exemple. Il y a deux manières de supprimer les couvents : l'une d'en ouvrir les portes, l'autre d'en chasser les habitants. Le premier fait du bien, sans faire du mal. Il brise des chaînes et ne viole point d'asile Le second bouleverse des calculs fondés sur la foi publique. Il insulte à la vieillesse qu'il traîne languissante et désarmée au milieu d'un monde inconnu. Il porte atteinte à un droit incontestable des individus, celui de choisir leur genre de vie, de mettre en commun leur propriété, de se réunir enfin pour professer la même doctrine, pour vaquer aux mêmes rites, pour jouir de la même aisance et pour goûter le même repos ; et cette injustice tourne contre la réforme l'opinion même qui naguère semblait la légitimer.

Enfin toute amélioration, toute innovation contraire aux habitudes d'une partie nombreuse du peuple doit être le plus possible ajournée quant à l'époque. L'on ménage ainsi la génération présente et l'on prépare celle qui doit suivre. La jeunesse s'avance, auxiliaire de l'innovation ; l'âge avancé n'a point d'intérêt à s'en déclarer l'adversaire et le changement prévu de la sorte est devenu presque une habitude avant qu'il soit exécuté.

Le temps, dit Bacon, est le grand réformateur. Ne refusez pas son assistance. Laissez-le marcher devant vous, pour qu'il aplanisse la route. Si ce que vous instituez n'a pas été préparé par lui, vous commanderez vainement. Votre institution, quelque bonne qu'elle soit en théorie, n'est pas de l'organisation mais du mécanisme. Il ne sera pas plus difficile d'abroger vos lois qu'il ne vous l'a été d'en abroger d'autres et il ne restera de vos lois abrogées que le mal qu'elles auront fait.

CHAPITRE VIII

D'UN RAISONNEMENT FAUX

Une erreur se glisse sans cesse dans les raisonnements dont on appuie la latitude indéfinie donnée à l'action du gouvernement. On conclut de faits négatifs en faveur de théories positives. Lorsque, par exemple, on s'extasie sur la puissance des lois, sur l'influence de la direction donnée par l'autorité aux facultés intellectuelles de l'homme, on cite la corruption de l'Italie, fruit de la superstition, l'apathie et l'abrutissement des Turcs, produit du despotisme politique et religieux, la frivolité française, résultat d'une administration arbitraire et qui reposait sur la vanité. De ce que l'autorité peut faire beaucoup de mal, on en conclut qu'elle peut faire beaucoup de bien. Ce sont deux questions très différentes.

Que si l'on nous allègue l'Angleterre, nous ne chercherons point à diminuer l'hommage que nous rendons à plus d'un siècle d'esprit public et de liberté. Mais on confond encore deux idées, l'organisation de l'autorité dans la constitution anglaise et l'intervention de cette autorité dans les relations des individus. L'on attribue à cette dernière cause les effets produits par la première.

L'Angleterre a des institutions politiques qui garantissent la liberté. Elle a des institutions industrielles qui la gênent. C'est à cause des unes et malgré les autres que l'Angleterre fleurit. Nous sommes loin de nier les bienfaits de la liberté ; nous les reconnaissons avec joie, nous les demandons avec ardeur ; mais la liberté est précisément le contraire de ce que l'on nous propose.

LIVRE XVI

DE L'AUTORITE SOCIALE CHEZ LES ANCIENS

CHAPITRE I

POURQUOI CHEZ LES ANCIENS L'AUTORITÉ SOCIALE POUVAIT ÊTRE PLUS ÉTENDUE QUE CHEZ LES MODERNES

Avant de terminer cet ouvrage, je crois devoir résoudre une difficulté qui peut-être a déjà frappé l'esprit de plus d'un de mes lecteurs. Les principes que je représente comme la base de toute liberté possible aujourd'hui sont directement opposés aux principes adoptés jadis pour l'organisation politique par la plupart des nations libres de l'Antiquité. Toutes les républiques grecques, si nous en exceptons Athènes, soumettaient les individus à une juridiction sociale d'une étendue presque illimitée. Il en était de même dans les beaux siècles de la République romaine. L'individu était entièrement sacrifié à l'ensemble. « Les anciens, comme le remarque Condorcet, n'avaient aucune notion des droits individuels. Les hommes n'étaient pour ainsi dire que des machines dont la loi réglait les ressorts et dirigeait tous les mouvements. » Ce sont néanmoins les anciens qui nous offrent les plus nobles exemples de liberté politique que l'histoire nous transmette. Nous trouvons chez eux le modèle de toutes les vertus que la jouissance de cette liberté produit et qui sont nécessaires pour qu'elle subsiste.

L'on ne relit pas, même aujourd'hui, les belles pages de l'Antiquité, l'on ne se retrace point les actions de ses grands hommes, sans ressentir je ne sais quelle émotion d'un genre profond et particulier, que ne fait éprouver rien de ce qui est moderne. Les vieux éléments d'une nature antérieure pour ainsi dire à la nôtre semblent se réveiller en nous à ces souvenirs. Il est difficile de ne pas regretter ces temps, où les facultés de l'homme se développaient dans une direction tracée d'avance, mais dans un champ si vaste, tellement fortes de leurs propres forces et avec un tel sentiment d'énergie et de dignité et, lorsqu'on se livre à ces regrets, il est impossible de ne pas tendre à imiter ce que l'on regrette. En conséquence, ceux qui depuis la renaissance des lettres, se sont efforcés de tirer l'espèce humaine de l'avilissement où l'avaient plongée les deux fléaux réunis de la superstition et de la conquête, ont cru pour la plupart devoir puiser chez les anciens les maximes, les institutions, les usages favorables à la liberté. Mais ils ont méconnu beaucoup de différences qui, en nous distinguant essentiellement des anciens, rendent presque toutes leurs institutions d'une application impossible de nos jours. Comme cette méprise a contribué, plus qu'on ne pense, aux malheurs de la Révolution qui a signalé la fin du siècle dernier, je crois devoir consacrer quelques chapitres à faire ressortir ces différences.

CHAPITRE II

PREMIÈRE DIFFÉRENCE ENTRE L'ÉTAT SOCIAL DES ANCIENS ET CELUI DES MODERNES

L'on a remarqué souvent que les républiques anciennes étaient resserrées dans des limites étroites. L'on a tiré de cette vérité une conséquence qu'il n'est pas de notre sujet d'examiner ici, c'est qu'une république est impossible dans un grand Etat. Mais on n'en a pas tiré une autre conséquence qui me paraît en résulter bien plus naturellement. C'est que les Etats beaucoup plus vastes que les républiques de l'Antiquité devaient modifier autrement les devoirs des citoyens et que le degré de liberté des individus ne pouvait être le même dans les deux cas.

Chaque citoyen dans les républiques anciennes, circonscrites par la petitesse de leur territoire, avait politiquement une grande importance personnelle. L'exercice des droits politiques y faisait l'amusement et l'occupation constante de tous. Par exemple, à Athènes, le peuple entier concourait aux jugements. La part de la souveraineté n'était pas comme de nos jours, une supposition abstraite. Sa volonté avait une influence réelle et n'était pas susceptible d'une contrefaction mensongère et d'une abusive représentation. Si le pouvoir social était oppressif, chaque associé s'en consolait par l'espérance de l'exercer. Aujourd'hui la masse des citoyens n'est plus appelée qu'illusoirement à l'exercice de la souveraineté. Le peuple ne peut être qu'esclave ou libre ; il n'est jamais gouvernant.

Le bonheur de la majorité ne se place plus dans la jouissance du pouvoir, mais dans la liberté individuelle. L'extension de l'autorité sociale composait chez les anciens la prérogative de chaque citoyen. Elle se compose chez les modernes des sacrifices des individus.

En même temps que l'exercice de l'autorité politique était dans les républiques de l'Antiquité une jouissance pour tous, la soumission à cette autorité redoutable était aussi pour tous une nécessité. Le peuple délibérait en souverain sur la place publique. Chaque citoyen était en vue et soumis de fait à cette souveraineté. Les grands Etats ont créé de nos jours une garantie nouvelle, celle de l'obscurité. Cette garantie diminue la dépendance des individus envers la nation. Or il est clair qu'une dépendance qui d'un côté donne moins de jouissance et qui peut de l'autre être éludée plus facilement, il est clair, disons-nous, qu'une telle dépendance ne peut subsister.

CHAPITRE III

SECONDE DIFFÉRENCE

Une seconde différence entre les anciens et les modernes tient à l'état très différent de l'espèce humaine à ces deux époques. Autrefois de petites peuplades, presque sans relations réciproques, se disputaient à main armée un territoire resserré. Ces peuplades poussées par la nécessité l'une contre l'autre se combattaient ou se menaçaient sans cesse. Celles qui ne voulaient pas être conquérantes ne pouvaient déposer le glaive, sous peine d'être conquises. Elles achetaient leur sûreté, leur indépendance, leur existence au prix de la guerre. Si l'histoire nous présente à côté de ces peuplades, quelques grands peuples commerçants ou pacifiques, ces nations nous sont beaucoup moins connues que les nations belliqueuses. Nous n'apercevons l'Egypte qu'à travers les relations mensongères de ses prêtres, défigurées encore par les exagérations de la crédulité grecque. Nous ne possédons sur les Phéniciens que des données purement géographiques. Nous suivons sur la carte leurs navigations ; nous conjecturons sur quelles côtes ils ont abordé. Mais nous ignorons presque entièrement leurs institutions, leurs mœurs, leur vie intérieure. Les Athéniens sont la seule peuplade de l'Antiquité qui ne soit pas exclusivement guerrière et sur laquelle l'histoire nous transmette pourtant des détails précis. Aussi différait-elle beaucoup moins des associations modernes que les autres peuplades de la même époque. Mais par une singularité remarquable, ceux qui nous proposent l'Antiquité pour modèle citent de préférence les nations entièrement belliqueuses, comme les Spartiates et les Romains. C'est que ces nations sont les seules qui viennent à l'appui de leur système, c'est-à-dire les seules qui aient réuni une grande liberté politique à une absence presque totale de liberté individuelle.

Le monde de nos jours est précisément l'opposé du monde ancien. Tout dans l'Antiquité se rapportait à la guerre. Tout est aujourd'hui calculé pour la paix. Chaque peuple autrefois était une famille isolée, ennemie née des autres familles. Maintenant, une masse d'hommes existe sous différents noms et divers modes d'organisation sociale, mais homogène par sa nature. Elle est assez civilisée pour que la guerre lui soit à charge ; elle est assez forte pour n'avoir à craindre aucune invasion de la part de quelques hordes encore barbares, reléguées à l'extrémité de son territoire. Sa tendance uniforme est vers la paix. La tradition belliqueuse, héritage de temps reculés, les crimes et les erreurs des gouvernements nés de la violence retardent les effets de cette tendance. Mais elle fait chaque jour un progrès de plus. L'on se bat encore aujourd'hui. Les hommes puissants s'éclairent communément plus tard que ceux qu'ils régissent. Ils font tourner leur puissance au profit de leurs préjugés. La guerre est encore quelquefois la passion des gouvernants, mais elle n'est plus la passion des gouvernés. Les gouvernants eux-mêmes s'en justifient. Ils n'avouent plus l'amour des conquêtes, ni l'espoir d'une gloire personnelle acquise par les armes. Nous l'avons observé précédemment. Aucun Alexandre n'oserait proposer à ses sujets, sans déguisement, l'envahissement du monde et le discours de Pyrrhus à Cyneas nous paraîtrait le comble de l'insolence et de la folie. Un gouvernement qui parlerait aujourd'hui de la gloire militaire comme but, méconnaîtrait ou mépriserait l'esprit des nations et celui de l'époque. Il se tromperait d'un millier d'années; et lors même qu'il réussirait d'abord, il serait curieux de voir qui gagnerait cette étrange gageure, de notre siècle ou de ce gouvernement. La guerre n'existe plus comme but, mais comme moyen. Le repos, avec le repos l'aisance et pour arriver à l'aisance l'industrie sont le but unique vers lequel se dirige l'espèce humaine. Les peuples civilisés ne se combattent que parce que des vues erronées et de faux calculs leur montrent des rivaux où ils ne devraient voir que des émules et leur persuadent qu'affaiblir leurs concurrents, c'est se fortifier, que les ruiner, c'est s'enrichir. Mais cette erreur ne change rien au fond de leur caractère. Autant celui des anciens était guerrier, autant le nôtre est pacifique. Chez eux, une guerre heureuse était un moyen infaillible de richesse pour les individus; chez nous, une guerre heureuse coûte toujours plus qu'elle ne vaut. Les résultats des guerres ne sont plus les mêmes. Il n'est plus question maintenant d'envahir des pays entiers pour en réduire les habitants en esclavages et s'en partager les terres.

Dans les guerres ordinaires, les frontières des grands Etats ou leurs colonies lointaines peuvent tomber au pouvoir de l'ennemi. Le centre reste intact et si l'on excepte quelques sacrifices pécuniaires, il continue à jouir des avantages de la paix. Même lorsque des circonstances extraordinaires et des motifs qui agitent tous les abîmes du cœur humain rendent les haines plus invétérées et les hostilités plus violentes, comme par exemple durant la Révolution française, le sort des pays conquis n'est encore alors comparable en rien à ce qu'il était dans l'Antiquité. Or la circonscription de l'autorité sociale est nécessairement autre dans un état habituel de guerre et dans un état habituel de paix.

La guerre exige une force publique plus étendue et d'une autre espèce que la paix. La force publique nécessaire à la paix est tout négative, c'est-à-dire de garantie. La guerre nécessite une force active. La discipline qu'elle introduit se communique à toutes les autres institutions. La guerre pour réussir à besoin de l'action commune. Dans la paix, chacun n'a besoin que de son travail, de son industrie, de ses ressources individuelles. C'est comme être collectif qu'un peuple profite des fruits de la guerre. Chaque individu jouit séparément de ceux de la paix et il en jouit d'une manière d'autant plus complète, qu'elle est plus indépendante. Le but de la guerre est déterminé. C'est la victoire, la conquête. Ce but est toujours devant les yeux des intéressés. Il les réunit, il les enchaîne, il fait de leurs efforts, de leurs projets, de leurs volontés, un tout indivisible. La paix ne présente aucun but précis. C est un état durant lequel chacun forme en liberté des projets médite sur ses moyens, donne l'essor à ses calculs individuels. Les peuples guerriers doivent supporter en conséquence plus facilement que les peuples pacifiques la pression de l'autorité sociale. Les premiers se proposent dans leurs institutions libres d'empêcher que des usurpateurs ne s'emparent du pouvoir collectif, propriété de la masse entière. Les seconds veulent de plus limiter le pouvoir en lui-même, de manière qu'il ne les gêne ni dans leurs spéculations, ni dans leurs jouissances. Les uns disent aux gouvernements : conduisez-nous à la victoire et pour nous l'assurer, soumettez-nous aux lois sévères de la discipline. Les autres leur disent : garantissez-nous de toute violence et ne vous mêlez pas de nous.

Chapitre IV

Troisième différence

En troisième lieu, aucune des républiques qu'on a voulu nous faire imiter, n'était commerçante. Les bornes de cet ouvrage nous empêchent d'alléguer toutes les causes qui mettaient obstacle aux progrès du commerce chez les anciens peuples. L'ignorance de la boussole les forçait à ne perdre les côtes de vue dans leurs navigations que le moins possible. Traverser les colonnes d'Hercule, c'est-à-dire passer le détroit de Gibraltar, était considéré comme l'entreprise la plus hardie. Les Phéniciens et les Carthaginois, les plus habiles navigateurs des anciens, ne l'osèrent que fort tard et furent longtemps sans imitateurs. A Athènes qui, comme nous le dirons plus loin, était la république la plus commerçante de l'Antiquité, l'intérêt maritime était d'environ 60 % tandis que l'intérêt ordinaire n'était que de 12 ; tant l'idée d'une navigation lointaine impliquait celle du danger !

Des préjugés religieux s'opposaient au commerce maritime chez plusieurs peuples de l'Antiquité. Par exemple l'horreur de la mer chez les Egyptiens, comme encore aujourd'hui chez les Indiens, où les rites sacrés défendent d'allumer du feu sur l'eau, ce qui met obstacle à toute navigation de long cours, parce qu'il serait impossible de faire cuire les aliments nécessaires. Indépendamment de ces preuves de fait, le simple raisonnement suffit pour prouver que la guerre a dû précéder le commerce. L'une et l'autre ne sont que deux moyens différents d'arriver au même but, qui doit être éternellement le but de l'homme, celui de s'assurer la possession de ce qui lui paraît désirable. Le commerce n'est autre chose qu'un hommage rendu à la force de celui qui possède ce dont nous voudrions nous emparer. C'est le désir d'obtenir de gré à gré ce que nous n'espérons plus enlever par la violence. Un homme qui serait toujours le plus fort n'aurait jamais l'idée du commerce. C'est l'expérience qui, prouvant à l'homme que la guerre, c'est-à-dire l'emploi de la force contre la force d'autrui, est exposée à diverses résistances et à divers échecs, le porte à recourir au commerce, c'est-à-dire à un moyen plus doux et plus sûr d'engager l'intérêt des autres à consentir à ce qui convient à son intérêt. La guerre donc est antérieure au commerce. L'une est l'impulsion, l'autre est le calcul. L'esprit des peuples modernes est essentiellement commerçant. Le commerce rend une grande extension de l'autorité sociale à la fois plus vexatoire et plus facile à éluder; plus vexatoire, parce que le commerce, jetant dans les spéculations des hommes une plus grande variété, il faut que l'autorité multiplie ses actes pour atteindre ces spéculations sous toutes leurs formes; plus facile à éluder, parce que le commerce, changeant la nature de la propriété, rend cette partie de l'existence humaine, partie qui en devient bientôt la plus importante, presque insaisissable pour l'autorité. Le commerce donne à la propriété une qualité nouvelle, la circulation. Sans circulation, la propriété n'est qu'un usufruit. L'autorité peut toujours influer sur l'usufruit. Car elle peut enlever la jouissance. Mais la circulation met un obstacle invisible et invincible à cette action illimitée du pouvoir social. Les effets du commerce s'étendent encore plus loin. Non seulement il affranchit les individus du joug de l'autorité commune, mais en créant le crédit, il soumet sous plusieurs rapports l'autorité commune aux individus. L'on a remarqué mille fois que l'argent qui est l'arme la plus dangereuse du despotisme est en même temps son frein le plus puissant. Le crédit soumis à l'opinion place les gouvernants dans la dépendance des gouvernés. La force est inutile. L'argent se cache ou s'enfuit. Toutes les opérations de l'Etat sont suspendues. Le crédit n'avait pas la même influence chez les anciens. Un déficit de 60 millions a fait la Révolution française. Un déficit de 600 millions ne produisit pas, sous Vespasien, le moindre ébranlement dans l'Empire.

Ainsi les gouvernements anciens étaient nécessairement plus forts que les individus. Les individus sont plus forts que leurs gouvernements actuels.

Autre effet du commerce. Chez les nations anciennes, chaque citoyen voyait non seulement ses affections mais ses intérêts et sa destinée enveloppés dans le sort de la patrie. Son patrimoine était ravagé si l'ennemi gagnait une bataille. Un revers public le précipitait du rang d'homme libre et le condamnait à l'esclavage. Nul n'avait la ressource de déplacer sa fortune. Chez les nations modernes, les individus grâce au commerce font leur destinée malgré les événements. Ils transplantent au loin leurs trésors; leurs transactions sont impénétrables à l'autorité; ils portent avec eux toutes les jouissances de la vie privée. Ajoutez que chez les anciens, la guerre isolait les peuples. Leurs mœurs étaient dissemblables, leurs dispositions farouches, l'expatriation presque impossible. Le commerce a rapproché les nations, leur a donné les mœurs et des habitudes à peu près pareilles. Les chefs sont ennemis, mais les peuples sont compatriotes. Le commerce a modifié jusqu'à la nature de la guerre. Les nations commerçantes étaient autrefois toujours subjuguées par les peuples guerriers. Elles leur résistent aujourd'hui avec avantage. Carthage luttant contre Rome dans l'Antiquité devait succomber; elle avait contre elle la force des choses. Mais si la lutte s'établissait maintenant entre Rome et Carthage, Carthage aurait pour elle les vœux de tous les peuples; elle aurait pour alliés l'esprit et les mœurs du siècle. Autant la guerre comme nous l'avons déjà prouvé, favorise une vaste étendue de pouvoir social, autant le commerce est favorable à la liberté individuelle.

Cette observation se vérifie, même quand on l'applique à des nations contemporaines. L'on jouissait à Athènes d'une liberté individuelle, beaucoup plus grande qu'à Sparte, parce que Athènes était à la fois guerrière et commerçante et que Sparte était exclusivement guerrière. Cette différence se fait sentir sous toutes les formes d'organisation politique. Sous le despotisme, comme sous la liberté, la guerre presse les hommes autour du gouvernement, le commerce les en isole.

Si nous pouvions entrer ici dans des détails historiques, nous montrerions que le commerce avait fait disparaître de chez les Athéniens les différences les plus essentielles qui distinguent les peuples anciens des nations modernes. L'esprit des commerçants d'Athènes était pareil à celui des nôtres. Durant la guerre du Péloponèse, ils sortaient leurs capitaux du continent de l'Attique et les envoyaient aux îles de l'archipel. Le commerce avait créé chez eux la circulation. Ils connaissaient l'usage des lettres de change. De là, car tout se tient, un grand adoucissement dans les mœurs, plus d'indulgence envers les femmes, plus d'hospitalité pour les étrangers et un amour excessif de l'indépendance individuelle. A

Lacédémone, dit Xénophon, les citoyens accourent quand le magistrat les appelle. À Athènes un homme riche serait au désespoir qu'on crût qu'il dépend du magistrat. Si le caractère tout à fait moderne des Athéniens n'a pas été suffisamment remarqué, c'est que l'esprit général de l'époque influait sur leurs philosophes et qu'ils écrivaient toujours en sens inverse des mœurs nationales.

Chapitre V

Quatrième différence

Quatrièmement, l'esclavage universellement en usage chez les anciens donnait à leurs mœurs quelque chose de sévère et de cruel qui leur rendait facile le sacrifice des affections douces aux intérêts politiques. L'existence des esclaves, c'est-à-dire d'une classe d'hommes qui ne jouit d'aucun des droits de l'humanité, change absolument le caractère des peuples chez lesquels cette classe existe. La conséquence inévitable de l'esclavage, c'est l'affaiblissement de la pitié, de la sympathie pour la douleur. La douleur de l'esclave est un moyen pour le maître. A civilisation égale, une nation qui a des esclaves doit être beaucoup moins compatissante qu'une nation qui n'en a pas. L'Antiquité, même chez les peuples les plus policés et parmi les individus les plus distingués par leur rang, leur éducation et leurs lumières, nous fournit des exemples nombreux et presque incroyables de l'inhumanité qu'inspirait au maître son pouvoir illimité sur l'esclavage. En lisant le plaidoyer de Lysias, nous avons peine à concevoir un état social assez féroce pour que ce plaidoyer y pût être prononcé. Deux hommes ont acheté une esclave qu'ils destinent à leurs plaisirs communs. Premier outrage fait à la décence et à la nature. Cette esclave s'attache à l'un d'eux au préjudice de l'autre. Celui-ci comparaît devant les juges, il réclame publiquement de leur tribunal sa part de la possession de cette esclave qu'il a légitimement acquise ; et, pour prouver les faits qu'il allègue, il demande qu'elle soit appliquée à la torture, s'indignant de ce que son adversaire s'y oppose et ne voyant dans ses objections que le refus illégal d'un plaideur de mauvaise foi qui repousse avec perfidie le moyen le plus propre à faire éclater la vérité. Les tourments de l'esclave, la profanation de tout ce qu'il y a de saint dans l'humanité et dans l'amour, l'horrible mélange de supplices et de jouissances, qui révolterait toute imagination moderne, ne sont comptés pour rien, ni par celui qui forme cette honteuse demande, ni par les juges qu'il invoque, ni par les spectateurs qui l'écoutent, ni par Lysias qui compose de sang-froid une harangue pour appuyer cette prétention.

L'absence de l'esclavage jointe aux progrès de la civilisation nous a donné des mœurs plus humaines. La cruauté même pour notre intérêt nous est devenue en général étrangère. Elle nous est devenue impossible pour des idées abstraites et des intérêts publics.

CHAPITRE VI

CINQUIÈME DIFFÉRENCE

Enfin les hommes n'ont pas vieilli de plus de 20 siècles, sans que leur caractère ait changé. Les anciens étaient dans toute la jeunesse de la vie morale. Les modernes sont dans la maturité, peut-être dans la vieillesse. Cette observation se prouverait au besoin par la seule inspection des ouvrages des anciens. Leur poésie est une et simple. L'enthousiasme de leurs poètes est vrai, naturel et complet. Les poètes modernes traînent toujours après eux je ne sais quelle arrière-pensée qui tient de l'expérience et qui défait l'enthousiasme. On dirait qu'ils craignent de paraître dupes et qu'au lieu de se livrer à un mouvement irrésistible ce sont des hommes qui réfléchissent sur la poésie avec leurs lecteurs. C'est que la première condition pour l'enthousiasme, c'est de ne pas s'observer avec finesse et que les modernes ne cessent de s'observer au milieu même de leurs impulsions les plus sensibles ou les plus violentes.

Le mot illusion est un mot dont l'équivalent ne se trouve dans aucune langue ancienne, parce que le mot ne se crée que quand la chose n'existe plus. La philosophie des anciens est exaltée, lors même qu'elle prétend être abstraite. La philosophie des modernes est toujours sèche, même lorsqu'elle s'efforce d'être exaltée. Il y a de la poésie dans la philosophie des anciens et de la philosophie dans la poésie des modernes. Les historiens anciens croient et affirment; les historiens de nos jours examinent et doutent. Les anciens avaient sur toutes choses une conviction entière. Nous n'avons presque sur rien que l'hypocrisie de la conviction. Or rien n'est isolé dans la nature. La littérature porte toujours l'empreinte du caractère général. Moins usés par la civilisation, les anciens avaient dans leurs impressions plus de vivacité. Leurs habitudes belliqueuses leur inspiraient une grande activité, une confiance profonde en leurs forces, le mépris de la mort, l'indifférence pour la douleur; de là plus de dévouement, plus d'énergie, plus d'élévation. Les modernes fatigués par l'expérience ont une sensibilité plus triste et par là même plus délicate, une faculté d'être émus plus habituelle. L'égoïsme même, qui se mêle à cette faculté d'émotion, peut la corrompre mais non la détruire. Pour résister au pouvoir de la souffrance sur nous, nous sommes forcés d'en éviter le spectacle. Les anciens le bravaient sans crainte et le supportaient sans pitié. Une femme d'un esprit très supérieur [Mme de Staël] a remarqué avec beaucoup de sagacité combien il y avait moins de raffinement dans la sensibilité des anciens que dans la nôtre, en comparant l'Andromaque de Racine avec l'Andromaque de Virgile, qui est néanmoins incontestablement le plus sensible des anciens poètes. Des écrivains, qui sont venus après elle et qui l'ont copiée sans la citer, ont attribué cette différence à des causes religieuses; c'est un renversement d'idées. Cette différence se fait sentir dans la religion, comme ailleurs. Mais la religion n'en est point la cause. La cause en est dans les progrès de la civilisation, qui adoucit le caractère en l'affaiblissant et qui, rendant les relations domestiques plus sûres, moins menacées, moins interrompues, en font de la sorte une portion plus constante et plus intime de la vie humaine. Les anciens, comme les enfants, croyaient avec docilité, écoutaient avec respect. Ils pouvaient recevoir sans répugnance un ensemble d'institutions, qui se composait de traditions, de préceptes, d'usages, de pratiques mystérieuses, autant que de lois positives. Les modernes ont perdu la faculté de croire longtemps et sans examen. Le doute est sans cesse derrière eux. Il affaiblit l'impression même de ce qu'ils adoptent. Le législateur ne peut leur parler en prophète. Il leur faut des lois positives pour donner de la sécurité à leur existence. Mais ils ne peuvent être dominés que par l'habitude. Chaque pas qu'on fait dans la vie, donne l'empire à une faculté différente chez les nations, comme chez les individus. L'imagination régnait sur les anciens, la raison règne sur nous. Or l'imagination court au-devant de ce qu'on veut lui persuader. La raison attend, repousse et même lorsqu'elle cède, ne cède jamais qu'à son corps défendant. De là résulte une vérité, dont les conséquences sont aussi importantes qu'étendues. Rien n'était plus facile que de refondre les peuples anciens par des institutions. Rien ne serait plus impossible que de traiter ainsi les peuples modernes. Une institution chez les anciens était dans sa force au moment de son établissement. Une institution chez les modernes n'a de force que lorsqu'elle est devenue une habitude. Dans les temps reculés de l'Antiquité, les peuples avaient si peu d'habitudes qu'ils changeaient de nom presque aussi souvent que de chefs. Denys d'Halicarnasse nous apprend que l'Italie fut désignée successivement par six appellations différentes suivant le nom de ceux qui s'emparèrent l'un après l'autre de cette contrée. Essayez, chefs des peuples ou conquérants de la terre, de désigner de nos jours une rue par votre nom. Toute votre puissance ne fera pas que le peuple oublie l'habitude ancienne et lui substitue ce nom nouveau.

CHAPITRE VII

RÉSULTAT DE CES DIFFÉRENCES ENTRE LES ANCIENS ET LES MODERNES

Il résulte de toutes ces différences que la liberté ne peut être chez les modernes ce qu'elle était chez les anciens. La liberté des temps anciens était tout ce qui assurait aux citoyens la plus grande part dans l'exercice du pouvoir social. La liberté des temps modernes, c'est tout ce qui garantit l'indépendance des citoyens contre le pouvoir. Les anciens par leur caractère avaient surtout besoin d'action et le besoin d'action se concilie très bien avec une grande extension de l'autorité sociale. Les modernes ont besoin de repos et de jouissances. Le repos ne se trouve que dans un petit nombre de lois qui empêchent qu'il ne soit troublé, les jouissances dans une grande liberté individuelle. Toute législation qui exige le sacrifice de ces jouissances est incompatible avec l'état actuel de l'espèce humaine. Sous ce rapport, rien n'est plus curieux à observer que les discours des démagogues français. Le plus spirituel d'entre eux, Saint-Just faisait tous ses discours en petites phrases, propres à réveiller des âmes usées. Et tandis qu'il paraissait supposer la nation capable des sacrifices les plus douloureux, il la reconnaissait par son propre style, comme incapable même d'attention. Il ne faut pas exiger des peuples modernes l'amour et le dévouement qu'avaient les anciens pour la liberté politique ; c'est la liberté civile que chérissent surtout les hommes de notre époque. Parce que, outre que la liberté civile, en raison de la multiplication des puissances privées, a gagné en avantages, la liberté politique a perdu des siens par la grandeur des associations. La seule classe, chez les anciens, qui réclamât une sorte d'indépendance individuelle, c'étaient les philosophes. Mais l'indépendance des philosophes ne ressemblait en rien à la liberté personnelle, qui nous paraît désirable. Leur indépendance consistait à renoncer à toutes les jouissances et à toutes les affections de la vie. La nôtre au contraire ne nous est précieuse que comme nous garantissant ces jouissances et nous permettant ces affections. La marche de l'espèce humaine ressemble à celle de l'individu. Le jeune homme croit aimer sa patrie plus que sa famille et quelquefois le monde plus que sa patrie. Mais à mesure qu'il avance en âge, la sphère de ses sentiments se rétrécit et comme averti par l'instinct de la diminution de ses forces, il ne se fatigue plus à aimer au loin. C'est autour de lui qu'il place ce qui lui reste de la puissance de sentir. De même à mesure que le genre humain vieillit, les affections domestiques remplacent les grands intérêts publics. Il faut donc faire en sorte que la liberté politique soit achetée le moins chèrement possible, c'est-à-dire qu'il faut laisser le plus possible de liberté individuelle dans tous les genres, sous tous les rapports. La tolérance des anciens ne nous suffirait pas. Elle était purement nationale. On respectait le culte de chaque peuple, mais on forçait chaque membre d'un Etat à ne pas s'écarter de la religion de son pays. La liberté religieuse que réclame la civilisation de nos jours est d'une autre nature. C'est une liberté individuelle que chacun veut pouvoir exercer isolément. Les lois sur les mœurs, sur le célibat, sur l'oisiveté sont inadmissibles. Ces lois supposent un asservissement de l'individu au corps social, tel que nous ne pourrions plus le supporter. Les lois mêmes contre la mendicité, quelque nécessaires qu'elles puissent être, sont d'une exécution difficile et odieuse, parce qu'elles ont quelque chose de contraire à nos usages.

Il faut par la même raison ne donner à la vie que peu de secousses. Les ramifications sociales sont beaucoup plus multipliées qu'autrefois. Les classes mêmes qui paraissent ennemies sont liées entre elles par des liens imperceptibles mais indissolubles. Les proscriptions, les confiscations, les spoliations, injustes dans tous les temps, sont devenues de plus aujourd'hui absurdes et inutiles. La propriété ayant pris une nature beaucoup plus stable et s'étant identifiée plus intimement à l'existence de l'homme, demande à être beaucoup plus respectée et laissée beaucoup plus libre. L'homme ayant perdu en imagination ce qu'il a gagné en connaissances positives et par là même beaucoup moins susceptible d'enthousiasme, les législateurs n'ont plus sur lui la même puissance. Ils doivent renoncer à tout bouleversement d'habitudes, à toute tentative pour agir fortement sur l'opinion. Plus de Lycurgue, plus de Numa, plus de Mahomet. On peut appliquer à la législation les observations de M. de Paw sur la musique. *La musique la plus médiocre,* dit-il, *produit sur les peuples barbares, des sensations sans comparaison plus fortes que la plus douce mélodie ne peut en exciter chez les nations civilisées. Plus les Grecs,* continue-t-il, *voulaient perfectionner la musique, plus ils en voyaient les prodiges s'affaiblir.* C'était précisément parce qu'ils voulaient, perfectionner la musique, c'est-à-dire, parce qu'ils la jugeaient. Leurs sauvages ancêtres n'avaient fait que l'écouter.

Je ne voudrais pas affirmer que les modernes ne sont pas susceptibles d'enthousiasme pour certaines opinions, mais ils ne le sont certainement plus d'enthousiasme pour les hommes. La Révolution française est très remarquable à cet égard. Quoi qu'on ait pu dire de l'inconstance du peuple dans les républiques anciennes, rien n'égale la mobilité dont nous avons été les témoins. Parcourez attentivement, même dans l'explosion de la fermentation la mieux préparée, les rangs obscurs d'une populace aveugle et soumise, vous la verrez, tout en suivant ses chefs, attacher ses regards d'avance sur le moment où ils doivent tomber et vous apercevrez dans son exaltation factice un mélange bizarre d'analyse et de moquerie. Elle vous semblera se défier de sa conviction propre, travailler en même temps à s'étourdir par ses acclamations et à se dédommager par ses railleries et pressentir pour ainsi dire elle-même l'époque où le prestige sera dissipé. L'on s'étonne de ce que les entreprises les plus merveilleuses, les succès les plus inattendus, des prodiges d'activité, de valeur et d'adresse, ne font de nos jours presque pas de sensation. C'est que le bon sens de l'espèce humaine l'avertit que ce n'est point pour elle qu'on fait tout cela. C'est un luxe des gouvernements. Comme ils y trouvent seuls du plaisir, on les charge seuls de la récompense. L'activité des dépositaires du pouvoir est devenue beaucoup moins nécessaire depuis que le bonheur, pour la masse des hommes, s'est placé dans les relations privées. Dans un état de choses essentiellement belliqueux, l'on admirait particulièrement le courage, parce que le courage était la qualité la plus indispensable dans les chefs des peuples. Aujourd'hui, l'état des choses étant essentiellement pacifique, ce qu'on demande aux gouvernants, c'est de la modération et de la justice; et quand ils nous prodiguent de grands spectacles et de l'héroïsme et des créations et des destructions sans nombre, on serait tenté de leur répondre : le moindre grain de bonté serait bien mieux notre affaire. Toutes les institutions morales des anciens nous sont devenues inapplicables. J'appelle institutions morales, par opposition aux institutions purement politiques, celles qui, comme la censure ou l'ostracisme, attribuaient à la société ou à un nombre d'hommes quelconque une juridiction discrétionnaire, qui s'exerçait non d'après des formes légales et judiciaires, mais d'après l'idée vaguement conçue de la moralité de certains individus, de leurs intentions et du danger dont ils pouvaient menacer l'Etat. J'appelle une institution morale, l'usage qui attribuait à tous les citoyens des anciennes républiques la fonction d'accusateur. Cette fonction était honorable. On cherchait à se distinguer en dénonçant et poursuivant des coupables. De nos jours, la fonction d'accusateur est odieuse. Un homme serait déshonoré s'il l'exerçait sans mission légale. Tout cela tient à la même cause. Jadis l'intérêt public allait avant la sûreté et la liberté individuelle. Aujourd'hui la sûreté et la liberté individuelle vont avant l'intérêt public.

La paix, la tranquillité, le bonheur domestique étant la tendance naturelle et invincible des peuples modernes, il faut faire à cette tranquillité plus de sacrifices que n'en faisaient les anciens. Le désordre n'est pas toujours incompatible avec la liberté politique, mais il l'est toujours avec la liberté civile et individuelle.

La liberté politique offrant moins de jouissance qu'autrefois et les désordres qu'elle peut entraîner étant plus insupportables, il n'en faut conserver que ce qui est absolument nécessaire. Prétendre aujourd'hui consoler les hommes par la liberté politique de la perte de la liberté civile, c'est marcher en sens inverse du génie actuel de l'espèce humaine. Loin d'opposer l'une de ces libertés à l'autre, il faut ne présenter la première que comme garantie de la seconde. L'on me comprendrait mal néanmoins, si l'on prétendait puiser dans ce résultat des raisonnements contre la liberté politique. Beaucoup d'hommes aujourd'hui voudraient en tirer cette conséquence. Parce que les anciens ont été libres, ils en concluent que nous sommes destinés à être esclaves. Ils voudraient constituer le nouvel Etat social avec un petit nombre d'éléments qu'ils disent seuls adaptés à la situation du monde moderne. Ces éléments sont des préjugés pour effrayer les hommes, de l'avidité pour les corrompre, de la frivolité pour les étourdir, des plaisirs grossiers pour les dégrader, du despotisme pour les conduire et, il le faut bien, des connaissances positives et des sciences exactes pour servir plus adroitement le despotisme. Il serait bizarre que tel fut le terme de 40 siècles durant lesquels l'espèce humaine a conquis plus de moyens moraux et physiques; je ne puis le penser. La conséquence que je tire des différences qui nous distinguent de l'Antiquité, ce n'est point qu'il faille affaiblir la garantie, mais c'est qu'il faut étendre la jouissance. Ce n'est point à la liberté politique que je veux renoncer, c'est la liberté civile que je réclame avec d'autres formes de liberté politique.

Les gouvernements n'ont pas plus qu'autrefois, le droit de s'arroger un pouvoir illégitime ; mais les gouvernements légitimes ont de moins qu'autrefois le droit d'entraver la liberté individuelle. Nous possédons encore aujourd'hui les droits que nous eûmes de tout temps, ces droits éternels à la justice, à l'égalité, à la garantie, parce que ces droits sont le but des associations humaines. Mais les gouvernements, qui ne sont que les moyens de parvenir à ce but, ont de nouveaux devoirs. Les progrès de la civilisation, les changements opérés par les siècles dans les dispositions de l'espèce humaine leur commandent plus de respect pour les habitudes, pour les affections, en un mot pour l'indépendance des individus. Ils doivent porter chaque jour sur ces objets sacrés une main plus prudente et plus légère.

CHAPITRE VIII

DES IMITATEURS MODERNES DES RÉPUBLIQUES DE L'ANTIQUITÉ

Les vérités que nous venons de développer ont de nos jours été méconnues, tant par les philosophes spéculatifs, qui durant le XVIIIe siècle ont réclamé d'ailleurs, avec un courage digne de louange, les droits oubliés de l'espèce humaine que par les hommes plus impétueux et moins éclairés, qui ont voulu mettre en pratique les principes de ces philosophes. Il est résulté de là dans les systèmes de nos écrivains les plus illustres des méprises et des inconséquences, qui nous paraissent presque inexplicables. Nous n'en citerons qu'un exemple que nous prenons au hasard.

Les législateurs anciens avaient une grande haine des richesses. Platon refusa de donner des lois à l'Arcadie uniquement à cause de son opulence. Tous les politiques de l'Antiquité voyaient dans la pauvreté, la source de toute vertu et de toute gloire. Les moralistes modernes ont copié ces maximes. Ils n'ont pas réfléchi que, si les richesses étaient corruptrices chez les peuples belliqueux de l'Antiquité, c'est qu'elles étaient le fruit de la conquête et du pillage et qu'elles pénétraient ainsi subitement chez des peuples pauvres, qu'enivrait bientôt cette jouissance inusitée.

Les richesses redeviendraient corruptrices, si, par quelques secousses violentes, nous retombions à cet égard dans la situation des peuples anciens ; c'est-à-dire, si la classe pauvre et ignorante, s'emparant soudain des dépouilles de la classe cultivée, avait à sa disposition des trésors dont elle ne saurait faire qu'un déplorable et grossier usage. Mais lorsque les richesses sont le produit graduel d'un travail assidu et d'une vie occupée ou qu'elles se transmettent de générations en générations par une possession paisible, loin de corrompre ceux qui les acquièrent ou qui en jouissent, elles leur offrent de nouveaux moyens de loisir, de lumières et par conséquent des motifs nouveaux de moralité. Faute d'avoir considéré la différence des temps, nos moralistes ont voulu remonter le cours du fleuve. Ils ont recommandé les privations à des peuples élevés au milieu des puissances et, par un singulier contraste, tandis que toutes les lois étaient calculées pour encourager l'acquisition des richesses et en découvrir de nouvelles sources, tous les préceptes étaient destinés à les présenter comme un fléau.

Les erreurs de nos philosophes, innocentes tant qu'elles ne furent qu'une théorie, devinrent terribles en application. Lorsque le flot des événements porta, durant la Révolution française, à la tête des affaires des hommes qui avaient adopté la philosophie comme un préjugé, ces hommes crurent pouvoir exercer la force publique, comme ils la voyaient exercée dans les Etats libres de l'Antiquité. Ils crurent que tout devait encore aujourd'hui céder devant l'autorité collective, que la morale privée devait se taire devant l'intérêt public, que tous les attentats contre la liberté civile seraient réparés par la jouissance de la liberté politique dans sa plus grande étendue. Mais l'autorité collective ne fit que blesser en tout sens l'indépendance individuelle, sans en détruire le besoin. La morale privée se tut ; mais comme l'intérêt public n'exerce pas sur nous le même empire que chez les anciens, c'est à un égoïsme hypocrite et féroce que la morale privée se vit immolée. Les grands sacrifices, les actes de dévouement, les victoires remportées en Grèce et à Rome par le patriotisme sur les affections naturelles servirent parmi nous de prétexte au déchaînement le plus effréné des passions particulières. L'on parodie misérablement les plus nobles exemples. Parce que jadis des pères inexorables mais justes avaient condamné leurs enfants criminels, leurs modernes copistes firent périr leurs ennemis innocents. Enfin, les institutions, qui dans les républiques anciennes entouraient d'une forte garantie la liberté politique, fondement de la liberté civile, n'aboutirent qu'à violer la liberté civile, sans établir la liberté politique.

Parmi les écrivains du XVIIIe siècle, il en est un surtout qui a entraîné l'opinion dans cette route erronée et dangereuse, c'est l'abbé de Mably. L'abbé de Mably, qu'on a surnommé le spartiate, était un homme d'une âme pure, chérissant la morale et croyant aimer la liberté, mais c'était assurément l'esprit le plus faux, la tête la plus despotique qui ait existé. A peine apercevait-il, n'importe chez quel peuple, une mesure vexatoire, qu'il pensait avoir fait une découverte et qu'il la proposait pour modèle. Ce qu'il détestait le plus, c'était la liberté individuelle et, lorsqu'il rencontrait une nation qui en était bien complètement privée, il ne pouvait s'empêcher de l'admirer, lors même qu'elle n'avait point de liberté politique. Il s'enthousiasmait sur les Egyptiens, parce que, disait-il, tout chez eux était prescrit par la loi. Tous les moments de la journée étaient remplis par quelque devoir. Jusqu'aux délassements, jusqu'aux besoins, tout pliait sous l'empire du législateur. L'amour même était soumis à cette intervention respectée et c'était la loi qui tour à tour ouvrait et fermait la couche nuptiale. Depuis quelque temps, l'on nous répète les mêmes absurdités sur les Egyptiens. L'on nous recommande l'imitation d'un peuple victime d'une double servitude, repoussé par ses prêtres du sanctuaire de toutes les connaissances, divisé en castes dont la dernière était privée de tous les droits de l'état social et de l'humanité même, retenu par un joug de fer dans une éternelle enfance, masse immobile, incapable également et de s'éclairer et de se défendre et constamment la proie du premier conquérant qui vint envahir, je ne dirai pas sa patrie, mais son territoire. Il faut reconnaître que ces nouveaux apologistes de l'Egypte sont plus conséquents dans leur système que les philosophes qui lui ont prodigué les mêmes éloges. Ils ne mettent aucun prix à la liberté, à la dignité de notre nature, à l'activité de l'esprit, au développement des facultés intellectuelles. Ils ne veulent que servir le despotisme, faute de pouvoir le posséder. Si l'Egypte esclave parut à Mably mériter une admiration presque sans bornes, uniquement parce que toute indépendance individuelle y était comprimée, on conçoit que Sparte, qui réunissait des formes républicaines au même asservissement des individus, dût exciter son admiration plus vive encore. Ce vaste couvent lui semblait l'idéal d'une république libre. Il avait pour Athènes un profond mépris et il aurait dit volontiers de cette première nation de la Grèce, ce que je ne sais quel académicien grand seigneur disait de l'académie : Quel épouvantable despotisme ! Tout le monde y fait ce qu'il veut. Le regret qu'il exprime sans cesse dans ses ouvrages, c'est que la loi ne puisse atteindre que les actions. Il aurait voulu qu'elle atteignît les pensées, les impressions les plus passagères, qu'elle poursuivît l'homme sans relâche et sans lui laisser un asile, où il pût échapper à son pouvoir. Il prenait sans cesse l'autorité pour la liberté, et les moyens lui paraissaient bons pour étendre l'action de l'autorité sur la partie récalcitrante de l'existence humaine dont il explorait l'indépendance. Mably est, après Rousseau, l'écrivain qui a eu le plus d'influence sur notre Révolution. Son austérité, son intolérance, sa haine contre toutes les passions humaines, son avidité de les asservir toutes, ses principes exagérés sur la compétence de la loi, son acharnement contre la liberté individuelle qu'il traitait en ennemi personnel, la différence entre ce qu'il recommandait et ce qui avait existé, ses déclamations contre les richesses et même contre la propriété, toutes ces choses devaient plaire à es hommes échauffés par une victoire récente et qui, conquérants une puissance qu'on appelait loi, étaient bien aise d'étendre cette puissance sur tous les objets. C'était pour eux une autorité précieuse qu'un écrivain, qui, désintéressé dans la question et prononçant toujours anathème contre la royauté, avait au fond de son cabinet, longtemps avant la Révolution, rédigé en axiomes toutes les maximes nécessaires pour organiser, sous le nom de république le despotisme le plus absolu. Mably avait remarqué dans l'Antiquité, indépendamment des lois proprement dites, ce qu'il nommait des institutions. Il serait assez difficile de définir avec précision ce qu'il entendait par ce mot. C'était un ensemble de lois, d'habitudes, de traditions, de cérémonies, propres à frapper l'imagination et à prêter aux constitutions établies l'appui de cette puissance vague, mais irrésistible. Mably ne réfléchit point que les philosophes mêmes de l'Antiquité, qui nous vantaient l'influence des institutions, parlaient le plus souvent d'un temps antérieur et qu'il en était de ces choses comme des revenants ; personne n'en a vu, mais tout le monde a dans sa famille quelque légende qui en atteste l'existence. Mably exalta donc outre mesure les institutions de l'Antiquité et la nécessité d'en établir de pareilles et nos législateurs se mirent à établir des institutions. Mais comme les institutions reposent sur les habitudes, c'était vouloir créer des habitudes, c'est-à-dire créer du passé. Ils instituèrent des fêtes nationales, des cérémonies, des assemblées périodiques. Bientôt il fallut sous des peines sévères commander l'observance de ces fêtes, l'assistance à ces assemblées, le respect pour ces cérémonies. L'on fit un devoir de ce qui devait être volontaire ; l'on entoura de contrainte la célébration de la liberté. Nos gouvernants s'étonnaient de ce que les décrets d'un jour n'effaçaient pas aussitôt les souvenirs de plusieurs siècles. Ils donnaient aux habitudes le nom de malveillance ; l'effet lent et graduel des impressions de l'enfance, la direction imprimée à l'imagination par une longue suite d'années leur paraissaient des actes de rébellion. La loi étant l'expression de la volonté générale, il leur semblait qu'elle devait faire céder toutes les puissances, même celles de la mémoire et du temps. Tous ces efforts, toutes ces vexations ont plié sous le poids de leur propre extravagance. Il n'est si petit saint dans le plus obscur hameau qui n'ait lutté avec avantage contre toute l'autorité nationale, rangée en bataille contre lui. Les partisans de tous les systèmes de ce genre prennent toujours l'effet pour la cause. Parce que les habitudes se transforment en institutions, ils pensent que rien n'est plus facile que de transformer les institutions en habitudes. Ils veulent appuyer par des institutions tous les sentiments naturels, l'honneur, le patriotisme, la puissance paternelle, l'amour conjugal, le respect pour l'âge avancé. C'est suivre une marche inverse de la nature. Ce sont ces sentiments dont l'impulsion spontanée doit créer les institutions. Pour qu'elles soient puissantes et ne soient pas tyranniques, il faut que leur origine se perde dans la nuit des temps. Pour que leur tête s'élève au ciel et nous couvre de son ombrage, leur racine doit être cachée au sein de la terre. Elles sont utiles comme héritage; elles ne sont qu'oppressives, alors qu'on les rédige en lois. Le gouvernement n'est à sa place que lorsqu'il réprime. Alors aucune de ses actions n'est vaine. Mais lorsqu'il veut encourager, diriger, émouvoir, enthousiasmer et qu'il se présente avec des phrases, toujours suivies de moyens coercitifs, il est ridicule s'il échoue, il est despote s'il contraint.

L'on peut ranger au nombre des institutions mal conçues ce que plusieurs publicistes ont nommé peines d'infamie et récompenses d'honneur, tentatives isolées, interrompues, vicieuses dans leur source, susceptibles de partialité, de contradiction et d'inconséquences, à l'aide desquelles le gouvernement veut se mettre à la place du sentiment le plus ombrageux, le plus délicat et croit distribuer à son gré la gloire et la honte.

Si la peine d'infamie est accompagnée de la privation de certains droits, de l'exclusion de certaines fonctions, elle devient alors une peine positive et non pas uniquement d'opinion. Si les récompenses honorifiques, que le gouvernement confère, emportent la jouissance de certaines prérogatives, ce ne sont plus des récompenses purement honorifiques. Elles rentrent dans la catégorie des dédommagements que la société peut accorder pour les services qu'elle a reçus. Alors il y a inexactitude dans les expressions. Mais si l'un et l'autre de ces moyens sont séparés de tout inconvénient et de tout avantage d'une autre nature, il y a contresens. C'est demander que l'autorité fasse la fonction de l'opinion. La honte diminue et l'honneur se flétrit, quand l'autorité s'arroge le droit de les appliquer. Il faut pervertir l'intelligence humaine et froisser les fibres les plus délicates du sentiment intérieur, pour que les hommes se soumettent aux décisions du pouvoir dans ce qui a rapport à la morale. Voyez sous la monarchie même et à l'époque où la vanité se trouvait portée au plus haut degré de susceptibilité par tous les moyens factices qu'il est de la nature de ce gouvernement d'employer, voyez, dis-je, combien furent inutiles toutes les tentatives, toutes les proclamations de l'autorité pour flétrir le duel.

L'on a beaucoup vanté l'effet moral de la censure romaine. Mais les censeurs avaient une puissance légale et ils infligeaient des peines positives. Ils les infligeaient arbitrairement à la vérité. Mais cet arbitraire était contrebalancé par la simplicité des mœurs antiques et par la possibilité qu'avait chaque citoyen, spectateur presque immédiat de toutes les actions de ses égaux, d'apprécier l'équité des censeurs. Lorsque ces magistrats privèrent de l'entrée du Sénat le dictateur Mamercus, qui avait réduit leurs fonctions à 18 mois, cette vengeance excita l'indignation du Sénat et du Peuple et Mamercus fut amplement dédommagé par l'opinion. Mais c'est que tous les concitoyens de ce dictateur étaient rassemblés dans la même ville et témoins et juges de l'injustice qu'il éprouvait. Dans un Etat comme la France, la puissance des censeurs serait une tyrannie intolérable. Si le gouvernement d'un grand peuple osait, par un acte public et sans jugement, prononcer qu'un individu est déshonoré, ce ne serait pas l'individu, mais la nation entière que ce gouvernement déclarerait incapable de tout sentiment d'honneur et la nation réclamerait contre cet arrêt en ne ratifiant pas les décisions de l'autorité.

La censure dégénéra même à Rome, lorsque l'étendue de la République, la complication des relations sociales et les raffinements de la civilisation eurent enlevé à cette institution ce qui lui servait à la fois de base et de limite. Ce n'était pas la censure qui avait créé les bonnes mœurs, c'était la simplicité des mœurs qui constituait la puissance et l'efficacité de la censure.

Dans l'état présent de la société, les relations individuelles se composent de nuances fines, ondoyantes, insaisissables, qui se dénatureraient de mille manières, si l'on tentait de leur donner plus de précision. L'opinion seule peut les atteindre. Elle seule peut les juger, parce qu'elle est de même nature. Les époques des troubles civils sont, je l'avoue, particulièrement défavorables à la puissance de l'opinion. C'est une sorte de sens moral qui ne se développe que dans le calme. C'est le fruit du loisir, de la sécurité, de l'indépendance intellectuelle.

Les secousses des révolutions, les excès des réactions la font disparaître. Des échafauds, des déportations et des massacres ne laissent plus aucune force à des nuances purement morales. L'opinion publique ne peut exister que là où il n y a plus ni arbitraire, ni divisions politiques. L'opinion publique et l'autorité arbitraire sont incompatibles. Il faut que la première renverse l'autre ou qu'elle soit étouffée. Les divisions politiques, qui, suivant les partis, font de telle croyance le plus noir des crimes ou la plus haute des vertus, sont destructives de l'opinion, parce qu'elle est faussée dans son principe et qu'elle suit une direction absolument erronée. Dans des cas pareils il faut attendre et laisser passer. J'ajouterais qu'il faut que la loi se taise, si je ne réfléchissais, que dans ces circonstances, ceux qui font les lois ont précisément pour but de fausser l'opinion. Ils empêchent l'homme de rentrer en lui-même, de consulter son propre cœur, de penser d'après ses propres lumières. Et comme s'il ne leur suffisait pas de son intérêt pour le corrompre, ils veulent encore l'étourdir en se donna it la fausse apparence de s'adresser à son jugement et à sa raison.

LIVRE XVII

DES VRAIS PRINCIPES DE LA LIBERTE

CHAPITRE I

DE L'IMPOSSIBILITÉ D'ABUSER JAMAIS DES VRAIS PRINCIPES DE LA LIBERTÉ

Nous avons essayé de déterminer dans cet ouvrage l'étendue et la juridiction de l'autorité sociale sur les divers objets qui comprennent tous les intérêts des hommes. Voyons maintenant quels principes de liberté en résultent et s'il est possible d'exagérer ces principes ou d'en abuser.

Les individus doivent jouir d'une liberté d'action complète pour toutes les actions innocentes ou indifférentes. Lorsque, dans une circonstance particulière, une action indifférente par elle-même peut menacer la sûreté publique, comme telle manière de se vêtir qui servirait de signe de ralliement, la société a le droit de l'interdire. Lorsqu'une action du même genre fait partie d'une action coupable, comme le rendez-vous que se donneraient des brigands avant d'effectuer un assassinat, la société a le droit de sévir contre cette action indifférente, pour interrompre un crime commencé. Dans les deux cas, l'intervention de la société est légitime, parce que la nécessité est démontrée. Mais aussi, dans les deux cas, elle n'est légitime qu'à cette condition.

Les individus doivent jouir d'une liberté entière d'opinion soit intérieure, soit manifestée, aussi longtemps que cette liberté ne produit pas des actions nuisibles. Lorsqu'elle en produit, elle se confond avec ses actions et doit être à ce titre réprimée et punie. Mais l'opinion séparée de l'action doit rester libre. La seule fonction de l'autorité est de la renfermer dans son domaine propre, la spéculation et la théorie.

Les individus doivent jouir d'une liberté sans bornes dans l'usage de leur propriété et l'exercice de leur industrie, aussi longtemps qu'en disposant de leur propriété et en exerçant leur industrie, ils ne nuisent pas aux autres qui ont les mêmes droits. S'ils leur nuisent, la société intervient, non pour envahir les droits de quelques-uns, mais pour garantir les droits de tous.

Maintenant quels abus peuvent résulter de ces principes qui sont les seuls véritables principes de la liberté et de quelle exagération sont-ils susceptibles?

Une erreur singulière que nous avons indiquée en commençant cet ouvrage et dont on doit accuser surtout Rousseau et Mably, mais dont presque aucun publiciste n'a été exempt, a confondu toutes les idées sur cette matière.

L'on n'a pas distingué les principes de l'autorité sociale des principes de la liberté.

Comme, dans le système des philosophes amis de l'humanité, les principes de l'autorité sociale tendaient à enlever aux oppresseurs des associations humaines les pouvoirs qu'ils avaient usurpés et à restituer ces pouvoirs à l'association entière, l'on n'a pas senti que ce n'était là qu'une opération préalable, qui n'avait fait que détruire ce qui ne devait pas être, mais par laquelle on ne décidait rien sur ce qu'il fallait y substituer.

Ainsi, lorsqu'après avoir proclamé le dogme de la souveraineté nationale, l'on a abusé de ce dogme, l'on a cru que c'était d'un principe de liberté que l'on abusait, tandis que l'on n'avait abusé que d'un principe d'autorité.

Parce que là où les citoyens ne sont rien, les usurpateurs sont tout, l'on a cru que, pour que le peuple fût tout, il fallait que les individus ne fussent rien. Cette maxime est d'une fausseté palpable. Elle fait que la liberté n'est autre chose qu'une formule nouvelle de despotisme. Là où l'individu n'est rien, le peuple n'est rien. Pense-t-on que le peuple s'enrichisse des pertes de chacun de ses membres, comme un tyran s'enrichit de ce qu'il ravit à chacun de ses sujets? Rien n'est plus absurde. Le peuple est riche de ce que ses membres possèdent, il est libre de leur liberté, il ne gagne rien à leurs sacrifices. Les sacrifices des individus sont quelquefois nécessaires, mais ne sont jamais un gain positif ni pour eux-mêmes, ni pour le tout.

Les dépositaires ou les usurpateurs de l'autorité peuvent emprunter, pour légitimer leurs empiétements, le nom de la liberté, parce que malheureusement la parole est d'une complaisance sans bornes; mais jamais ils ne peuvent emprunter ses principes, ni même aucune de ses maximes.

Lorsque, par exemple, une majorité égarée opprime la minorité ou, ce qui arrive bien plus souvent, lorsqu'une minorité féroce et tumultueuse s'empare du nom de la majorité pour tyranniser l'ensemble, que réclame-t-elle pour la justification de ses attentats? La souveraineté du peuple, le pouvoir de la société sur ses membres, l'abnégation des droits individuels en faveur de l'association, c'est-à-dire toujours des principes d'autorité, jamais des principes de liberté.

En effet, comment ces derniers pourraient-ils être invoqués en faveur de l'opposition? Qu'établissent-ils? que la société n'a pas le droit d'être injuste envers un seul de ses membres, que la réunion de tous moins un n'est pas autorisée à gêner ce dernier dans ses opinions, dans celles de ses actions qui ne sont pas nuisibles, dans l'usage de sa propriété ou l'exercice de son industrie, sauf les cas où cet usage ou cet exercice gênerait un autre individu revêtu des mêmes droits.

Or, que font les majorités ou les minorités qui oppriment. Précisément le contraire de ce qu'établissent ces principes. Ce ne sont donc pas ces principes qu'elles exagèrent. Ce n'est pas de ces principes qu'elles abusent. Elles agissent en conséquence d'assertions directement opposées.

Dans quel cas l'opinion manifestée par la presse peut-elle devenir un moyen de tyrannie? C'est lorsqu'un seul homme ou un nombre d'hommes réunis s'empare exclusivement de la presse, en fait l'organe de son opinion, représente cette opinion comme nationale et veut à ce titre la faire prévaloir sur toutes les autres. Mais alors quels principes cet homme ou ces hommes proclament-ils à l'appui de leur conduite? Non pas les principes de la liberté, qui interdisent de faire dominer aucune opinion, même celle de tous contre celle d'un seul, mais les principes de l'autorité sociale, qui, exagérés et soumettant les individus avec tous leurs droits et sans réserve à la communauté souveraine, permettent de restreindre, de gêner, de proscrire les opinions des individus.

Nous pourrions multiplier à l'infini ces exemples; et le résultat serait toujours le même. C'est par une suite de cette erreur que Burke disait que la liberté est une puissance. La liberté n'est une puissance que dans le sens dans lequel un bouclier est une arme. Lors donc que l'on parle des abus possibles des principes de la liberté, l'on s'exprime avec inexactitude. Les principes de la liberté auraient prévenu tout ce qu'on a nommé les abus de la liberté. Ces abus quel qu'en soit l'auteur, ayant lieu toujours aux dépens de la liberté d'un autre, n'ont jamais été la conséquence, mais le renversement des principes.

CHAPITRE II

QUE LA CIRCONSCRIPTION DE L'AUTORITÉ SOCIALE, DANS SES LIMITES PRÉCISES, NE TEND POINT À L'AFFAIBLISSEMENT DE L'ACTION NÉCESSAIRE DU GOUVERNEMENT

La circonscription de l'autorité sociale, dans ses limites précises, ne tend point à l'affaiblissement de cette autorité nécessaire. Elle lui donne au contraire la seule véritable force qu'elle puisse avoir. On doit limiter avec scrupule la compétence de l'autorité; mais cette compétence fixée, on doit l'organiser de manière à ce qu'elle ne soit jamais incapable d'atteindre rapidement et complètement tous les objets de sa compétence. La liberté gagne tout à ce que le gouvernement soit sévèrement renfermé dans l'enceinte légitime; mais elle ne gagne rien à ce que, dans cette enceinte, il soit faible.

La faiblesse d'une partie quelconque du gouvernement est toujours un mal. Cette faiblesse ne diminue en rien les inconvénients que l'on craint et détruit les avantages que l'on espère. Elle ne met point d'obstacles à l'usurpation, mais elle ébranle la garantie, parce que l'usurpation est l'effet des moyens que le gouvernement envahit et la garantie celui de ses moyens légitimes. Or en affaiblissant le gouvernement, vous le forcez à envahir. Ne pouvant atteindre son but nécessaire avec les forces qui lui appartiennent, il aura recours pour l'atteindre à des forces qu'il usurpera ; et de cette usurpation pour ainsi dire obligée à l'usurpation spontanée, à l'usurpation sans limites, il n'y a qu'un pas. Mais si vous étendez le gouvernement à tout, les amis de la liberté et tous les hommes indépendants, c'est-à-dire tout ce qui a quelque valeur sur la terre, ne pourront se plier à cette considération. Ils auraient consenti volontiers à ce que le gouvernement fût tout-puissant dans sa sphère ; mais le rencontrant sans cesse hors de cette sphère, ils voudront diminuer une puissance qu'ils ne sauront comment limiter ; et de la sorte, ils organiseront, comme nous en avons vu plusieurs exemples, des gouvernements trop faibles, qui, parce qu'ils seront faibles, deviendront usurpateurs. Il n'est aucunement nécessaire de sacrifier la moindre partie des principes de la liberté pour l'organisation d'une autorité légitime et suffisante. Ces principes existent avec cette autorité, protégés par elle et la protégeant ; car ils s'opposent à ce que des factions la renversent, en réclamant ces droits sociaux, opposés aux droits individuels, ces axiomes de souveraineté illimitée, ce despotisme de la volonté prétendue générale, enfin ce pouvoir populaire sans bornes, dogmes qui sont le prétexte de tous les bouleversements et que l'on a représentés comme des principes de liberté, tandis qu'ils sont précisément le contraire.

Les principes de la liberté, tels que nous les avons définis, sont utiles et nécessaires à tous, car ils préservent les droits de tous, comme ceux des individus, ceux de la société, ceux des gouvernements. Ces principes sont les seuls moyens de bonheur réel, de repos assuré, d'activité régulière, de perfectionnement, de calme et de durée.

Chapitre III

Dernières considérations sur la liberté civile et sur la liberté politique

En traitant exclusivement dans cet ouvrage des objets qui ont rapport à la liberté civile, nous n'avons point prétendu insinuer que la liberté politique fût une chose superflue. Ceux qui veulent sacrifier la liberté politique pour jouir plus tranquillement de la liberté civile, ne sont pas moins absurdes que ceux qui veulent sacrifier la liberté civile dans l'espoir d'assurer et d'étendre davantage la liberté politique. Ces derniers immolent le but aux moyens. Les premiers renoncent aux moyens, sous le prétexte d'arriver au but. L'on pourrait appliquer à l'impôt tous les arguments qu'on emploie contre la liberté politique. L'on dirait qu'il est ridicule pour conserver ce qu'on a de commencer par en sacrifier une partie. Pourvu que le peuple soit heureux, dit-on quelquefois, il importe peu qu'il soit libre politiquement. Mais qu'est-ce que la liberté politique? La faculté d'être heureux sans qu'aucune puissance humaine puisse arbitrairement troubler ce bonheur. Si la liberté politique ne fait pas partie des jouissances individuelles que la nature a données à l'homme, c'est elle qui les garantit. La déclarer inutile, c'est déclarer superflu les fondements de l'édifice que l'on habite. Les gouvernants, poursuit-on, n'ont rien à gagner au malheur des gouvernés. En conséquence, la liberté politique, c'est-à-dire les précautions des gouvernés contre les gouvernants sont peu nécessaires. Mais cette assertion n'est point exacte.

Il n'est nullement vrai, premièrement, que l'intérêt des gouvernants et celui des gouvernés soit le même. Les gouvernants, quelle que soit l'organisation politique, étant toujours limités en nombre, sont menacés de perdre le pouvoir, si d'autres y parviennent. Ils ont donc intérêt à ce que les gouvernés n'arrivent point au gouvernement, c'est-à-dire ils ont clairement un intérêt distinct de celui des gouvernés. Nous avons dit ailleurs que la propriété tendait à circuler et à se répandre, parce que les propriétaires ne cessaient pas de l'être, quand d'autres le devenaient. Par la raison contraire, le pouvoir tend à se concentrer. De là résulte qu'aussitôt qu'un homme passe, n'importe comment, de la classe des gouvernés dans celle des gouvernants, il prend l'intérêt de ces derniers. C'est le spectacle qu'offraient à Rome pour la plupart les défenseurs de la cause populaire, quand le succès couronnait leur ambition ; et nous voyons la même chose chez les ministres en Angleterre.

Le système représentatif ne lève point cette difficulté. Vous choisissez un homme pour vous représenter, parce qu'il a le même intérêt que vous. Mais par cela même que vous le choisissez, votre choix le plaçant dans une situation différente de la vôtre, lui donne un autre intérêt que celui qu'il est chargé de représenter.

On prévient cet inconvénient en créant diverses espèces de gouvernants investis de pouvoirs de différents genres. Alors les dépositaires de ces pouvoirs, contenus les uns par les autres, de manière à être hors d'état de faire triompher leur intérêt propre, se rapprochent de celui des gouvernés qui aient l'intérêt moyen de tous. Tel est l'avantage de la division des pouvoirs. Il ne faut pas toutefois se faire illusion sur l'efficacité de ces moyens ou se flatter que l'on parvienne jamais à amalgamer complètement ces deux intérêts.

Maxime incontestable. Il est toujours de l'intérêt du grand nombre que les choses aillent bien, plutôt que mal. Il est quelquefois de l'intérêt du petit nombre que les choses aillent mal plutôt que bien.

En second lieu, si nous examinons les différentes manières dont les gouvernants peuvent abuser de leur pouvoir, nous trouverons que leur intérêt n'est nullement de n'en pas abuser, mais de n'en abuser que jusqu'à un certain point. Ils ont par exemple intérêt à ne pas dissiper les revenus de l'Etat, de manière à l'appauvrir et à lui enlever toutes ressources. Mais il leur est agréable de s'approprier la plus grande partie possible de ces revenus, pour les donner à leurs créatures et pour les employer à une pompe et une magnificence inutiles. Entre ce qui est juste et nécessaire, et ce qui serait évidemment dangereux, l'intervalle est vaste et en accordant aux gouvernants de la prudence et un degré ordinaire de patriotisme l'on est autorisé à supposer que, s'ils ne sont pas contenus, ils approcheront le plus possible de cette dernière ligne sans la dépasser.

Il en est de même pour les expéditions militaires. Ils ne s'exposeront pas à être accablés par le nombre de leurs ennemis; ils n'attireront pas sur leur territoire les nations voisines en les attaquant gratuitement. Mais s'ils peuvent se livrer à leur gré à de belliqueuses entreprises, ils profiteront de cette faculté pour provoquer ou continuer des guerres qui, sans entraîner la perte de l'Etat, ajouteront à leur autorité, qui s'accroît toujours dans les circonstances périlleuses; ils sacrifieront à ce but la tranquillité publique et le bien-être de beaucoup de citoyens. Il en est de même encore pour les actes arbitraires. Les gouvernants éviteront de révolter le peuple en multipliant les vexations au-delà de toute mesure. Mais ils se permettront des oppressions partielles : ces choses-là sont dans la nature. Elles sont dans l'intérêt personnel des individus gouvernants. Quand elles ne seraient pas dans leur intérêt durable ou bien entendu, elles seraient dans leur intérêt momentané, dans leurs passions, dans leurs fantaisies, ce qui suffit pour les prévoir ou les craindre. La supposition même qu'ils apporteront dans ces abus une certaine mesure, repose sur la prudence et les lumières que nous leur attribuons. Mais ils peuvent être égarés par des vues erronées, emportés par des passions haineuses. Alors toute modération disparaîtra. Les excès parviendront au comble. En disant que l'intérêt des gouvernements est toujours conforme à l'intérêt des gouvernés, on prend l'intérêt des gouvernements abstraitement. On commet relativement au gouvernement la même erreur que Rousseau commettait relativement à la société. Il y a d'ailleurs une remarque à faire. Admettons pour un instant ce principe. Convenons qu'un monarque, séparé de ses sujets par une distance immense, n'a rien à gagner, pour son bonheur ou même pour son caprice, à froisser les individus. Le gouvernement ne se compose pas uniquement de l'homme qui est à la tête de l'Etat. Le pouvoir se subdivise, se partage entre des milliers de subalternes. Alors il n'est pas vrai que ces innombrables gouvernants n'aient rien à gagner au malheur des gouvernés. Chacun d'eux au contraire a tout près de lui quelqu'un de ses égaux ou de ses inférieurs, dont les pertes l'enrichiraient, dont le champ améliorerait sa fortune, dont l'humiliation flatterait sa vanité, dont l'éloignement le délivrerait d'un ennemi, d'un concurrent, d'un surveillant incommode. S'il est vrai, sous quelques rapports, que l'intérêt du gouvernement, pris à la sommité de l'édifice social, soit toujours d'accord avec l'intérêt du peuple, il n'est pas moins incontestable que l'intérêt des gouvernants subalternes lui peut souvent être opposé. Une réunion impossible à espérer serait nécessaire pour supposer le despotisme compatible avec le bonheur des gouvernés. Au haut de la hiérarchie politique, un homme sans passions individuelles, inaccessible à l'amour, à la haine, à la faveur, à la colère, à la jalousie, actif, vigilant, tolérant pour toutes les opinions, n'attachant aucun amour-propre à persévérer dans les erreurs qu'il aurait commises, dévoré du désir du bien et sachant néanmoins résister à l'impatience et respecter les droits du temps. Plus bas dans la gradation des pouvoirs, des ministres doués des mêmes vertus, existant dans la dépendance sans être serviles, au milieu de l'arbitraire sans être tentés de s'y prêter par crainte ou d'en abuser par intérêt, enfin partout dans les fonctions inférieures, même réunion de qualités rares, même sûreté, même amour de la justice, même oubli de soi. Si cet enchaînement de vertus surnaturelles se trouve rompu dans un seul anneau, tout est en péril. Les deux moitiés ainsi séparées resteraient toutes deux irréprochables, que le bien ne serait point assuré. La vérité ne remonterait plus avec exactitude jusqu'au faîte du pouvoir, la justice ne descendrait plus, pure et entière, dans les rangs obscurs des gouvernés. Une seule transmission infidèle suffit pour égarer l'autorité, pour l'armer contre l'innocence. Lorsqu'on prétend que la liberté politique n'est pas nécessaire, l'on croit toujours n'avoir de rapports qu'avec le chef du gouvernement, mais l'on en a dans la réalité avec tous les agents subalternes et la question n'est plus d'attribuer à un seul homme des facultés distinguées et une équité à toute épreuve. Il faut supposer l'existence de cent ou deux-cent mille créatures angéliques au-dessus de toutes les faiblesses et de tous les vices de l'humanité. Si l'on place le bonheur des gouvernés dans les jouissances purement physiques, il est possible de dire avec quelque raison, que l'intérêt des gouvernants, surtout dans les grandes associations modernes, n'est presque jamais de troubler les gouvernés dans ces jouissances. Mais si l'on place le bonheur des gouvernés plus haut, dans le développement de leurs facultés intellectuelles, l'intérêt de la plupart des gouvernements sera d'arrêter ce développement. Or, comme il est naturel à l'espèce humaine de résister, quand on veut arrêter le développement de ses facultés, l'autorité pour y parvenir aura recours à la contrainte. D'où il résulte qu'elle arrivera par un détour à peser sur les jouissances physiques des gouvernés pour les dominer dans des parties de leur existence, qui ne semblent avoir avec ces jouissances qu'un rapport très éloigné.

Enfin l'on dit tous les jours que l'intérêt bien entendu de chaque homme est de ne pas enfreindre les règles de la justice et cependant on fait des lois, on établit des supplices pour les criminels. Tant il est constaté que les hommes s'écartent sans cesse de leur intérêt bien entendu! Comment n'en serait-il pas de même des gouvernements!

On accuse la liberté politique de jeter les peuples dans des agitations continuelles. Il serait aisé de prouver que, si la conquête de cette liberté peut enivrer des esclaves, la jouissance de cette liberté forme des hommes dignes de la posséder. Mais quand cette assertion contre la liberté serait démontrée, il n'en résulterait rien pour le despotisme. A entendre les amis de ce honteux régime, on le croirait un sûr garant du repos. Mais si l'on consulte l'histoire, on verra que presque toujours, le pouvoir absolu s'écroule au moment où de longs efforts l'ayant délivré de tout obstacle, semblent lui promettre le plus de durée.

Le royaume de France, dit M. Ferrand, III, 448, rassemblait sous l'autorité unique de Louis XIV *tous les moyens de force et de prospérité* [...] *Sa grandeur avait été longtemps retardée par tous les vices dont un moment de barbarie l'avait surchargée et dont il avait fallu près de sept siècles pour emporter entièrement la rouille. Mais cette rouille était dissipée. Tous les ressorts venaient de recevoir une dernière trempe. Leur action était rendue plus libre, leur jeu plus prompt et plus sûr. Ils n'étaient plus arrêtés par une multitude de mouvements étrangers. Il n'y en avait plus qu'un qui imprimait l'impulsion à tout le reste.* Eh bien, que résulte-t-il de tout cela? de ce ressort unique et puissant, de cette unité précieuse? Un règne brillant, puis un règne honteux, puis un règne faible, puis une révolution. On trouve dans les *Mémoires* de Louis XIV publiés nouvellement le détail complaisamment raconté par ce prince de ses opérations pour détruire l'autorité du

Parlement, du clergé, de tous les pouvoirs intermédiaires. Il se félicite toujours du rétablissement ou de l'accroissement de l'autorité royale. Il s'en fait un mérite aux yeux de ses successeurs. Il écrivait vers l'an 1666, 123 ans après, la monarchie française était renversée.

En Angleterre, le pouvoir absolu s'établit sous Henri VIII. Elisabeth le consolide. On s'extasie sur l'autorité sans bornes de cette reine. Mais son successeur est occupé à lutter sans cesse contre la nation qu'on croyait asservie et le fils de ce successeur porte sa tête sur un échafaud. On nous cite perpétuellement les quatorze siècles de la monarchie française comme une preuve de la solidité de la monarchie absolue; mais de ces 14 siècles, douze furent consumés en lutte contre la féodalité, système oppressif, mais le plus opposé qui se puisse concevoir au despotisme d'un seul. Il n'y a, dit un écrivain, d'ailleurs le partisan le plus exagéré de la monarchie absolue [Ferrand], il n'y a pas de gouvernement moins monarchique que celui de la 3e race, surtout pendant les trois derniers siècles. Apologistes du despotisme, ce gouvernement a trois chances. Ou il révolte le peuple et le peuple le renverse; ou il énerve le peuple et alors, si les étrangers l'attaquent, il est renversé par les étrangers; ou, si les étrangers ne l'attaquent pas, il dépérit lui-même plus lentement, mais d'une manière plus honteuse et non moins certaine. On a dit souvent que la prospérité des républiques était passagère. Celle du pouvoir absolu l'est bien plus encore. Il n'y a pas un Etat despotique qui ait subsisté dans toute sa force autant de temps que la liberté anglaise. La raison en est simple; cette liberté politique, qui sert au pouvoir de barrière, lui sert en même temps d'appui. Elle le guide dans sa route; elle le soutient dans ses efforts, elle le modère dans ses accès de délire et l'encourage dans ses moments d'apathie. Elle réunit autour de lui les intérêts des diverses classes. Lors même qu'il lutte contre elle, elle lui impose de certains ménagements, qui rendent ses écarts moins ridicules et ses excès moins odieux. Quand la liberté politique est tout à fait détruite, le pouvoir ne trouvant rien qui le règle, rien qui le dirige, rien qui le contienne, commence à marcher au hasard. Son allure devient inégale et vagabonde. Tantôt il est furieux et rien ne le calme, tantôt il s'affaisse et rien ne le ranime. Il s'est défait de ses alliés en croyant se débarrasser de ses adversaires. Tout confirme cette maxime de Montesquieu, qu'*à mesure que le pouvoir du monarque devient immense, sa sûreté diminue.*

CHAPITRE IV

APOLOGIE DU DESPOTISME PAR LOUIS XIV

Il est assez curieux d'entendre Louis XIV sur le despotisme. Il en fait l'apologie et non sans adresse.

On doit demeurer d'accord, dit-il, *qu'il n'est rien qui établisse avec tant de sûreté le bonheur et le repos des provinces, que la parfaite réunion de toute l'autorité dans la personne du souverain. Le moindre partage qui s'en fait produit toujours de très grands malheurs et, soit que les parties qui en sont détachées se trouvent entre les mains des particuliers ou dans celles de quelques compagnies, elles n'y peuvent jamais demeurer que comme dans un état violent. Le prince qui les doit conserver unies en soi-même, n'en saurait permettre le démembrement, sans se rendre coupable de tous les désordres qui en arrivent* [...] *Sans compter les révoltes et les guerres intestines, que l'ambition des puissants produit infailliblement, lorsqu'elle n'est pas réprimée, mille autres maux naissent encore du relâchement du souverain. Ceux qui l'approchent de plus près, voyant les premiers sa faiblesse, sont aussi les premiers qui en veulent profiter. Chacun d'eux ayant nécessairement des gens qui servent de ministres à leur avidité, leur donne en même temps la licence de les imiter. Ainsi de degré en degré la corruption se communique partout et devient égale en toutes les professions* [...] *de tous ces crimes divers, le peuple seul est la victime. Ce n'est qu'aux dépens des faibles et des misérables que tant de gens prétendent élever leurs monstrueuses fortunes; au lieu d'un seul roi que les peuples devraient avoir, ils ont à la fois mille tyrans.*

Tout ce raisonnement est fondé sur l'erreur dont la réfutation fait l'objet de cet ouvrage. On croirait que le despotisme doit toujours être quelque part, soit entre les mains d'un seul, soit entre celles de plusieurs. Mais au lieu du despotisme, il peut y avoir une chose qu'on nomme la liberté. Alors il ne résulte point de ce que le chef du pouvoir suprême n'a qu'une autorité limitée, que les agents subalternes aient ce qui manque à cette autorité pour être absolue. Eux aussi n'ont qu'une autorité limitée; et loin que l'oppression se dissémine et descende d'échelon en échelon, tous sont contenus et réprimés. Louis XIV nous peint un gouvernement libre comme si le despotisme y était partout et la liberté nulle part. C'est tout le contraire. Le despotisme n'y est nulle part, parce que la liberté y est partout. La faiblesse d'une autorité absolue fait le malheur des peuples, parce que la puissance flotte au hasard et que les grands s'en emparent. Des limites sagement fixées font le bonheur des nations, parce qu'elles circonscrivent la puissance, de manière que nul n'en peut abuser.

LIVRE XVIII

DES DEVOIRS DES INDIVIDUS ENVERS L'AUTORITE SOCIALE

CHAPITRE I

DIFFICULTÉS RELATIVES À LA QUESTION DE LA RÉSISTANCE

L'autorité sociale n'étant pas sans limites, il est évident que les devoirs des individus envers elle ne sont pas illimités. Ces devoirs diminuent en raison de ce que l'autorité empiète sur la partie de l'existence individuelle qui n'est pas de sa compétence. Lorsque ces empiétements sont portés au comble, il est impossible que la résistance n'en résulte pas.

Il en est de l'autorité comme de l'impôt. Chaque individu consent à sacrifier une partie de sa fortune, pour subvenir aux dépenses publiques, dont le but est de lui assurer la jouissance paisible de ce qu'il conserve; mais si l'Etat exigeait de chacun la totalité de sa fortune, la garantie qu'il offrirait serait illusoire, puisque cette garantie n'aurait plus d'application. De même chaque individu consent à sacrifier une partie de sa liberté pour assurer le reste; mais si l'autorité envahissait toute sa liberté, le sacrifice serait sans but.

Nous connaissons tous les dangers de la question trop fameuse de la résistance. Nous savons à quels abus, à quels crimes elle ouvre l'entrée. Nul ne peut aujourd'hui prononcer le mot de révolution sans un trouble voisin du remords.

Cependant, quelque parti que l'on prenne sur cette question, elle offrira toujours beaucoup de difficultés.

Dans les pays où l'autorité est partagée, si les dépositaires de cette autorité se divisent, il faut choisir entre eux et la résistance devient forcée contre les uns ou contre les autres. La constitution d'Angleterre veut que les deux chambres et le roi concourent à l'assiette des impôts et à la confection des lois. Si le roi voulait lever des impôts malgré l'une des deux chambres, obéir au roi serait résister à l'autorité légale du Parlement. Si l'une des deux chambres ou toutes les deux voulaient faire une loi indépendamment de la sanction royale, leur obéir serait résister à l'autorité légale de la couronne.

Mais dans les pays mêmes où le pouvoir est concentré dans une seule main, la question de la résistance est moins simple qu'elle ne le paraît. Il dépend bien de chaque citoyen de ne pas résister au pouvoir, mais il ne dépend pas de lui d'empêcher que d'autres ne lui résistent et ne le renversent. Or si ce pouvoir est renversé, faut-il se réunir immédiatement au pouvoir nouveau. Ce principe sanctionnerait toutes les tentatives de la force. Il deviendrait une source féconde des malheurs mêmes que l'on paraît vouloir éviter. Car il présenterait à l'audace l'appât continuel de la récompense, en légalisant le premier succès. Les mouvements qui renversent des autorités usurpatrices sont des actes de résistance, aussi bien que ceux qui détruisent des gouvernements établis. Le renversement du Comité de Salut public n'était autre chose qu'un acte de résistance. Aurions-nous dû rester à jamais soumis au Comité de Salut public ? Si l'on dit que toute puissance vient de Dieu, Cartouche était une puissance et Robespierre en était une autre. Mais le problème ne serait pas encore résolu. L'autorité ancienne peut, après sa chute, conserver des ressources, des partisans ou des espérances. A quelle époque, à quel signe, par quel calcul moral ou numérique, le devoir des individus fondé sur le droit divin ou sur telle autre base qu'on voudra lui donner, se trouve-t-il transféré de leurs anciens à leurs nouveaux maîtres ? Enfin, peut-on établir sérieusement que la résistance soit toujours illégitime ? Peut-on la déclarer coupable sous Néron, sous Vitellius, ou Caracalla ? On croit se tirer d'embarras par des maximes abstraites et générales qui semblent mettre le jugement personnel hors de la question. Mais les circonstances, qui se compliquent et se nuancent, rendent ces maximes inutiles et stériles dans l'application.

CHAPITRE II

DE L'OBÉISSANCE À LA LOI

La résistance peut être de deux espèces, la résistance négative ou la désobéissance à la loi, la résistance positive ou l'opposition active à l'autorité.

Traitons d'abord de la résistance négative, question moins compliquée et moins dangereuse à examiner que celle de la résistance positive. Elle a néanmoins sa difficulté particulière.

L'autorité du gouvernement peut être limitée d'une manière précise, parce que la loi peut la limiter. La limitation est en dehors. Il est aisé de voir si elle est transgressée ; mais il n'en est pas de même de la compétence de la loi. La loi étant la seule règle écrite qui puisse exister, il est beaucoup moins aisé de dire ce qui en elle constitue la transgression.

Pascal, le chancelier Bacon, et comme eux beaucoup d'autres ont coupé court à toute difficulté, en posant en principe qu'il fallait obéir à la loi en tant que loi et sans examen. Pour réfuter cette assertion, il ne faut qu'en rechercher le sens rigoureux.

Prétend-on que le nom de loi doit toujours suffire pour obliger à l'obéissance ? Si un nombre d'hommes ou même un homme seul sans mission, intitule loi l'expression de sa volonté particulière, les autres individus de la société seront-ils tenus de s'y conformer ? L'affirmative est absurde, mais la négative implique que le titre de loi n'impose pas le devoir d'obéir et que ce devoir suppose une recherche antérieure de la source d'où part cette loi.

Prétend-on que l'examen est permis, lorsqu'il s'agit de constater si ce qui nous est présenté comme loi part d'une autorité légitime ; mais que ce dernier point éclairci, l'examen n'a plus lieu sur le contenu même de la loi ?

En premier lieu, si l'on veut prévoir toujours l'abus infaillible de toutes les facultés accordées à l'homme, l'examen de la légitimité de l'autorité législative n'ouvrira pas la porte à des désordres moins grands que celui de la loi même.

Secondement une autorité n'est légitime qu'en vertu de la mission qui lui a été donnée. Une municipalité, un juge de paix sont des autorités légitimes; elles cesseraient néanmoins de l'être si elles s'attribuaient le droit de faire des lois. Il faudra donc dans tous les systèmes accorder aux individus l'usage de leur raison, non seulement pour connaître le caractère des autorités mais pour juger leurs actes. De là résulte l'examen du contenu, comme celui de la source de la loi.

L'on voit en conséquence que la proposition de Pascal est illusoire, dès qu'on ne veut pas qu'elle mène à l'absurde.

L'homme a le droit d'examiner à l'aide de ses lumières, car c'est le seul instrument d'examen qu'il ait, quelle est la source d'une loi. Si vous lui refusez cette faculté, vous vous exposez vous-même à ce qu'il vous poignarde au gré du premier brigand qui s'intitulera législateur.

L'homme possède en outre le droit d'examiner le contenu d'une loi, car ce n'est que d'après le contenu d'une loi qu'il peut apprécier la légitimité de sa source. Si vous lui contestez ce droit, vous facilitez aux autorités les plus subalternes les empiétements les plus indéfinis et les plus désordonnés sur toutes les autorités existantes.

Remarquez que ceux mêmes qui déclarent l'obéissance implicite aux lois de devoir rigoureux, exceptent toujours de cette règle la chose qui les intéresse. Pascal en exceptait la religion. Il ne se soumettait point à l'autorité de la loi civile en matière religieuse; et il brava la persécution par sa désobéissance à cet égard.

Entraîné par la détermination de ne reconnaître aucun droit naturel, Bentham s'est vu forcé d'établir que la loi seule créait les délits, que toute action prohibée par la loi devenait un crime; et de la sorte l'esprit de système a repoussé cet écrivain, qui d ailleurs s'élève à chaque page contre les erreurs et les empiétements de l'autorité, dans les rangs des apologistes de l'obéissance la plus implicite et la plus servile.

Heureusement, il se réfute lui-même en définissant les délits. *Un délit,* dit-il, *est un acte dont il résulte du mal.* Mais la loi qui interdit un acte dont il ne résulte pas de mal, crée-t-elle un délit ? Oui, répond-il, car en attachant une peine à cet acte, elle fait qu'il en résulte du mal. A ce compte, la loi peut attacher une peine à ce que je sauve la vie de mon père, à ce que je ne le tue pas. Sera-ce assez pour faire un délit de la piété filiale, une obligation du parricide ? Et cet exemple, tout horrible qu'il est, n'est pas une vaine hypothèse. N'a-t-on pas vu condamner au nom de la loi, dans mille révolutions politiques, des pères pour avoir sauvé leurs enfants, des enfants pour avoir secouru leur père ?

Bentham se réfute bien mieux, lorsqu'il parle des délits imaginaires. Si la loi créait des délits, aucun délit créé par la loi ne serait imaginaire. Tout ce qu'elle aurait déclaré délit serait tel.

L'auteur anglais se sert d'une comparaison très propre à éclaircir la question. Certains actes innocents par eux-mêmes, dit-il, sont rangés parmi les délits, comme chez certains peuples des aliments sains sont considérés comme des poisons ou des choses immondes. Ne s'ensuit-il pas que, de même que l'erreur de ces peuples ne convertit pas en poison les aliments sains qu'ils envisagent comme tels, l'erreur de la loi ne convertit pas en délit les actes innocents qu'elle déclare coupables ? Il arrive sans cesse que lorsqu'on parle de la loi abstraitement, on la suppose ce qu'elle doit être ; et quand on s'occupe de ce qu'elle est, on la rencontre tout autre. De là des contradictions perpétuelles dans les systèmes et les expressions.

Le mot de loi est aussi vague que celui de nature. En abusant de celui-ci, l'on renverse la société. En abusant de l'autre, on tyrannise les individus. S'il fallait choisir entre les deux, celui de nature réveille au moins une idée à peu près la même chez tous les hommes. Celui de loi peut s'appliquer aux idées les plus opposées.

Quand on nous a commandé le meurtre, la délation, l'espionnage, on ne nous les a pas commandés au nom de la nature ; tout le monde aurait senti qu'il y avait contradiction dans les termes ; on nous les a commandés au nom de la loi et il n'y a plus eu de contradiction.

Vouloir faire entièrement abstraction de la nature, dans un système de législation, c'est ôter aux lois tout à la fois leur sanction, leur base et leur limite. Bentham va jusqu'à dire que toute action, quelque indifférente qu'elle soit, pouvant être prohibée par la loi, c'est à la loi que nous devons la liberté de nous asseoir ou de nous tenir debout, d'entrer ou de sortir, de manger ou de ne pas manger, parce que la loi pourrait nous l'interdire. Nous devons cette liberté à la loi, comme le vizir qui rendait chaque jour grâce à sa hautesse d'avoir encore sa tête sur ses épaules, devait au sultan de n'être pas décapité. Mais la loi qui aurait prononcé sur ces actions indifférentes, aurait prononcé illégitimement; elle n'aurait pas été une loi.

L'obéissance à la loi sans doute est un devoir; mais ce devoir n'est pas absolu, il est relatif. Il repose sur la supposition que la loi part de sa source naturelle et se renferme dans ses bornes légitimes. Ce devoir ne cesse pas absolument, lorsque la loi ne s'écarte de cette règle qu'à quelques égards. Nous devons au repos public beaucoup de sacrifices. Nous nous rendrions coupables aux yeux de la morale, si, par un attachement trop inflexible à nos droits, nous résistions à toutes les lois qui nous sembleraient leur porter atteinte. Mais aucun devoir ne nous lie envers ces lois prétendues, dont l'influence corruptrice menace les plus nobles parties de notre existence, envers ces lois, qui non seulement restreignent nos libertés légitimes et s'opposent à des actions qu'elles n'ont pas le droit d'interdire, mais nous en commandent de contraires aux principes éternels de justice et de pitié, que l'homme ne peut cesser d'observer sans démentir sa nature.

Le publiciste que nous avons réfuté précédemment convient lui-même de cette vérité. Si la loi, dit-il, n'est pas ce qu'elle doit être, faut-il lui obéir, faut-il la violer? Faut-il rester neutre entre la loi qui ordonne le mal et la morale qui le défend? Il faut examiner si les maux probables de l'obéissance sont moindres que les maux probables de la désobéissance. Il reconnaît dans ce passage les droits du jugement individuel qu'il conteste ailleurs.

La doctrine d'obéissance illimitée à la loi a été la cause de plus de maux peut-être que toutes les autres erreurs qui ont égaré les hommes. Les passions les plus exécrables se sont retranchées derrière cette forme en apparence impassible et impartiale pour se livrer à tous les excès. Voulez-vous rassembler sous un seul point de vue les conséquences de votre doctrine d'obéissance aveugle et implicite à la loi? Rappelez-vous que les empereurs romains ont fait des lois, que Louis XI a fait des lois, que Richard III a fait des lois, que le Comité de Salut public a fait des lois. Il n'existe pas un sentiment naturel qu'une loi n'ait interdit, pas un devoir dont une loi n'ait prohibé l'accomplissement, pas une vertu qu'une loi n'ait proscrite, pas une affection qu'une loi n'ait punie, pas une trahison qu'une loi n'ait salariée, pas un forfait qu'une loi n'ait commandé. Il est donc nécessaire de mettre des bornes à ce devoir prétendu d'obéissance. Il est nécessaire d'indiquer les caractères qui font qu'une loi n'est pas une loi.

La rétroactivité est le premier de ces caractères. Les hommes n'ont consenti aux entraves des lois que pour attacher à leurs actions des conséquences certaines, d'après lesquelles ils pussent se diriger et choisir la ligne de conduite qu'ils voulaient suivre ; la rétroactivité leur ravit cet avantage. Elle rompt la condition du traité social. Elle dérobe le prix du sacrifice qu'elle a imposé. Souvent les gouvernements, ayant négligé des précautions qu'ils auraient dû prendre, croient réparer leur faute en étendant sur le passé même l'effet des lois, dont l'expérience leur démontre la nécessité. L'atrocité d'un crime, l'indignation qu'il excite, la crainte que l'impunité d'un coupable qui profite du silence de la loi n'encourage d'autres coupables, lors même qu'elle aura parlé, portent quelquefois des hommes sages à justifier cette extension de l'autorité. C'est l'anéantissement de toute justice, c'est faire subir aux gouvernés la peine de l'imprévoyance des gouvernants. Mieux vaut laisser échapper l'homme coupable du crime le plus odieux, que punir une action qui n'aurait pas été prohibée par une loi antérieure.

Un second caractère d'illégalité dans les lois, c'est de prescrire des actions contraires à la morale. Toute loi qui ordonne la délation, la dénonciation, n'est pas une loi. Toute loi portant atteinte à ce penchant qui commande à l'homme de donner un refuge à quiconque lui demande asile, n'est pas une loi. Le gouvernement est institué pour surveiller. Il a des instruments pour accuser, pour poursuivre, pour découvrir, pour livrer, pour punir. Il n'a pas le droit de faire retomber sur l'individu, qui ne remplit aucune mission, ces devoirs nécessaires, mais pénibles. Il doit respecter dans les citoyens cette sensibilité, la partie la plus précieuse de notre existence et qui nous porte à plaindre et à secourir sans examen le faible frappé par le fort.

C'est pour rendre la pitié individuelle inviolable, que nous avons rendu l'autorité publique imposante. Nous avons voulu conserver en nous les sentiments de la sympathie, en chargeant le pouvoir des fonctions sévères qui auraient pu blesser ou flétrir ces sentiments. J'excepte néanmoins les crimes, contre lesquels se soulève la sympathie même. Il est des actions tellement atroces que tous les hommes sont disposés à concourir à leur châtiment. La poursuite des coupables ne répugne point alors à leurs affections, n'émousse point leur sensibilité, ne détériore pas leur morale. Mais ces actions sont en très petit nombre. L'on ne peut ranger affirmativement dans cette catégorie que les délits attentatoires à la vie des hommes. Les atteintes à la propriété, quoique très criminelles, n'excitent point en nous une indignation suffisante pour étouffer toute pitié ; et quant aux délits qu'on pourrait nommer factices, c'est-à-dire qui ne sont tels que parce qu'ils enfreignent certaines lois positives, lorsqu'on force les individus à en favoriser la poursuite, on les tourmente et on les dégrade. Je me suis demandé quelquefois ce que je ferais, si je me trouvais enfermé dans une ville, où il fût défendu sous peine de mort de donner asile à des citoyens accusés de crimes politiques. Je me suis répondu que, si je voulais mettre ma vie en sûreté, je me constituerais prisonnier, aussi longtemps que cette mesure serait en vigueur.

Toute loi qui divise les citoyens en classes, qui les punit de ce qui n'a pas dépendu d'eux, qui les rend responsables d'autres actions que les leurs, toute loi pareille n'est pas une loi.

Ce n'est pas, nous le répétons, que nous recommandions l'emploi toujours dangereux de la résistance. Elle met en péril la société. Qu'elle soit interdite, non par déférence pour l'autorité qui usurpe, mais par ménagement pour les citoyens que des luttes continuelles priveraient des avantages de l'état social. Aussi longtemps qu'une loi, bien que mauvaise, ne tend pas à nous dépraver, aussi longtemps que les empiétements de l'autorité n'exigent que des sacrifices qui ne nous rendent ni vils, ni féroces, nous y pouvons souscrire. Nous ne transigeons que pour nous. Mais si elle nous prescrit de fouler aux pieds ou nos affections, ou nos devoirs, si, sous le prétexte absurde d'un dévouement gigantesque et factice pour ce qu'elle appelle tour à tour monarchie ou république, ou prince, ou nation, elle nous interdit la fidélité à nos amis malheureux, si elle nous commande la perfidie envers nos alliés, ou même la persécution envers des ennemis vaincus, anathème et désobéissance à cette autorité corruptrice et à la rédaction d'iniquités et de crimes qu'elle décore du nom de loi.

Un devoir positif, général, sans restriction, toutes les fois qu'une loi paraît injuste, c'est de ne pas s'en rendre l'exécuteur. Cette force d'inertie n'entraîne ni bouleversements, ni révolutions, ni désordres; et ce serait un beau spectacle que de voir une autorité coupable, rédigeant en vain des lois sanguinaires, des proscriptions en masse, des arrêtés de déportation et ne trouvant dans le peuple immense et silencieux qui gémit sous sa puissance, nul exécuteur de ses injustices, nul complice de ses forfaits.

Rien n'excuse l'homme qui prête son assistance à la loi qu'il croit inique, le juge qui siège dans une cour qu'il croit illégale ou qui prononce une sentence qu'il désapprouve, le ministre qui fait exécuter un décret contre sa conscience, le satellite qui arrête l'homme qu'il sait innocent, pour le livrer à ses bourreaux. Sous l'un des gouvernements les plus oppressifs qui aient régi la France, un homme qui demandait de l'emploi s'excusait de cette démarche, en disant qu'il n'avait d'alternative que d'obtenir une place ou de voler sur le grand chemin. Mais si le gouvernement se refuse à vos demandes, lui répondit quelqu'un, vous volerez donc ?

La terreur n'est pas une excuse plus valable que toutes les autres passions infâmes. Malheur à ces hommes éternellement comprimés, à ce qu'ils nous disent, agents infatigables de toutes les tyrannies existantes, dénonciateurs posthumes de toutes les tyrannies renversées.

Nous en avons d'innombrables preuves. Ces hommes ne se relèvent jamais de la flétrissure qu'ils ont acceptée. Jamais leur âme brisée ne reprend l'attitude de l'indépendance. C'est en vain que, par calcul, ou par complaisance, ou par pitié, nous feignons d'écouter les misérables excuses qu'ils nous balbutient. En vain nous nous montrons convaincus que par un inexplicable prodige, ils ont reconquis tout à coup leur courage longtemps disparu. Eux-mêmes n'y croient pas. Ils n'ont plus la faculté d'espérer d'eux-mêmes. Ils traînent après eux le souvenir profond de leur opprobre inexpiable et leur tête, pliée sous le joug qu'elle a porté, se courbe d'habitude et sans résistance, pour recevoir un joug nouveau.

Ils nous disent qu'ils ne se font les exécuteurs des lois injustes que pour en affaiblir la rigueur, que le pouvoir dont ils consentent à se rendre les dépositaires ferait plus de mal encore, s'il était remis à des mains moins pures. Transaction mensongère, qui ouvre à tous les crimes une carrière sans bornes. Chacun marchande avec sa conscience et pour chaque degré d'injustice, les tyrans trouvent de dignes exécuteurs. Je ne vois pas pourquoi, dans ce système, on ne se rendrait pas le bourreau de l'innocence, sous le prétexte qu'on l'étranglerait plus doucement. Mieux vaudrait mille fois que des lois atroces ne fussent exécutées que par des hommes évidemment criminels.

Ces hommes douteux, ces hommes encore sans tache, diminuent aux yeux du peuple l'odieux des institutions les plus horribles et l'accoutument à les supporter. Sans eux, sans le prestige de leurs noms trop estimés, elles seraient renversées dès l'origine par l'indignation publique. Ensuite, lorsque le mal arrive à son comble, ces hommes honnêtes se retirent, laissant le champ libre aux scélérats. De la sorte, le service qu'ils nous rendent, c'est de couvrir d'une égide les assassins encore faibles, pour leur donner le temps de devenir les plus forts.

CHAPITRE III

DES RÉVOLUTIONS

Ce serait un travail puéril que de vouloir présenter aux individus des règles fixes relativement aux révolutions. Les révolutions participent de la nature des bouleversements physiques. Des causes cachées les préparent. Un hasard les décide, comme un hasard peut les retarder. La circonstance la plus légère, un événement moins important que mille autres qui n'avaient produit aucun résultat, donnent quelquefois tout à coup le signal inattendu de l'impulsion subversive. La fureur contagieuse se communique. Les âmes sont soulevées. Les citoyens se sentent poussés comme involontairement au renversement de ce qui existe. Les chefs sont dépassés au loin par la foule et les révolutions s'opèrent sans que personne sache bien encore ce que l'on voulait détruire et ce que l'on veut édifier.

Il serait également impossible de juger les révolutions d'une manière générale par leurs conséquences. Elles n'ont pas toutes été funestes. L'expulsion des Tarquins a établi la liberté romaine. L'insurrection helvétique a valu à la Suisse prés de cinq siècles de repos et de bonheur. Le bannissement des Stuarts a donné à l'Angleterre 120 ans de prospérité. Les Hollandais sont redevables à la rébellion de leurs ancêtres d'une longue jouissance de calme et de liberté civile. Le soulèvement des Américains a été suivi d'une organisation sociale qui permet à l'homme le développement le plus libre de toutes ses facultés. Il y a eu des révolutions qui ont eu des résultats différents : celle de Pologne, par exemple, celle du Brabant sous Joseph II, plusieurs de celles d'Italie et d'autres encore.

Ce n'est qu'aux gouvernements qu'on peut donner des conseils utiles pour éviter les révolutions. La résignation la plus implicite de la part des individus est une garantie impuissante contre ces crises terribles, parce que cette résignation ne peut excéder de certaines bornes. L'injustice qui se prolonge, se répète et se multiplie, l'insolence, plus difficile encore à souffrir que l'injustice, l'ivresse du pouvoir, les secousses de l'administration, qui froissent successivement tous les intérêts, ou sa négligence, qui refuse d'écouter les plaintes et qui laisse les griefs s'accumuler, ces choses produisent tôt ou tard une telle fatigue, un tel mécontentement, que tous les conseils de la prudence ne peuvent arrêter cette disposition. Elle pénètre dans tous les esprits avec l'air qui se respire. Elle devient le sentiment habituel, l'idée fixe de chacun. L'on ne se réunit pas pour conspirer, mais tous ceux qui se rencontrent conspirent.

C'est en vain que l'autorité prétend alors se maintenir par la force. Les apparences sont pour elle. La réalité n'existe pas. Les gouvernements ressemblent à ces corps frappés de la foudre. Leurs contours extérieurs sont encore les mêmes, mais il suffit du moindre vent, du plus léger choc, pour les réduire en poussière.

De quelques moyens physiques que les dépositaires du pouvoir soient environnés, c'est toujours l'opinion qui crée, rassemble, retient autour d'eux et dirige ces moyens. Ces soldats qui nous paraissent et qui sont en effet, à tel moment donné, d'aveugles machines, ces soldats qui fusillent leurs concitoyens sans discernement, comme sans pitié, ces soldats sont des hommes, ont des facultés morales, de la sympathie, de la sensibilité, une conscience qui peut se réveiller tout à coup. L'opinion a sur eux le même empire que sur nous et nulle prescription n'atteint son empire. Voyez-la, traversant les troupes françaises en 1789, transformant en citoyens des hommes rassemblés de toutes les parties, non seulement de la France, mais du monde, ranimant des esprits froissés par la discipline, énervés par la débauche, faisant pénétrer comme un préjugé, dans ces têtes ignorantes, les notions de la liberté et brisant par ce préjugé nouveau les liens qu'avaient tissés tant de préjugés anciens et d'habitudes enracinées. Voyez plus tard l'opinion variable et rapide, tantôt détachant nos guerriers de leurs chefs, tantôt les rassemblant autour d'eux, les rendant tour à tour rebelles ou dévoués, défiants ou enthousiastes. Voyez en Angleterre, après la mort de Cromwell, les républicains concentrant toutes les forces entre leurs mains, disposant des armées, des trésors, des autorités civiles, du Parlement, des tribunaux. L'opinion muette était seule contre eux; soudain tous leurs moyens sont dissous, tout s'ébranle et s'écroule.

Etouffer dans le sang l'opinion mécontente est la maxime favorite de certains hommes d'Etat. Mais on n'étouffe pas l'opinion. Le sang coule, mais elle surnage, revient à la charge et triomphe. Plus elle est comprimée, plus elle est terrible. Quand elle ne peut parler, elle agit. *A Londres,* dit un Anglais [Bentham], *le peuple s'exprime par des pétitions; à Constantinople, par des incendies.* A Londres, aurait-il pu dire encore, on censure les mesures du monarque; à Constantinople, on ne le blâme pas, mais on l'étrangle.

CHAPITRE IV

DES DEVOIRS DES HOMMES ÉCLAIRÉS DURANT LES RÉVOLUTIONS

Conclura-t-on de ce que les volontés individuelles ont peu d'influence sur les causes des révolutions qu'au milieu de ces convulsions sociales, chacun battu par la tempête peut s'abandonner sans résistance à l'impétuosité des vagues, vivre au jour le jour, suivant les événements dont la rapide succession l'entraîne et prendre conseil du hasard? Je ne le pense pas. Dans les circonstances les plus orageuses, il y a toujours une route indiquée par la morale. Il y a donc toujours un devoir à remplir.

Deux mouvements sont naturels à toute nation qui renverse des institutions qu'elle trouve oppressives ou vicieuses. Le premier de vouloir tout détruire pour tout reconstruire à neuf, l'autre de déployer une rigueur implacable contre ceux qui profitaient des vices des institutions anciennes. Ces deux mouvements sont précisément ce qui rend les révolutions funestes, ce qui les porte au-delà des besoins du peuple, ce qui prolonge leur durée, ce qui compromet leur réussite. C'est à les arrêter ou à les suspendre, que les hommes éclairés doivent s'appliquer.

Il faut profiter, dit-on, de l'époque où tout est ébranlé pour refondre tout. L'Assemblée constituante est partie de ce sophisme qui est en effet très spécieux. Tel qui se ferait scrupule de renverser un édifice encore existant et qui présente un abri tolérable, trouve légitime d'achever la ruine d'un édifice à demi détruit, pour en élever un plus régulier dans toutes ses parties et dans son ensemble. C'est néanmoins de là que proviennent les plus grands maux des révolutions. Non seulement tous les abus se tiennent, mais tous les abus tiennent à toutes les idées. L'ébranlement se communique d'un bout à l'autre de la chaîne immense. Un abus détruit on en attaque un second, un troisième, on s'échauffe dans la lutte; bientôt on prend tout pour des abus. On en appelle de la majorité présente à la majorité future qu'on se flatte ou de dominer ou de convaincre. On parcourt tout le cercle des idées humaines. On devance l'opinion, espérant toujours la traîner après soi.

Il y a d'ordinaire dans les révolutions deux époques, l'une où le sentiment unanime renverse ce qui était insupportable à tous, l'autre où par la prolongation factice d'un mouvement qui n'est plus national, on cherche à détruire tout ce qui est contraire au système de quelques-uns. Si les hommes éclairés peuvent arrêter la révolution à la première époque, les chances sont pour le succès. Les révolutions où ce principe a été observé ont été les plus courtes, les plus heureuses, les moins sanglantes. Les Tarquins opprimaient la liberté romaine. Les Tarquins sont chassés. Mais d'ailleurs toute l'organisation de Rome reste intacte. L'ébranlement s'arrête, le calme renaît, la république s'élève et s'affermit. Sans doute, en conservant dans la constitution romaine tout ce qui n'était pas la royauté, l'on conservait des abus et en grand nombre. Mais ces abus étaient proportionnés à l'état de l'opinion. Si l'on avait renversé simultanément à Rome les rois, les pontifes et les patriciens, la révolution n'eût jamais fini et Rome eût été anéantie.

En Angleterre en 1688, on chasse les Stuarts, mais on n'édifie rien à neuf. Les Communes existent, les Pairs existent, la Grande Charte existe, la royauté constitutionnelle existe. On rassemble, on réunit, on combine tous les éléments de l'ordre ancien. Il en résulte une constitution qui a donné déjà plus d'un siècle de bonheur à l'Angleterre.

Il en est de même pour l'Amérique. Les Américains ont conservé presque toutes les institutions en vigueur parmi eux avant leur indépendance. Au contraire, chez les peuples qui repoussent tous leurs souvenirs et qui pensent qu'il faut tout changer, tout réformer, tout créer, les révolutions ne finissent jamais. Des divisions interminables déchirent ces peuples. Chacun jugeant d'après lui-même du mieux possible, du mieux praticable, du mieux idéal, il y a autant de révolutions, au moins essayées, qu'il y a sur cet inépuisable sujet d'opinions diverses. Chaque intérêt caché prend pour étendard une théorie et la nation succombe tôt ou tard de lassitude et d'épuisement.

Une amélioration, une réforme, l'abolition d'un abus, toutes ces choses ne sont utiles que lorsqu'elles suivent le vœu national. Elles deviennent funestes quand elles le précèdent. Ce ne sont plus des perfectionnements mais des actes de force et de tyrannie. L'important n'est pas qu'elles s'opèrent rapidement, mais que l'esprit public marche dans ce sens et que les institutions soient d'accord avec les idées.

Les individus ont envers la société les mêmes devoirs que la société envers les individus. Elle n'a pas le droit de les arrêter dans le développement de leurs facultés intellectuelles ni de mettre des bornes à leurs progrès. Mais ils n'ont pas non plus celui de juger d'autorité des progrès que la société doit faire et de la traîner violemment vers un but au-delà de ses désirs. A quel titre une minorité méditerait-elle des changements que la majorité désapprouverait ? Serait-ce comme plus éclairée, plus sage que le reste des citoyens, comme plus capable de juger sainement de ce qui est utile ? Mais à quel signe reconnaîtrez-vous dans une minorité ces qualités privilégiées ? Qui sera juge de ces signes caractéristiques ? La minorité elle-même sans doute, puisque la majorité ne peut être consultée ! Ainsi c'est de son autorité privée que cette minorité tient sa mission ; j'aime autant les rois qui tiennent leur pouvoir de Dieu et de leur épée.

Toutes ces réformes subites ont comme moyen de liberté, d'amélioration et de lumières, tous les inconvénients que nous avons reprochés à l'autorité ; à la place de la raison, elles mettent la force. Ne serait-il pas absurde de pardonner aux partisans des révolutions ce que nous détestons dans les agents des gouvernements ?

Les hommes qui devancent l'opinion tombent à leur insu dans une contradiction très bizarre. Pour justifier leurs funestes tentatives, ils disent qu'ils ne faut point dérober à la génération présente les bienfaits du système qu'ils prétendent établir ; et pour excuser le sacrifice de la génération présente, ils s'écrient que c'est un calcul étroit, de ne pas l'immoler sans hésiter à l'immense majorité des générations futures.

Ces hommes se plaignent sans cesse de la malveillance : nouvelle contradiction dans les termes. N'agissent-ils pas au nom du peuple ? N'appuient-ils pas tout ce qu'ils font sur la volonté générale ? Qu'est-ce donc que la malveillance ? Peut-il y avoir une volonté en masse à laquelle tous les individus soient opposés ? A les entendre, on dirait que la malveillance est une puissance magique qui, par je ne sais quel miracle, force le peuple à faire constamment le contraire de ce qu'il veut. Ils attribuent les malheurs que leurs tentatives prématurées occasionnent à l'opposition qu'ils rencontrent. Ce n'est point une excuse : il ne faut pas faire des changements qui provoquent une telle opposition. Les difficultés mêmes que ces changements rencontrent sont une condamnation contre leurs auteurs.

Il y a un point de vue sous lequel la légitimité des mesures violentes, en fait d'amélioration, n'a pas encore été, que je sache, envisagée. S'il existait un système de gouvernement sans défauts dans toutes ses parties et après l'affermissement duquel l'espèce humaine n'eût plus qu'à se reposer, on serait excusable de s'élancer vers ce système par un effort subit et violent, au risque de froisser les individus ou même des générations entières. Les sacrifices seraient compensés par l'éternité de bonheur assurée à la longue suite des races futures. Mais aucun gouvernement n'est parfait. L'amélioration est graduelle et indéfinie. Après que vous aurez amélioré vos institutions dans une partie, beaucoup d'autres améliorations resteront à désirer. L'amélioration même que vous aurez établie ou conquise aura besoin de perfectionnements ultérieurs. Ainsi donc vous ne faites pas comme vous le pensez un mal incertain et passager pour un bien positif et durable; vous faites un mal certain et positif pour un bien incertain, relatif et passager.

L'Assemblée nationale, disait Chamfort, *en 1789 a donné au peuple français une constitution plus forte que lui. Il faut qu'elle se hâte d'élever la nation à cette hauteur... Les législateurs doivent faire comme ces médecins habiles qui, traitant un malade épuisé, font passer les restaurants à l'aide des stomachiques.* Il y a ce malheur dans cette comparaison que les législateurs sont la plupart du temps des malades qui se disent des médecins.

On ne soutient point une nation à la hauteur à laquelle sa propre disposition ne l'élève pas. Pour la soutenir à ce point, il faut lui faire violence et par cela même qu'on lui fait violence, elle retombe et s'affaisse.

Pour la tyrannie, dit Machiavel, il faut tout changer; on peut dire de même que pour tout changer, il faut recourir à la tyrannie. Aussi fait-on.

Chez une nation vaine et imitatrice, rien n'est plus puissant que les rédactions. Elles sont courtes, elles semblent claires, elles se gravent aisément dans la mémoire. Les hommes rusés les jettent aux sots qui s'en emparent, parce qu'elles leur épargnent la peine de réfléchir, et qui les répètent, parce qu'ils se donnent l'air de les comprendre. De là vient que des propositions dont l'absurdité nous étonne, lorsqu'elles sont analysées, se glissent dans mille têtes, sont redites par mille bouches, et que l'on est réduit sans cesse à démontrer l'évidence. Parmi les rédactions funestes, il en est une que nous avons entendu redire mille fois dans notre Révolution et que toutes les révolutions violentes invitent à reproduire ; c'est que le despotisme est nécessaire pour fonder la liberté. Cet axiome justifie toutes les oppressions et justifie encore la prolongation indéfinie de toutes les oppressions. Car on ne détermine pas la durée de ce despotisme auquel l'on prétend que la liberté devra sa naissance.

Mais la liberté n'est d'un prix inestimable que parce qu'elle donne à notre esprit de la justesse, à notre caractère de la force, à notre âme de l'élévation. Tous ces bienfaits de la liberté tiennent à ce qu'elle existe en réalité. Si vous employez le despotisme pour l'introduire, vous n'introduirez que de vaines formes, le fond vous échappera toujours. La victoire que vous remportez est contraire par son essence à l'esprit même de l'institution. Et comme les succès ne persuadent point les vaincus, ils ne rassurent point les vainqueurs.

Que faut-il dire au peuple, en effet, pour qu'il se pénètre des avantages de la liberté ? Vous étiez soumis à des castes privilégiées ; le grand nombre vivait pour l'ambition de quelques-uns ; des lois inégales protégeaient le fort contre le faible. Vous n'aviez que des jouissances précaires qu'à chaque instant l'arbitraire menaçait de vous enlever. Vous ne contribuiez ni à la confection de vos lois, ni à l'élection de vos magistrats. Tous ces abus vont disparaître ; tous vos droits vous seront rendus. Mais les hommes qui veulent former entre le despotisme et la liberté je ne sais quelle alliance insensée, que peuvent-ils dire ? Aucun privilège ne séparera les citoyens, mais tous les jours les hommes qui nous paraissent nos ennemis seront frappés sans être entendus. La vertu sera la seule distinction parmi les hommes, mais les plus persécuteurs et les plus violents se créeront par la tyrannie un patriciat garanti par la terreur. Les lois faites par la volonté du peuple protégeront la propriété ; mais à chaque instant, l'expropriation sera le partage des individus ou des classes soupçonnées. Le peuple élira ses magistrats, mais s'il ne les élit dans un sens prescrit d'avance, ses choix seront déclarés nuls. Les opinions seront libres, mais toute opinion contraire, non seulement au système général, mais aux moindres mesures de circonstance, sera punie comme un attentat. Ainsi après une révolution faite contre l'arbitraire, contre l'asservissement de l'opinion, l'arbitraire se trouve exercé avec mille fois plus de rigueur, les opinions mille fois plus asservies. On attribue à chaque mot, à chaque geste, à chaque épanchement de l'amitié, à chaque cri du malheur, une influence redoutable. On interdit la discussion de l'opinion triomphante. On rappelle avec exagération les tentatives de l'autorité qui n'est plus pour étouffer la pensée ; et la domination de la pensée est le caractère distinctif de l'autorité nouvelle. Pour rendre les hommes libres, on les poursuit de la crainte des supplices ; on déclame contre les gouvernements tyranniques et l'on organise le plus tyrannique des gouvernements.

Pour soutenir ce qu'on croit la liberté par les moyens du despotisme, il faut inventer bien plus de persécutions, bien plus de fraude que pour gouverner simplement d'autorité. Il ne suffit pas de perdre un innocent, il faut le calomnier dans tous les esprits. Il ne suffit pas de donner le pouvoir à ceux que le peuple repousse ; il faut le forcer à les choisir. Il ne suffit pas d'interdire la liberté de la presse, il faut avoir des journaux qui la parodient. Il ne suffit pas d'imposer silence aux assemblées représentatives, il faut entretenir un vain simulacre d'opposition, qu'on tolère quand elle est puérile, qu'on disperse, si elle fait ombrage. Il ne suffit pas de se passer du vœu national ; il faut faire venir des adresses de la minorité qui s'intitule majorité. On est tous les jours entraîné loin de sa route par les difficultés qui se multiplient. Il n'y a point de terme à la tyrannie qui veut arracher de force les symptômes du consentement.

La lutte contre l'esprit public est un moindre mal sous le despotisme qui se montre à découvert, parce qu'il n'est pas de l'essence du despotisme de s'appuyer sur l'esprit public. Il procure au moins d'ordinaire le repos dans l'intérieur, parce qu'on règne plus facilement dans le silence; mais les institutions prétendues libres, qui se servent des moyens du despotisme, réunissent tous les malheurs d'une monarchie opprimée par un tyran et tous ceux d'une république déchirée par des factions. Les hommes paisibles sont persécutés comme indifférents, les hommes ardents comme dangereux. La servitude est sans repos, le mouvement sans but et sans jouissance. On ajourne la liberté jusqu'à ce que les factions soient anéanties. Mais les factions ne sont jamais anéanties, aussi longtemps que la liberté est ajournée. L'arbitraire pèse tour à tour sur l'une ou sur l'autre de ces factions; mais il n'y a rien de libre entre deux. Les mesures violentes adoptées comme dictature, en attendant l'esprit public, s'opposent à ce qu'il se forme. On s'agite dans un cercle vicieux, on marque une époque qu'on est assuré de ne pas atteindre, car les moyens adoptés sous le prétexte de l'atteindre, l'empêchent toujours d'arriver. La force rend de plus en plus la force nécessaire, la colère s'accroît par la colère, les lois se forgent comme des armes, les codes deviennent des déclarations de guerre et les amis aveugles de la liberté, qui ont cru l'imposer par le despotisme, soulèvent contre eux toutes les âmes libres et n'ont pour appui que les plus vils flatteurs du pouvoir.

Il y a plus : Les lois injustes contre les ennemis de la liberté retombent infailliblement sur ses amis mêmes. Investir les gouvernements d'une puissance arbitraire, c'est leur donner un intérêt distinct de celui des gouvernés. Cet intérêt devient alors leur objet unique et ce n'est qu'à le faire prévaloir qu'ils emploient les moyens les plus vastes qu'on leur avait confiés pour l'avantage public. Il ne faut pas croire qu'on puisse dans un code faire la part de l'iniquité et demeurer quant au reste fidèle à la justice. Une seule loi barbare décide de la législation tout entière. La première loi se fait de passion ou de calcul, la seconde de peur ou de nécessité. Aucune loi juste ne peut subsister à côté d'une seule mesure arbitraire. On ne peut refuser la liberté aux uns et l'accorder aux autres. Supposez un seul acte de rigueur contre des hommes qui ne soient pas convaincus légalement. Vous ne pouvez plus tolérer la liberté de la presse. On s'en servira pour émouvoir le peuple en faveur de victimes peut-être innocentes. Vous ne pouvez plus respecter la liberté individuelle. Ceux que vous avez voulu priver de leurs droits s'en prévaudront pour se confondre avec le reste des citoyens. Vous ne pouvez plus laisser l'industrie à elle-même. Elle fournira des ressources aux proscrits. Ce que vous ferez contre vos ennemis, vos amis en porteront la peine. Ce que vous ferez pour vos amis, vos ennemis en profiteront. Les hommes voudraient transiger avec la liberté, sortir de son cercle pour un jour, pour un obstacle, pour un individu, pour un objet déterminé et rentrer ensuite dans l'ordre. Ils voudraient la garantie de la règle et les succès de l'exception. La nature s'y oppose. Le système de la liberté est complet et régulier. Une seule déviation le détruit, comme dans un calcul arithmétique, l'erreur d'un chiffre ou de mille fausse également le résultat.

Chapitre V

Continuation du même sujet

Le second devoir des hommes éclairés est plus important encore, car il ne tient pas seulement à la prudence, mais à la morale.

Lorsqu'une constitution abusive ou une longue habitude consacrent dans les gouvernants ou dans les classes des privilèges vexatoires ou l'usage de l'arbitraire, la faute n'en est ni aux gouvernants, ni à cette classe, mais à la nation qui a toléré ce qui ne devait pas exister. Nul n'est coupable en profitant d'une faculté qu'il a trouvée établie et que la société lui avait concédée paisiblement. Le peuple peut reprendre ses droits, parce que ses droits sont imprescriptibles; il peut enlever au gouvernement une prérogative injuste. Il peut dépouiller une classe d'un privilège oppressif. Mais il ne doit les punir ni l'un, ni l'autre. Il a perdu tout droit d'exiger une indemnité, d'exercer une vengeance pour un dommage auquel il semblait s'être résigné.

Sans ce principe, les révolutions n'ont plus de terme. On entre dans une abominable carrière rétroactive, où chaque pas, sous prétexte d'une injustice passée, conduit à une injustice présente. On tombe dans l'absurdité que l'on reproche aux partisans des institutions les plus défectueuses. On punit des hommes de ce qu'ils étaient et de ce qu'ils ne pouvaient pas ne pas être. On fait d'une révolution l'époque d'une inégalité nouvelle et que sa nouveauté ne rend que plus révoltante. On sème pour l'avenir des germes d'iniquité, de regrets, de souffrances, de ressentiments. On lègue aux générations qu'on prétend affranchir des semences de discorde, de haine et de malheur.

Les classes que vous proscrivez, ces classes enrichies d'abus sont en même temps les plus cultivées. Si vous détruisez jusqu'aux individus qui les composaient, vous diminuez d'autant la masse des lumières nationales. L'éducation d'un peuple n'est pas l'ouvrage d'un jour. Il ne suffit pas de vous efforcer d'instruire cette majorité fougueuse qu'un ordre social imparfait avait retenue dans l'ignorance. La tâche est longue ; les événements qui se pressent peuvent ne pas attendre que cette tâche soit achevée. Les hommes éclairés sont placés entre tous les partis pour les préserver de l'arbitraire. Les Grecs pardonnaient aux captifs qui récitaient des vers d'Euripide. La moindre lumière, le moindre germe de la pensée, le moindre sentiment doux, la moindre forme élégante doivent être soigneusement protégés. Ce sont autant d'éléments indispensables au bonheur social. Il faut les sauver de l'orage ; il le faut et pour l'intérêt de la justice et pour l'intérêt de la liberté même. Car toutes ces choses, par des routes plus ou moins directes, aboutissent à la liberté.

Ce devoir sans doute est difficile à remplir. A peine les révolutions commencent que déjà les amis de la liberté se voient partagés en deux sections. D'un côté se rangent les hommes modérés, de l'autre les hommes violents. Mais ces derniers seuls restent longtemps unis, parce que l'impulsion qu'ils ont reçue les empêche de se séparer et qu'ils sont exclusivement absorbés dans une idée qui leur est commune. Les hommes modérés n'étant pas entraînés par une passion dominante prêtent aisément l'oreille aux considérations individuelles. L'amour-propre se réveille en eux, le courage s'ébranle, la fermeté se lasse, le calcul personnel, un moment repoussé, revient à la charge. La lâcheté prend mille formes et se travestit de mille manières, pour se déguiser à ses propres yeux. Elle ne s'appelle pas seulement prudence, raison, sagesse, appréciation des choses; elle s'intitule quelquefois indépendance. Combien j'en ai vus quitter le parti le plus juste et le plus faible, parce qu'ils étaient, disaient-ils, trop indépendants pour s'associer à aucun parti! Ce langage annonçait qu'ils allaient passer du côté de la force et leur proclamation d'indépendance n'était qu'une rédaction plus fière de la lâcheté.

Un allié terrible, le fanatisme, qui s'exerce sur les questions politiques, comme sur les questions religieuses, se dévoue au parti violent. Le fanatisme n'est autre chose que l'empire d'une seule idée qu'on veut à tout prix faire triompher. Il est sans doute plus absurde encore, lorsqu'il s'agit de liberté, que lorsqu'il s'agit de religion. Le fanatisme et la liberté sont incompatibles. L'un repose sur l'examen; l'autre proscrit la recherche et punit le doute. L'une conçoit et apprécie toutes les opinions; l'autre voit un attentat dans l'objection la plus timide. L'une cherche à persuader, l'autre commande. L'une enfin considère comme un malheur la nécessité de la victoire et traite les vaincus comme des égaux, dont elle se hâte de reconnaître les droits, l'autre se précipite sur toutes les questions, comme sur des redoutes ennemies et n'aperçoit dans ses adversaires que des captifs toujours dangereux qu'il faut immoler, pour n'avoir plus à les craindre.

Mais, quelle que soit l'incompatibilité naturelle de l'amour de la liberté et du fanatisme, ces deux choses se réunissent facilement dans la tête des hommes qui, n'ayant pas contracté l'habitude de la réflexion, ne peuvent recevoir les idées que sur parole, plutôt comme une révélation mystérieuse, que comme une suite de principes et de conséquences. C'est sous la forme d'un dogme que la notion de la liberté se fait jour dans les esprits sans lumières et son effet alors est celui de tout autre dogme, une sorte d'exaltation, de fureur, l'impatience de toute contradiction, l'impossibilité de supporter la moindre réserve, le moindre changement dans le symbole de la croyance. Cet empire de la foi, transporté ainsi sur des questions qui touchent à tous les intérêts, sur des opinions qui, sujettes à la loi des circonstances, deviennent un crime aujourd'hui, tandis qu'elles étaient hier un devoir, est beaucoup plus redoutable que lorsqu'il est renfermé dans le cercle abstrait des subtilités théologiques. Ces subtilités laissent en paix, au sein de leurs familles, beaucoup d'hommes indifférents à des discussions ténébreuses. Mais quelle vie obscure, quelle existence immobile, quel nom ignoré parviendraient à désarmer le fanatisme sur le terrain de la politique ! Cette vie obscure, ce nom ignoré, cette existence immobile sont à ses yeux des trahisons. L'inaction lui semble punissable ; les affections domestiques, un oubli de la patrie ; le bonheur, un but suspect. Ceux qui le désirent ou le regrettent, il les appelle des conspirateurs. Armé pour la liberté, il se plie avec joie au plus dur esclavage, pourvu qu'on l'exerce au nom de sa doctrine chérie. Il combat pour la cause et renonce à son effet. La rigueur, l'injustice, les vexations de tout genre lui semblent dans ses chefs des actes méritoires comme gages de sincérité. Il est importuné des lumières parce qu'elles permettent difficilement d'embrasser une opinion sans quelques restrictions, sans quelques nuances. Il est soupçonneux de la fierté d'âme, parce que les âmes fières éprouvent je ne sais quel éloignement contre les plus forts et ne servent la force qu'avec répugnance. Les seules qualités qu'il exige, c'est la croyance et la volonté. Il voit dans la morale une faiblesse, une chicane, un obstacle. Tout est bien si le but est bon. Il viole les lois, parce qu'elles ne sont faites que pour les amis, non les ennemis de la patrie. Il trahit l'amitié, parce que l'amitié ne peut exister entre les défenseurs et les oppresseurs du peuple. Il manque aux engagements les plus sacrés, parce que leur exécution fournirait peut-être à des hommes dangereux des moyens contre le salut public. Il efface la pitié jusqu'en ses derniers vestiges. Il ne s'attendrit point à l'aspect de la douleur. Il ne s'amortit point avec l'âge. L'on a vu des vieillards, accablés de souffrances qui annonçaient une fin prochaine, frapper leurs victimes d'une main défaillante, se montrer inflexibles au bord de la tombe et demeurer impitoyables en présence de l'éternité.

Le fanatisme a cela de funeste que sa sincérité même glace le courage qui veut le combattre. Il est aisé de braver l'injustice des méchants, parce qu'on sait qu'au fond de leur cœur ils rendent hommage à ceux qu'ils persécutent. Ce n'est rien d'attaquer de front des ennemis reconnus pour tels. On se résigne sans peine à la haine ces adversaires. On est séparé d'eux par des barrières fixes ; on les combat au nom de tout ce qui élève l'âme, de tout ce qui est cher au cœur. Mais appeler sur sa tête la défiance des hommes que l'on veut servir, perdre cette popularité, vaste dédommagement du danger, moyen de consoler ou de sauver l'innocence, repousser les applaudissements répétés d'une foule passionnée qui vous entend, vous répond, vous salue et vous suit comme un Dieu protecteur, renoncer à l'appui de son parti, sans se concilier le parti contraire, être méconnu par ceux mêmes qui partagent le plus vivement vos opinions et qui sont dévoués avec enthousiasme à la cause que vous chérissez, c'est là qu'est le découragement, c'est là qu'est la douleur profonde. Lorsque des hommes désintéressés, intrépides, ardents pour la liberté, purs de tout égoïsme et de toute passion vile, poursuivent de leurs soupçons les amis de l'humanité et de la morale, ils sont animés, au milieu de leurs erreurs, d'une conviction si ferme, qu'elle enlève à ceux qu'ils soupçonnent une partie du sentiment et de la force de l'innocence.

Ce n'est pas tout encore. Le fanatisme, renfermé d'abord dans quelques âmes énergiques, semble se communiquer par une contagion rapide aux caractères timides et faibles. C'est par calcul qu'ils apprennent sa langue ; c'est pour lui complaire qu'ils la parlent. Mais bientôt son ascendant les subjugue. Ils s'étourdissent de ce qu'ils disent. Chaque mot qu'ils prononcent est un engagement qu'ils contractent. Ils avancent dans cette carrière par le sentiment qui les porterait à fuir. Tantôt ils redoutent leurs victimes, plus souvent leur propre parti. S'ils pouvaient se reconnaître mutuellement, leur épouvante serait moins grande ; mais ils réagissent les uns sur les autres. Ainsi, parmi nous, des hommes féroces par crainte s'enivrèrent de leur propre effroi. Ainsi se répandit sur la France cet inexplicable vertige qu'on a nommé le règne de la terreur.

Le fanatisme alors perd jusqu'aux qualités qui l'anoblissaient. Il fournit des prétextes à tous les genres de vices. L'ingrat ami, le débiteur infidèle, le délateur obscur, le juge prévaricateur, trouvent leur apologie écrite d'avance dans la langue convenue ; et cette excuse banale, préparée pour tous les délits, achève de corrompre cette foule d'âmes équivoques, qui n'ont ni l'audace du crime, ni le courage de la vertu.

Parvenues à ce terme, les révolutions détruisent toute morale. Elles brisent l'enchaînement régulier des causes et des effets ; elles séparent les actions de leurs suites naturelles, elles rompent tout équilibre entre les obligations et les sacrifices. Il n'y a plus de devoirs faciles, plus de vertus sans danger. Tout devient dévouement, tout devient héroïsme ; et la personnalité s'empare de toutes les âmes vulgaires incapables de ces grands efforts.

Chacun dans le vaisseau qui s'abîme, saisit une planche et repousse le compagnon d'infortune qui voudrait s'attacher à lui. Chacun abjure les liens de sa vie passée. Il s'isole pour se défendre et ne voit dans le malheur ou l'amitié qui l'implore qu'un obstacle à sa sûreté.

Une seule chose conserve son prix. Ce n'est pas l'opinion publique. Il n'existe plus ni gloire pour les puissants, ni respect pour les victimes. Ce n'est pas la justice. Ses lois sont méconnues et ses formes profanées. C'est la richesse. Elle peut désarmer la tyrannie ; elle peut séduire quelques-uns de ses agents. Elle peut apaiser la proscription, en faciliter la fuite. Elle peut répandre enfin quelques jouissances matérielles sur une vie toujours menacée. Ainsi les penchants honteux viennent s'unir aux passions féroces. On amasse pour jouir. On jouit pour oublier des dangers inévitables. On oppose au malheur d'autrui la dureté, au sien propre, l'insouciance. On laisse couler le sang à côté des fêtes, on repousse la sympathie en stoïcien farouche ; on se précipite dans le plaisir en sybarite voluptueux.

Perdus dans ce chaos, les hommes éclairés ne trouvent plus de voix qui leur réponde. Toutes les raisons semblent perverties. Personne ne se sent irréprochable. La justesse d'esprit est un accusateur dont on se délivre, on le fausse pour vivre en paix. Chacun est poursuivi par le souvenir de quelque fait qui le tourmente. Toute sa logique se groupe autour de ce fait. Vous croyez qu'il vous expose un système : c'est une heure de sa vie qu'il s'occupe à justifier.

On s'interroge tristement sur soi-même, sur la morale, sur les principes qu'on avait adoptés dès son enfance. On est regardé comme un traître, lorsqu'on rappelle quelques idées de modération ou de prudence. On est traité comme un coupable, lorsqu'on embrasse avec quelque zèle la cause d'un infortuné. A tous les témoignages de désapprobation qu'on rencontre, on est tenté de se reprocher un crime, tandis qu'on remplit un devoir. Honte cependant à celui qui est chargé de préserver sa patrie des périls que lui préparent d'aveugles fureurs, à celui qui doit protéger l'être faible, l'être opprimé, l'être sans défense, honte à lui, s'il se décourage! Malheur aux amis de la liberté, s'ils transigent avec cet esprit persécuteur, dont la nature est de dédaigner toute transaction! Leur cause dès lors est déshonorée. Tôt ou tard, ne les trouvant pas assez zélés, il tournera contre eux ses armes, leur arrachera leurs drapeaux, les repoussera dans les rangs ennemis et les proscrira comme des transfuges. Ils auront alors le courage de mourir, courage stérile dont l'avenir leur tiendra peu de compte. Faute d'avoir été courageux plus tôt, faute d'avoir lutté contre l'injustice dès ses premiers pas, ils mourront sans gloire, victimes à la fois et responsables des crimes qu'ils auront soufferts.

CHAPITRE VI

DEVOIRS DES HOMMES ÉCLAIRÉS APRÈS LES RÉVOLUTIONS VIOLENTES

On croirait, lorsque les révolutions s'apaisent, que des jours de dédommagement ou du moins de repos commencent pour les amis de l'humanité. Mais le sort leur réserve quelquefois une dernière et pénible épreuve.

Le peuple fatigué de l'oppression, qui s'est exercée au nom de la liberté, semble ne demander autre chose, pour se résigner presque avec joie à une oppression nouvelle, qu'un titre différent à cette oppression. Il lui suffit que l'on proclame d'une manière bien franche que ce n'est pas au nom de la liberté qu'on le foule aux pieds. Renversement bizarre d'idées! Toutes les lois ont été violées par une autorité sans limites et ce ne sont pas les lois qu'on invoque, mais une autorité de même illimitée. Un despotisme sans bornes a pesé sur tous et l'on réclame non la liberté mais un autre despotisme.

Toutes les passions qui, durant la violence des révolutions, se sont montrées si funestes, se reproduisent sous d'autres formes. La peur et la vanité parodiaient jadis l'esprit de parti dans ses fureurs les plus implacables; elles surpassent maintenant dans les démonstrations insensées la plus abjecte servilité. L'amour-propre qui survit à tout place encore un succès dans la bassesse où l'effroi cherche un asile. La cupidité paraît à découvert offrant son opprobre comme garantie à la tyrannie. Le nouveau pouvoir est armé de tous les souvenirs. Il hérite de toutes les théories criminelles. Il se croit justifié par tout ce qui s'est fait avant lui. Il affiche le mépris des hommes, le dédain pour la raison. Il se fortifie de tous les attentats, de toutes les erreurs de ceux mêmes qu'il vient comprimer ou punir. Il n'a plus le frein de l'opinion publique, qui contient quelquefois le despotisme consolidé. Il n'a point la pureté d'intention, le désintéressement, la bonne foi qui caractérisent les masses aveugles au milieu de leur fureur. Autour de lui se réunissent tous les désirs ignobles, tous les calculs adroits, toutes les dégradations raffinées. Le sophisme s'empresse à ses pieds, l'étonne de son zèle, le devance de ses cris, obscurcissant toutes les idées et nommant séditieuse la voix qui veut le confondre. L'esprit lui vient offrir ses services, l'esprit qui, séparé de la conscience, est le plus vil des instruments. Les apostats de toutes les opinions accourent en foule, n'ayant conservé de leurs doctrines passées que l'habitude des moyens coupables. Les transfuges habiles se glissent, illustres par la tradition du vice; leur dextérité rapide les porte de la prospérité de la veille à la prospérité du jour, afin qu'à toutes les époques, ils flétrissent tout ce qui est bon, rabaissent tout ce qui est élevé, insultent à tout ce qui est noble. Des talents médiocres, unis à des âmes subalternes, se constituent, au nom de la puissance, surveillants de la pensée. Ils déclarent sur quelles questions l'esprit humain peut s'exercer. Ils lui permettent de s'ébattre, avec subordination toutefois, dans l'étroite enceinte qu'ils lui ont concédée; mais anathème à lui, s'il franchit cette enceinte, s'il dédaigne des sujets puérils, s'il n'abjure pas son origine céleste! La religion n'est plus qu'un vil instrument de l'autorité; le raisonnement qu'un lâche commentaire de la force. Les doctrines les plus bizarres se présentent avec arrogance. Les préjugés de tous les âges, les injustices de tous les pays sont rassemblés comme matériaux du nouvel ordre social. L'on remonte vers des siècles reculés, l'on parcourt des contrées lointaines pour composer de mille traits épars une servitude bien complète qu'on puisse donner pour modèle. La parole déshonorée vole de bouche en bouche, ne partant d'aucune source réelle, ne portant nulle part la conviction, bruit importun, oiseux et ridicule, qui ne laisse à la vérité ni à la justice aucune expression qui ne soit souillée. Tel fut ce règne de Charles II, résultat de trente années de guerres civiles, règne à jamais honteux où l'on vit succéder à tous les excès de la démence, tous les excès de l'avilissement.

Un pareil Etat est plus désastreux que la révolution la plus orageuse. On peut détester quelquefois les tribuns séditieux de Rome, mais on est oppressé du mépris qu'on éprouve pour le Sénat sous les Césars. On peut trouver durs et coupables les ennemis de Charles Ier, mais un dégoût profond nous saisit pour les créatures de Cromwell. Lorsque les portions ignorantes de la société commettent des crimes, les classes éclairées restent intactes ; et comme la force des choses remet tôt ou tard le pouvoir entre leurs mains, elles peuvent facilement ramener l'opinion qui est plutôt égarée que corrompue. Mais, lorsque ces classes elles-mêmes désavouant leurs principes anciens, déposent leur pudeur accoutumée et s'autorisent d'exécrables exemples, quel espoir reste-t-il ? Où trouver dans un peuple un germe d'honneur, un élément de vertu ? Tout n'est que fange, sang et poussière. Destinée cruelle, à toutes les époques, pour les amis de la liberté ! Méconnus, soupçonnés, entourés d'hommes incapables de croire à l'impartialité, au courage, à la conviction désintéressée, tourmentés tour à tour par le sentiment de l'indignation, quand les oppresseurs sont les plus forts et par celui de la pitié, quand ces oppresseurs sont devenus victimes, ils ont toujours erré sur la terre, en butte à tous les partis, isolés au milieu des générations tantôt furieuses tantôt dépravées.

C'est en eux cependant que repose l'espoir de la race humaine. Nous leur devons cette grande correspondance des siècles, qui dépose en lettres ineffaçables contre les sophismes que renouvellent tous les tyrans. Par elle Socrate a survécu aux persécutions d'une populace aveugle. Brutus et Cicéron ne sont pas morts tout entiers sous les proscriptions de l'infâme Octave. Lucain et Sénèque ont pu braver les suppôts de Néron, Boèce les cachots et le glaive de Théodoric. Leur exemple a fait du bien longtemps après leur mort. Que leurs successeurs ne se découragent pas. Les mêmes récompenses les attendent dans un avenir lointain mais brillant de gloire. Les vérités qu'ils répètent en vain seront écoutées, quand ils ne seront plus. Aucun effort ne se perd dans cette route où la nature des choses ramène nécessairement les hommes. Il s'agit seulement de savoir lutter longtemps, peut-être toute la vie.

Qu'ils élèvent donc de nouveau leurs voix. Qu'ils n'abjurent point leurs opinions. Ils n'ont rien à se faire pardonner. Ils n'ont besoin ni d'expiations ni de désaveux. Ils possèdent intact le trésor d'une réputation pure. Qu'ils osent avouer l'amour des idées généreuses. Elles ne réfléchissent point sur eux un jour accusateur.

En vain la fatigue des peuples, l'inquiétude des chefs, la servilité des instruments forment un assentiment factice que l'on appelle l'opinion publique et qui ne l'est point. Les hommes ne se détachent jamais de la liberté. Dire qu'ils s'en détachent, c'est dire qu'ils aiment l'humiliation, la douleur, le dénuement et la misère. Les représenter comme absorbés dans leurs sentiments domestiques et dans leurs calculs individuels, c'est par une contradiction grossière les peindre à la fois comme mettant un prix excessif à leurs jouissances et comme ne mettant aucun prix à la durée de ces jouissances. Car la garantie n'est autre chose que la durée. Dire que les hommes peuvent se détacher de la liberté, c'est prétendre qu'ils se résignent sans peine à être opprimés, incarcérés, séparés des objets de leur amour, interrompus dans leurs travaux, dépouillés de leurs biens, tourmentés dans leurs opinions et dans leurs plus secrètes pensées, traînés dans les cachots et sur l'échafaud. Car c'est contre ces choses que l'on institue la garantie, c'est pour être préservé de ces fléaux que l'on invoque la liberté. Ce sont ces fléaux que le peuple craint, qu'il maudit, qu'il déteste. En quelque lieu, sous quelque dénomination qu'il les rencontre, il s'épouvante, il recule. Ce qu'il abhorrait dans ce que ses oppresseurs appelaient la liberté, ce n'était pas la liberté, c'était l'esclavage ; mais si l'esclavage se présentait sous son vrai nom, sous ses véritables formes, croit-on qu'il le détesterait moins ?

Quelque active que soit l'inquisition, avec quelques soins que ses précautions se multiplient, les hommes éclairés conservent toujours mille moyens de se faire entendre. Le despotisme n'est redoutable que lorsqu'il étouffe la raison dans son enfance. Il peut alors arrêter ses progrès et retenir l'espèce humaine dans une longue imbécillité. Mais lorsque la raison s'est mise en marche, elle est invincible. Ses partisans peuvent périr, elle survit et triomphe. Il n'existe qu'un moment pour la proscrire avec fruit : ce moment passé, tous les efforts sont vains. La lutte intellectuelle est engagée, l'opinion se sépare du pouvoir, la vérité se fait jour dans toutes les têtes.

Après l'avantage inestimable d'être citoyen d'un Etat libre, il n'est peut-être aucune situation plus douce que d'être l'interprète courageux d'une nation asservie, mais éclairée. Ce ne sont point des temps sans compensation que ceux où le despotisme, dédaignant une hypocrisie qu'il croit inutile, arbore ses propres couleurs et déploie avec insolence des étendards dès longtemps connus. Combien il vaut mieux souffrir de l'oppression de ses ennemis, que rougir des excès de ses alliés. Les défenseurs de la liberté rencontrent alors l'assentiment de la meilleure partie de l'espèce humaine. Ils plaident une noble cause en présence du monde et secondés par les vœux de tous les hommes de bien. La persécution suivie de la gloire est largement récompensée. Celui qui succombe lègue avec confiance à ses contemporains le soin de défendre sa mémoire et d'achever son ouvrage.

Missionnaires de la vérité, si la route est interceptée, redoublez de zèle, redoublez d'efforts. Que la lumière perce de toutes parts ; obscurcie, qu'elle reparaisse ; repoussée, qu'elle revienne. Qu'elle se reproduise, se multiplie, se transforme. Qu'elle soit infatigable comme la persécution. Que les uns marchent avec courage, que les autres se glissent avec adresse. Que la vérité se répandent, pénètre tantôt retentissante et tantôt répétée tout bas. Que toutes les raisons se coalisent, que toutes les espérances se raniment, que tous travaillent, que tous servent, que tous attendent. *Il n'y a point de prescription pour les idées utiles,* dit un homme illustre [Necker] ; le courage peut revenir après l'abattement, la lumière après l'ignorance et l'ardeur du bien public après le sommeil de l'indifférence.

Le despotisme, l'immoralité, l'injustice sont des choses tellement contre nature, qu'il ne faut qu'une circonstance, un effort, une voix courageuse pour retirer l'homme de cet abîme. Il revient à la morale par le malheur qui résulte pour lui de l'oubli de la morale. Il revient à la liberté par l'oppression que fait peser sur lui toute puissance qu'il a négligé de limiter. La cause d'aucune nation n'est désespérée. Quoi de plus féroce que l'Angleterre durant les guerres civiles du Parlement et de Charles Ier. Quoi de plus avili que cette même Angleterre durant le règne de Charles II. Et cependant, 40 ans après avoir offert au monde d'horribles exemples de férocité, 20 ans après lui avoir donné de honteux exemples de licence et de bassesse, l'Angleterre a repris sa place parmi les peuples sages, vertueux et libres et l'a conservée.

INDEX DES NOMS CITES

AGRIPPINE, 345
ALEMBERT, Jean le Rond d', 314
ALEXANDRE le Grand, 79,
ALEXANDRE Ier, empereur de Russie, 209, 353
ANDROMAQUE, 368
ANTOINE, triumvir, 98
APOLLON, 141
ARIMANE, 148
ARISTOTE, 58, 187, 202, 203
AUGUSTE, 284, 425

BACON, Francis, 355, 399
BACON, Roger, 316
BECCARIA, Cesare, 35
BENTHAM, Jeremy, 61, 62, 63, 105, 129, 309, 400, 401, 408
BIOT, Jean-Baptiste, 314
BOÈCE, 425
BOSSUET, Jacques Bénigne, 154
BRUTUS, meurtrier de César, 424
BUFFON, Georges-Louis Leclerc, comte de, 283
BURKE, Edmund, 329, 386
CABANIS, Pierre-Jean-Georges, 314
CALAS, Jean, 160
CALIGULA, 52
CAMILLE, 293
CARACALLA, 106, 398
CATHERINE II, impératrice de Russie, 167, 272
CATILINA, 97
CÉCROPS, 69
CÉSAR, 97, 98, 133
CHAMFORT, Nicolas-Sébastien Roc, dit de, 412
CHARLEMAGNE, 66, 329
CHARLES Ier, roi d'Angleterre, 163, 424, 427
CHARLES II, roi d'Angleterre, 114, 424, 427
CHARLES VI, roi de France, 343
CHARLES XII, roi de Suède, 289
CICÉRON, 97, 424
CINCINNATUS, 183, 293
CLERMONT-TONNERRE, Stanislas-Marie de, 156
CINÉAS, 361

CLOVIS, 133
COLLATIN, 121
CONDILLAC, Etienne Bonnot de, 44, 129
CONDORCET, Marie-Jean-Antoine Nicolas de Caritat, marquis de, 35, 71, 314, 319, 357
COUTHON, Georges, 30
CROMWELL, Olivier, 163, 294, 343, 408, 424

DENYS D'HALICARNASSE, 369
DUMONT, Etienne, 63
ELISABETH Ire, reine d'Angleterre, 393
EURIPIDE, 417

FÉNELON, François de Salignac de La Mothe, 65
FERRAND, Antoine, 34, 349, 392, 393
FILANGIERI, Gaetano, 133
FRANKLIN, Benjamin, 36
FRÉDÉRIC II, roi de Prusse, 118, 127, 164, 271, 315, 316
FRÉDÉRIC-GUILLAUME II, roi de Prusse, 118, 127

GALILÉE, Galileo Galilei dit, 316
GANILH, Charles, 235, 287
GARNIER, Germain, 197, 267, 283
GODWIN, 311
GRACQUES, Tiberius et Caius, 97
GUISES (les), 98

HELVÉTIUS, Claude-Adrien, 47
HENRI III, roi de France, 98
HENRI IV, roi de France, 98
HENRI VIII, roi d'Angleterre, 345, 393
HERCULE, 363
HOBBES, Thomas, 45, 46, 47,
HOLBACH, Paul-Henri Dietrich, baron d', 34, 144
HUME, David, 237

IVERNOIS, Sir Francis d', 283

JACQUES II, roi d'Angleterre, 164
JEFFERYS, George, 164
JEFFERSON, Thomas, 341
JOSEPH II, empereur d'Autriche, 154, 167, 351, 407
JUNIUS, 118

LA BARRE, Jean-François Lefebvre, chevalier de, 160
LINGUET, Simon-Nicolas-Henri, 255
LOCKE, John, 317
LOUIS XI, roi de France, 403
LOUIS XIV, roi de France, 70, 114, 115 ,119, 124, 125, 149, 289, 392, 394, 395
LOUIS XV, roi de France, 119
LOUIS XVI, roi de France, 119
LOUIS XVIII, roi de France, 16
LUCRÈCE, 121
LUCAIN, 425
LYCURGUE, 66, 371
LYSIAS, 366, 367

MABLY, Honoré-Gabriel Bonnot de, 36, 65, 178, 376, 377, 378, 384

MACHIAVEL, Nicolas, 70, 71, 413
MAHOMET, 69, 351, 371
MAINTENON, Françoise d'Aubigné, marquise de, 149
MAMERCUS, 380
MARC-AURÈLE, 105
MARIE-THÉRÈSE, impératrice d'Autriche, 351
MARIUS, consul romain, 97
MIRABEAU, Honoré-Gabriel Riqueti, comte de, 327
MIRABEAU, Victor Riqueti, marquis de, 274, 278, 280
MOLÉ, Louis-Matthieu, 14, 30
MOLIÈRE, Jean-Baptiste Poquelin dit, 246
MONTESQUIEU, Charles de Secondat, baron de, 5, 6, 7, 25, 31, 34, 35, 65, 70, 71, 85, 88, 114, 199, 267, 282, 295, 314, 320, 329, 334, 337, 394
MORELLET, André, 244

NAPOLÉON Ier, 14, 15, 16
NECKER, Jacques, 65, 232, 255, 261, 340, 426
NÉRON, 345, 398, 425
NUMA, 66, 69, 371

OCTAVE, voir AUGUSTE
OROMAZE, 148
OSSIAN, 142

PAINE, Thomas, 36
PASCAL, Blaise, 399, 400
PATELIN (maître), 103
PAW, voir PAUW
PAUW, Cornelius de, 93, 334, 371
PIERRE Ier de Russie, 352
PLATON, 58, 374
POMBAL, Sébastien-Joseph de Carvalho e Melo, marquis de, 351
PYRRHUS, 361

RACINE, Jean, 368
RAPHAËL, Raffaello Santi dit, 141
RICHARD III, roi d'Angleterre, 403
RICHELIEU, Armand du Plessis de, 124
ROBESPIERRE, Maximilien de, 52, 164, 349, 398
ROUSSEAU, Jean-Jacques, 5, 6, 7, 14, 31, 34, 35, 36, 39, 40, 41, 42, 44, 47, 48, 49, 51, 65, 84, 145, 236, 377, 384, 390

SAINT-JUST, Louis-Antoine-Léon, 370
SAY, Jean-Baptiste, 246, 290
SÉNÈQUE, 425
SIEYÈS, Emmanuel, 10, 36
SIRVEN, Pierre-Paul, 160, 161
SMITH, Adam, 197, 210, 243, 245, 247, 261, 281
SOCRATE, 424
SOLON, 66, 263
SOPHOCLE, 324
STAËL, Germaine de, 368
STUART, famille, 115

TACITE, 319
TALLEYRAND, Charles-Maurice de, 110
TARQUIN, 407, 410

THÉODORIC, 425
TIBÈRE, 85, 90, 105, 345
TITE-LIVE, 341
TURGOT, Anne-Robert-Jacques, 184

USTARITZ, Geronymo de, 232

VALERIUS PUBICOLA, 100
VAUBAN, Sébastien Le Prestre de, 235
VESPASIEN, 364
VIRGILE, 368
VITELLIUS, 398
VOLTAIRE, François-Marie Arouet dit, 30, 316

XÉNOPHON, 341, 366

SOURCES ET LECTURES DE BENJAMIN CONSTATNT

Dans la version intégrale des *Principes de politique* (éd. Droz 1980), surtout dans les notes et additions de l'auteur, on peut trouver quantité de références et de citations à des œuvres très diverses. La présente liste comprend, d'une part, les titres auxquels Benjamin Constant se réfère explicitement et, d'autre part, ceux auxquels il fait allusion. Autant que possible, nous avons mentionné l'édition que Constant avait utilisée ; lorsque nous ne pouvons pas apporter cette précision, nous renvoyons à une édition moderne d'usage courant.

Ad Q. Mucium. / SEXTUS POMPONIUS. In Otto Lenel, *Palingenesia juris civilis*, Leipzig, 1889.

De l'administration des finances de la France. / Jacques NECKER, s.l., 1784.

De l'agriculture. / CATON. Texte établi, traduit et commenté par Raoul Goujard. Paris, Les Belles Lettres, 1975.

L'ami des hommes ou traité de la population. / Victor Riqueti, marquis de MIRABEAU. Hambourg, Chrétien Hérold, 1758.

Les antiquités romaines. / DENYS D'HALICARNASSE. Paris, Ph.-N. Lottin, 1723.

Arrêt de la Cour du Parlement portant défense à toutes personnes de faire transporter hors ce royaume, les bleds, grains et légumes, n'y d'en faire magazins à pein de vie. Paris, F. Morel, P. Mettayez et A. Estienne, 1626.

De augmentis scientarum. / Francis BACON. In *The works of Francis Bacon*, London, 1858.

Bibliothèque de l'homme public. / Marquis de CONDORCET. 2e année, t. I, Paris, Buisson, 1791.

A brief examination into the increase of the revenue, commerce and navigation of Great Britain from 1792 to 1799. / George ROSE. Dublin, Graisberry and Campbell, 1799.

Collection des écrits et des actes relatifs au dernier état des individus professant la religion hébraïque. / Diogène TAMA. Paris, Le Normant, 1806.

Common sense. / Thomas PAINE. In *The writings of Thomas Paine,* ed. by Moncure Daniel Conway. New York, G.P. Putnam's sons, 1894, t. I.

Considérations sur le gouvernement de Pologne et sur sa réformation projetée. / Jean-Jacques ROUSSEAU. In *Collection complète des œuvres de Jean-Jacques Rousseau, citoyen de Genève,* Genève, 1782, t. I.

Du contrat social. / Jean-Jacques ROUSSEAU. In *Œuvres complètes* publiées sous la direction de Bernard Gagnebin et Marcel Reymond, Paris Gallimard, 1964, t. III (Bibliothèque de la Pléiade).

Contre Lacritos. Plaidoyers civils. / DÉMOSTHÈNE. Texte établi et traduit par Louis Gernet. Paris, Les Belles Lettres, 1954.

Cours d'étude pour l'instruction du prince de Parme. / Etienne Bonnot de CONDILLAC. Genève, Du Villard et Nouffer, 1780.

Des délits et des peines. / Cesare BECCARIA. Trad. par Maurice Chevallier, Genève, Droz, 1965.

Dernières vues de politique et de finance, offertes à la nation française. / Jacques NECKER, s.l., an X, 1802.

Dialogues sur le commerce des blés. / Ferdinando GALIANI. Londres, 1770.

Dictionnaire universel de commerce. / Jacques SAVARY DES BRUSLONS. Genève, Cramer et Cl. Philibert, 1750.

La dîme royale. / Sébastien LE PRESTRE DE VAUBAN. Ed. par Georges Michel. Paris, Guillaumin, s.d. [1887].

Discours. / ISOCRATE. Texte établi et traduit par Georges Matthieu et Emile Brémond. Paris, Les Belles Lettres, 1938.

Discours. / LYSIAS. Texte établi et traduit par Louis Gernet et Marcel Bizos. Paris, Les Belles Lettres, 1924.

Discours au Corps législatif en faveur du Projet de loi relatif à la formation des listes d'éligibilité. / Jacques-Fortunat SAVOYE DE ROLLIN. *Moniteur,* 15 ventôse an IX (6 mars 1801).

Discours du 2 thermidor an III (20 juillet 1795) à la Convention. / Emmanuel SIEYÈS. *Moniteur,* 7-8 thermidor an III (25-26 juillet 1795), pp. 1236-1239.
Discours sur la première décade de Tite-Live. MACHIAVEL. In *Œuvres complètes,* texte présenté et annoté par Edmond Barincou. Paris, Gallimard, 1952 (Bibliothèque de la Pléiade).
Discours prononcé à la séance des jacobins du 1er pluviôse an II de la République [20 janvier 1794]. / Georges COUTHON. Paris, Impr. des 86 départements, s.d.
Essai sur l'histoire de l'espèce humaine. / C.-A. WALCKENAER. Paris, Du Pont, 1798.
Essai politique sur le revenu public des peuples de l'antiquité, du moyen-âge, des siècles modernes et spécialement de la France et de l'Angleterre, depuis le milieu du XVe siècle jusqu'au XIXe. / Charles GANILH. Paris, Giguet et Michaud, 1806.
Essai sur les privilèges. / Emmanuel SIEYÈS, s.l.n.d. [1788].
Essais de morale et de politique. / Louis-Matthieu MOLÉ. Paris, H. Nicolle, 1806.
Essais politiques, économiques et philosophiques. / Benjamin de RUMFORD. Genève, G.-J. Manget, an VII, (1799).
Essays and treaties on several subjects. / David HUME. Basil, J.-J. Tourneisen, nouvelle éd. 1793.
Génie du christianisme ou beautés de la religion chrétienne. / François-René de CHATEAUBRIAND. Paris, Migneret, an X, 1802.
Du gouvernement considéré dans ses rapports avec le commerce. / François-Louis-Auguste FERRIER. Paris, A. Egron, an XIII (1805).
On governement. / John WEBBE [attribué à Benjamin Franklin]. *Pennsylvania Gazette,* 1er et 8 avril 1736. *The complete works of Benjamin Franklin,* compiled and edited by John Bigelow. New York, G.P. Putnam's sons, 1887, t. I, pp. 425-431.
La guerre civile (La Pharsale). / LUCAIN. Texte établi et traduit par A. Bourgery. Paris, Les Belles Lettres, 1926.
Eclaircissements historiques sur les causes de la Révocation de l'Edit de Nantes et sur l'état des protestants en France. / Claude Carloman de RULHIÈRE, s.l., 1788.
Enquiry concerning political justice and its influence on general vertue and hapiness. / William GODWIN. London, 1793.
Entretiens de Phocion sur les rapports de la morale avec la politique. / Honoré-Gabriel Bonnot de MABLY. In *Œuvres complètes de l'abbé de Mably.* Lyon, J.-B. Delamollière, 1792, t. IX.
De l'esprit. / Claude-Adrien HELVETIUS. Paris, Durand, 1758.
*L'esprit de l'histoire ou lettres politiques et morales d'un père à son fils, sur la manière d'étudier l'histoire en général et particulièrement l'histoire

de France. / Antoine FERRAND. Paris, Vve Nyon, 1802.
De l'esprit des lois. / MONTESQUIEU. In *Œuvres complètes*, présentation et notes de Daniel Oster. Paris, Ed. du Seuil, 1964 (L'Intégrale).
De l'esprit public. Mémoire désigné pour être lu à la dernière séance de l'Institut national. / François-Emmanuel d'Emskerque, vicomte de TOULONGEON. Paris, Impr. de Du Pont, 1797.
Essai sur l'application de l'analyse à la probabilité des décisions rendues à la pluralité des voix. / Marquis de CONDORCET. Paris, Impr. Royale, 1785.
Essai sur le gouvernement civil. / FÉNELON. Londres, 1722.
Hiéron. / XÉNOPHON. Texte et trad. par Jean Luccioni, s.l.n.d.
Histoires diverses d'Elien, traduites du grec, avec des remarques. Paris, Moutard, 1772.
Histoire naturelle générale et particulière. / Georges-Louis- Leclerc, comte de BUFFON. Lausanne, T.-P. Heubach; Berne, Nouvelle société typographique, 1785.
Histoire des principaux événements du règne de F[*rédéric*] *Guillaume II, roi de Prusse.* / L[ouis]-P[hilippe] SÉGUR. Paris, F. Buisson, an IX (1800), 2 vol.
Histoire des républiques italiennes du moyen-âge. / Jean-Charles-Léonard SISMONDI. Paris, H. Nicolle, 1809.
The history of England from the invasion of Julius Caesar to the Revolution in 1688. / David HUME. Basil, J.-J. Tourneisen, 1789.
The history of the public revenue of the British Empire. / Sir John SINCLAIR. London, T. Cadell and W. Davies, 1803.
De l'homme, de ses facultés intellectuelles et de son éducation. / Claude-Adrien HELVÉTIUS. Londres, 1776.
An inquiry into the principles of political economy being an essay on the science of domestic policy in the free nations. / James STEUART. Dublin, J. Williams and R. Moncrieffe, 1770.
Jeffersons's first inaugural address, March 4, 1801. In Henry Steele Commager, *Documents of American history,* New York, F.S. Crofts, 1947, pp. 186-187.
De lege agraria. / CICÉRON, *Discours,* t. IX, *Sur la loi agraire...,* texte établi et traduit par André Boulanger. Paris, Les Belles Lettres, 1932 : 122.
Leges atticae. / Samuel PETIT. Lugduni, J. et H. Verbeek et A. Kallawier 1742.
De legibus. / CICÉRON, *Traité des lois,* texte établi et traduit par Georges de Plinval. Paris, Les Belles Lettres, 1959.
Sur la législation et le commerce des grains. / Jacques NECKER. Paris, Pissot, 1776.

De la législation ou principes des lois. / Honoré Gabriel Bonnot de MABLY. In *Œuvres complètes de l'abbé de Mably.* Lyon, J.-B. Delamollière 1792, t. IX.

The letters of Junius. Public Advertiser, 21 janvier 1769-21 janvier 1772.

Lettres sur les grains, écrites à M. l'abbé Terray, contrôleur général par M. Turgot, intendant de Limoges. / Anne-Robert-Jacques TURGOT, s.l.n.d. [1788].

Lettres à Lucilius. / SÉNÈQUE. Texte établi et traduit par Henri Noblot. Paris, Les Belles Lettres, 1965.

Léviathan, traité de la matière, de la forme et du pouvoir de la république ecclésiastique et civile. / Thomas HOBBES. Traduit de l'anglais, annoté et comparé avec le texte latin par François Tricaud. Paris, Sirey, 1971.

De la littérature considérée dans ses rapports avec les institutions sociales. / Germaine de STAËL. Seconde édition revue, corrigée et augmentée. Paris, Maradan, an IX.

Les lois. / PLATON. In *Œuvres complètes,* t. XII. Texte établi et traduit par A. Diès. Paris, Les Belles Lettres, 1956.

Lycée ou cours de littérature ancienne et moderne. / Jean-François LAHARPE. Paris, H. Agasse, an VII (1799).

Maximes et pensées. / Nicolas-Sébastien Roch, dit de CHAMFORT. In *Œuvres de Chamfort.* Paris, an III, t. IV.

Mémoires. / Sebastien-Joseph de Carvalho e Melo, marquis de POMBAL, s.l.

Mémoire sur les découvertes et les établissements faits le long des côtes d'Afrique par Hanon, amiral de Carthage, par M. Louis-Antoine de Bougainville. In *Mémoires de littérature de l'Académie royale des inscriptions et belles lettres,* t. XXVIII, Paris, Impr. royale, 1761.

Mémoires de Louis XIV, écrits par lui-même, composés pour le Grand Dauphin, son fils et adressés à ce Prince. Mis en ordre et publiés par J.L.M. de Gain-Montagnac. Paris, Garney et H. Nicolle, 1806.

Mémoires de Maximilien de Béthune duc de Sully. Liège, F.J. Desoer, 1788.

Mémoires relatifs à la discussion du privilège de la nouvelle compagnie des Indes. / André MORELLET. Amsterdam ; Paris, Demonville, 1787.

Mémoires pour servir à l'histoire de la Grande-Bretagne sous les règnes de Charles II et de Jacques II... / Gilbert BURNET. Traduit de l'anglais de Gilbert Burnet. Londres, Th. Ward, 1725.

De la monarchie prussienne sous Frédéric le Grand. / Honoré-Gabriel Riqueti, comte de MIRABEAU. Londres, 1788.

Sur les mystères. / ANDOCIDE. In *Discours.* Texte établi et traduit par Georges Dalmeyda. Paris, Les Belles Lettres, 1930.

Observation on the produce of the income tax and on its proportion to the whole income of Great Britain. / Henry BEEKE. London, J. Wright, 1800.

Observations sur l'histoire de France. Honoré-Gabriel Bonnot de MABLY. In *Œuvres complètes de l'abbé de Mably.* Lyon, J.-B. Delamollière, 1792, t. I-II.

De officiis. / CICÉRON. Texte établi et traduit par Maurice Testard. Paris, Les Belles Lettres, 1965.

De l'origine des lois, des arts et des sciences et de leurs progrès chez les anciens peuples. / Antoine-Yves GOGUET. Paris, Knapen, 1778.

Pensées. / Blaise PASCAL. In *Œuvres complètes.* Présentation et notes de Louis Lafuma. Paris, Le Seuil, 1963 (L'Intégrale).

La politique. / ARISTOTE. Nouvelle traduction avec introduction, notes et index par J. Tricot. Paris, J. Vrin, 1962.

La politique naturelle ou discours sur les vrais principes du gouvernement. / Paul-Henri Dietrich baron d'HOLBACH. Londres, 1773.

Du pouvoir exécutif dans les grands Etats. / Jacques NECKER, s.l., 1792.

Principes d'économie politique. / Nicolas-François CANARD. Paris, F. Buisson, an X 1801.

Pro Sex. Roscio Amerino. / CICÉRON. In *Discours*, t. I. Texte établi et traduit par H. de la Ville de Mirmont. Paris, Les Belles Lettres, 1921.

Quelques considérations sur l'organisation sociale en général et particulièrement sur la nouvelle constitution. / Pierre-Jean-Georges CABANIS. Paris, Impr. nat., frimaire an VIII (décembre 1799).

Rapport sur l'instruction publique fait au nom du Comité de constitution à l'Assemblée nationale les 10, 11 et 19 septembre 1791. / Charles-Maurice de TALLEYRAND-PÉRIGORD. Paris, Baudoin et Du Pont, 1791.

Recherches sur les constitutions des peuples libres. / Jean-Charles-Léonard SISMONDI. Edizione e introduzione di Marco Minerbi. Genève, Droz, 1965.

Recherches sur la nature et les causes de la richesse des nations. / Adam SMITH. Trad. avec des notes et des observations par Germain Garnier. Paris H. Agasse, an X (1802), 5 vol.

Recherches philosophiques sur les Egyptiens et les Chinois. / Cornelius de PAUW. Berlin, G.-J. Decker, 1773.

Recherches philosophiques sur les Grecs. / Cornelius de PAUW. Berlin, G.-J. Decker, 1788.

Recueil des opinions de Stanislas de Clermont-Tonnerre. Paris, Migneret, 1791.

Réflexions sur la Révolution de France et sur les procédés de certaines sociétés à Londres relatifs à cet événement. / Edmund BURKE. Paris, Laurent; Londres, Edward, s.d.

Réponse d'Abraham Furtado, Président de l'Assemblée des Juifs, au discours des commissaires de S.M.I. et R. le 18 septembre 1806. Moniteur, 22 septembre 1806, pp. 1171-1172.

Représentations aux magistrats contenant l'exposition raisonnée des faits relatifs à la liberté du commerce des grains et les résultats respectifs des règlements de la liberté. / Pierre-Joseph-André ROUBAUD, s.l., 1769.

La république. / PLATON. In *Œuvres complètes,* t. VII. Texte établi et traduit par Emile Chambry. Paris, Les Belles Lettres, 1934.

La république des Athéniens. / XÉNOPHON. In *Anabase, Banquet, Economique...* Trad. nouvelle avec notices et notes par Pierre Chambry. Paris, Garnier, 1954.

La république des Lacédémoniens. / XÉNOPHON. In *Anabase, Banquet, Economique...* Trad. nouvelle avec notices et notes par Pierre Chambry. Paris, Garnier, 1954.

De la richesse commerciale ou principes d'économie politique appliqués à la législation de commerce. / Jean-Charles Léonard SISMONDI. Genève, J-J. Paschoud, an XI (1803).

Du royaume de Siam. / Simon de LALOUBÈRE. Amsterdam, A. Wolfgang, 1691.

Satiricon. / PÉTRONE. Trad. par Alfred Ernout. Paris, Les Belles Lettres, 1922.

La science de la législation. / Gaëtano FILANGIERI. Paris, Cuchet, 1786.

Solon. / PLUTARQUE. In *Vies,* t. II *Solon, Publicola, Thémistocle, Camille.* Texte établi et traduit par Robert Flacelière, Emile Chambry, Marcel Juneaux. Paris, Les Belles Lettres, 1961.

Système de la nature ou des lois du monde physique et du monde moral par M. Mirabaud. / [Paul-Henri Dietrich d'HOLBACH], Londres 1770.

Tableau de la Grande-Bretagne, de l'Irlande et des possessions anglaises dans les quatre parties du monde. / Alexandre-Balthazar de Paule, baron BAERT-DUHOLANT. Paris, Maradan, an X, 1802.

Tableau historique et politique des pertes que la Révolution et la guerre ont causées au peuple français, dans sa population, son agriculture, ses colonies, ses manufactures et son commerce. / Sir Francis d'IVERNOIS. Londres, Impr. de Baylis, 1799.

Tableau de la situation actuelle des Etats-Unis d'Amérique. / Charles PICTET-DE-ROCHEMONT. Paris, Du Pont, 1795.

Théorie des lois civiles ou principes fondamentaux de la société. [Simon-Nicolas-Henri LINGUET]. Londres, 1767.

Théorie et pratique du commerce et de la marine. / Don Geronymo de USTARITZ. Trad. libre sur l'espagnol. Paris, Vve Estienne et Fils, 1753.

Traité d'économie politique ou simple exposition de la manière dont se forment, se distribuent et se consomment les richesses. / Jean-Baptiste SAY. Paris, Impr. de Crapelet, an XI, 1803.

Traité de la garantie individuelle et des diverses preuves en matière criminelle. / P.-J. LAUZE DE PERRET. Paris, Impr. de Caillot, 1805.

Traités de législation civile et pénale, précédés de principes généraux de législation et d'une vue d'un corps complet de droit. / Jérémie BENTHAM. Publiés par Et[ienne] Dumont de Genève. Paris, Bossange, Masson et Besson, an X, 1802.

Des vices de l'institution du jury en France. / GACH. Paris, Petit, an XIII (1804).

Vie, doctrines et sentences des philosophes illustres. / DIOGÈNE-LAERCE. Trad. par Robert Genaille. Paris, Garnier-Flammarion, 1965.

Voyage en Chine, formant le complément du voyage de Lord Macartney. / John BARROW. Trad. de l'anglais avec des notes par J. Castére. Paris, F. Buisson, an XIII (1805), 3 vol.

Voyage historique de l'Amérique méridionale fait par ordre du roi. / Antonio de ULLOA. Paris, C.-A. Jombert, 1752.

Voyage du jeune Anacharsis en Grèce. / Jean-Jacques BARTHÉLEMY. Paris, Venise, J. Storti, 1790.

Voyages de M. le chevalier [Jean] Chardin en Perse et autres lieux de l'Orient. Amsterdam, J.-L. de Lorme, 1711.

TABLE DES MATIERES

PRÉFACE 5
INTRODUCTION 9
PRÉSENTATION 21

LIVRE I : DES IDÉES REÇUES SUR L'ÉTENDUE DE L'AUTORITÉ SOCIALE

I. Objet de cet ouvrage 29
II. Premier principe de Rousseau sur la source de l'autorité sociale 31
III. Second principe de Rousseau sur l'étendue de l'autorité sociale 34
IV. Raisonnements de Rousseau en faveur de l'étendue sans limites de l'autorité sociale 39
V. Que l'erreur de Rousseau vient de ce qu'il a voulu distinguer les droits de la société de ceux du gouvernement 41
VI. Conséquences du système de Rousseau 43
VII. De Hobbes. 45
VIII. Opinion de Hobbes reproduite. 47
IX. De l'inconséquence qu'on a reprochée à Rousseau. . . . 48

LIVRE II : DES PRINCIPES À SUBSTITUER AUX IDÉES REÇUES SUR L'ÉTENDUE DE L'AUTORITÉ SOCIALE

I. De la limitation de l'autorité sociale 51
II. Des droits de la majorité 52

III. De l'organisation du gouvernement quand l'autorité sociale n'est pas limitée 56
IV. Objection contre la possibilité de limiter l'autorité sociale 57
V. Des limites de l'autorité sociale restreinte au strict nécessaire 59
VI. Des droits individuels quand l'autorité sociale se trouve ainsi restreinte 60
VII. Du principe de l'utilité, substitué à l'idée de droits individuels 61

Livre III : Des raisonnements et des hypothèses qui motivent l'extension de l'autorité sociale

I. De l'extension de l'autorité sociale au-delà de sa juridiction indispensable, sous le prétexte de l'utilité . . 65
II. Des hypothèses sans lesquelles l'extension de l'autorité sociale est inadmissible 68
III. Les gouvernants sont-ils nécessairement plus exempts d'erreurs que les gouvernés? 69
IV. Les erreurs des gouvernements sont-elles moins dangereuses que celles des individus? 74
V. De la nature des moyens que l'autorité sociale peut employer sous le prétexte de l'utilité 75

Livre IV : De la multiplicité des lois

I. Causes naturelles de la multiplicité des lois 79
II. Idée qu'on se forme d'ordinaire de l'effet de la multiplicité des lois et fausseté de cette idée 80
III. Que le principal avantage que cherchent dans la multiplicité des lois les partisans des gouvernements populaires, n'existe pas en réalité 82
IV. De la corruption que la multiplicité des lois introduit dans les agents de l'autorité 83
V. Autre inconvénient de la multiplicité des lois 84

LIVRE V : DES MESURES ARBITRAIRES

I. Des mesures arbitraires et pourquoi de tout temps on a moins réclamé contre ces mesures que contre les atteintes portées à la propriété 87
II. Du prétexte des mesures arbitraires et du droit de prévenir les délits 88
III. Sophisme en faveur de l'arbitraire 92
IV. De l'effet des mesures arbitraires sous le rapport de la morale, sous celui de l'industrie et sous celui de la durée des gouvernements 93
V. De l'influence de l'arbitraire sur les gouvernants eux-mêmes 95

LIVRE VI : DES COUPS D'ETAT

I. De l'admiration pour les coups d'Etat 97
II. Des coups d'Etat dans les pays où il y a des constitutions écrites 102
III. Condition nécessaire pour que les constitutions ne soient pas violées 106

LIVRE VII : DE LA LIBERTÉ DE LA PENSÉE

I. Objet des trois livres suivants 113
II. De la liberté de la pensée 114
III. De la manifestation de la pensée 115
IV. Continuation du même sujet 123
V. Continuation du même sujet 129
VI. Explication nécessaire 136
VII. Dernière observation 137

LIVRE VIII : DE LA LIBERTÉ RELIGIEUSE

I. Pourquoi la religion fut si souvent attaquée par les hommes éclairés 139
II. De l'intolérance civile 145
III. De la multiplicité des sectes 146

IV. Du maintien de la religion par l'autorité contre l'esprit d'examen 148
V. Du rétablissement de la religion par l'autorité 150
VI. De l'axiome qu'il faut une religion au peuple 151
VII. De la religion considérée comme utile 152
VIII. Autre effet de l'axiome qu'il faut une religion au peuple 153
IX. De la tolérance quand l'autorité s'en mêle 154
X. De la persécution contre une croyance religieuse 155

LIVRE IX : DES GARANTIES JUDICIAIRES

I. De l'indépendance des tribunaux 159
II. De l'abréviation des formes 162
III. Des peines 165
IV. Du droit de faire grâce 169

LIVRE X : DE L'ACTION DE L'AUTORITÉ SOCIALE SUR LA PROPRIÉTÉ

I. Objet de ce livre 173
II. Division naturelle des habitants d'un même territoire en deux classes 174
III. De la propriété 176
IV. Du rang que la propriété doit occuper dans les institutions politiques 178
V. Des exemples tirés de l'Antiquité 181
VI. De l'esprit propriétaire 183
VII. Que la propriété territoriale réunit seule tous les avantages de la propriété 184
VIII. De la propriété dans les fonds publics 191
IX. De la quotité de propriété que la société a droit d'exiger 194
X. Que les propriétaires n'ont pas intérêt d'abuser de la puissance contre les non-propriétaires 195
XI. Des privilèges héréditaires comparés à la propriété . . . 198
XII. Observation nécessaire 200
XIII. Du meilleur moyen de donner aux propriétaires une grande influence politique 203

XIV. De l'action du gouvernement sur la propriété........ 206
XV. Des lois qui favorisent l'accumulation de la propriété dans les mêmes mains............................ 207
XVI. Des lois qui forcent la dissémination des propriétés... 211

LIVRE XI : DE L'IMPÔT

I. Objet de ce livre.............................. 217
II. Premier droit des gouvernés relativement aux impôts. 217
III. Second droit des gouvernés relativement aux impôts. 219
IV. De diverses espèces d'impôts.................... 220
V. Comment les impôts deviennent contraires aux droits des individus.............................. 226
VI. Que les impôts qui pèsent sur les capitaux sont contraires aux droits des individus............... 229
VII. Que l'intérêt de l'Etat relativement aux impôts est d'accord avec les droits des individus............ 231
VIII. Axiome incontestable............................ 235
IX. Inconvénient des impôts excessifs................ 236
X. Autre inconvénient des impôts excessifs............ 237

LIVRE XII : DE LA JURIDICTION DE L'AUTORITÉ SUR L'INDUSTRIE ET SUR LA POPULATION

I. Observation préliminaire......................... 239
II. De la juridiction légitime de la société sur l'industrie. 240
III. Que l'action de l'autorité sur l'industrie se divise en deux branches................................ 241
IV. Des privilèges et prohibitions.................... 242
V. De l'effet général des prohibitions................ 263
VI. Des causes qui poussent les gouvernements vers cette fausse route.............................. 264
VII. Des encouragements............................. 267
VIII. De l'équilibre des productions.................. 272
IX. Dernier exemple des fâcheux effets de l'intervention de l'autorité................................ 275
X. Résultat des considérations ci-dessus.............. 277
XI. Des mesures des gouvernements relativement à la population.............................. 278

Livre XIII : De la guerre

I. De la guerre. Sous quel point de vue la guerre peut-être considérée comme ayant des avantages 285
II. Des prétextes de guerre 288
III. Effet du système guerrier sur l'état intérieur des peuples 291
IV. Des garanties contre la manie guerrière des gouvernements 296
V. Du mode de formation et d'entretien des armées 299

Livre XIV : De l'action de l'autorité sur les lumières

I. Questions à traiter dans ce livre 305
II. De l'utilité qu'on attribue aux erreurs 306
III. De l'autorité employée en faveur de la vérité 310
IV. De la protection des lumières par l'autorité 314
V. Des encouragements pour la morale 317
VI. De l'action du gouvernement sur l'éducation 318
VII. Des devoirs des gouvernements vis-à-vis des lumières 326

Livre XV : Résultat des recherches précédentes relativement à l'action de l'autorité

I. Résultat des recherches précédentes 327
II. De trois idées pernicieuses 329
III. Des idées d'uniformité 329
IV. Application de ce principe à la composition des assemblées représentatives 334
V. Addition au chapitre précédent 336
VI. Des idées de stabilité 347
VII. Des améliorations prématurées 350
VIII. D'un raisonnement faux 355

LIVRE XVI : DE L'AUTORITÉ SOCIALE CHEZ LES ANCIENS

I. Pourquoi chez les anciens l'autorité sociale pouvait être plus étendue que chez les modernes 357
II. Première différence entre l'état social des anciens et celui des modernes 358
III. Seconde différence 359
IV. Troisième différence 363
V. Quatrième différence 366
VI. Cinquième différence 367
VII. Résultat de ces différences entre les anciens et les modernes 369
VII. Des imitateurs modernes des républiques de l'Antiquité . . 374

LIVRE XVII : DES VRAIS PRINCIPES DE LA LIBERTÉ

I. De l'impossibilité d'abuser jamais des vrais principes de la liberté 383
II. Que la circonscription de l'autorité sociale, dans ses limites précises, ne tend point à l'affaiblissement de l'action nécessaire du gouvernement. 386
III. Dernières considérations sur la liberté civile et sur la liberté politique 388
IV. Apologie du despotisme par Louis XIV 394

LIVRE XVIII : DES DEVOIRS DES INDIVIDUS ENVERS L'AUTORITÉ SOCIALE

I. Difficultés relatives à la question de la résistance 397
II. De l'obéissance à la loi 399
III. Des révolutions 406
IV. Des devoirs des hommes éclairés durant les révolutions 409
V. Continuation du même sujet. 416
VI. Devoirs des hommes éclairés après les révolutions violentes 422

Index des noms cités 429
Sources et lectures de Benjamin Constant 433

Imprimé en Espagne, par LIBERDUPLEX (Barcelone)
HACHETTE LITTÉRATURES – 31 rue de Fleurus – 75006 PARIS
Collection n° 25 – Édition 01
Dépôt légal : 65907-01/06
ISBN : 201 27 9303 7